ディオニッソス劇場

イリス

復元図（ドイツの画家カール・シュピッツヴェークの素描に基づく）

パルテノン神殿

ヘスティア

パルテノン神殿 東破風

女神アテナがゼウスの頭部から誕生する物語を描く

ディオーネとアフロディテ

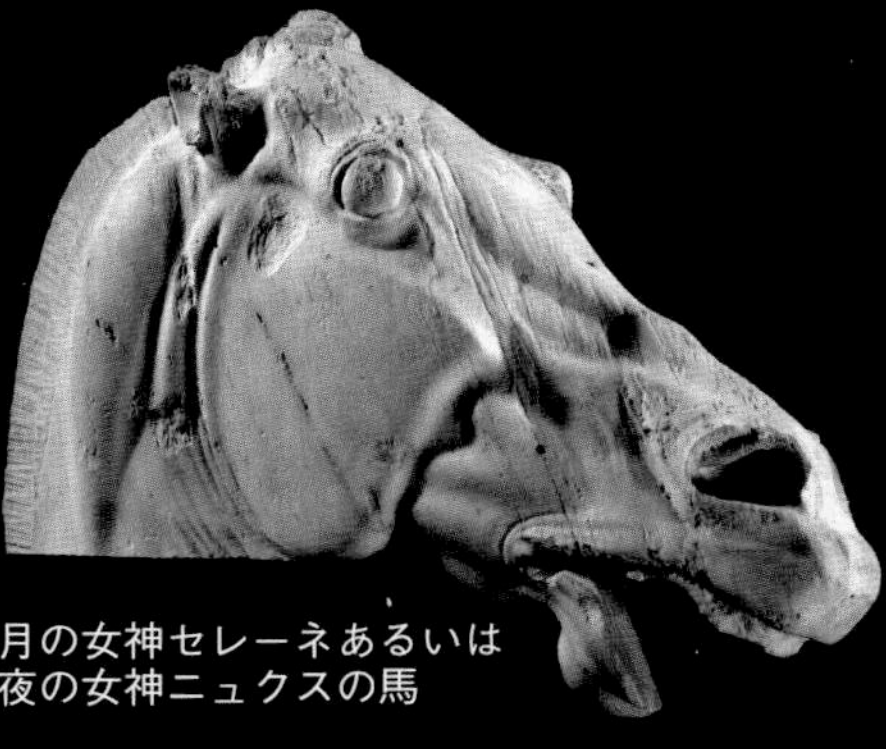

月の女神セレーネあるいは
夜の女神ニュクスの馬

プロピュライア

ヘロディス・アッティコス音楽堂

デメテルとコレー

イリス

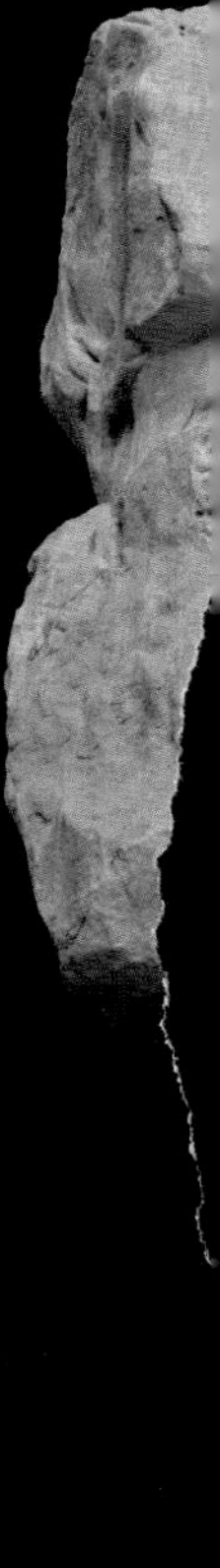

パルテノン神殿　西破風

アテナとポセイドンが
守護する都市を奪い合う物語を描く

アンピトリーテ

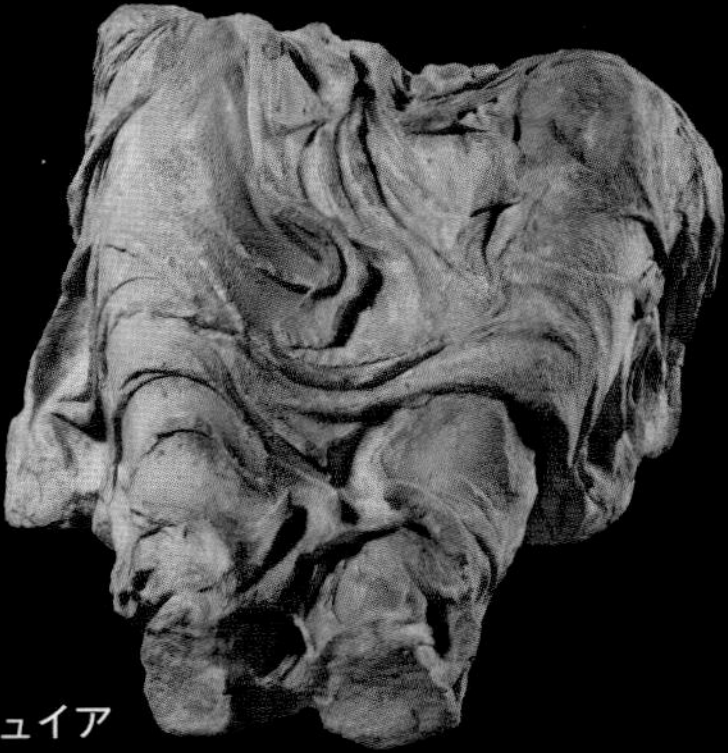

オレィテュイア

ディオニッソス

パルテノン神殿

柱と屋根の間の装飾部

メトープ（上）
フリーズ（下）

イリソスあるいはケーピソス

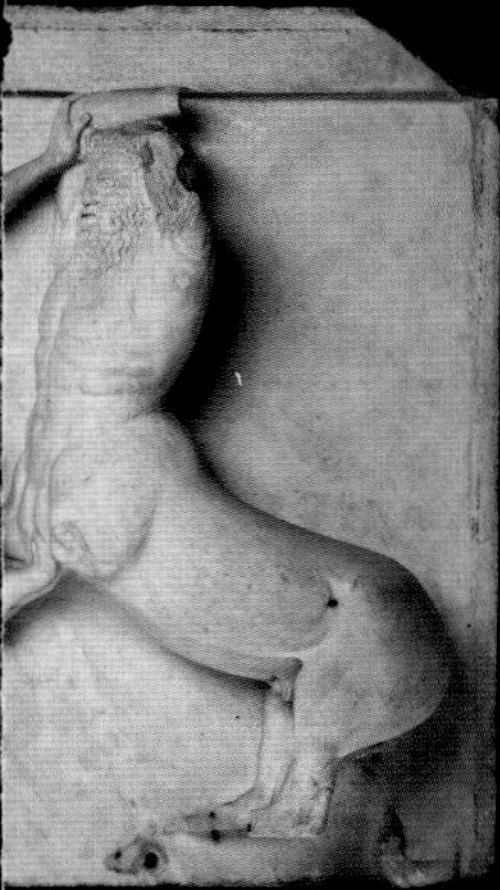

ラピタイ族とケンタウロスの戦い

北面

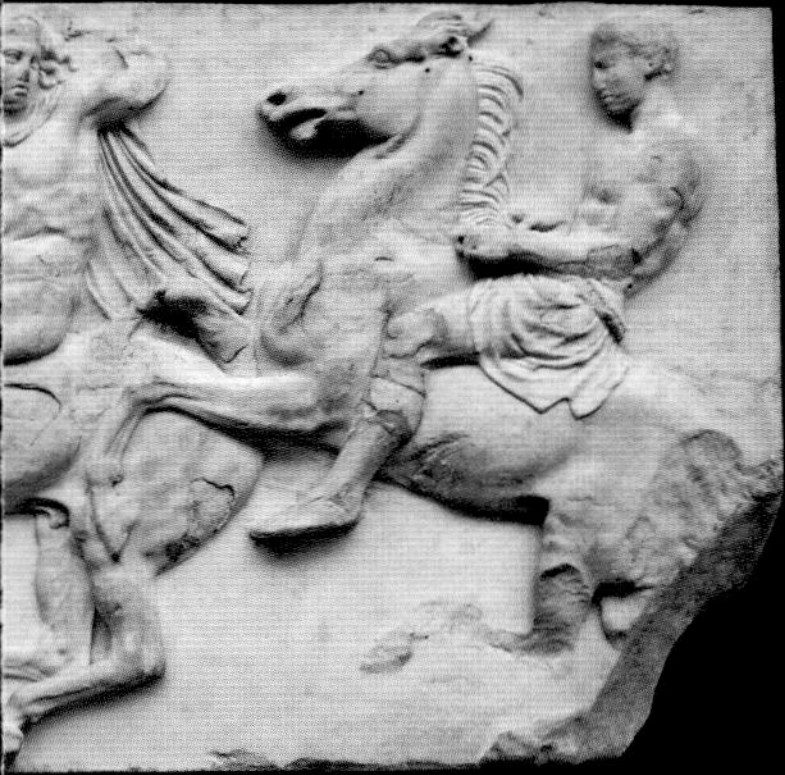
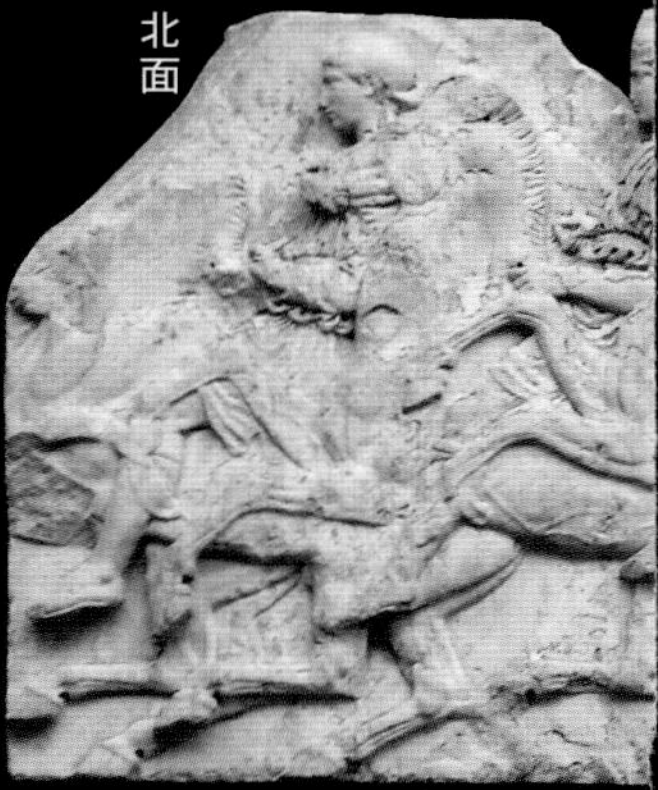

汎アテネ祭を祝う行列

ヘルメス

アテナ

ポセイドン

復元図（カール・シュピッツヴェークの素描に基づく）

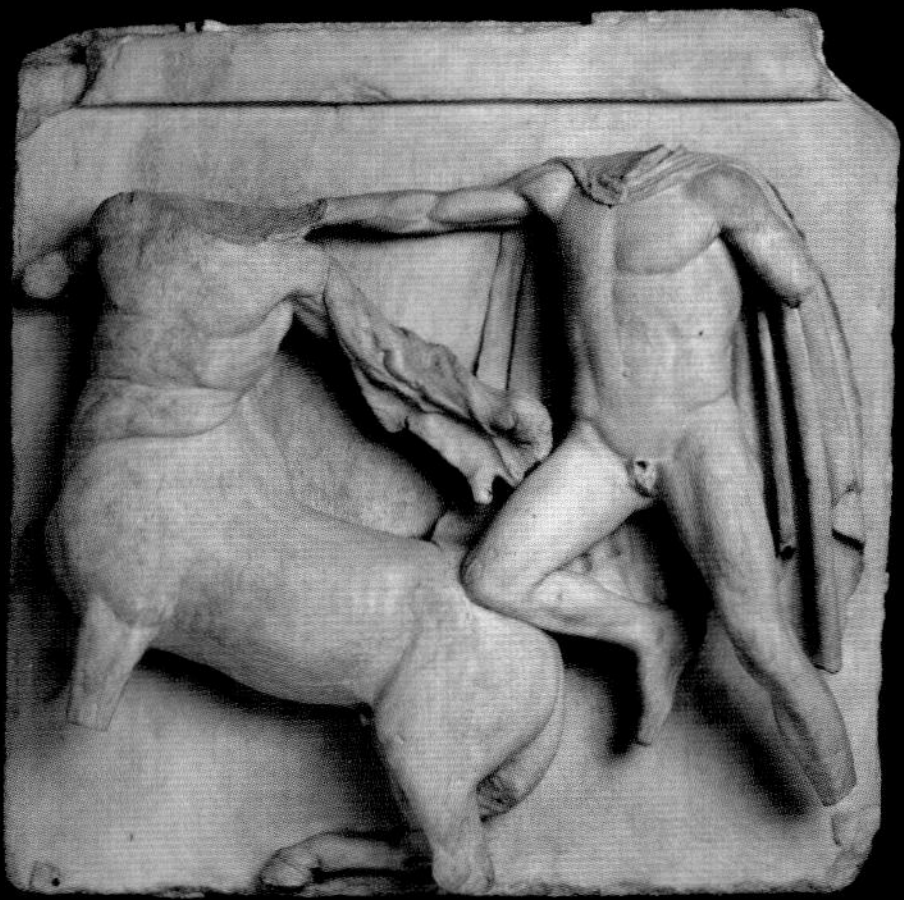

南面

西面

新潮文庫

ギリシア人の物語2

民主政の成熟と崩壊

塩野七生著

新潮社版

11796

目次

第一部　ペリクレス時代（紀元前四六一年から四二九年までの三十三年間）

——現代からは、「民主政」（デモクラツィア）が、
最も良く機能していたとされている時代——

前期（紀元前四六一年から四五一年までの十一年間）

後期（紀元前四五〇年から四二九年までの二十二年間）

第二部 ペリクレス以後

（紀元前四二九年から四〇四年までの二十六年間）

――「衆愚政」（デマゴジア）と呼ばれ、現代からは「民主政」が機能していなかったとされている時代――

前期（紀元前四二九年から四一三年までの十七年間）

後期（紀元前四一二年から四〇四年までの九年間）

1巻　民主政のはじまり
第一章　ギリシア人て、誰？
第二章　それぞれの国づくり
第三章　侵略者ペルシアに抗して
第四章　ペルシア戦役以降

3巻　都市国家ギリシアの終焉
第一章　アテネの凋落
第二章　脱皮できないスパルタ
第三章　テーべの限界
第四章　マケドニアの台頭

4巻　新しき力
第一章　息子・アレクサンドロス
第二章　ヘレニズム世界

ソロン（Solon、紀元前 640 年頃～前 560 年頃）アテネの政治家。債務による奴隷化を禁止することでアテネに中間層を形成した。
ペイシストラトス（Peisistoratos、紀元前 600 年頃～前 527 年）アテネの政治家。中小農民を保護し、ドラクマ銀貨を流通させるなどして経済振興を図った。
クレイステネス（Kleisthenes、紀元前 565 年頃～前 492 年）アテネの政治家。アテネの行政区分を刷新し、国体改造によって民主政に先鞭をつけた。
テミストクレス（Themistokles、紀元前 524 年頃～前 459 年）アテネの政治家、軍人。アテネに民主政と海軍を確立し、サラミスの海戦でペルシア帝国を撃破した。晩年は陶片追放に処され、ペルシアに亡命した。
アリステイデス（Aristeides、紀元前 530 年～前 462 年）アテネの政治家、軍人。マラトンの戦いでミリティアデスとともにギリシア連合軍を率い、ペルシアを撃破した。

リクルゴス（Licurgos、紀元前 8 世紀後半～前 7 世紀前半）スパルタに憲法をもたらし、王家を監督官が監視する国体を定めた。
レオニダス（Leonidas、？～前 480 年）スパルタ王。テルモピュレーの戦いでわずか三百人の軍勢でペルシア軍に対峙し、壮絶な死を遂げるも強大なペルシア軍に大打撃を与えた。
パウサニアス（Pausanias、紀元前 514 年頃～前 471 年）スパルタ王家出身の軍人。プラタイアの戦いでギリシア連合軍を率い、ペルシア軍を撃破したが、個人が突出するのを嫌う監督官の奸計により死罪となった。

ギリシア人の物語2

民主政の成熟と崩壊

第一部　ペリクレス時代（紀元前四六一年から四二九年までの三十三年間）

——現代からは、「民主政」（デモクラツィア）が、最も良く機能していたとされている時代——

前期（紀元前四六一年から四五一年までの十一年間）

ライヴァル・キモン

紀元前四六二年、アリステイデスが死んだ。アテネ中が、「正義の人」の通称で呼ばれていたこの有力政治家の死を悲しんだ。

実際の彼は富裕階級の想《おも》いを代表していたのだが、彼個人は貧しい生活で一貫していたのだ。権力者なのに清貧に徹しているということくらい、庶民の好感を得るに適した材料もない。

葬式を出す費用もないとわかったとき、都市国家アテネの最高決定機関である市民集会は、国の費用で葬式を挙行することを圧倒的多数で採決した。それだけでなく、婚資もないために結婚できないでいたアリステイデスの娘の結婚費用も、国で出すと決めたのである。アリステイデス自身も、六十八年に及んだ全生涯を、安らかな想いで閉じたことだろう。

常に眼前に立ちふさがる存在であったテミストクレスは、まずは陶片追放で国外に追い払い、次いでは出頭命令に応じなかったという理由で国際指名手配に処し、二年前からはそのテミストクレスがペルシア王の〝政治顧問〟に収まってしまったことで、アテネ政界からの完全な排除に成功していた。

そして、アリステイデスが自分の政治理念である「穏健な民主政」の継承者として育ててきたキモンは、今や四十八歳の男盛り。軍事面でも、マラトンでの対ペルシア戦闘を勝利に導いた父ミリティアデスの才能を継いだのか、次々と華々しい戦果をあげては市民たちを熱狂させていた。

軍事面での才能は、アテネにかぎらず他のすべてのギリシアの都市国家《ポリス》の住民にとって、指導者《リーダー》の最も重要な資質、と考えられていたのには立派な理由がある。敗北で終わろうものなら、武器をとれる年頃の男全員は殺され、女子供は奴隷《どれい》に売られるのが、一般的なギリシアの実情であったのだ。ゆえに、アテネで毎年十人ずつ選出される「ストラテゴス」にも、政治上の才能とともに軍事面での能力を求められるのが当然、と思われていたのである。

これが、紀元前五世紀の後半に入ろうとしていたこの時期、アテネ市民の支持がキモンに集中した理由であり、アリステイデスが、このキモンに後を託せば安心して死ねる、と思った理由であった。

ところが、このキモンは、「正直な人」でもあったのだ。

「正義の人」と讃《たた》えられそれを誇りに生きてきたアリステイデスにしてみれば、正直一筋というキモンの性格は、アテネを率いていくリーダーとしてもこのうえない資質、に思えたのかもしれない。

だが、義に篤《あつ》いとか正直であるとかは、個々の人間関係ならば賞讃に値する「徳」だが、国家の間となるとそうとはかぎらないのが政治の世界である。

アリステイデスの死の一年後、あれほども市民から人気があったキモンを襲ったのが陶片追放だ。自分自身の年齢から推測しても、あと二十年は持つだろうと思って選んだ後継者は、わずか一年で舞台から退場してしまうことになる。

もう一つ、政治のベテランと自負してきた、アリステイデスが犯した誤りがあった。それは、ペリクレスの存在を軽く見ていたことである。と言うより、三十代に入ったばかりのこの若者が、どのような政治を目指しているかを見抜けなかったことであった。

もちろん、ペリクレスの存在は知っていた。長年にわたって、「反テミストクレス」で共闘戦線を張ってきた、盟友クサンティッポスの一人息子である。しかもこの若者は、超のつく富裕階級というだけでなく、いつの時代でもアテネ政界に人材を提供しつづけてきたことでも知られる、アルクメオニデス一門に属している。ゆえに、この一門の娘を妻にしていたキモンとも、縁戚《えんせき》の間柄にあった。

このような環境に生れ育ったペリクレスなのだから、アリスティデスが率いてきた「穏健派」に加わるほうが自然な道だと、「正義の人」は思いこんでいたのかもしれない。

ところが、若きペリクレスは、テミストクレスの政治理念を再興するほうを選ぶことになる。

紀元前四七一年当時にテミストクレスを陶片追放に処した際、裏から糸を引いていたのはアリスティデスだったが、表に立つことでその実現に努めたのは、当時は三十九歳のキモンだった。

その十年後、陶片追放という強行策に打って出ることでキモンの排除に動いたのは、三十四歳のペリクレスである。

アリステイデスが死ぬのがもう一年遅かったら、この「正義の人」も、安らかに死を迎えるどころではなかったかも、と思ってしまう。

それで、都市国家《ポリス》アテネの政治史となると頻繁に名が出てくるアルクメオニデス一門だが、アテネ一と言ってよいほどに有名で有力なこの一門の、勢力維持戦略というか、世渡りの術というかは、なかなかに興味深い。

まず、一門の直系の男であれば資質の別なく盛り立てる、というやり方は採《と》らない。

もちろん、直系の男子に優秀な者がいれば、クレイステネスのときに示されたように、人的ネットワークから経済力からすべてを投じて盛り立てることはした。だが、これほどの男がいないときは、その者が一門の直系男子であろうとそれにはこだわらない。娘たちを活用するのである。才能豊かと見た他家の若者に娘を嫁がせ、その男の応援に一門の持つパワーのすべてが投入される。

ただし、婿《むこ》に迎えることで、内部に取り込むことまではしない。ペイシストラトスもクサンティッポスもキモンも、アルクメオニデス一門の女を妻に迎えていたからこの名門家系とは縁戚関係にあったが、「関係」はそこで留まり、彼ら一人一人は独立していた。ゆえにこの一門との関係が、彼らの政治活動を縛ることはなかったのだ。

ペイシストラトスが布《し》いた僭主《せんしゅ》政体に長年にわたって反対しつづけ、ついにアテネに民主政を確立したのは、アルクメオニデス一門直系でゆえにこの一門の総帥《そうすい》であったクレイステネスである。妻同士の付き合いはあっても夫同士となると、政権抗争にしのぎをけずっていたのだった。このクレイステネスの娘とはいとこ同士という女人を母に持つペリクレスが、親族でもあるキモンの陶片追放に積極的に動いても、アルクメオニデス一門の「勢力維持戦略」では、不思議でも何でもない現象なのであった。

アテネの有力政治家の中でこの有力家門と無関係であったのは、ソロンとテミストクレスの二人のみ、というのだから、勢力維持を目的にした人的ネットワーク作りとしても巧妙にできていた、とするしかない。

このアルクメオニデス一門からは、ペリクレスの後にもう一人、この巻の後半の主人公としてもよいアルキビアデスが出てくる。

ということは、ソロンから始まった民主政時代のアテネの国政を、〝与党〟〝野党〟

に分れはしても、そのほとんどの期間手中にしていたのは、何らかの形でアルクメオニデス一門と関係のあった男たち、ということになる。その「時期」たるや百五十年にもなるのだから、生半可な話ではなかった。次のような情景も、想像可能ではなかったか。

夫同士は市民集会での討議に熱中していても、その妻たちとなると誰か一人の家に集まり、良家の妻の仕事とされていた機織《はたお》りにはげんだり、女同士のおしゃべりに熱中したりして時を過ごす。まだ幼い子供たちは、母親たちのまわりで元気に遊ぶ。それが少年期になると、遊び仲間は学校《スコーラ》でともに学ぶ仲間になり、パレストラに通って身体を鍛える仲間になるのだ。そして、この中の一人が幼少時に父親が戦死したりすると、アルクメオニデス一門による「ネットワーク」が効力を発揮し始める。三歳で父を失《な》くしたアルキビアデスの後見人、つまり父親代わりは、ペリクレスが務めることになるのだから。

しかし話を、縁戚関係にはなくてもアルクメオニデス一門に代表される「穏健民主政」派の有力政治家であったアリステイデスが、なぜ後継者にキモンを選び、キモン以上にアルクメオニデス一門とは近い関係にあるペリクレスには関心を示さなかったのかにもどすが、その理由には、四十代後半のキモン、三十代に入ったばかりのペリクレスという、成熟度の差を重視した理由もあったろうが、この二人の性格のちがいにもあったのではないかと思う。

キモンは、何をやるにしても派手にやる男であった。

戦場に出ている間をぬっての短いアテネ滞在中でも、キモンの屋敷ではしばしば大宴会が催され、そこでは誰でも歓迎された。キモンの家でパーティがあるんだって。じゃあ行こうよ。だけでOKであったのだ。

アテネでは、最も人が集まる場所である「アゴラ」（大市場）でも、キモンの周囲は常に人々がとり囲んでいた。戦場では負け知らずであったこの人は、部下の兵士だけでなく一般の市民たちに対しても、実に、フレンドリーというしかない態度で接したからである。

一方のペリクレスは、その生涯を通して、貴族的と言ってもよい生き方を崩さなかった。

ギリシアの〝ホーム・パーティ〟の様子

まず、招待者の厳選が許されない宴会なるものからして大嫌い。当時のアテネでは、内輪の宴ゆえ招待者を選べる宴会を「シンポジオン」と呼んでいたが、これも好きではなかった。ペリクレス邸でシンポジオンが催されたとは、どの史料にも書かれていない。

ちなみにこの種の集いを分類すると、次のようになるかと思う。

古代アテネの「シンポジオン」――招待者を選び、愉快に飲み食いしながらも、選んだテーマをめぐって意見を交わし合う知的な集い。

現代の「シンポジウム」――招待者を募集し、あらかじめ選んだテーマをめぐって、飲み食いなどはまったくないストイックな環境で、聴講料を払った観衆を前にして、パネリストと呼ばれる有識者たちが順番に意見を述べる集まり。
現代のホーム・パーティ——招待者は選ばれるが、また飲み食いもOKだが、そこで交わされるのはおしゃべりで、一つのテーマをめぐって論戦を闘わせることなどはまず起らない、交遊だけが目的の集い。

多分ペリクレスは、この三種ともが嫌いであったのだと思う。といって、人と会うことまでが嫌いというわけではなかった。

少数の親しい友人を招いてその日の終わりを共に過ごす集まりは、ペリクレス邸ではしばしば開かれていたと史料は伝えている。

誰を招くかはまったく人物本位で、アテネ人であろうが外国人であろうが関係なく、属す階級の差も問題にされなかった。

イオニア地方から来てアテネに住みついた哲学者のアナクサゴラスもいれば、ペリクレス同様に生粋のアテネっ子で属す階級も同じで年齢も同年輩という、悲劇作者のソフォクレスもこのグループの一員。彫刻家で建築家のフィディアスは、社会的地位では低くても、ペリクレス邸での集まりの常連だった。

ただし、ペリクレス邸の集まりでは、他のアテネ人の催す「シンポジオン」とはちがって、酔っ払ったあげくの馬鹿《ばか》騒ぎには無縁であったようである。

ギリシア人はローマ人とちがって、葡萄酒《ぶどうしゅ》で酔っ払う癖がある。つまり、深酒になりやすい。酔ったあげくにところかまわず吐いたり、それ用に作られた薄手の皿を投げ合う遊びも流行《はや》っていたので、古代アテネの〝ホーム・パーティ〟が悪臭と騒音に満たされることも稀《まれ》ではなかった。

これが、ペリクレスの好みには合わなかったのではないか。なぜなら、自分の家でのこの種の集まりをやらなかっただけでなく、人の家でのそれにも行かなかったのだから。

そして、政治家ともなれば避けては通れない、市民集会での演説。ここでも、キモンとペリクレスは正反対だった。

キモンが演説すると、聴衆はワアーと沸く。

一方、ペリクレスが話すと、聴衆は静かに聴き、そして考える。

都市国家《ポリス》アテネは、最下層の市民までが国政参与への一票を持っていたから、大衆民主政と言ってもよい国である。

このアテネを率いていくリーダーにはキモンが適していると、アリスティデスが考えたとしても無理はなかった。大衆民主政の国の「政治家タイプ」ということならば、キモンのほうであったのだから。

しかし、時代は変わるのである。そしてリーダーも、変わりゆく時代に合致したタイプが求められる。キモンが陶片追放で退場した後のアテネを、しかもその後三十年の長きにわたって率いていくのは、大衆民主政の国の政治家タイプとは思われていなかった、ペリクレスになるのである。

宿敵スパルタ

歴史上、「ペリクレス時代」と呼ばれる時代の始まりとされるのがキモンの陶片追放だが、それがなぜ起ったのかを理解するには、三年前までさかのぼらねばならない。

三年前になる紀元前四六四年の夏、すさまじい規模の地震がスパルタを襲った。今から思えば「直下型地震」ではないかと思うが、都市国家スパルタの領国であるラコーニア地方の中でも被害は首都のスパルタに集中し、倒壊を免れた家は九軒のみ、という壊滅状態になる。

ギリシア全体が地震多発地帯なのだが、スパルタのあるペロポネソス半島の南部は地下を地震帯が通っているのかと思うほどに地震が多く、それでスパルタ人もこの天災には慣れていたのだが、その年の被害はひどかった。人々は、「ポセイドンの怒り」だと怖《おそ》れおののき、息をひそめて余震の去るのを待つことしかできなかった。地震は、陸上で起きようと、海神ポセイドンの管轄《かんかつ》下と考えられていたのである。

ゆえに、しばらくは耐えるしかないと覚悟していた首都スパルタの住民だったが、余震が去ったと安堵《あんど》したとたんに、別の危険が迫っていることを知る。物的・人的・精神的な打撃に打ちのめされていた首都に向って、「ヘロット」たちが大挙して押し寄せてきたという知らせだった。

武器を持つのは認められていない半分奴隷の身分にある農奴たちだから、手にしているのは鎌《かま》や斧《おの》や手刃程度であったろう。それでも数ならば、正規のスパルタ市民の十六倍になるのが「ヘロット」だ。しかもこの人々は、胸中には常に、支配者として君臨してきたスパルタ市民への敵愾心《てきがいしん》を持ちつづけていたのである。

都市国家《ポリス》スパルタの成り立ちについては、第一巻の第二章で述べたとおりだが、スパルタは、最下層の市民にまで投票権を与えている、「民主政体」（デモクラツィア）のアテネとはちがう社会構造になっている。

「国家権力が少数者の手に握られている政治形態」を意味する「寡頭《かとう》政体」（オリガルキア）を選択した、都市国家としてつづいてきたのだ。ゆえに国内も、三種類の人間に分れていた。

スパルタ市民——二十歳から六十歳までの現役世代の数ならば、一万五千止まり。彼らのみが兵役を担当する。勇名とどろく「スパルタの戦士」とは、この人々のことだ。

ペリオイコイ——この戦士階級の生活に必要な物を提供する、手工業や商業に従事する人々。

ヘロット——国所有の農奴たちで、支配階級である「スパルタの戦士」のために農作業にはげむのが、この人々の一生の仕事。

これら三階級の比率は、一対七対十六の割合になったというのが、研究者たちの推測した数値。

このスパルタでは、市民であるからこその「義務」である兵役、市民であるからこその「権利」である投票権、を認められていたのは、一万を少し超える数のスパルタ男でしかなかった。ペリオイコイもヘロットも、「市民」、つまり「一人前の男」、ですらもなかったのである。

スパルタでは常に、地震とヘロットの反乱には注意を怠ることは許されない、と言われてきたのも、社会の構成がこれでは当然だ。それが、紀元前四六四年には、間を置かずにつづけて起ってしまったのである。

スパルタが深刻な危機に陥ったという情報は、鎌や斧を手にして首都に進軍中のヘロットの群れから、常には反乱など考えもしなかったペリオイコイにも広がっていく。それどころか、ラコーニア地方の西側にあってスパルタが属国にしていた、メッセニア地方にも広がっていったのだから、これはもう、都市国家スパルタの存亡までも左右しかねない、大事になってしまったということであった。

それでも、この年のスパルタには、王位に就いたばかりで三十歳と若い、アルキダモスがいた。

ペロポネソス半島

若き王は、地震の後始末よりも何よりも、武器を手にできる男たちを総動員する。六十歳以上の引退世代も、二十歳未満でいまだ、ヘロットの首を土産《みやげ》に帰営することで終了する「通過儀礼」さえも果していない若年層も、このときばかりは例外にされなかった。

そして、この全員を率いて、押し寄せてくるヘロットの大群の前に陣を布いたのだ。数はわかっていない。総動員したとはいえ、このときにアルキダモスが率いることのできたスパルタ人の数は、一万を少し超える程度、であったかもしれない。

しかし、さすがに、七歳から六十歳までの生涯を肉体と武術の鍛錬のみに費やしてきた、スパルタの男たちであった。また、地震で倒れた家から掘り出したとはいえ、スパルタの重装歩兵《ホプリーテス》の武具でも武器でも、ヘロットの持つ鎌や斧とは、段ちがいの有効性を見せつける。十倍以上の数になるヘロットを押し返し、首都スパルタからは西に五十キロほど離れたイトメ山中に追いあげるのには成功したのだった。

だが、真の難題はここから始まる。

ギリシアの山は、多量の岩石を積みあげたものと考えるのが適切で、それを攻め落とすのは、堅固《けんご》な城壁に囲まれた城塞《じょうさい》都市を攻めるのと同じことになる。

まず、大量の兵士が必要になる。第二に、攻め方もより複雑なやり方が求められる。スパルタには、岩山全体を囲む封鎖作戦も可能にするほどの数の兵士が、もともとからして存在しなかった。

それに、十六年前のペルシア戦役中、テルモピュレーでの奮闘やプラタイアでの圧勝によって、遠くオリエントの地にまで勇名をとどろかすようになった「スパルタの戦士」だが、彼らが強かったのは、平面上での、つまり平原で戦った場合である。「敵には絶対に背を見せるな」とか、「戦場では勝つか、でなければ死ぬかしかない」

という教えはけっこうだが、それだけを子供の頃から叩《たた》きこまれて育ったスパルタの戦士にとって、上や左右や背後にまで注意しながら闘うのは不得手、と言うより先天的にない、としたほうが適切かもしれない。城壁に囲まれた都市の攻略に成功した例は、スパルタの全史を眺めても一例もないのである。

しかし、スパルタの国民性に反するからと言って、ヘロットたちがこもる岩山の攻略に手間どっていようものなら、反乱の気運はますます、ペリオイコイにも属国メッセニア地方にも広がってしまう。そうなっては、さすがのスパルタも、一万の戦士では守りきれない。

この状況で一年余りが過ぎた後、ついにスパルタも、頭を下げてアテネに救援軍の派遣を要請したのである。

要請すると決めるまでに一年以上もかかったのは、スパルタ人の誇りが許さなかったからだ。

ギリシア存亡の危機であったペルシア軍の侵攻に際して、サラミスの海戦で大勝したのはアテネの功績であった。

しかし、テルモピュレーで、最後は玉砕で終わったとはいえ、わずか三百のスパルタの戦士を率いた王レオニダスは、敵に二万もの犠牲を強いることで、ペルシアの大軍の南下を一週間にわたって阻止したのである。しかもその翌年、プラタイアの平原でペルシア軍を壊滅させたのは、パウサニアス率いるスパルタの戦士たちであった。

そのスパルタが、救援軍派遣の要請をアテネに、スパルタの伝統ではない海軍の派遣を求めるのならまだしも、陸上軍に来てほしいと求めるとは何ごとか。このスパルタの誇りが、アテネへの援軍派遣の要請をちゅうちょさせていたのだった。

しかし、背に腹は代えられなかった。誇り高きスパルタも、ついにアテネに、援軍派遣を求める特使を送るしかなかったのである。

スパルタからの正式な要請を受けて、アテネでは急遽《きゅうきょ》、市民集会が召集された。まっ先に、援軍派遣に賛成したのはキモンである。以前からこの人は、スパルタへの親近感を隠さなかった。息子に、「スパルタの子」という意味の名をつけていたくらいである。

だがこのときは、「情」よりも「理」で勝負に出る。「ギリシアは、アテネとスパルタという両脚がそろっていてこそ立っていられる。だからスパルタを助ける必然性がある」と主張したのだ。

このキモンに反対したのが、政治理念的にはテミストクレスの流れを汲《く》む人々で、キモンが「穏健民主政」ならば、「急進民主政」に与《くみ》する人々である。この時点ではまだ、この派のリーダーはペリクレスではない。彼は次席という感じで、市民集会の場でキモンとの間で論戦を展開したのは、ペリクレスよりは少しばかり年長のエフィアルテスだった。

このエフィアルテスが、どのような理由をあげてキモンに反対したのかは、史料は語ってくれない。だが、ペリクレスよりは数段過激であったと言われていた人だから、次のような理由をあげて反対したのかもしれなかった。

「ヘロットやペリオイコイには市民権を与えず、彼らを搾取《さくしゅ》する社会構造をつづけているスパルタを、アテネが助けてやる必要はない」

しかし、この時期のキモンへの、アテネ市民たちの支持は盤石《ばんじゃく》だった。市民集会は、キモンが主張したすべて、四千の重装歩兵をキモン自ら率いてスパルタを助けに行くとした提案を、賛成多数で可決したのである。

ところが、四千の重装歩兵《ホプリーテス》を従えてスパルタに乗りこんだまではよかったのだが、その直後からのキモンのスパルタでの立場が、奇妙なものになってしまう。キモンの直情的な性格が、衝突の原因になったのかもしれない。「正直な人」と「外交が巧みな人」は、必ずしもイコールではないからだ。

まず軍事面。戦闘の才能には自信を持っていたキモンはスパルタ軍の上層部に、何かと忠告を与えたのが、スパルタの戦士たちの誇りを傷つけたのではないかと思う。

スパルタ人とは頑固なまでに保守的で、自分たちの国体を定めたリクルゴス憲法を護持する想いでも、「なぜ護憲か」、よりも、「何であろうと護憲」、と考える人々なのだ。柔軟性などは薬にしたくもなく、他国の人間の忠告というだけで、それが自分たちの利益になって返ってこようが関係なく、拒否で返してくるのがスパルタ人なのである。キモンが正直に振舞えば振舞うほど、スパルタでの彼が浮いてしまったのも無理はなかった。

そして政治面でも、キモンと四千のアテネ兵の存在は、スパルタ側に疑惑の想いをかき立てる理由になってしまったのだ。

スパルタの国政を事実上仕切っているのは、第一巻でも述べたとおり、年に一度市民集会で選ばれてくる五人の「エフォロス」だが、リクルゴス憲法の番人と自負しているこの五人が、キモンと四千のアテネ兵のスパルタ滞留を、スパルタの社会構造を崩壊に導きかねない脅威として、疑いの眼で見るようになったのである。

いかにスパルタ・シンパで知られるキモンでも、民主政を採用しているアテネの市民であった。

そのキモンに率いられた四千のアテネの重装歩兵、つまりアテネでは中堅市民ということだが、そのアテネ市民四千のスパルタ滞在の真意を、五人の「エフォロス」は疑い始めたのである。

救援とは言ってもその真意は、今やスパルタに反旗をひるがえしているヘロットたちを、陰ながら「救援」することにあるのではないか、と。いや、救援まではしなくても、このスパルタ社会の最下層の人々を力づけることになるのは確実だ、と。気の毒なのは、スパルタを助けたい想いだけで来ている、キモンだった。

しかし、スパルタの国体を護持することこそが自分たちに課された使命、と信じている五人の「エフォロス」にとっては、疑いを抱いたというだけで充分で、その「疑い」の原因を冷静に追究することにはまったく関心がない。疑いを抱いたら、その後は断罪しかないのだ。前巻で私がこの「エフォロス」を、西洋中世に多くの無実の人々を火あぶりにして恥じなかった異端裁判官に似た存在、としたのも、始めに疑いあり、ではなく、終わりまで疑い一筋、が彼ら固有の特質であったからだった。

十年も過ぎていない以前に、プラタイアの平原でペルシアの誇る騎馬軍団相手に完膚《かんぷ》なきまでの勝利をあげ、オリエントにまでスパルタの重装歩兵団の名を高めたパウサニアスを、残酷な死に追いやったのも、この「エフォロス」である。パウサニアス断罪の理由とは、プラタイア戦での名声を利用してヘロットたちを扇動し、ペルシアまで引きこんで反スパルタに起《た》とうとしていた、というものだった。

当時でさえもこの理由は、あくまでも「疑い」にすぎなく、現代では完全な冤罪《えんざい》であったというのが定説になっている。だが、この「五人のエフォロス」こそが国政の事実上の支配者であったのが、スパルタという国の構造であった。

この「エフォロス」から疑いの眼で見られるようになっては、スパルタ滞在中のキモンの立場が微妙になるのも当然である。そして「エフォロス」たちは、疑いを抱いたら即排除、しか頭にない人々でもある。

キモンが突きつけられたのは、やってほしいことはもうなくなったから帰国されたし、であった。頼まれたから来たのに、さしたることもしないうちに用済みにされたのである。

イトメ山に追いあげはしても、反乱者たちはそこでがんばっていて、ヘロット問題の解決にはまだ至っていない。その時期に成されたキモンとアテネ兵への帰国要請だ。「エフォロス」が疑い始めたらどうなるかを示した、これも一例であった。

しかし、スゴスゴと帰国するしかなかったキモンを迎えて、今度はアテネの世論が激昂《げきこう》する。頼んできたから送ってやったのにこの対応は何ごとか、というのだから、激昂も当然だ。

だが、アテネ市民の怒りは、スパルタ側のこの失礼な対応に向けられると同時に、それに抗議もせずにおとなしく帰って来た、キモンに向って爆発した。盤石に見えたキモンへのアテネ市民の支持は、これで一気に急降下してしまう。この機を、反キモン派は見逃さなかったのである。

紀元前四六一年の春、四十九歳のキモンは陶片追放に処されてアテネを去った。十年間、アテネの国政からは排除されたことになる。エフィアルテス率いる急進民主政派の時代が来たことになるが、キモンが退場してさしたる時も経ないうちに、エフィアルテスが暗殺された。下手人は、キモンの心酔者であったという。

だがこれが、政治家キャリアがスタートしたばかりのペリクレスにとっては、幸運になる。早く訪れた父親の死が、何かをやりたいと強く思っている息子にとって、幸運であるのと似て。

実際、急進民主政派のリーダーは直ちに決まる。それまでは次席の感じであったペリクレスの昇格が、この派の誰にとっても最も自然に思われたのだろう。

こうして、三十四歳になったばかりとまだ若く、そのうえ、政治家タイプではまったくなかったペリクレスが、都市国家アテネを率いていく時代が始まるのである。

歴史上では、「ペリクレス時代」と呼ばれるアテネの黄金時代の始まりだが、実情はそうもスムーズに始まったわけではなかった。

三十代のペリクレス

繁栄は、努力や苦労をしなくても謳歌《おうか》できると思うと、完全にまちがう。繁栄を謳歌したければ、それに要する努力や苦労を欠くわけにはいかない。

これが、繁栄への道を切り開いた人間と、その道を確実にする任務を課された人間のちがいで、もしも私がプルタルコスをまねて、ギリシア側から一人、ローマ側から一人を選んで対比列伝を書くとすれば、ペリクレスに対するローマ側の人物は、カエサルの後を継いで初代皇帝になる、アウグストゥスにするだろう。

努力や苦労の性質は、〝創業者〟のそれとはちがう。だが、その中身となるや、優るとも劣らず、と言うしかない。これ以降のペリクレスの三十年間も、努力と苦労の連続になるのである。

まったく、小林秀雄の、「道徳的で精力的な行動家は政治家たらざるをえないという、当時の社会の実情に従ったまでであろう」という言葉は、ペリクレスのために書かれたと思うくらいに。

しかし、〝二代目〟ではあっただけに、若きペリクレスが直面しなければならない課題は明確だった。

第一に、アテネの民主政を機能させること。

言い換えれば、民主政体は維持しながらも、さらなる統治能力の向上に努めること、である。

民主政だけに有権者の要求も多種多様で、それらをいちいち聴き入れていたのでは一歩も前に進めない。リーダーの指導力が問われる由縁だが、言論の自由を完璧《かんぺき》に認めた中でそれを進めていかねばならないのだ。

第二は、ペルシア戦役に勝利したことで手中にした、エーゲ海の制海権を堅持していくこと。

もちろんこの課題の解決には、テミストクレスによって始まった、アテネの海軍力の維持が最大の条件になる。そしてこれは、アテネにとって、軍事上の理由だけでなく経済上でも重要きわまる問題であった。

都市国家アテネは、主食の小麦の輸入から壺《つぼ》やその他の手工業製品の輸出に至るまで、他国との交易で生きてきた国である。軍事的に強力であることは、経済面での有利につながる。

第三は、これまたペルシア戦役に勝利したがゆえの果実である、デロス同盟の堅持。この同盟が健全に機能してこそエーゲ海はギリシア人の海でいられるのだが、それゆえにアテネにとっても死活問題だったが、この同盟には問題点もあった。

それは、アテネが軍事力によって征服した国々の集まりではない、という点である。超大国ペルシアの侵攻には共同して立ち向うしかないとの認識に立って、自主的に集まった都市国家《ポリス》で結成された同盟であった、という点だ。

サラミスの海戦——紀元前四八〇年

デロス同盟結成——紀元前四七七年

ペリクレスがアテネを率いる立場に立った時期——紀元前四六一年から

ペリクレスの苦労は、ギリシア人の間で、ペルシアへの恐怖が薄れていく一方の時代になっても、同盟を堅持しなければならないことにあったのだ。

なにしろ、デロス同盟への参加はあくまでも参加国の自主的判断にゆだねる、とされていたので、自国のトクになる間は参加しつづけても、損になると思うや脱退しかねない。

ギリシア人の自主独立と平等への欲求は同時代の他民族と比べても断じて強かったが、それだけに、このギリシア人をまとめていくのは容易なことではないのだった。

テミストクレスがそれに成功したのは、このギリシア人の眼前に、ペルシアという大敵がそそり立っていたからである。そのテミストクレスによって、ペルシアは今ではエーゲ海から追い出されていたが、その後を継いだのがペリクレスの時代であった。

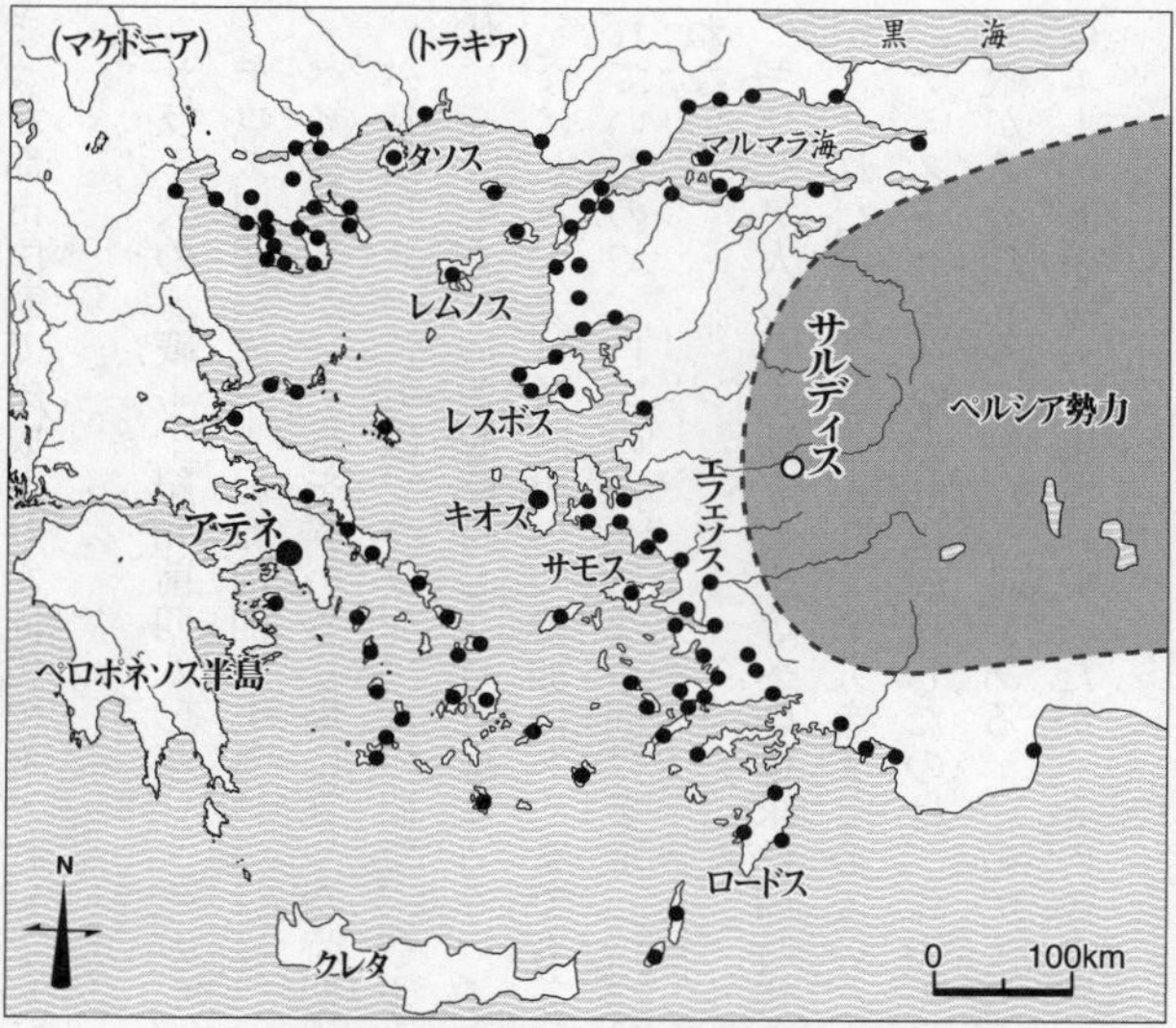

デロス同盟に加盟している主な都市（●印）

課題の第四だが、この実践だけはペリクレスにとって、最も容易であったろう。

都市国家アテネにとっての安全保障は海軍力にかかっているとの見通しに立って、三段層ガレー船団による海軍の増強に努めたのはテミストクレスである。その考えの有効性は、まずはサラミスの海戦で示され、次いではエーゲ海全域の制海権を手中にしたことで、もはやアテネ市民の共通認識になっていた。ペリクレスには、それを着実に続けることだけ、で充分であったのだ。

また、同じくテミストクレスが考え実行してくれていた、アテネと外港ピレウスの間を城壁でつなぐことによる一体化。

これもまたその有効性に、疑いを抱く市民はいなくなっている。ただし、建造からは二十年が過ぎている。本格的な大改造は不可欠だった。ペリクレスに求められたのは、いつ大改造に着手するか、の政治上の決断だけであった。

おそらく、ペリクレスにとって最もむずかしい課題であったのは、可能なかぎり戦争には巻きこまれない、という、第五の課題であったろう。

まずアテネは、デロス同盟だけでなく、他のいくつかの都市国家とも同盟を結んでいた。同盟には、結んだ相手国が助けを求めてきた場合は、援軍を派遣しなければならない義務がある。そして戦争には、弱小国の争いに巻きこまれた末に深入りしてしまう、という性質もある。

またギリシア人とは、四年に一度オリンピアで催される競技会という「休戦」が必要であったほど、戦争ばかりしてきた民族だった。実に簡単に、しかも些細《ささい》な理由で、

ラテン語	Pax
イタリア語	Pace
スペイン語	Paz
フランス語	Paix
英語	Peace

「平和」を意味する各国語

武器を手に戦場に繰り出すのがギリシア人であった、と言っても誤りではない。

今日でも各国で使われている、「平和」を表わす言葉のすべては、ローマ人の言語であったラテン語の「パクス」（PAX）を語源にしているが、「続くからこそ平和」という概念は、ローマ人が創《つく》り出した理念であって、ギリシア人にはない。

あらゆる理念・概念を創造したギリシア人だが、「平和」という理念だけは創り出せなかったのだ。

ギリシア人にとっての戦争をしていない状態は、つかの間の休戦にすぎなかった。競走車のレースで事故でもあると入ってくる「セフティカー」、これが入ってくると追い越しも何もかもが厳禁になるが、そのわずかな間での休戦でしかなかったのである。

このギリシア人が相手では、可能なかぎり戦争には巻きこまれないという一事が、どれほどの難事であったかは想像も容易だろう。

結局、相当な程度に、第一から第四までの課題は乗り越えていけたペリクレスだが、この第五の難事だけは、そうとは言えないままで終わってしまうことになる。原因は、ギリシア人の民族性にあったのか。それとも、ペリクレスもまた、ギリシア人であったからであろうか。

連続当選

歴史家ツキディデスがペリクレス時代を評した言葉の中で、最も有名なのは次の一句である。

――形は民主政体だが、実際はただ一人が支配した時代――

こう言われるとほとんど反射的に、次の疑問が浮んでくる。多数決ですべてが決定する政体を維持しながら、なぜ「ただ一人」が支配できたのであろうか、と。

名門の出身であることなど、メリットには少しもならなかった。反対派の人々だって、そのほとんどが名門の出身なのである。資産家であることも、有利にはならなかった。公金横領罪が存在しなかったくらい、都市国家アテネの国政の担当者たちは、公金を私用に転用する必要もないくらいの資産の持主であったのだ。

そして、いかに名門の出でも大資産家でも、内外とものアテネの国政を担当したければ、「ストラテゴス」（strategos）に選出されなければならない。「トリブス」と呼ばれる選挙区で行われる選挙に、当選しなければならないのだ。

しかもこの、都市国家アテネにとっては行政区でもある「トリブス」は、一ヵ所に集中していない。クレイステネスによる改革で、都市国家アテネの領土であるアッティカ地方の三ヵ所それぞれに分散している。選挙区に帰って有権者たちとの関係を密にする、などということは物理的に不可能。なにしろ、「ストラテゴス」の場合、選挙からして一年に一度行われるのだから。

この状況下で、ペリクレスは、三十三歳で初当選して以来、実に三十二年間にわたって当選しつづけるのだ。落選を示す、史料はない。

選挙権は二十歳以上の男子全員、つまり全市民、に与えられていたのが、都市国家アテネである。このアテネの市民権を持つ人の総数は、この時期ならば六万前後、という研究者たちの推測が正しいとすれば、十に分れていた各「トリブス」ごとの有権者数は、六千人前後ということになる。

ペリクレスの選挙区はアカマンティデスのトリブスであったというが、このトリブスに属す六千人のうちの過半数が、ペリクレスに票を投じつづけたのである。三十年以上にわたって「当選確実」をつづけたのだから、これはもう、現代の政治家でもうらやましいと思うにちがいない。

ペリクレスが「ただ一人」になれた要因の第一は、この連続当選にあったのだった。なにしろ、一度はストラテゴスに当選しペリクレスとは同僚になったソフォクレスは、次の年には選ばれていない。ともに戦場に出向く羽目になったペリクレスが、同年輩で親友でもあるこの悲劇作家を、ストラテゴスを務めるよりは悲劇を書いていてくれたほうがアテネにとって有益だ、と評したというが、ソフォクレスの選挙区の有権者たちも、ギリシアの三大悲劇作家中でも最高峰、とされたこの人に対しても、同様の評価を下したのかもしれなかった。

しかし、二千五百年昔のアテネでは、政治・軍事・外交・経済のすべてを担当する行政の最高機関、今ならば内閣は、十個ある「トリブス」から選ばれてくる十人の「ストラテゴス」が集まって構成されている。現代国家の内閣とちがうのは、総理大臣という地位がないために各大臣を任命することはできないことである。ソフォクレスのように、ストラテゴスとしての能力では可もなく不可もなしでも、政治的にはペリクレスと同意見であれば問題はないが、反対派の人間が選ばれてくる可能性は充分にあった。陶片追放に処したキモンを支持する人は、つまりペリクレスにとっての反対派は、アテネではいまだに強力だった。

この状況下で「ただ一人」になるには、ペリクレスにはまず、自分以外の九人のストラテゴスを説得し、彼の考えに同意させる必要がある。〝閣内一致〟とも言えるこの作業は、欠くわけにはいかなかった。ストラテゴスの中の反対者を放置しようものなら、その国策化の可否を問う場である市民集会で、強硬な反対論を展開されてしまうことになりかねない。〝閣内不一致〟ぐらい、政治担当者に対する有権者の不信を強めることもないのである。この種の「不信」がつみ重なると、民主政は崩壊してしまう。

しかし、民主政の国アテネにとっての最高決定機関は、あくまでも市民集会であった。二十歳以上の男子ならば誰にも、参加し投票する権利が認められていた、市民集会なのである。

自らの考えを国の政策にしたいと願う者にとって、言い換えれば政治家にとって、これ以上の勝負の場はなかった。いかに閣内一致には成功しても、市民集会で引っくり返される可能性は常にあったのだから。

武器は言語

では、これらの〝戦場〟を、ペリクレスは、どのようにして駆け抜けて行ったのであろうか。

彼が使えた唯一《ゆいいつ》の武器は、「言語」であった。言葉を駆使しての説得力だけで三十年もの間勝負しつづけたのだから、これほど民主的なやり方もないとさえ思う。ならば、当時から有名であったというペリクレスの「説得力《エロクエンティア》」とは、どのようなものであったのか。

あるとき、スパルタの王アルキダモスが、訪れたアテネ人に質問した。ペリクレスとは、どのような男なのか、と。

気になるのも当然だ。スパルタの王にしてみれば、ライヴァル・アテネの第一人者がどんな男かを知りたいと思うのは当然なのだから。質問された相手は、次のように答えたという。

「わたしとペリクレスが大勢の観衆を前にして、レスリングを闘っていたとしましょう。その結果、勝ったのはわたしで、観《み》ていた人々も、勝ったのはわたしということで納得する。

ところが、負けたはずなのにペリクレスは、勝ったのは自分のほうだと言い、その理由をあげての主張をしつづける。その結果、何と観衆までが、実際に競技を自分の眼で見ていながら、ペリクレスの主張を聴いているうちに、やはり勝ったのはペリクレスだった、と思うようになるのです」

これを聴いただけならば、ペリクレスの「説得力」とは、もっともらしく聴こえる言葉を並べた「詭弁《きべん》」のたぐいに思える。虚偽の言葉をまくし立てることで観衆を欺《あざむ》く論法であったのかと思ってしまう。

だが、史料に遺《のこ》る彼の言葉や演説を詳細に読みこんでいくと、別の考えにたどりつく。

スポーツに例をとれば、相撲の場合の物言いとか、サッカーの場合の写真判定とか。角度を変えて見れば、先に足がついていたとか、あれではゴールではないとなり、行司や審判が下した判定でもくつがえされる場合が少なくないのに似てくるのだ。

ペリクレスの「説得力《エロクエンティア》」が効力を発揮できた最大の要因は、それを聴くアテネの市民たちに、視点を変えれば事態もこのように見えてくる、と示したところにあった。

忘れてならないのは、市民集会に出席し国政担当者の提案を聴き、それへの賛否を決める市民の数は、アテネの市民総数の十分の一程度でしかなかったが、その人々は、識字率の高さから想像しても、相当に高度な認識力の持主であったことである。

また、ペリクレスと同時代に生きたアテネ人は、ペルシア戦役に勝利しその勝利の果実も完全に活用していることもあって、自信にあふれた人々でもあった。自信があれば、人間は平静な心で判断を下せるのである。反対に、不安になりその現状に怒りを持つようになると、下す判断も極端にゆれ動くように変わる。こうなってしまうと、民主政の危機にはあと一歩、という距離しかない。

しかし、いまだ自信にあふれる市民たちを相手にすることはできたペリクレスが、民主政の国アテネで三十年もの間「ただ一人」でありえた要因は、別の視点を示し、その有効性を説くだけではなかったと思う。彼の演説の進め方にもあったのではないか。

まず、市民に向って、あなた方こそが主権者なのだから要望は遠慮なく言ってくれ、国政を担当するわれわれの役割は国民の要望《ニーズ》を汲みあげてそれを実現することにあるのだから、などということは一言も言わなかった。

それどころか、これこれの理由でこの政策が最も適切であると、彼自身の考えをはっきりと示す。こうして、視点を変えてにしろ現状を分析したうえで、ただしこの政策への可否を決めるのは、あくまでもきみたちだ、と明言する。現代風に言えば、説明責任を完璧に果したうえで可否を問う論法になるが、「ただ一人」でありつづけられた要因には、このほかにもう一つあった。

ペリクレスの演説を聴く人は、最後は常に将来への希望を抱いて聴き終わる、という点である。

なるほどこういう見方もあるのかと感心しながら政策の説明を聴き、その可否の権利は自分にあると言われて悪い気もしないでいるうちに、オレたちもやれるのだ、と思ってくるようになるのだ。ペリクレスの演説を聴いた後は、積極的で明るい気分になって家路につけるというわけであった。

誘い導くという意味の「誘導」という日本語くらい、ペリクレスの論法を表現するにふさわしい言葉もないのではないかと思う。

民主政の国の民であり、言論の自由を満喫していたアテネ人を、強制して連れて行くなどということ自体が無理なのだ。だから、理をつくして「誘い導く」、つまり、理をつくしてリードしていくしか有効なやり方はなかったのだが、それにしても、その巧妙さには驚嘆するしかない。真の意味での政治家であった、と思うしかないのである。

競技を例に引いてのペリクレス評には笑ったというスパルタの王だが、笑った後で、会ってみたいと言ったという。そして、実際に会うことになる。会った後は、親友の仲になる。

ペリクレスよりは一歳にしろ年下であったというスパルタの王アルキダモスだが、ライヴァル・アテネの第一人者であり続けたペリクレスの説得力の成功因が、詭弁を弄《ろう》することにはなく、巧みに誘導することにあるのを見抜いたのにちがいない。アルキダモス自身も、口下手なスパルタ男には珍しく、理《ことわり》に基づいての論理的な思考が充分にできる人であった。

若き権力者たち

しかし、国内をいかに巧みに誘導できても、それだけでは三十年以上もの間、「ただ一人」でありつづけることはできない。内政といえども、他国との関係に影響を受けざるをえないからである。

ペリクレスがアテネの第一人者でありつづけた三十年間、アテネが絶対に意識せざるをえなかった強国は、スパルタとペルシアであった。この時代の東地中海世界の三大強国が、アテネとスパルタとペルシアであったからである。

国体は、それぞれ異なる。民主政のアテネ、寡頭政のスパルタ、そして専制君主政のペルシアと。

でありながらこの三国は、偶然とはいえこの時期、いずれも三十代に入ったばかりの男がトップの地位に就いており、それも以後三十年以上にもわたって、その地位に留まりつづけるのである。

もちろん三者ともが、それぞれにしろ苦労の種をかかえていた。

ペリクレスにとっては、要求度があがる一方の市民に満足を与えながらも、それとアテネの国益が両立する方向に導いていくという苦労。

スパルタの王アルキダモスには、王の権力を牽制《けんせい》することこそが自分たちに課された任務と信じて疑わない、五人の「エフォロス」という存在が立ちふさがっていた。エフォロスに疑いをかけられようものなら、パウサニアスの例を思い起すまでもなく、王とて死刑に処されかねないのがスパルタであった。

専制君主政の帝国の主《あるじ》なのだから、地位保全の心配など無用に見えるペルシアの王アルタ・クセルクセスだが、彼とて苦労に無縁な生涯を送れたわけではない。サラミスの海戦の勝利者テミストクレスを〝政治顧問〟に迎えるなどという愉快なエピソードで治世をスタートさせたこの若き王にとって、最も心配しなければならないのは、対外的に「弱腰」と見なされることであった。

いったん弱腰と見なされるや、支配下にあるエジプトその他の属国が直ちに反乱を起すだけでは済まず、それを大義名分にかかげた王族内部の不満分子によって、暗殺される危険が常にあったからである。

しかし、このような苦労をかかえていたにかかわらず、この三者に共通していたのが「良識」であった。いずれも同年輩の彼ら三人は、今で言う、「ボンサンス」の持主でもあったのだ。

戦争は、起ったろう。なぜならこの三者にとっての国内の敵は、ナショナリスト、としてもよい人々であったのだから。だが、それでも、適度な時に落としどころを見つけ歩み寄りに持っていければ、起ってしまった戦争でも、長びき深入りしてしまう危険ならば避けることはできる。

ペリクレスが「ただ一人」でいられたおよそ三十年間は、アテネが繁栄を謳歌した時代であったとは、歴史上の定説になっている。

しかし、それが可能になった要因の一つには、このアテネにとっては仮想敵国でもあるスパルタとペルシアのトップに、良識に富む人がいたからではなかったか、とさえ思う。

国家	名前	生没年(紀元前)	第一人者であった歳月	在任期間
アテネ	ペリクレス	495-429年	461-430年	31年間
スパルタ	アルキダモス	494-427年	464-427年	37年間
ペルシア	アルタ・クセルクセス	495-425年	464-425 年	39年間

なにしろペリクレスにも、欠陥はあった。政治家としては超一流でも軍事上の才能となると、英国の学者の言葉を借りれば、「相当な程度にはこなすがそれ以上ではない」、という水準でしかなかったからで、そこを敵側に突かれようものなら、繁栄を謳歌するどころではなかったにちがいない。

政治家としても軍人としても超一流であった人は、西洋史上ではユリウス・カエサルを措《お》いて他にはいない、と私は思っている。武将としての才能ならば、アレクサンダー大王もハンニバルもスキピオも超一流だが、政治上の才能となると、ローマ帝国という、長期にわたって存続可能な多民族国家を構想し、それを後継者に託すことで実現に持っていった、カエサルには及ばないと思うのだ。

ところがこの人は、自らの構想の実現という彼にとっての最重要事を託す後継者に、すでに軍事面では相当な実績をあげていた、副将でもあったアントニウスを選ばなかった。それどころか、いまだ十七歳で実績に至ってはゼロもよいところの、オクタヴィアヌス（後のアウグストゥス）を選んだのである。帝国を率いていくには、「情の人」よりも「智《ち》の人」が適している、と考えたからだろう。

だが、この十七歳には、軍事の才能が、まったくと言ってよいほどに欠けていた。それも見抜いていたカエサルだが、後継者と決めていた十七歳に、今から習得せよなどという、非現実的なことは求めなかった。それよりも、実現可能な策で、十七歳の欠陥を埋めたのだ。

同じ年齢の一人の兵士を抜擢《ばってき》して、「右腕」にすえたのである。戦闘はこのアグリッパにまかせよ、というわけだ。

アグリッパという存在がなかったら、「智の人」アウグストゥスでも、ローマ帝国初代の皇帝にはなれなかったと思うくらいである。なにしろ、これからスタートするローマ帝国を率いていく人を最終的に決めることになる「アクティウムの海戦」で対決した相手は、他ならぬあのアントニウスであったのだから。

ペリクレスには、「アグリッパ」がいなかった。

研究者の中には、だからキモンを陶片追放になどしないで二人で協力し合えばよかったのだ、と言う人がいる。だがそれは、無理な話だ。

キモンは軍事面での能力では優れているが政治的には親スパルタ派で、一方のペリクレスにとってのスパルタは、アテネの国勢と国威の向上の障害になりかねない、仮想敵国である。

陶片追放によって排除していなければ、キモンもまた、「ストラテゴス」には連続して当選していただろう。

ペリクレスも、毎年ストラテゴスに当選しつづける。

そうなれば、十人いる「ストラテゴス」は二派に分れて対立することになり、〝閣内不一致〟が常態化してしまう。市民集会も、この両者の間の論争で終始しかねず、悪くすれば内乱にさえもなりかねないのであった。両雄並び立たず、とでも思うしかない。

ペリクレスの演説

それにしても、政治的才能と軍事面での才能は、何がどうちがうのであろうか。厳密な学問的分析ではなく、ごく普通の常識に立って考えれば、次のようになるかと思う。

　政治的才能――時間をかけて考えをめぐらせ、つまり熟考を重ねたうえで到達した結論を、国の政策として実施に持っていく能力。

　軍事面での才能――臨機応変が鉄則になる戦場では、熟考などしていては部下の将兵全員を死に追いやりかねない。ゆえに戦場では、即時に決断し即時に実行する、瞬発力と言ってもよい能力が不可欠になる。

「戦場では、主導権をにぎった側が勝つ」と言ったのは、この百年後に登場してくるアレクサンダー大王だが、「主導権をにぎった側が勝つ」とは、何も戦場にかぎらない。市民集会でも、完全に通用する真理である。

　ただし、ちがいはある。

　戦場では、主導権を手中にするには即座に行う必要があるが、政治の場では、ゆっくりと時間をかけることでより着実に手中にしていくことができる、という点がちがう。

　ペリクレスも、市民集会で演説するときは、充分な準備をしたうえで臨むのが常であったという。

演説と言っても、単なるスピーチではない。彼の考えた政策が都市国家アテネの国策になれるか否《いな》かはアテネ市民が決めるので、市民集会はペリクレスにとって、戦場と言ってよかった。

ゆえにまず、作業は自宅で草稿を書くことから始まる。次いでそれを、時間をかけて手を入れることで、完成稿にしていく。だが、〝ペーパー〟を手に話そうものならそれだけで陶片追放にしかねないのがアテネ人だ。〝ペーパー〟は充分に読みこみ、完全に自分のものにしておく必要がある。そのためには、声に出しての練習も欠くわけにはいかなかったろう。

歴史家ツキディデスを通してわれわれが知っているペリクレスの見事な演説も、熟考し推敲《すいこう》を重ねたうえの成果かと思うと、物書きを業とする私などはいたく親近感を抱いてしまうが、親近感どころか殺してやりたいとさえ思うのはユリウス・カエサルである。戦記文学の傑作とされる『ガリア戦記』をこの人は口述することで完成させたのだが、その場にいた人の証言によれば、それだけですでに文章になっていて、手を入れる必要などはまったくない出来であったという。カエサルはやはり、「文武両道の極」と言ってもよい人であったのだ。

「武の人」よりも「政の人」であったと思うペリクレスだが、それだけになお、市民集会で成されることの多かった意地悪な反論に対して、即座に切り返すための瞬発力も欠くことは許されなかった。

ある年、紀元前四四五年前後となればペリクレスも五十歳になっていた年のことになるが、始まっていたパルテノン神殿の建築工事に莫大《ばくだい》な国費が投入されている事実をあげて、反対派がそれを理由にペリクレスの失脚をはかったことがあった。

これに対してペリクレスは、並の政治家ならばやったにちがいない、パルテノン建造が、莫大な額になろうとも国費を投入する価値のある公共事業であることを、言葉をつくして説くようなことはしなかった。その代わりに言った。

「国費を投入する価値はないというのなら、費用は全額わたしが負担する。だがその場合は、完成した神殿の前に、『これはペリクレスが私費で完成した』と刻んだ石碑を立てることを条件にしたい。

ゆえに市民諸君に求められているのは、これまでのように国費で工事をつづけるか、それとも、これ以後はわたしの負担でつづけるか、のどちらかを決めることでしかない」

アクロポリスの丘の上にそびえ立つパルテノン神殿は、他国から訪れる人々までもが眼を見張る壮麗さで姿を現わしつつあった。

市民集会は、国費による工事続行を、つまり都市国家アテネの市民全員のものとして行うことを、再確認したのである。ペリクレス失脚の試みが、失敗に終わったのは言うまでもない。

熟考の末であろうと即座に発揮される瞬発力であろうと、ペリクレスにとっての最良の武器は、やはり言葉であったのだ。だからこそ、主権在民の民主政の国であり、権力者への批判も完全に自由でありながら、その国の「ただ一人」でありつづけることができたのである。

地盤固め

しかし、言葉を駆使する能力だけでは充分ではない。自らの政治理念を実現するには、それを可能にしてくれる権力が必要だ。その権力を彼に託すのも、主権在民の国アテネだけに、市民権を持つ人々になる。

三十四歳で政治キャリアをスタートさせた当時のペリクレスにとって、支持基盤の確立は最優先事項であった。前に述べた事情によって、自分が属す選挙区から選ばれるだけでなれる、「ストラテゴス」に就任するのでは充分ではなかった。これだけならば、「十人のうちの一人」でしかない。

それゆえ、スタート当初のペリクレスが提案し市民集会が可決した法の多くが、アテネ市民の既得権を保護し、彼らの立場の向上を目的にしたものになったのも当然である。

その中でも、アテネの市民権を制限した法は、当時は評判が良かったにかかわらず、現代の学者たちからは「反動」と批判されることになる法になる。

アテネ市民権は、以前のように父親がアテネ市民権所有者であるだけでは権利はなく、これからは母親もアテネ生れでなければならないと決めた法であったからだ。以前にまで遡《さかのぼ》るとなれば母親が他国出のテミストクレスやキモンもアテネ市民ではなくなってしまうことになるが、ペリクレスによる法ではあくまでも、以前は対象外だがこれ以後は対象内になるということであり、他国に住むアテネ人の市民権も、同じあつかいになる。とは言っても、市民の数の制限を目的にした法であるのは事実であった。

この法は、市民集会で、賛成多数で簡単に可決した。ペルシア戦役の勝利によって、アテネにはこの二十年間、他国民の流入が増す一方であったので、それを見る市民の中に不満が起り始めており、その彼らが市民集会で、賛成の票を投じたからだった。民主政の国では、市民には誰にでも、権利は平等に保証されねばならないと決まっている。だがそれを、条文どおり忠実に実施すると、既得権者の反撥《はんぱつ》を呼び起しかねない。

この時期のアテネの既得権者、市民権の有無にかぎっての既得権者とは、二十年前に闘われたペルシアとの戦争では、勝利の原動力になった人々である。

その彼らが、戦争には参加しないでおきながら、戦争に勝ったおかげで繁栄しているアテネに今になってノコノコ移ってきて、われわれと同等の権利を享受《きょうじゅ》するとは何ごとか、と思ったとて、心情的には理解できる。

なにしろ、新入りとは国外に住んでいたアテネ市民で、その多くは現地の女を妻にしていた人々であった。

ペリクレスも、自らの支持基盤を確実にしたければ、これら新入りたちとは一線を画したい想《おも》いでいる、既得権層を無視することは許されなかったのだった。

だが、ペリクレスによるこの法が、単なる反動とされるのには同意できない。なぜなら、外国人の流入自体は、まったく制限していないからである。

アテネの市民権を持つ者には、権利として国政への参与が認められ、義務として兵役が課されていた。こうして国の安全保障を担《にな》う身である以上は、直接税も免除されている。

しかし、この種の特権は得られなくてもアテネに住んで仕事をしたい、と思う外国人はいる。ペルシア戦役に勝って以後のアテネには、この種の外国人の移住が激増していたのだった。

経済人にとって、ペリクレス時代のアテネは、ビジネス的には実に魅力ある都市であったろう。

アテネ自体が、首都とその外港ピレウスの一体化によって、一大経済センターになって久しい。何よりもアテネに、売れる物産を生産する能力があり、ゆえに他国の物産を購入する資金にも不足しない。ピレウスの近くには造船専門の港が二つもあるので、自国から乗ってきた船の修理を頼むのにも便利。

エーゲ海全域も、圧倒的な力を誇るアテネ海軍の制海圏内に入るので、商船と見るや襲ってくる海賊による被害も激減している。アテネ主導のデロス同盟にはエーゲ海の島のほぼすべてが参加しているので、嵐《あらし》に会って避難するときも、これらの島々から拒絶される心配もない。

経済力があがれば、その国の通貨も計量法も外国でも通用するようになるので、アテネのドラクマ銀貨は、国際通貨にもなっていた。

つまり、ペリクレス時代のアテネは、今で言えば、広域経済圏を実現していたのである。ビジネスマンが活躍するのには、最上の環境ではなかったか。

しかし、カネを稼ぐのは目的ではないがアテネには住みたい、と思う他国の人も多かった。古代にはその言葉はなかったが、「文化人」と総称してもよい人々である。

ペリクレス時代のアテネでは、哲学者、歴史家、劇作家、詩人、画家、彫刻家、建築家、になる。要するに、自らの頭脳と手を武器にしての創造を、生涯の仕事と決めた人々である。

この種の人々にはアテネ生れも多かったが、生れたのは外国でも、創作活動が全開したのはアテネに移り住んで以後、という人も少なくなかった。有名な人だけでも、歴史家のヘロドトス、彫像作家のミロン、哲学者のアナクサゴラスと、名をあげるのに苦労しない。

なぜこの種の人々が、あの時代になって急に、草木もなびくとでもいう感じでアテネを目指したのか。

まず、「チャンス」があった。

ギリシア人とは建てるとなると何よりも先に神殿を建てる民族だが、神殿の建築とは総合芸術と言ってもよい。建築家から彫刻家から石工まで、あらゆる職人が集まり、しかも完成までは数年かかる。そして神殿には、神々の像がつきものだった。

そのうえギリシアには、オリンピアで開かれる競技会を始めとして、大規模なものだけでも四つもの競技会が、四年か二年に一度催されるのである。

優勝した者は所属する都市国家の名誉とされていたので、彼らの姿を模した立像の制作の依頼も、数限りなくあったのだ。

競い合うのは、スポーツだけとはかぎらない。アテネでは毎年、演劇祭も催されていたので、悲劇作家も喜劇作家も、年に数作は書きあげる必要があったのである。

買い手も、常にいた。アテネでは富裕者にカネを吐き出させる手段の一つとして、演劇を上演する際にかかる全費用の負担を義務づけていたからで、ペリクレスも、悲劇作家アイスキュロス作の、『ペルシア人』の上演のスポンサーを務めたことがある。

しかし、創作を生涯の仕事と決めている者にとっての最高の恵みは、他人の作品に接したりその人自身に会ったりすることで受ける刺激だ。この種の刺激くらい、それまで思ってもいなかったことを感じさせ、考えさせてくれるものもない。創作を志した者は、この種の恵みくらい、自分の作品の向上に役立つものもないのを知っているからである。

ペリクレス時代のアテネは、彼らにとっても、最上の環境ではなかったかと思う。ペリクレス自身、アテネはギリシア中の人々にとっての「学校」だと言っている。

プラトンによる「アカデミア」、アリストテレスによる「リュケイオン」が創設されるのはもっと後のことになるが、この種の学校ができるより前に、すでにアテネは、好奇心にあふれ感受性も豊かな人々にとって、「学校」であったのだった。

この種の現象は、カエサルからアウグストゥスにつづいた時期のローマでも起る。また、もっと時代が下って、ルネサンス時代のイタリアのフィレンツェでも起るのだ。

なぜか。人が集まるからである。それもとくに、創作欲に燃えている人々が。この種の人々の流れを見れば、その国が繁栄に向っているかどうかがわかる、と思うほどである。

しかし、ペリクレスは政治家であった。文化の振興も重要だが、国民の安全と生活の向上も同様に重要視するのが最大の責務になる、政治家であったのだ。

究極の「デモクラツィア」

そのペリクレスが提案し成立させた法で、現代ではこれこそがアテネの民主政を象徴した政策とされているのが、公職に就く市民にはその間、日給を支払うと決めた法である。

アテネには、紀元前五〇八年のクレイステネスによる改革以来、「ブレ」と呼ばれていた、国の公務を担当する機関がある。十ある選挙区のすべてから抽選で選ばれてくる、合計すれば五百人で構成され、勤務期間は一年。種々の仕事をこなさねばならない公務員なので、その一年間は事実上、公務以外の仕事はできなくなる。

アテネの市民全員は、ソロンによる改革以来、資産の多寡《たか》によって四階級に分けられていた。

ほぼ確実に、キモン、ペリクレス、悲劇作家のソフォクレス、歴史家のツキディデスは、アテネでは富裕者と見なされていた第一階級か第二階級に属す。哲学者のソクラテスは、町中に出て無料で真理への道を説くのを自分の仕事と考えていた人で、それでも家族は生活していけたのだから、さしたるものではなかったとしても資産はあったにちがいなく、二度も重装歩兵として兵役に従事している事実からも、第三階級には属していたと思われる。

要するに、ソロンによる改革が成立して以来、アテネに百五十年つづいてきた四階級の制度は、ただ単に所有する資産の多寡で分けたにすぎなく、個人としての活動に影響を与えるものではなかった。

ペリクレス時代に最盛期を迎える文化活動の一つはギリシア悲劇だが、これを一身に背負っていたのは、三大悲劇作家といわれるアイスキュロスとソフォクレスとエウリピデスである。だが、この三人ともが、属す階級ならばちがっていた。アイスキュロスは、サラミスの海戦に参戦していたというから、第三か第四の階級に属していたのだろう。

ソフォクレスは、「ストラテゴス」に当選しペリクレスとともに司令官として軍を率いたくらいだから、ほぼ確実に第一階級に属す。

後にはマケドニアの王様という〝ファン〟を得て恵まれた生活を送ったといわれるエウリピデスだが、生鮮食料をあつかうのを仕事にしていた両親から生れている。となれば明らかに、第四階級に生れていた。

そして、建築や彫刻を仕事にするのは職人、と思われていた時代である。ペリクレスとは親しい仲で、そのペリクレスの依頼でパルテノンの建造工事では総合監督を務め、自らも、今なお大英博物館の至宝になっているレリーフ群を制作したフィディアスもまた、階級ならば第四階級に属していただろう。

このようにアテネの階級制は、創作活動には、まったくと言ってよいほど無関係であったのだ。

階級制などは吹きとばすくらいの異分子による知的感性的刺激があったからこそ、ギリシア文化はあれほどの見事さで花開いたのである。

ただし、このアテネでも問題はあった。「テテス」と呼ばれていた第四階級に属していても、文化や創作には無縁の一般庶民である。ローマ人が「プロレターリ」と呼ぶことになる人々だが、ローマ人はこのプロレターリを、資産はないが日々働くことによって家族を養っていける人々、と定義している。

ギリシアのアテネでは、農民や職人や商人がこの階級に属していたが、民主政アテネではこの人々も立派に市民で、ゆえに市民の権利である国政への参加とともに、義務である兵役も課されている。軽装歩兵とか軍船の漕《こ》ぎ手だが、とくに軍船の漕ぎ手は、サラミスの海戦の勝利の原動力であったことから、第四階級に属すとはいえ立場は強くなっていた。

しかし、この人々は、日々働くからこそ家族を養っていける人々である。戦時となれば祖国の危機だからとタダで兵役に就くことは甘受しても、平時に公務員をすることによって収入の道が断たれるのを、甘んじて受ける余裕まではない人々だ。

それで、抽選では選ばれても、辞退する者が少なくなかったのである。

これでは民主主義の理念に反すると、ペリクレスは考えたのだろう。都市国家アテネが実際はどのようにして運営されているかを体験できる好機というのに、生活していけないからという理由で辞退する者が出るのは、市民に平等な権利を保証している民主政国家アテネにはふさわしくない、と考えたのかもしれない。

それで、公務遂行期間は日給を支払うと定めた法を、市民集会に提出したのだった。

日給の額は、おおよそにしても、この人々の一日の収入と同程度か、少しばかり下まわる程度、であったというから、金額自体はたいしたことはない。また、抽選で選ばれて「ブレ」の一員になった者の全員が、日給を支払われていたということでもないらしかった。ソクラテスも一度「ブレ」の一員になったことがあるが、その間日給を受けていたことをうかがわせる史料はない。おそらく、抽選で選ばれた「ブレ」の五百人の中で、第四階級に属す者だけが日給の受給者ではなかったかと思う。

だが、それでもなお、当時では前代未聞《みもん》の政策であった。兵役であろうが事務上の業務であろうが、公務である以上は無報酬で遂行するのが市民権を持つ者の義務、と考えられていた時代である。たとえ少額でも給料を与えると決めることへの反対は強かった。市民社会の理念に反する、というのが反対の理由だ。だが市民集会は賛成多数で、この法案を成立させたのである。

それでも反対の声は止《や》まず、ペリクレスは権力欲しさに票をカネで、しかも国のカネを使って買った、と非難された。

もしもこのときに、キモンが陶片追放されずにアテネにいたら、この人々の陣頭に立って反対していただろう。「穏健的民主派」のリーダーであったキモンから見れば、ペリクレスは、「過激な民主派」に見えたにちがいないのだから。

だが、これを機に、ペリクレスへの市民の支持は盤石《ばんじゃく》になっていく。キモンが不在の間に支持基盤を確実にしてしまうと決めたペリクレスの政治感覚は、冴《さ》えていたとするしかなかった。

しかし、政治感覚《センス》では優れていても軍事面での才能は充分ではなかったことは、やはりペリクレスにとっては無視できない弱点であった。

軍事上の才能とは、戦場で駆使される戦術に留まらない。戦場に行く以前に決めておかねばならない、戦略というものがある。

ペリクレスの公職名は「ストラテゴス」。ストラテジーの語源になる言葉である。この公職に就いている以上は、政略・軍略双方ともの最高司令官でなければならないのであった。

キモン、帰る

紀元前四六〇年から四五〇年までの十年間、年齢では三十五歳から四十五歳までの十年間のペリクレスは、やはり相当に、キモンを意識していたのではないかと思う。キモンが陶片追放によってアテネ政界から離れている間に、この政敵に比肩《ひけん》しうる軍事上の業績をあげたいという想いに駆られていたのではないかと思うのだ。

当時のアテネの軍事力は、他の都市国家《ポリス》のどこと比べようと、群を抜く規模にあった。民主政の国なので、アテネでは、「プロレターリ」までが市民であったからで、彼らまでも加えた市民の総数、おおよそにしても六万。もちろん、二十歳から五十歳までの、いざとなれば武器を手に戦場に駆けつけられる、現役市民の数である。

一方、アテネと並び称される強国のスパルタだが、寡頭政でつづいているので、一万を少し超える数の成年男子にしか、市民権を与えていない。

そして戦場には、市民権をもつ兵士しか連れて行けないのが、当時のギリシアの不文律であった。

第一巻を読んだ人の一人が、「民主政とは、安全保障と表裏一体であるのがよくわかった」という感想を寄せてくれたが、ぶっちゃけて言えば、アテネの民主政には、戦場へ連れて行ける兵士の数を増やすという意図がひそんでいたのである。

この、冷徹極まる政治上の本音を、民主政を確立した当の人であるクレイステネスも知っていたし、それを活用することでペルシア帝国に勝利したテミストクレスも、その後につづいた政治家たちの全員も、「穏健派」「急進派」の別なく、完璧《かんぺき》に理解していたのである。なぜなら、使える兵数ならば、アテネはスパルタの六倍になるのだから。

しかし、スパルタの一万は、武術の鍛錬のみで一生を送る、プロの戦士集団である。

一方のアテネも市民皆兵という面では同じだが、平時には普通の生活を送っている生活者たちだ。

ソフォクレスは、ストラテゴスに選ばれた年は軍船団を率いて戦場に向うが、選ばれなければ悲劇を書いていただろうし、ソクラテスも徴兵されれば歩兵として兵役に就くが、徴兵されなければ、町に出かけて青少年相手に彼の哲学を説くのが、本来の自分の仕事と思っていたにちがいない。

また、海軍によってペルシアに勝ったテミストクレス以来、アテネの軍事力の主力は海軍という認識で定着している。とはいえ、三段層ガレー船を戦力化するには、漕ぎ手だけでも百七十人が必要であり、軍船一隻《せき》を海に送り出すには、船を操縦する者から戦闘専用の重装歩兵まで加えて、少なく踏んでも二百人が必要になる。

しかもアテネはデロス同盟の盟主なので、その制海圏内になるエーゲ海のパトロールから同盟に加盟する国々の防衛まで引き受けねばならない立場にある。その責任を果すには常時百隻は海に出さねばならず、いざとなればその数は二倍に増える。海軍だけでもアテネは常に、二万から四万の兵士が必要だった。

海軍を持っていないスパルタと比べれば、持っていることの有利は大きかった。だが、ギリシアの都市国家中最大の軍事力を持ったアテネの優位は、「圧倒的」では決してなかったのである。

この、「比較的」ならば優位という現実を冷徹に見極めていれば、戦線の分散化とか、補給が困難なエジプトにまで遠征を強行するとかはやれなかったはずである。だが、ペリクレスはやってしまった。そして結果は、よくぞ陶片追放されないで済んだ、で終わるのだ。

中部ギリシアのタナグラでのスパルタとの戦闘は、アテネと正面きってぶつかる気のなかったスパルタが、祝祭を理由に帰国してくれたので大事にはならなかったが、エジプト遠征は、ナイル河の水位の変化を読めなかったこともあり、またエジプトを支配していたペルシアの反撃も重なって、散々な結果に終わってしまうのである。

陶片追放されてもしかたがない結果だったが、彼自らが遠征軍を率いていなかったこともあってか、そこまでの責任追及はされなかったようである。ただし、アクロポリスの丘から発掘された陶片の中には、ペリクレスの名を刻んだ陶片も少なくない。追放に処すには必要とされていた六千票の過半数に名を記されるのだけは免れた、ということかもしれない。

いずれにしても、強気一方で好戦的にさえ映るこの時期のペリクレスは、相当に危ない橋を渡っていたのは事実であった。

この時期、他国で追放生活を送っていたキモンが、陶片追放の期間を終えて十年ぶりに帰国する。そしてただちに「ストラテゴス」に当選し、アテネ政界への復帰も果した。戦闘の巧者キモンも、五十九歳になっていた。

この時期に、キモンとペリクレスとの間で、内密の話し合いがもたれたのではないかと思うが、それを実証する史料はない。しかし、そのこと自体を記した史料はなくても、前後の史実から想像することならばできる。

なにしろこの二人は、政治的には対立していても、縁戚《えんせき》関係を通じてアルクメオニデス一門に属す。内密の話し合いには、好都合な環境でもあった。

こうして、五十九歳と四十四歳の二人の「ストラテゴス」の間で、「棲《す》み分け」への同意が成ったのではないかと想像する。

キモンは、自分が追放されていた十年の間にペリクレスが成立させていた、政策のすべてを容認する。

これは、キモンの帰国を心待ちにしていた反ペリクレス派を、黙らせる効果はあった。

キモンが容認した政策の中には、アテネと外港ピレウスの間を両側ともに堅固な城壁でつなげることでの一体化があった。二十年前にテミストクレスが建設させた当時は完成を急ぐことのほうが優先していたので、二十年が過ぎた今、あの当時のテミストクレスの意図を完全に継承したければ、本格的な改造工事が必要になっていたのである。

キモンは、彼には師のような存在であったアリステイデスとともに、アテネ・ピレウス一体化が完璧になるこの工事には、以前から反対だった。スパルタを刺激する、というのがその理由である。

スパルタがこの「一体化」を、常に不快な想いで見ていたのも事実であったのだ。この「一体化」が完璧になれば、いかに陸側から攻められようと、首都アテネは陥《お》ちなくなる。アテネ人が「長い壁」と呼んでいた、両側が堅固な壁で守られた幅二百メートルの通路で結ばれている外港ピレウスを通して、籠城《ろうじょう》戦に必要な物資はすべて海外から輸入でき、それを可能にする船団も、アテネには充分にあった。

それゆえスパルタは、「長い壁」工事を、スパルタを念頭に置いてのアテネの安全

アテネ市街と一体化されたピレウス港

保障政策と受けとり、不快感を持ちつづけていたのである。

実際、ペルシアを追い払った後にアテネが心配しなければならない陸上からの敵はスパルタである、との見通しに立ってこの工事を断行したのがテミストクレスであったから、スパルタの不快感にも根拠はあったのだ。しかし、このテミストクレスを多くの面で受け継いできたペリクレスが、本格的な改造工事を決行したのも、これまた当然であったのだった。

ではなぜ、スパルタ・シンパで一貫してきたキモンが、容認に踏み切ったのか。

理由は実に簡単で、まるで〝キモンの居ぬ間に〟とでもいう感じでキモン追放の二年後には早くも着工していたこの大工事はすでに完成しており、アテネ人がそれによる利益を享受するようになってからも数年が過ぎている。これに今になって反対の声をあげても、政治的には自殺行為でしかなかった。

反対しようものなら政治的には自殺行為になること必至、の政策はもう一つあった。デロス同盟の基金の貯蔵場所を、設立してから二十四年が過ぎた紀元前四五三年になって、デロス島からアテネに移したことである。

それを断行したペリクレスのあげた理由は、小島のデロスに置きつづけるのは海賊に奪い去られる危険がある、というものだったが、これを信じたギリシア人は少なかった。

デロス島は、アポロン神への信仰の聖地とされてきた島で、神さまが預かってくれているカネを奪うなどはしないという程度には、海賊も信心深かったのである。当時のギリシアでは、各地にある神殿を預金先にする国《ポリス》や個人が多かった。

「デロス同盟」とは、エーゲ海に面する都市国家《ポリス》や島が、共同して防衛にあたることを目的にして設立された同盟である。また、加盟国はそれぞれ、自国の力に応じて参加することも認められている。参加国には、アテネのように軍船二百隻を出航させる力を持つ国と、それに次ぐ力を持っていたレスボスやキオスの島々、また中には、一隻の提供でさえも無理、という小島もあった。

軍船となれば三段層ガレー船であった時代、この水準に達する船の建造には一タレントもの多額な費用が必要で、建造なった船の戦力化には、一隻につき二百人の乗組員が必要になる。

それでデロス同盟では、設立当初から、参加国は毎年それぞれの経済力に応じた分担金を支払い、それを同盟の活動をささえる基金にすると決まっていたのである。この基金の年ごとの集計額だが、五百から六百タレントにもなっていたという。

この基金の〝金庫〟がアテネに移されるということは、同盟の海軍力の大半はアテネが引き受けている以上、基金の使い方もアテネが決めるようになるということである。

今ならば「帝国主義的」なやり方と批判され、キモンがアテネにいたならば、同意しなかったのではないかと思う。

だが、すでにデロス同盟の他の参加国は承認済みであり、アテネの世論も、軍船の大半はアテネが負担しているのだから、基金の置き場所もアテネであって当然と思っている。空白の十年を終えて帰国したキモンには、容認するしかなかったのであった。

しかし、これらのことではペリクレスに譲ったキモンだが、親スパルタ派の政治理念では譲らなかった。スパルタとの関係の改善を、強く主張したのである。少なくとも、五年の休戦条約は成立させるべきだ、と。

今度は、ペリクレスが譲歩した。キモンが求めるままに、スパルタとの交渉の全権はキモンに託され、その条約のアテネの市民集会での承認には、ペリクレスが力をつくすことで同意が成った。

さらにもう一つ、キモンの要求は容《い》れられる。

スパルタとの休戦条約が成立しだい、アテネ軍を率いてキプロスの征服行に向いたいというキモンの求めを、ペリクレスは受け入れたのである。ペルシア支配下にあるキプロス島への遠征の理由が、エジプトでアテネ軍に手痛い打撃を与えたペルシアへの復讐《ふくしゅう》戦、というのが、いかにもキモンらしかった。

軍事では自信あるキモンは、この翌年には早くも、キプロスに向けて発《た》つと決まる。成功して凱旋《がいせん》してくる可能性は高かった。キモンは、陸上では強いこと保証つきの重装歩兵を、現代の「海兵《マリーンズ》」のような使い方で活用する戦術を、最初に考え実行した人である。これまでもその戦術で勝ってきたのだが、キプロス島でも戦況は、上陸戦の成否が決するのだった。

キモンとペリクレスの間の棲み分けが成功したのは、二人ともが現実を冷静に認識したからではなかったか、と思う。

キモンは、相当な失策を冒しながらもびくともしない、アテネ市民たちのペリクレスへの支持の強さを。

ペリクレスは、彼自身の軍事面での才能の不足を。

実際、内密の話し合いがもたれたか否かにかかわらず、キモンの十年ぶりの帰国によって、さては一触即発かと、市民たちがかたずを飲んで見守っていたアテネ政界は、波ひとつ立たないで収まったのである。

ライヴァル、退場

紀元前四五一年の春、キモンはキプロスに向けて発って行った。彼が率いる軍船の数、二百隻。三段層ガレー船には、少なくとも二百人は乗船する。率いて行くアテネ市民兵の総計は、四万を超えた。

これほどの規模の軍勢の遠征ともなると、アテネでは、複数のストラテゴス（司令官）が率いて行くのが通例になっている。だがキモンは、自分一人で充分だとでも言ったのか、他に同僚はいなかった。十年間の空白期間があったとはいえ、それ以前の彼の輝かしい戦績を思い起すだけで、もう一人誰かストラテゴスを連れて行ってはどうか、などと言う人もいなかったようであった。

キプロス島の東部からの上陸作戦は、初めから成功する。いつものキモンの戦法、つまり、主戦力である重装歩兵を初めからぶつける戦法の前に、キプロス防衛に送られてきていたペルシア兵は敵ではなかった。

また、十年前とはいえ、キモン率いるアテネ軍は、ペルシア領である小アジアの南部のパンフィリアに上陸して、ペルシア軍を大破した実績をもつ。そのキモンが率いていると聴いただけで、ペルシア兵は戦意を喪失してしまうのだった。

というわけでキプロス攻略戦はアテネ軍の優勢でつづいていたのだが、それを率い

キプロスとその周辺

ていたキモンが病いに倒れてしまったのだ。

キプロス島の夏は、オリエントに近いこともあって、エーゲ海の島とは比べものにならないくらいに厳しい。それにキモンも、六十歳になっている。また、十年ぶりに大軍を率いる立場にもどって、がんばり過ぎたのかもしれなかった。

そして、キプロスのアテネ軍の中の誰も、総司令官亡《な》き後も攻略戦をつづけることを主張した者はいなかった。

陣を解いて、直ちに帰国すると決まったのである。キプロスからアテネの外港ピレウスまでの船旅も、海が荒れる冬に入る前に終えておく必要があった。

古代では、都市国家アテネが生んだ最も優れた武将となると、次の三人をあげるのが定説になっていた。時代順に並べれば、次のようになる。

紀元前四九〇年に侵攻してきたペルシア軍をマラトンの会戦で撃破し、第一次ペルシア戦役を終わらせた功労者のミリティアデス。

その十年後に再度侵攻してきたペルシア軍にサラミスの海戦で完勝し、第二次ペルシア戦役もギリシアの勝利で終わらせたテミストクレス。

そして最後は、ミリティアデスの息子でもあったキモンである。

だがキモンは、父やテミストクレスのように、歴史の流れを変えた戦闘《バトル》の勝利者ではなかった。

キモンの功績の最たるものは、デロス同盟に参加している国々の結束を、軍事力を活用することで固めていったことにある。

同盟とて、不断の「メンテナンス」を欠いては、機能の持続は望めない。

実質はアテネ海軍でも名称はデロス同盟海軍を率いるのはほとんど常にキモンだったが、キモンは、指揮を託された二百隻を実に巧みに活用した。海上のパトロールに送られた船団も、陸地に上陸してはペルシア兵をたたく重装歩兵も、目的は同じであったのだ。いずれも、ペルシア側に勝手な振舞いは許さないと示すのに成功すれば、同盟に参加している都市国家も島も、参加していてよかった、と思うようになる。

キモンが、主戦力である重装歩兵を、従来のような平原での会戦よりも上陸作戦に投入したのは、上陸した後に行われる、陸側から攻める戦闘を重視したからである。また、それを見て、陸上ではペルシア帝国領と境を接しているイオニア地方の同盟参加国の住民たちに、海側だけでなく陸側からも守られている、と思わせるためである。その想いが定着すれば、同盟も定着するようになる。

キモンが、重装歩兵を海兵《マリーンズ》として活用する戦術の巧者になったのも、この必要から生れた戦術でもあった。

だが、こうしてキモンは、マラトンやサラミスの勝者たちに次いで、武将としての名誉を受ける身になったのである。陶片追放に処される前までとしてもほぼ十五年にわたる戦歴の結果なのだから、当然と言えば当然であった。

また、キモンは、人間的にも愉快な男であったのだ。入ってくるカネは、右から左という感じで使い果してしまう。誰にでも開放されていた大宴会に留まらず、公共事業にも熱心で、アクロポリスの丘の地慣らし工事から公道の整備、公園を造成することにまで、惜しみなくカネをつぎ込むので、市民の人気も高かったのである。

政敵のこの大盤振舞いを危険視したペリクレスが、大盤振舞いに使うカネの出所は、キモンが勝った相手から得た賄賂《わいろ》ではないかと追及したことがある。これにキモンは、自ら反論に立った。市民集会で、次のように言ったのだ。

「わたしは、賄賂の誘惑の多い豊かな国への使節として、派遣されたことは一度としてない。そのうえ、質実剛健をモットーにしているスパルタ人を尊敬し、彼らの生き方をまねたいと思っているくらいだ。そのわたしが、富を貯《たくわ》えることなどに関心を持つはずはない。

キプロスにあるキモンの胸像

ただ、わたしがあげた勝利で得た戦利品によって、わが国アテネが豊かになるのにはおおいに関心がある」

聴いていたアテネの市民たちは大歓声をあげ、ペリクレスも、これ以上の追及はあきらめざるをえなかったのである。

それにしても、いつでも何にでも、アテネにとってはライヴァルでそれゆえ仮想敵国でもあるスパルタを持ち出すのは、キモンの悪い癖であった。でもキモンは、言ってしまうのである。とびきりの「武の人」ではあったが、「政の人」、つまり、思ってはいても政治的に有効ではないことは口に出さない、という意味での「政の人」、ではなかったのだろう。

とはいえ、反対派のリーダーとしては、手強《てごわ》い相手であったのは確かだ。陶片追放にでも処して政界から排除するのが、ペリクレスにとっては必要であったくらいに。

しかし、このキモンも、棲み分けが成ってから一年も過ぎないうちに死んでしまう。ペリクレスにとっては、今度こそはこの政敵の最終的な排除に成功したことになる。

だが、ペリクレスは、それを喜ぶだけの男ではなかった。キモンの死を契機に、彼自身の政略（ストラテジア）を百八十度転換していくことになる。

後期（紀元前四五〇年から四二九年までの二十二年間）

脱皮するペリクレス

「主導権をにぎった側が勝つ」とは戦場では有効な考え方だが、この考え方は、政治・外交・経済、そして文化に至るまで、通用可能な真理ではないだろうか。

紀元前五世紀半ばのこの時期、都市国家アテネが常に意識せざるをえなかった強国は、スパルタとペルシアであった。

しかもこの時期のアテネは、戦闘の巧者キモンを亡《な》くしている。連続当選の「ストラテゴス」として、キモンの果してきた任務を続行していかねばならない立場にあったのがペリクレスだが、この人の「軍司令官」としての能力は、「相当な程度はやれるがそれ以上ではない」という水準でしかない。

だが、このペリクレスにも、使えるカードは二枚あった。

一枚は、この前年にキモンの主導によって成立し、アテネの市民集会も承認したことですでに発効し始めていた、スパルタとの間の休戦条約である。

これは、親スパルタ派のキモンの「顔を立てる」とでもいう感じで、そのキモンの要求をペリクレスが受け入れたから実現したのだが、キモンの死後はなおのこと、アテネにとってのメリットが増した条約になる。

なぜなら、五年間にしろアテネは、陸側からのスパルタの侵攻を心配しなくてもよくなったからであった。

二枚目のカードになりうるのは、もちろんのことペルシア帝国。

オリエントの超大国ペルシアは、第二次ペルシア戦役の名で歴史に遺《のこ》るギリシアへの侵攻を決行したのだが、結果は大敗北で終わり、その後の三十年間、ギリシアとペルシアは公式な外交関係もないままに過ぎていた。第二次ペルシア戦役の勝利の原動力になったアテネとスパルタは当然としても、他のギリシアの都市国家のどこも、ペルシアとの間に講和条約を結ぶことなどは考えずに三十年が過ぎていたのである。

ペリクレスが、このペルシアと講和を結び公式な外交関係を樹立させることを考えたのは、キモンが死んだから、だけではない。講和を結ぶならば今だ、と考えたからである。

この三十年の間、アテネとペルシアの間で戦闘が交わされなかったわけではなかった。ペルシア側は執拗《しつよう》にペルシア戦役が起る前はペルシアの支配下にあった小アジア西岸一帯の再復を狙《ねら》っていたし、デロス同盟の盟主アテネは、そのペルシアの動きを撃退しつづけてきたのである。だが、キモンの働きもあって、エーゲ海域防衛戦を優勢に進めてきたのはアテネのほうで、そのアテネ側の攻勢に対しペルシアは、本腰を入れての反撃に打って出ることさえもしていない。

しかし、さらに遡《さかのぼ》れば話はちがってくる。攻勢に出てくるペルシアに対し、迎え撃つのはギリシアであった。

紀元前四九〇年の第一次ペルシア戦役——王ダリウスが送ったペルシア軍は、アテネからは四十キロと離れていないマラトンの平原への上陸は果したものの、迎え撃ってきたアテネ軍相手に大敗を喫してしまう。

紀元前四八〇年の第二次ペルシア戦役——十年後に再び侵攻してきたペルシア軍は王クセルクセス自ら率い、軍勢の規模も第一次の十倍を超えた。

だがそのときも、海ではサラミス、陸ではプラタイアで、完膚なきまでの敗北を喫し、王も生き残りの兵もアジアに逃げ帰り、第二次ペルシア戦役も、ギリシアの勝利で終了したのである。

あれからは三十年が過ぎている紀元前四五〇年、ペルシアの王位に就いているのはアルタ・クセルクセス。祖父と父の轍《てつ》は踏まないと決意していたこの人の現実主義が、ペルシア宮廷では常に隠然たる勢力を持っていた好戦派、つまり領土拡張主義者たちを、押さえつけておくのに成功していたのかもしれない。そして、アテネ側の出方を決める立場にいたのは、このペルシア王とは同じ年に生れていたペリクレスであった。

キモンの遺骨とともに彼が率いていた海軍が帰国した後の、ペリクレスの行動は早かった。

ペルシア王の許《もと》に向う講和の交渉役として、カリアスの派遣を決めたのである。この人選は、考えぬかれたうえでの人選であったにちがいない。

カリアスは、キモンの姉と結婚しており、義弟になるキモンとの親密な関係は、アテネでは周知の事実であった。この人をペルシアに派遣するのは、講和のための交渉はキモンの想《おも》いに反することではないという印象を、市民たちに与える効果があったのである。

いかにストラテゴス間、つまり〝内閣〟内では同意は成っても、それを受けて決定を下すのは市民集会である。だが、この年のアテネ市民は、キモンが率いたキプロス遠征が、撤退であって敗退したのではないことを知っている。優勢に攻略戦を進めていたのに総司令官が死んでしまったから帰国したのであって、負けていたから逃げ帰ったのではないことを知っていた。その市民たちに、ペルシアに送るのは軍船ではなく、講和の交渉をする大使になったことを、認めさせねばならないのだ。

市民集会でペリクレスが、どのように言って市民を説得したのかはわかっていない。だが、戦争状態にあったのを一転して講和に持って行くのだから、それを市民に納得させるには、かなり巧妙な誘導の技《わざ》は必要であったと思われる。

いずれにしても、カリアスのペルシア行きを市民集会は承認し、カリアス自身も、生前のキモンの業績があったからこそ講和交渉も有利に進められるという、多分ペリクレスによる説得に納得して、勇躍オリエントに発《た》って行った。

「カリアスの平和」

講和の交渉役としてカリアスを送ることには、好条件がもう一つあった。ペルシアでもキモンの勇名は鳴り響いていたので、交渉の相手方になるペルシア王もその家臣たちも、カリアスの背後にキモンを見る想いになってしまうのだ。つまり、アテネの軍事力を忘れるわけにはいかなくなる、ということである。

それにもう一つ、カリアス派遣の利点があった。

講和の成否を決めるペルシア王アルタ・クセルクセスは、十年前になるとはいえ、アテネを追われたテミストクレスを受け入れ、〝政治顧問〟にしていた人である。この時期のテミストクレスは、ペルシアの宮廷では、「王に最も影響を与えるギリシア人」と呼ばれていた。

キモンにとっての初陣《ういじん》は、テミストクレスが率いてペルシア海軍を壊滅した、サラミスの海戦であった。その後のキモンの戦績がめざましかったことはすでに述べた。

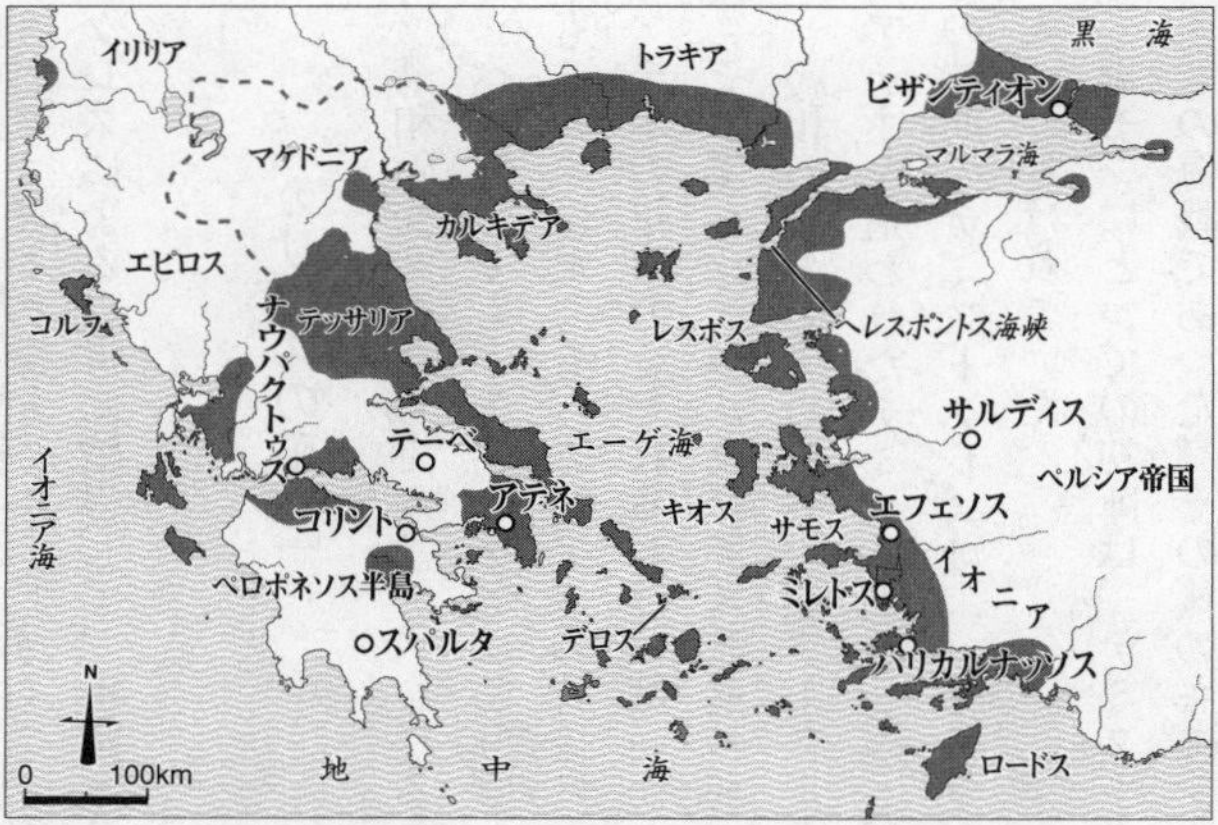

「カリアスの平和」で確定したアテネの覇権領域

つまり、ペルシア王はテミストクレスを通して、武将としてのキモンの有能さを充分に知っていたという想像も成り立つ。そして十年後、交渉の卓の向うに坐《すわ》っているのは、そのキモンの義兄カリアスだ。

それにもともと、ペルシア王は、祖父・父の例から見ても、ギリシアに深入りすると大火傷《やけど》を負う、と思っている。

アテネ側の交渉役の名を冠して「カリアスの平和」と呼ばれたアテネ・ペルシア間の講和が成立した裏には、諸々の事情がひそんでいたのであった。

このペルシアとの講和が成立するのに二年もかかった要因の第一は、アテネからペルシアの首都スーザまでの長旅にある。

イオニア地方までは海路で、その後は小アジアを横断してシリアに入り、ユーフラテスとティグリスの二つの大河を渡ることでメソポタミア地方も横断し、その後でようやくスーザに着けるのだ。帰途はこの逆。

だが、交渉が長びいたのには、もう一つの要因があった。カリアスが、ねばりにねばり、アテネにとってだけでなく、「デロス同盟」の重要な加盟国が連なるエーゲ海東方にとっても、実に有利な条件を引き出すのに努めたからである。

都市国家アテネと帝国ペルシアの間で結ばれた講和の内容は、一言で言ってしまえば、相互不可侵協定であった。

アテネもペルシアも、相手国の勢力圏内には侵攻しない。

キプロスは、ペルシア支配下に留まることをアテネは認める。

一方ペルシアは、エーゲ海東方に位置する都市や島々の独立を尊重し、これらの都市の境界から馬で一日の距離以内には、兵を入れないことを約束する。

これは、第一次ペルシア戦役以前から主張してきたこの一帯への領有権を、ペルシアがついに放棄したということを示していた。

また、アテネは、ペルシア支配下にあるシリアやパレスティーナやエジプトの近海に海軍を送らないことを約束し、ペルシアも、エーゲ海には一隻《せき》たりとも軍船は入れないと約束する。

しかし、行動範囲を限定されたのは軍船であって、商船の航行の自由も商人の通行の自由も完全に認められていた。

アテネの外港ピレウスに入ってくるペルシアの商船も見慣れた光景になったろうし、現代になって古代のペルシアの首都スーザでアテネ製の壺《つぼ》の破片が発掘されたのも、このときの両国の関係改善の名残りかもしれない。

紀元前四四九年に成立したアテネ・ペルシア間の講和は、休戦という言葉は使っても平和とは言わないギリシア人には珍しく、「カリアスの平和」と呼ばれることになるのである。

なぜなら、この時期に成立したアテネ・ペルシア間の講和は、ギリシアの都市国家間で結ばれる数年が限度の「休戦」とはちがって、長年にわたって継続することになるからだ。ほぼ四十年もの長きにわたって、エーゲ海は、大国ペルシアの脅威から解放されたのであった。

ペリクレスは、四十代の後半に入って初めて、ほんとうの意味でのフリー・ハンドを得たことになる。

陸側の脅威スパルタとは、五年間とはいえ休戦協定が成立しており、そのうえスパルタの二人の王の一人アルキダモスとペリクレスはしばしば個人的な接触があったのだが、アテネとスパルタの間ではことを起さないとの想いで一致している。海側の脅威になりえたペルシアも、「カリアスの平和」によって問題は解決した。ペリクレスには、長年にわたって暖めてきた想いを現実にできるときが来たのである。

パルテノン

以前のアテネに、女神アテナに捧《ささ》げられた神殿が存在しなかったわけではない。なにしろ女神アテナは、都市国家アテネの守護神である。アクロポリスの丘の上には昔から、この女神に捧げられた神殿は立っていた。

だが、その時代にあった神殿は、オリンピアにあるゼウス神殿やデルフォイのアポロン神殿に比べれば、規模でも壮麗さでも劣っており、ギリシアの他の都市国家にある神殿と大差ないものであったのだ。

しかもその程度の神殿でも、紀元前四八〇年に大挙して攻めこんできたペルシア軍によって焼き払われ、それ以来、守護女神アテナには、仮住まいという感じの神殿で我慢してもらっていたのである。

それを、三十三年ぶりに再建しようというのだ。当時のアテネ市民たちは、「カリアスの平和」成立とアテナ神殿の再建を、同一線上で受けとめたのではないかと思う。実際、ペリクレスが提出した神殿再建工事の着工を、市民集会は、反対もなく簡単に可決したのだった。

ところが、ペリクレスには、ギリシアならばどこにでもある、神殿などは建てる気はなかった。

谷あいの地にあるオリンピアやデルフォイとちがって、アクロポリスの丘は、周辺のどこからも一望できる場所にある。都市国家アテネの繁栄を象徴する神殿の建設地としては、これ以上の好条件はなかった。

このアクロポリスの丘の上に壮大で壮麗な大神殿が姿を現わせば、それを日々眺めるアテネ市民にはこのうえない誇りになり、アテネを訪れる他国の人々も、感嘆と羨《せん》望《ぼう》なしには眺められなくなるだろう。

これが、ペリクレスの想いであった。建造するのは、ギリシアのどこにでもあるアテナ神殿ではなく、女神アテナに捧げられていることでは同じでも、ギリシアのどこにもない「パルテノン」であるのだから。

そして、ペリクレスのこの想いを具体化するのが、ペリクレスから総監督に指名された、フィディアスの仕事であった。

ペリクレスよりは五歳は年下だったらしいフィディアスは、すでに彫像作家として名を成していただけに、総監督の仕事ばかりをやっていたわけではない。パルテノンの正面と裏の双方を飾る破風《はふ》彫像群から、神殿の四方をめぐる壁面上部にほどこされた壁面彫像群までも、チームを組んでの制作とはいえ、彼が責任を持って担当したのである。

神殿の建造は、建築家たちにまかせた。だが、建築家二人はフィディアスの監督下にあり、そのうえ、神殿内に置かれる女神アテナの彫像から神殿を飾る彫像群のすべてをフィディアスが自ら制作したのだから、パルテノン全体がフィディアスの作品、と言ってもまちがいではない。

紀元前四四七年に着工したこの一大公共事業は、パルテノン神殿だけでなくアクロポリスに登る階段やその他の工事のすべてを終わるまでに、十五年もの歳月を要することになる。フィディアスは、すべての工事が完了した年の二年後に死ぬ。ペリクレスも、三年後には世を去る。パルテノンを中心としたアクロポリス全体は、この二人が共同して創造した、「作品《オペラ》」なのであった。

あれからは二千五百年が過ぎた現代、アクロポリスに立つわれわれの眼に映るのは、かつてのパルテノンの残骸《ざんがい》でしかない。あの神殿を飾っていた彫像の多くは、ロンドンやパリやアテネの美術館《ミューゼアム》で見ることができる。

しかし、最高の芸術作品は、肉体の眼で見るのではなく、心の眼でも見るものだ。これらのミューゼアムに展示されている作品を見、それらを基にして研究者たちが作りあげた復元予想図も見、そのうえでアテネを訪れてアクロポリスに登る。そして自分の頭の中で、二千五百年昔の姿を再現していくのだ。

あれが完成した当時の姿を、あの時代のアテネ市民がどのように見ていたかを想像しながら、組み立てていくのである。

そうすれば、初めて納得いくだろう。

パルテノンとは、一大シンフォニーであったことを。

神殿もそれを飾る彫像も、一つ一つは独立している。彫像に至っては、浮彫りどころか完全に立体的な造りになっている。だが、それでいながら、全体としては見事な調和をかもし出している。これはもう、交響楽《シンフォニー》と言うしかない。

「symphonia」という言葉からして、古代のギリシア人が発明した言葉であった。「共に合わせる」を意味する「sym」と、「音」を意味する「phone」を合わせたから「シンフォニア」で、そのままでローマ人の言語であるラテン語になり、さらにラテン語の長女格であるイタリア語になり、英語では「シンフォニー」になったというだけである。

パルテノン全体が交響曲に聴こえても、それを制作したフィディアスの想いを裏切ることにはならないと思う。

そして、一大シンフォニーになったからこそ、パルテノンは、他の数多《あまた》の神殿建築をはるかに超えた、至高の芸術作品になったのではないだろうか。

美も耐震技術も、すべては数学から

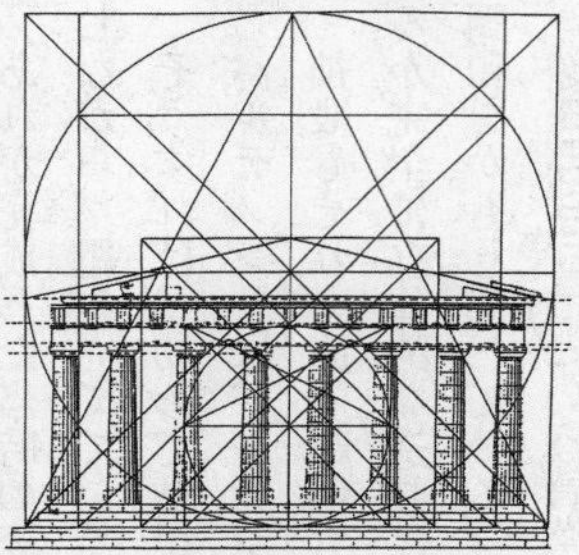

出典：Tons Brunés, *The Secrets of Ancient Geometry and Its Use*, 1967, Rhodos International Science Publishers.

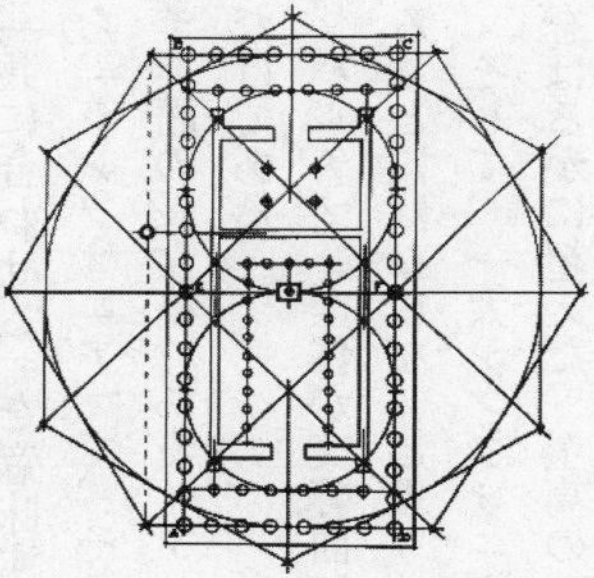

パルテノン神殿の幾何学的分析図。中央にアテナ神像が設置されていたと考えられる

　また、パルテノンは、ギリシアではかつてなかったほどの大規模な神殿だけに、それをささえるには不可欠の最新技術の結晶でもあった。地震の多いギリシアだが、いかに壮大で壮麗に造っても、簡単に崩壊してしまったのでは、考案者であり発注者でもあるアテネの恥になる。他の都市国家《ポリス》の、もの笑いの種になりかねない。

　このように、必要から生れたとはいえ、これまたギリシア人の発明になる数学に基づいた技術の枠と、それをつくしながらも最高の美につなげていったのが、パルテノンである。二千五百年後に眺めるわれわれが、人類はほんとうに進歩したのであろうか、と疑いを抱いてしまうくらいに。

パルテノンの建設中もしばしば工事現場を訪れてはフィディアスと意見交換していたというペリクレスだが、芸術家フィディアスは制作に専念できても、ストラテゴスに連続当選するほど市民たちから国政を一任されているペリクレスには、この種の愉楽に日々を過ごすことは許されなかった。

アテネにのみ存在した公職である「ストラテゴス」とは、政治・外交・軍事のすべてを担当する最高位の役職である。十ある「トリブス」(選挙区)から毎年一人ずつ選ばれてくるから総数は十人になるが、長年にわたっての連続当選はペリクレス一人であったので、実質的には彼が総理大臣の座にありつづけたことになる。

歴史家ツキディデスによれば、「形は民主政でも内実は、ただ一人が統治していた」と言われていたのが、ペリクレス時代のアテネであった。その「ただ一人」が、ペリクレスであったのだ。

アテネの労働者階級

「ペリクレス時代」とは、歴史上では、紀元前四六一年から四三〇年までの、三十一年間、とされている。

その時期のアテネで、民主政が極限に達したとは、歴史上の定説になっている。

ではなぜ、「ただ一人」にそれができたのか。

なぜ、自身は超のつく資産家であり、アルクメオニデス一門に属す世襲政治家でもあるペリクレスに、それが実現できたのか。

彼の「政治哲学」と呼んでもかまわない考えが、都市国家アテネの構成員であるアテネ市民は誰でも、政治・行政・軍事にかかわらず、国の公務を経験すべきである、ということにあったからである。

だが、この考え自体は、目新しいものではない。

すでに半世紀も前に、アルクメオニデス一門の総帥《そうすい》クレイステネスが、アテネを、一般の庶民までが積極的に国政に参加できる政体に改革してくれていた。

また、三十年前には、資産家でもなく世襲政治家でもないテミストクレスによって、一般の庶民、アテネでは「テテス」と呼ばれた第四階級、ローマならばプロレターリとなる市民たちの地位が急速に向上していたのである。

陸上の戦闘では、第一か第二の階級から選ばれる「ストラテゴス」（司令官）を除けば、勝敗を決するのは、第三階級に属す市民が大半を占める重装歩兵である。それゆえに重装歩兵が都市国家《ポリス》の主戦力とされてきたのだが、陸上戦での第四階級の役割は、軽装歩兵としての補助的なものにすぎなかった。

だが、戦場が海上になると、この関係は一変する。

アテネの海軍

軍船とは三段層ガレー船とされていた時代、この種の船の戦力化には、一隻につき二百人の乗組員が必要になる。艦長以下の指揮官と、船の操縦に当る船乗り、急場の修理ができる技師の合計が十人。航行中は船の中央で待機し、敵に接近するや敵船に乗り移って闘う重装歩兵が二十人。それ以外は漕《こ》ぎ手の百七十人である。

戦場に着くや帆はすべて降ろされ、櫂《かい》だけで敵に接近し、激突して動けなくなった敵船に、漕ぎ手までもが櫂を槍《やり》に持ち替えて戦闘に参加するのが、ギリシア式の戦法であった。ちなみに、ペルシア船では、漕ぎ手には奴隷《どれい》を使っていた。人口が多いので、漕ぎ手まで戦闘に参加させる必要がなかったこともある。

このギリシア式戦法を駆使したのがサラミスの海戦でのテミストクレスだが、あのときのテミストクレスは漕ぎ手たちに、実に高度な技能の習得までも求めていたのである。

テミストクレスが改良させたアテネの軍船は、ペルシア側の船に比べれば小型だが、堅牢《けんろう》な造りにしただけでなく、船底に大量の石を詰めたりして重量があった。

小型で重い船は、風や潮流の影響を受けにくいので安定しているという利点はあった。だが、その重い船を総司令官の号令一下、自在に動かすには熟練した技能が求められる。

サラミスの海戦の勝利の原動力は、戦略・戦術のすべてを考えたテミストクレスを除けば、漕ぎ手として敢闘した、アテネの「第四階級」であったのだ。

そして、あれから三十年は過ぎてもアテネの海軍が威力を維持しつづけてきたのも、テミストクレスが創造したアテネ式の海軍が、そのままでつづいていたからである。

ということは、エーゲ海域のナンバーワンだけでなく、有名なフェニキア海軍がいまだ健在の東地中海域でもナンバーワン、と言われるまでになったアテネ海軍にとって、漕ぎ手の供給源である第四階級の重要性が、増しこそすれ減ることはなかった、ということであった。

どうやらテミストクレスは、二年にわたった第二次ペルシア戦役の間、この人々に給料を与えていたようなのだ。

当然の待遇と思う。いかに祖国アテネを防衛する気概は充分でも、残してきた家族が何で食べつないでいるのかを心配していては戦闘に集中できない。この人々はローマ人が言うところのプロレターリ、つまり、日々働くからこそ家族を養っていけるという意味でのプロレタリアなのである。そこまでの配慮をするのは、彼らを駆使する立場にある総司令官にとっては責務でもあった。

ペリクレスが、このテミストクレスが考え実行したことのすべてを継承したのは、都市国家アテネの将来は海にあり、海洋国家、海洋帝国になっていくしかないというテミストクレスの考えに同意したからである。

それには、海軍は不可欠だ。となれば、ガレー船が主力の海軍の原動力でもある、アテネのプロレターリへの生活保証も忘れるわけにはいかなくなる。

ペリクレスは、第二次ペルシア戦役中に限っての施策としてテミストクレスが実行した給料の支払いを、国の政策として制度化したのであった。

金額としては、月給に直せば十五ドラクマ前後、ということだから、この人々が兵役を務めずに本来の仕事をしていれば入ってくる収入と同程度になる。日給制になっていたのは、通常ならば秋の終わりから春の初めまでは海に出ない海軍では、海に出ている間、あるいは陸でも戦場に行っている間、の生活保証であり、兵役に就いていない日々は本来の仕事にもどってそれで稼げ、ということであったのかもしれない。

また、貧困家庭には、この三分の二の金額が支払われることも法制化された。ただしこれは、一家の働き手が戦死した後に残された、遺族対策ではないかと思う。なぜならアテネでは、戦没者の遺児は成年に達するまで、その養育にかかる費用は国が負担すると決まっていたからだ。

もちろん、戦場では司令官になる「ストラテゴス」にもその下で働く指揮官クラスにも、給料制度は適用されない。この人々は従来どおり無報酬で、都市国家の市民としての義務を遂行するのである。また、たとえ戦死しても、この無報酬クラスの人々の遺族への保証はなかった。

忘れてはならないことは、アテネの「第四階級」も後のローマの「プロレタ―リ」も、無資産階級ではあったが、世に言われる無産階級ではなかったことである。働かなくても生活していけるほどの資産は持っていないというだけで、彼ら自身は立派な生産者であったのだから。とは言っても「資産」が大きな意味を持っていた時代、そこまで考えることができる人は少なかった。

ゆえに、この程度の施策であっても、同時代の有識者たちからは、散々な不評を浴びることになる。この時期は生れてもいなかった哲学者プラトンに至っては、アテネ市民を物乞《ものご》いの集団に変えたと、一刀両断したくらいである。「過激な民主主義者」というのが、ペリクレスが穏健派から浴びた非難であった。

あれほども壮大で壮麗なパルテノンを建てるには、堅固《けんご》な地盤造りが不可欠である。だがそのことならば、総監督のフィディアスが考えてくれていた。

ペリクレスが考えねばならなかったのは、民主政アテネがこれからも繁栄していくために不可欠な、国家アテネの地盤造りなのである。それには、アテネ社会の最も下に位置している第四階級、つまりアテネの労働者階級を、生活を保証することで安心させてやることだと、考えたのではないだろうか。ペリクレス自身は第一階級に属す資産家だったが、想像力とは、相手の身になって考える能力、でもあるのだから。

ちなみに、アテネには、資産家からカネを吐き出させる方策が二つあった。

一つは、演劇上演のためのスポンサーを務めることである。上演と言っても、悲劇二作に喜劇一作の上演に要する費用のすべてを負担するのだから、相当な額の出費になった。

もう一つは、三段層ガレー船一隻を、海に出すのに要する全費用の負担。まず、この種の船を新造するのに、一タレントかかる。一タレントは六千ドラクマに該当するので、アテネの労働者の三十年分の年収を超える額になる。

ただし、この場合のスポンサーの出費は、船を新造しただけでは終わらない。軍船である以上は戦力化しなければ意味がないので、漕ぎ手の百七十人に操船要員も加えた人々の、兵役中の給料すべても負担しなければならないのだ。

これ以外にも、演劇上演のスポンサーとのちがいがある。私費を投じて戦力化した三段層ガレー船の艦長を、出資者自らが務めねばならないことであった。演劇とはちがって戦場に行くのである。カネの出し手も自ら身体《からだ》を張ることで祖国の防衛につくせ、ということであったのか。

その戦場で敢闘すれば知名度もあがり、次の年のストラテゴスに当選する、というメリットはあった。だが、戦死でもすればそれで一巻の終わり、でもあったのだが。アテネは、民間の力も活用していたのである。つまり、民活も忘れていなかった、ということであった。

だがこうして、都市国家でありながらアテネは、常でも百隻（乗員数二万）、必要となればただちに二百隻（乗員数四万）にもなる三段層ガレー船団を海に出せる、海軍大国になったのである。

しかもその内実たるや、ペリクレス自らが言うように、「練達の技能者集団」であった。それを維持するには、たとえ「市民の物乞い化」と非難されようと、プロレタリには生活を保証することで、この人々にも存分に働いてもらう必要があったのである。

そしてこの、最下層の市民まで積極的に国政に参加するシステムを確立したアテネを象徴するのが、ペリクレスの考えでは、アクロポリスの丘の上に壮麗な姿を現わしつつある、パルテノンであったのだった。

しかし、現実主義者が誤りを犯すのは、相手側も現実的に考えるだろうからバカなまねはしないにちがいない、と思い込んだときであると言う。

しかもギリシア人は、戦争に行くことを、肉体を鍛えることの延長としか考えていない民族でもあった。

「カリアスの平和」によって、ペルシアの脅威も最終的に遠のいたと思いこんだデロス同盟の参加国が、まず動揺し始める。

それと同じ時期、アテネとスパルタが結んでいた五年間の休戦協定も、切れる期限が迫っていた。

「ペロポネソス同盟」と「デロス同盟」

ギリシアの中の二大強国であるアテネとスパルタは、それぞれが主導する同盟の盟主のような立場にあったが、アテネ主導のデロス同盟と、スパルタが盟主格のペロポネソス同盟は、名は同盟でも性格は相当にちがう。

スパルタとアテネは、ペルシアが侵攻してくる以前からすでに、ギリシアの中では二大強国とされてきた。

ところが、リクルゴス「憲法」による国づくり一つ取っても先行したのはスパルタであって、アテネではない。ただしアテネは、しばらくすると間を縮め始め、ついにはスパルタを凌駕《りょうが》する国力を持つようになる。

そうなった要因を、歴史家ツキディデスは、スパルタの頑固なまでの保守主義とアテネの柔軟性と進取性に帰しているが、要は、止まったままでいるスパルタを後から来たアテネが追い抜いた、ということでしかない。

だが、この国民性のちがいは、この二国が盟主になって結成した、ペロポネソス同盟とデロス同盟のちがいにもあらわれていた。

——ペロポネソス同盟——

ギリシア南部のペロポネソス半島にある都市国家を集めて結成されたからこの名で定着した同盟だが、結成はスパルタの呼びかけによったにしても、その後もずっとスパルタの主導下でつづいてきたわけではない。

同盟内でのスパルタの立場は、議長ないしは審判の程度でしかなかった。

なぜならスパルタとは、本質的に他国には無関心な国なのである。ギリシア最強と

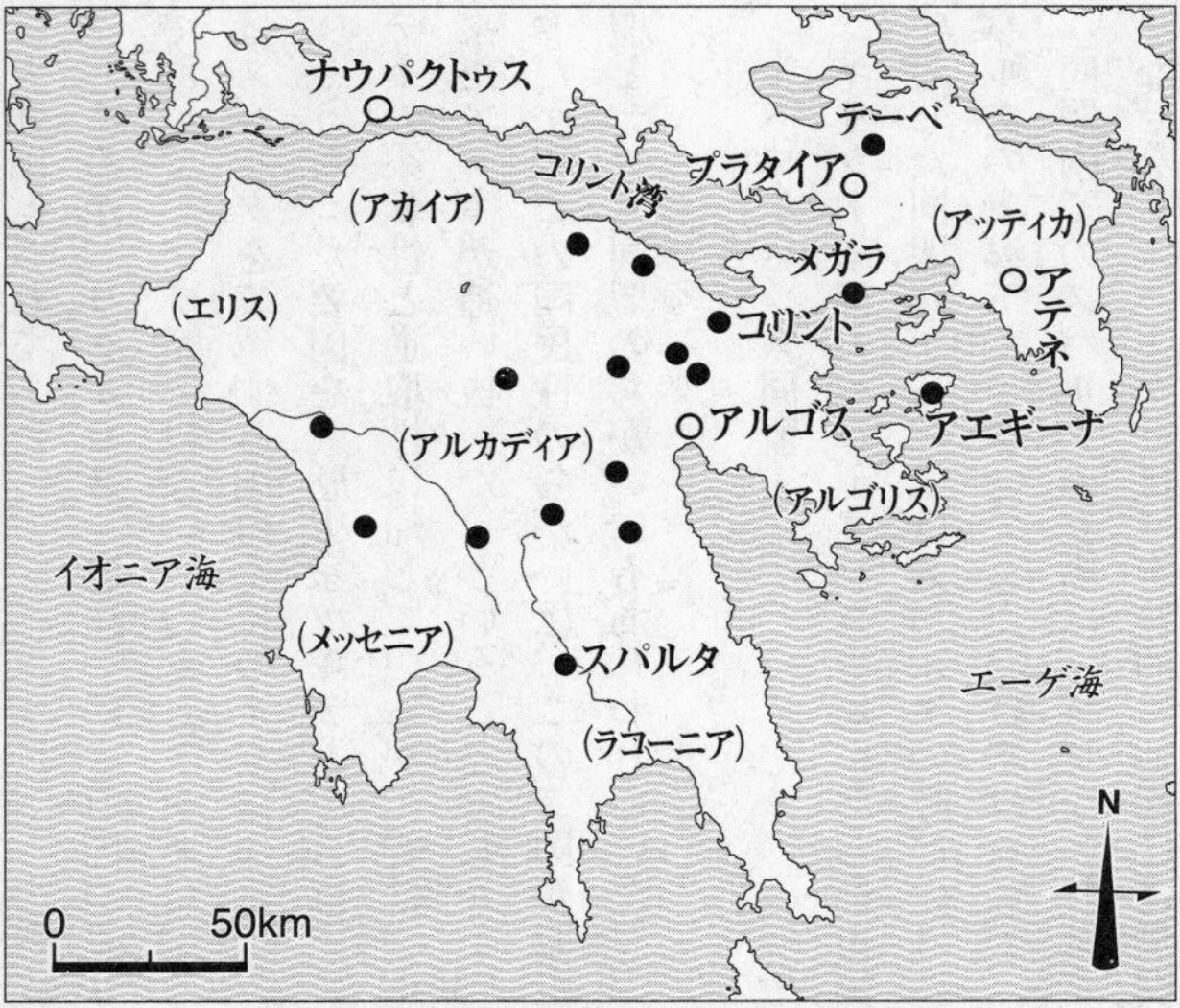

ペロポネソス同盟の主要な都市（●印）

名の高い「スパルタの戦士」も、もともとの存在理由は、スパルタの被支配者階級で市民権も与えていない「ヘロット」や「ペリオイコイ」を押さえつけておくためにあるので、領土拡大のためではない。

なぜならこれが、リクルゴスがスパルタのためを考えて定めた法であり、ゆえにスパルタ人にとっての「憲法」であったからである。

このスパルタも、一度だけは、領土拡大を試みたことがある。都市国家スパルタの領土全体はラコーニア地方と呼ばれているが、この西側にはメッセニア地方が広がる。すぐ西隣りということでこの地方まで領土に加えようと考えたのだ。

ギリシア最強のスパルタの戦士集団ゆえ、征服は簡単に済んだ。だが、その後の支配となって、スパルタは壁に突き当る。最強であろうとも数ならば一万程度の戦力では、メッセニア全土を押さえつけておくことはできないと気づいたのだ。結局メッセニアは、併合は免れ属国で落ちついた。

ではなぜ、これほども一国平和主義のスパルタが、他の都市国家を集めた同盟を結成する気になったのか。

ペイシストラトスによって経済力が向上し、クレイステネスによって最下層の民までが市民権を持つようになった、アテネを危険視するようになったからである。

スパルタは、質実剛健をモットーにしているので、通貨も鉄貨しか認めていない。これでは他国との通商は成り立たないので、経済力の向上などは夢になる。それでもスパルタ人は、質実剛健で行くほうを選んだのだった。

また、国体でも、自分たちの政体である寡頭政《オリガルキア》のほうが民主政《デモクラツィア》よりも優れていると考えて、「オリガルキア」を選択したのではない。「デモクラツィア」を採用したりすると、ヘロットやペリオイコイにも市民権を与えねばならなくなる。それで民主政を採用せず、他国でも民主政を採る国を危険視したのである。

もしも、スパルタとはことごとくちがうやり方で力をつけつつあるアテネが遠方に位置していたならば、スパルタも無関心でいられたろう。だが、都市国家アテネの領土であるアッティカ地方は、陸路ならば三日の距離、海路ならば一日の距離にあるのだった。

ペロポネソス同盟は、紀元前五四六年に結成されている。アテネではペイシストラトス時代の末期にあたり、この僭主《せんしゅ》の指導下で、農民・手工業者・商人（スパルタならばヘロットとペリオイコイ）までが一丸となって、経済力の向上に邁進《まいしん》していた時代であった。

ただし、経済の向上を最重要視していたペイシストラトスは善隣外交で一貫し、その後を継いだクレイステネスはアテネ国内の民主政体確立に専念していたので、結果的とはいえ両リーダーともが、領土拡大にはさしたる関心を示さなかった。

それゆえ、結成はしたもののペロポネソス同盟の実態は、ペロポネソス半島にある都市国家間のゆるい連合体になった。

盟主格のスパルタでも、加盟諸国への強制力はほとんどない。スパルタが他国との戦争に向うときは加盟諸国は兵力を提供するとは決まっていたが、スパルタ自体に他国まで遠征する気が、ほとんどと言ってよいくらいにない。

それに、スパルタに従《つ》いて遠征するか否《いな》かを決めるのも、どのくらいの兵力で参戦するかも、加盟各国の意向にかかっていて、スパルタには命令する権利はない。

また、このようにゆるい同盟ならば当然だが、ペロポネソス同盟に加盟している都市国家《ポリス》のどこも、分担金を収める義務は課されていない。なにしろ銀貨の流通が盛んになった時代というのに、鉄貨で押し通しているのがスパルタである。分担金を収めてくれても、使いようがなかったろう。

スパルタ人とは、とびきりの「武の人」ではあったが、経済感覚ならばゼロの人々であった。生活水準が向上しようものなら質実剛健ではなくなると思いこんでいるので、頑固なまでの保守主義で一貫できたのである。一方、経済センスの豊かなアテネ人が、進取の気性にあふれ柔軟性に富んでいたのも、これまた当然の成行きであった。

それにしてもなぜ、スパルタ的でもなかったペロポネソス半島の他の都市国家が、強制されたわけでもないのに「ペロポネソス同盟」に加盟したのであろうか。

いざとなれば、勇名とどろく「スパルタの戦士」が、救援に駆けつけてくれると期待できたからである。しかも、分担金を払う義務も課されていないのだから、この「期待」への支出もタダであったのだ。

このように、「ペロポネソス同盟」の仮想敵国がアテネではなかった歳月は、六十年以上もつづいていたのである。だからこそ、再度侵攻してきたペルシア帝国からギリシアを守る第二次ペルシア戦役で、アテネもスパルタも、またペロポネソス同盟に加盟していた諸国も、一致して迎撃に起《た》つことができたのであった。

「第二次ペルシア戦役」と呼ばれる紀元前四八〇年と四七九年の二年間が、スパルタとアテネにとっては蜜月《みつげつ》時代ではなかったか。

海はサラミスで、アテネ主導下で完勝し、翌年には陸のプラタイアで、スパルタが主力になって圧勝したのだから。

だが、蜜月もいつかは終わる。ペルシア撃破を見事なまでに成し遂げた二年後、デロス同盟が結成された。

デロス同盟とペロポネソス同盟の覇権領域

——デロス同盟——

ペロポネソス同盟の結成から七十年が過ぎた頃になって結成されたのがデロス同盟だが、この同盟の目標は初めからはっきりしていた。ペルシアからの防衛、がそれである。ただし、これを目標にかかげた同盟の結成を持ちかけたのはアテネではなく、イオニア地方の都市やその近くの島に住むギリシア人たちであった。

この人々は、第二次ペルシア戦役の間中ペルシア側に立ち、同じギリシア人と闘っていた人々である。その頃イオニア地方はペルシア王の支配下にあったので、闘わざるをえなかったのだ。

だがこの状態も、ペルシア軍が撃退されたことで終わった。イオニア地方に住むギリシア人は、ペルシアの支配から解放されたことになる。

だが、その当時は誰も、これでペルシアの脅威は完全に去った、とは思っていなかった。ペルシアがギリシア征服の前線基地として建設したサルディスは、ペルシアが侵攻してくる以前と少しも変わらず、ペルシア王が任命する地方長官《サトラペ》が治めている。そのサルディスからペルシアの首都スーザまでは、軍勢の移動には好適な、全線舗装の「王道」でつながっていた。イオニア地方の主要都市であるエフェソス、ミレトス、ハリカルナッソスはいずれも、海に面してはいても立っているのは陸の上。このイオニア地方は常に、背後からのペルシアの脅威を忘れるわけにはいかなかったのである。

海上にある島とて、例外にはならない。レスボス、キオス、コス等の島々と陸地との間は十キロ前後しか離れておらず、つい先頃の難民問題でも実証されたように、ゴムボートでも容易に渡って来られる距離にある。このイオニア地方に住むギリシア人こそ、再度のペルシア侵攻が起るとすれば、真先に矢面に立たされる人々なのである。

そして、この人々が頼れるのは、サラミスの海戦で勝利し、その翌年にはエーゲ海でのペルシア海軍基地になっていたサモス島の奪還にも成功していた、アテネしかなかった。

このイオニア地方の要請を、アテネは受ける。渡りに舟ではあったにしろ、活用すると決めたのである。

アテネは、第二次ペルシア戦役の初年度にサラミスで勝ち、翌年にはミカーレの海戦にも勝ってサモス島をペルシアから奪還したことで、エーゲ海を再びギリシア人の海にすることに成功していた。

これによってギリシア最強の海軍国になっていたのだが、「エーゲ海をギリシア人の海」にしつづけるには、制海権の堅持が不可欠になる。そして制海権とは、対岸までも味方に引きこむことによって、初めて可能になる。

水平線上に遠望できる島に渡る話ではないのだ。島などは見えない、エーゲ海に向って船を出さねばならない。イオニア地方との同盟が成立すれば、寄港や補給その他の兵站《へいたん》も容易になる。いかに最強の海軍を持っていても、秋に入るやピレウス港にもどってこなければならない状況とは、大ちがいなのであった。

こうして、エーゲ海からペルシア勢が撃退された年から二年が過ぎた紀元前四七七年、「デロス同盟」が結成されたのである。

中部ギリシアにあるデルフォイと並んで、アポロン信仰の聖地として知られていたデロス島に、加盟を希望するポリスの代表たちが集まって成立したことから「デロス同盟」の名で呼ばれるのだが、この同盟と、先行していた「ペロポネソス同盟」は、多くの点でちがっていた。

まず、同じく防衛を目的にした同盟でも、スパルタが盟主格のペロポネソス同盟の目的はペロポネソス半島の防衛にあったが、それに対するデロス同盟の目的は、エーゲ海世界の防衛にあったことだ。当然、前者の主力は陸軍にあり、後者の主戦力は海軍になる。

第二のちがいは、前者ではスパルタが積極的に他の加盟国を引っ張っていくことを好まなかったのに対し、後者ではアテネが、結成当初から主導力を発揮し、そのままで以後もつづいたことである。

ペロポネソス半島に外敵が侵攻してくるような事態は、起ったとしても毎年起るわけではない。だが、エーゲ海には、ペルシアの船だけでなく海賊船も入ってくる。その全域を常時パトロールする必要があるということで、それを年間を通してできるのはアテネ海軍だけなのであった。

ちがいの第三は、デロス同盟の加盟諸国には、分担金の支払いが義務づけられたことである。

陸軍に比べれば、海軍はカネがかかる。三段層ガレー船を新造するだけでも一タレントもの出費になるが、船を造っただけでは軍船にならない。戦力化するには、一隻《せき》につき二百人の乗員が必要になる。しかもそのうちの百七十人の漕ぎ手は〝モーター〟でもあるので、練達の技能の持主であればあるほど、その船の戦力は向上する。この意味での戦力向上には、給料を支払うことで、大半がプロレターリである彼らの生活を保証してやる必要があった。

これを、常時百隻、必要となればただちに二百隻、用意できる都市国家《ポリス》はアテネしかなかったのである。レスボスやキオスでも、提供可能な軍船の数はこのアテネの五分の一以下であり、他のポリスの多くは百分の一、中には一隻の提供も不可能というポリスもあった。

このように国力で差がある都市国家《ポリス》が集まって出来たのがデロス同盟である以上、毎年必要になる出費も、加盟諸国の国力に応じた額の分担金でまかなうと決めたのである。

ただし、この分担金がいくらで、それが加盟諸国の経済力にとってどの程度の負担になったのかはわかっていない。ギリシアの都市国家の経済力が、一時期のアテネを除いては不明なので、わかりようもないのである。

いずれにしても、分担金の割合は各国とも、その都市国家の経済力の一割には達しなかったと思う。ペルシア帝国が支配下にある属国に課していた年貢《ねんぐ》金でさえも、それほどの率にはならなかったからだ。もしもデロス同盟に加盟する都市国家に国力の一割もの分担金を課そうものなら、そんなことならペルシアの支配下に入っていたほうがよい、となるのだから。

それでもなお、分担金ゼロのペロポネソス同盟と比べれば、分担金が義務づけられていたデロス同盟のちがいは明らかだった。そしてこのちがいが、後には露《あら》わになることになる。

しかし、アテネ側に立って考えれば、分担金は負担してもデロス同盟が充分に機能していれば、エーゲ海全域が一大経済圏として確立し、そこをマーケットにする各国ともが繁栄できるのである。だが人間は、誰もが同じように考えてくれるわけではないのだった。

ペリクレスが、紀元前四五四年に決め翌年早々に決行した、デロス同盟の分担金を収めた〝金庫〟をデロス島からアテネに移したときに、加盟諸国のどこからも抗議の声はあがらなかった。同盟成立から二十四年もの歳月、加盟国のどこもアテネの主導権を容認しており、そのアテネに〝金庫〟が移されることも容認したのではないだろうか。

それが、五年後の「カリアスの平和」から変わってくるのである。

「カリアスの平和」は、ペルシアとアテネの間で結ばれた相互不可侵条約であって、ペルシアとデロス同盟の間で結ばれた講和ではない。だが、この講和が成立したことによって、デロス同盟に加盟していた国々が、もはやペルシアの脅威は去った、と思うようになったのだ。デロス同盟もその結成から、三十年が過ぎようとしていた。

紀元前四四九年、ペルシア・アテネ間の相互不可侵条約でもある「カリアスの平和」成立。デロス同盟に加盟している国々では、空気と呼んでもよい何か、が動き始める。

三年後の四四六年、アテネ・スパルタ間で結ばれていた五年間の休戦条約が切れる。このことは、ギリシア中の都市国家《ポリス》が知っていた。戦乱の時代再来かと、どの国も色めき立つ。

四十九歳になっていたペリクレスにとっては、厳しい試練の時期の始まりの年になった。

「ギリシアの今後の平和を討議する会議」

最初に動いたのは、アッティカ地方のすぐ東隣りに位置している、エウボエア半島にあるポリスである。デロス同盟からの脱退を通告してきたのだ。だから、分担金支払いもやめると。

次いで動いたのは、同じくデロス同盟の加盟国のメガラで、こちらのほうは、アッティカ地方の西隣りに位置する。しかもメガラは、同盟を脱退し分担金支払いをやめると告げてきただけではない。

このメガラへの制裁処置としてペリクレスが早くも行った、メガラの商船のピレウスへの入港禁止を不満とし、それを決行したアテネへの対抗策として、スパルタに軍勢派遣を求めたのである。
そして実際、まるで休戦条約切れを待っていたかのように、スパルタ軍が侵攻してきた。

何度もくり返すが、スパルタの国政を決めていたのは二人いる王ではなく、市民集会から毎年選ばれてくる五人の「エフォロス」(監督官)である。彼らにしてみれば、ペロポネソス半島からすぐ出たところに位置するメガラがアテネから離れれば、それだけスパルタの安全の強化になる、と思ったのかもしれない。

このスパルタ軍を率いるのは、二人いる王の一人のプレイストナクス。王が率いるということは、スパルタは正規軍を派遣してきたということで、スパルタの本気度を示していた。

鍛え抜かれたスパルタの戦士集団だけに、動くと決まれば早い。たちまちメガラを通り抜けてアッティカ地方に入り、エレウシスにまで迫った。

エレウシス信仰で知られたこの町からアテネまでは、二十キロと離れていない。この機にスパルタはアテネを攻略するつもりかと、ギリシア中が注目したのも当然だった。

ところが、秋に入りつつあるという、南欧では理由にもならない理由をあげて、王プレイストナクスは一戦も交えることなく、全軍を率いてスパルタに帰国してしまったのだ。

激怒したのは五人のエフォロスで、王は退位させられてしまう。

この一見不可解なスパルタ王の行動を、歴史家ツキディデスは、ペリクレスに買収されたからだ、としている。

だが私は、二つの理由で同意できない。

第一は、退位はさせられてもプレイストナクスは、その後もスパルタ内に住みつづけていたようで、息子は後にスパルタの王位に就く。また、あのスパルタでは、いくらもらってもカネの使いようがない。長年にわたって質実剛健一本できたスパルタ人は、カネの使い方さえも知らないのだ。パルテノンをしのぐ大神殿を建てようと考えたスパルタ人は、一人もいなかったのだから。

第二は、プレイストナクスという王の出自である。この人は、第二次ペルシア戦役で、海のサラミス・陸のプラタイア、と言われるほど有名になるプラタイアで勝ち、テミストクレスと並んでギリシアを救った英雄とされたパウサニアスの息子なのだ。

そして、この父が「エフォロス」の奸計《かんけい》によって餓死に追いやられたことも、少年の頃に起った悲劇にしろ、知りながら育ったのだった。

アッティカ地方への侵攻は、「エフォロス」の考えたことで、王にはそれを実行に移す権限しか与えられていなかった。それで、侵攻はしたものの「エフォロス」制度に対する以前からの反感もあって、それ以上の軍事行動に進まず、帰国するほうを選んだのではないかと想像する。たとえその代償が、退位であったとしても。

もしかしたら、エレウシスの郊外のどこかで、ペリクレスとプレイストナクスの二人は、秘《ひそ》かに会って話し合ったかもしれない。アテネ人とスパルタ人のちがいはあっても二人とも同世代に属していたし、もう一人のスパルタ王のアルキダモスとは友人の間柄にあると、ペリクレス自らが言っている。

それに、人間の洞察に長《た》けたペリクレスのことだ。彼自身は超のつく富裕者だから買収のカネには不足しなかったろうが、相手はスパルタ男で、しかも王である。説得には、「カネ」ではなくて「言葉」を武器にしたのではないかと思う。

コリントとその周辺

いずれにしても、スパルタ軍は帰国してくれたので、メガラ問題には、今のところにしろ心を使う必要はなくなった。ペリクレスは、エウボエア問題の解決に集中できることになった。

こちらでは、言葉は使わなかった。軍勢を一挙に投入しての、制圧戦になる。

エウボエアは、ギリシア本土とは狭い地峡で結ばれている半島だ。半島と言っても広いので、都市国家《ポリス》だけでも五つもある。

そのエウボエアに、海からは五十隻の三段層ガレー船、陸からは五千の重装歩兵で攻めこんだので、合計一万五千を投入しての制圧行は短期間で終わった。

アテネに反旗をひるがえした住民への処罰は、反旗のひるがえし方で差がつけられたし、当時のギリシアの水準では穏当というあたりで落ちつく。デロス同盟からの脱退を言い出そうものならどういうことになるかを、他の加盟諸国が肝に銘じてくれれば充分であったのだ。

だが、このときのアテネの強行策は、ギリシア中から非難を浴びることになった。今風に言えば、〝帝国主義的〟というわけである。

非難の先鋒《せんぽう》は「ペロポネソス同盟」の中ではスパルタに次ぐ強国のコリントで、「ギリシアの今後の平和を討議する会議」というもっともらしい名の会議がスパルタで開かれることになったのも、コリントが強く要求したからであった。

コリントのアテネに対する敵意は、昨日今日に生れた話ではない。三十年以上も昔の、第二次ペルシア戦役当時にまで遡《さかのぼ》る。テミストクレスの努力が実って、アテネが初めて「海軍」の名に値する海上戦力を持つようになり、それによってこれまでは第一位の海軍国であったコリントは、第二位に落とされてしまったときからである。その差は早くもサラミスの海戦への参船数に表われる。アテネの二百隻に対し、コリントは四十隻であった。

しかもこの時代は、海軍力はイコール海運力でもあるから、交易力にもイコールし、交易で獲得した経済力は海軍に投資されることでさらなる海軍力の増強につながるという、循環関係にある。

サラミスでは協力して勝ったとはいえ、その後の三十年間、コリントの第一位奪還は成らないままで過ぎてきたのだった。もちろん、アテネ主導のデロス同盟などには参加していない。交易立国でありながら、ペロポネソス同盟の一員になっていたという理由で、交易には無関心なスパルタが盟主のペロポネソス同盟の一員になっていた。

ただし、いずれも交易立国であるアテネとコリントの「市場《マーケット》」が、アテネが東方のエーゲ海、コリントが西方のイオニア海と分れていた時期は、敵愾心《てきがいしん》も爆発せずにすんだのである。

それが、「カリアスの平和」が成立したことで、事情が変わってくる。ペルシア支配下にあるシリアやエジプトに基地用の土地さえも獲得するのがむずかしくなったアテネが、新市場開拓を目指して、西方にも眼を向けるようになってきたからだ。

この動きは、コリント湾を出てイオニア海に向う出口、しかも最も狭くなっている海域を前にした北岸にある、ナウパクトゥス（後代のレパント）をアテネが手中にし、その地に基地を置いたことで明らかになる。

アテネは、二十隻の三段層ガレー船を配置した基地にしただけで、コリント湾の封鎖に出てきたわけではない。だが、その気になれば、本国からの援軍と共同して、封鎖も可能ということになる。

怒ったコリントは、まず、メガラを扇動して反アテネに起《た》たせる。コリントとメガラは、コリント湾にも面しているがサラミス湾にも面した国同士ということでも、利害を共にしていたのである。

だが、この策謀も、ペリクレスに説得されたスパルタ王が軍を退《ひ》いてしまったので、失敗に終わった。

コリントにしてみれば、ここはもう全ギリシアの都市国家を集めた会議を開き、その場でアテネの〝帝国主義的〟なやり方を弾劾《だんがい》し、これ以上のアテネの進出を阻止するしかない、と考えたのだろう。会議の開催地がスパルタになった理由の一つは、このアテネに対して、スパルタを先頭にしたペロポネソス同盟全体が圧力をかけるためであり、もう一つの理由は、スパルタの責任感に訴えることにあった。

実際スパルタは、アテネとの間で結ばれていた五年の休戦条約が切れた今、何かしなければギリシア中が混乱に陥ると心配していたのである。

スパルタ人とは、考えてみればおかしな男たちで、他国のことには無関心なくせに、責任感だけは強い。相手がスパルタの王だとペリクレスの説得がとくに成功するのも、ペリクレスがこの点を突くからであったのか。

とはいえ、こういうわけで、紀元前四四六年の冬にスパルタで開かれた、「ギリシアの今後の平和を討議する会議」でのアテネは、被告席に立つことになってしまったのである。

議長は、ペリクレスとは友人の仲でもある、スパルタの王アルキダモス。アテネから出席した代表団が、ペリクレスに率いられていたという確証はない。このときの会議がどのように進んだのかを、記録した史料もない。だが、会議の終了後に発表された〝共同コミュニケ〟を見ると、「ペリクレスはいた」と思うしかないのである。

スパルタとアテネの棲《す》み分け

全ギリシアの三十年の平和を宣言した〝共同コミュニケ〟の内容だが、その実態は次のようになった。

ギリシア世界はこれ以降、スパルタとアテネの二大勢力圏に二分されると決まる。陸の強者スパルタは、「ペロポネソス同盟」の盟主として。海の覇者アテネは、「デロス同盟」の主導国として。

スパルタは、エーゲ海におけるアテネの覇権を、今回初めて公式に認めたのである。それまでのスパルタの「デロス同盟」への態度は、不参加、でしかなかったのだ。スパルタが認めたということは、「ペロポネソス同盟」の加盟国の全員、つまりコリントも、認めたということになる。

しかし、この一事が会議の正式決定事項になったということは、アテネに、計りしれない利益をもたらすことになる。

「カリアスの平和」が成立して以後、対ペルシア防衛を目的にして結成されていたデロス同盟の存在理由も減少せざるをえなくなっていたこの時期、その「デロス同盟」に、新たな存在理由を与えることになったからである。

もはや「デロス同盟」は、協力し合うことでペルシアの脅威をはね返すことを目的にしたエーゲ海の都市国家《ポリス》や島々の集まりだけではなくなった。アテネの覇権の及ぶ勢力圏とスパルタまでが認めた、エーゲ海全域の代名詞になったのだ。

このように意味するところが変わった「デロス同盟」では、ペルシアの脅威は去ったからと、脱退を言い出したり分担金支払いを嫌がったりする理由がなくなる。ということは、アテネにとって、これら反抗分子に対し強圧策で臨めるようになった、ということでもあった。

なぜなら、このときの会議では、次の一事も決まっていたからだ。

「ペロポネソス同盟」と「デロス同盟」に二分されることになったギリシア世界だが、この両勢力とも互いに、相手側の勢力圏に侵攻してはならず、脱退したり反旗をひるがえす国が救援を求めてきても、応じてはならないと決まったのである。

こうなってしまっては、アテネに不満でスパルタに救援を求めていたメガラも、もとの鞘《さや》にもどるしかない。つまり、以前と同じにデロス同盟にもどり、分担金も以前と同じに払いつづける、ということである。ゆえに、このメガラに対してアテネが課していた、彼らの国の船のピレウスへの入港禁止という処置も撤回されることになる。

だが、このときの会議で、どの国よりも苦汁を飲まされたのは、コリントであったろう。

コリントの要求で開かれた会議なのに、会議は公式に、ナウパクトゥスへのアテネの領有権を認めたのである。以後コリントの船は、アテネの海軍基地となったナウパクトゥスの前の海上を通って、地中海西方に出て行くしかなくなった。

コリントは、ペロポネソス同盟では、スパルタに次ぐ強国である。そのコリントの要望を同盟の盟主であるスパルタがしりぞけたということは、スパルタに、それをしてでも得られる何かが、があったからにちがいない。おそらく、この一件も他の議題同様に、実際のところは、スパルタとアテネの間の裏取引で決まったのではないか、と思ってしまう。

スパルタは十年このかた、ヘロットたちの反乱に悩んできた。反乱を起した彼らを山に追いこんだまではよいが、勇名とどろく「スパルタの戦士」も、平原での会戦では無敵でも攻城戦となるとからきしダメ、という性質を持つ。おかげでヘロットたちの制圧には手を焼いていたのだが、ヘロット側は山を降りる条件として、市民並みの待遇を要求してゆずらない。

しかし、彼らに市民権を与えようものなら、リクルゴスの憲法を厳守することで成り立ってきた、スパルタの国体そのものが崩壊してしまう。市民とはイコール戦士でなければならないとした、護憲一筋のスパルタ人である。長年農奴《のうど》として生きてきたヘロットにまで市民権を拡大するなど、死んでもできないことなのだ。

そこでたどり着いた妥協策が、山を降りても身の安全は保障する、ただしスパルタの領土であるラコーニア地方からは立ち去ること、であった。ヘロットたちもこれで良しとなったのだが、条件はつけた。全員の落ちつき先は一箇所にする、という条件での国外退去ならばOKとしたのである。

ところが、万を超える数の難民の落ちつき先など、そうは容易に見つかるものではない。それでまたもスパルタは困り果てていたのだが、救いの手を差しのべたのが、その会議に出席していたアテネの代表であった。

救いの手と言っても、タダではない。国外に退去するヘロットたちのナウパクトゥスへの移住は可能だが、それもナウパクトゥスへのアテネの領有権が公認されてこそである、とか言いながら。

スパルタ・アテネ間で交わされていた五年の休戦協定が切れたのを機に開かれた「ギリシアの平和を討議する会議」での当初のアテネは、弾劾される立場にあった。

それが、終わってみると、最も多く、しかも確実な利益を得たのはアテネである。負けたと見えたのに角度を変えて見れば勝ったのは自分のほうだと、判定をくつがえしてしまう話法の名人でもあったペリクレスだ。

実際は彼が会議を仕切っていた、との推測も成り立つのではないかと思う。

なぜなら、このときの会議の終了後にいち早く現実化したのが、大量のヘロットたちのスパルタからナウパクトゥスへの移住であったのだから。忘れてはならないのは、このときの会議で議長役を務めたのが、以前からペリクレスとは気の合う仲の、スパルタの王アルキダモスであったことだった。

愛する人アスパシア

ペリクレスは、窮極の民主政を考え実現したことや、最高の文化遺産であるパルテノンを建てた業績などで、後世からはまるで聖人でもあるかのように賞《ほ》め讃《たた》えられてきた人物である。だが彼は、公人としてだけでなく私人としても、相当にとんでもない男でもあったのだ。

「とんでもない男」をもう少し上等な言葉で言い換えれば、「既成概念や既存の価値観からは自由であった男」となる。

そして、五十歳に近づいていたこの時期、ペリクレスは、政治だけでなく私生活でも、「とんでもないこと」をすることになる。

恋愛すること自体は、とんでもないことではまったくない。恋愛の相手が、彼が属す階級以外の女でも、アテネではまったく問題視されない。ペリクレスの親友で悲劇作家のソフォクレスは、二人の子を生《な》した後でも愛人は愛人の立場に留め、正妻とは以前と同じ生活を続けた人である。このほうが、当時のアテネでは「普通」と見られていた。

ところが、ペリクレスはちがう。

二人の男子まで生した妻を、再婚の相手を世話してやったとはいえ離婚し、その後に恋愛の相手と結婚して同じ家で暮らしたのだから。だが、こうなると、アテネ社会では「とんでもないこと」になってしまうのだ。しかも、相手の女は、アテネにとっては外国になるイオニア地方の都市ミレトスの生れで、職業婦人でもあった。

ギリシアに生れたいか、それとも、生れるとすればローマを選ぶか、と問われたら、男に生れるのならばどちらでもよいと答えるだろう。だが、女に生れるとすれば、と言われたら、迷うことなくローマを選ぶ。

財産権を保証され宴会にも同席し社会生活も満喫できたローマの女たちに比べて、アテネでもスパルタでもギリシアとなると、女に生れて良いことはほとんどなかった。既婚未婚を問わず、第三階級から上の男を夫にし父に持った女は、祝祭日に行われるのが恒例の神殿までの祭列に加わる以外は、まず、外出の機会そのものからしてない。必需品の買いものは家つき奴隷《どれい》がやってくれるし、それ以外に欲しい品があれば、それを商う商人を家に来させれば済む。町で見かける女は労働者階級に属す女たちで、小店を取りしきっている彼女たちのほうが、よほど自由を享受《きょうじゅ》していた。

では、中から上の階級に属す女たちは家の中では何をして過ごしていたのかとなるが、これだけはホメロス時代、つまり神話伝承時代と少しも変わらず、機織《はたお》り器をガタンガタンさせていたのである。ホメロス作の『オデュッセイア』の主人公オデュッセウスの妻ペネロペのように、機織り器を前にしながら夫の帰りを待っていたというわけだ。子育ても、家事と並ぶ女にとっての大切な仕事、であったのはもちろんである。

このアテネの知的ホームパーティである「シンポジオン」が自宅で催されても、その家の女主人は挨拶《あいさつ》に出ることさえもなかった。

それが男たちとなると、一日中外に出ている。子供は学校《スコーラ》に通い、若者は、肉体を鍛えるためとパレストラに通う。大人になればアゴラ（大市場）で話に熱中し、ときにはアクロポリスの丘で市民集会に出席する。交易で海外に行く者もあれば、徴兵されれば戦場にも出向く。要するに、男に生れさえすれば、退屈で死にそうになることだけはないのだった。

ペリクレス時代のアテネは、窮極の民主政を実現していたが、男女同権となると、薬にしたくともない、が実情であったのだ。

社会がこれでは、ある種の女性が必要になってくる。歌い、踊り、楽器を奏し、男たちの話し相手もできるくらいに教養もある女たちで、そのうえ肉体的にも美しければ言うことはない。

ギリシアでは、この種の職業婦人を、「ヘタイラ」と呼んでいた。ほとんど全員が、アテネ生れではなく、他国で生れたギリシア女である。アテネの〝プロレターリ〟である第四階級に生れた女でも、店番はやれてもヘタイラになるなどは、それこそ「とんでもないこと」であったのだ。

おそらく、古典時代のアテネを代表する三大彫像制作者のフィディアス、ミロン、プラクシテレスの手になる女神たちや女の像のモデルは、ほぼすべて「ヘタイラ」であったのではないか。完全な裸体か、そうでなくても薄物しか身につけない姿で、芸術家とはいえ赤の他人の男の前に立つなど、アテネの良家の女が承知するはずもなかったのだから。

男のモデルのほうは、心配する必要はまったくなかった。パレストラでも、オリンピアでの競技会でも、選ぶのに困るほどいたからである。

ペリクレスが愛したのは、アスパシアという名の「ヘタイラ」であった。

私もそのことは以前から知っていたが、ヴァティカン美術館《ミューゼアム》で初めて彼女の顔を見たときは、最初は驚き、次いでは笑い出してしまった。

古代で三大美男とされていたのは、ペリクレスと、この後に出てくるアルキビアデス、そしてローマ帝国初代の皇帝アウグストゥスである。

それぞれ、静謐《せいひつ》の美、危険な美、冷徹《クール》な美、を見事に表わしており、単なる美男は一人もいない。

そのペリクレスが、愛した女である。それで私も、フィディアス作の女神アテナか、でなくともミロのヴィーナス並みの美女にちがいない、と思いこんでいたのだった。

それが何と、ポッチャリ型の女。

たしかに、アスパシアを美女と評した史料はなかった。だが、教養は深く、ソクラテスを始めとする当時のアテネの知識人たちとも、対等に話ができる女であったとは書いてある。

ということは、少しばかり後頭部が突き出ていることを除けば完璧《かんぺき》な美男であったというペリクレスは、芸術家たちがモデルに望む美女よりも、対等に話を交わせる女を愛したということになる。

二人の間には、二十五歳の年齢差があった。共に住むようになったのは、彼女が二十五歳の頃であったらしい。二十代の半ばともなれば、ギリシアではもはや若い女ではない。ペリクレスは、成熟した女を愛したのである。

アテネの最高権力者がヘタイラを職業にしていた女と生活をともにするだけでも相当に「とんでもないこと」だが、その暮らしぶりがさらに、「とんでもないこと」になる。

ペリクレスはアスパシアに、アテネの良家の女の生き方をいっさい求めなかった。シンポジオン嫌いのペリクレスでも、自宅では親しい友人たちを招いての集いならば催すことはあった。その席にはいつも、アスパシアの姿があった。同席していただけではなく、男たちとの話にも加わっていたのだ。

アスパシア

アスパシアの許《もと》に男友達が訪ねてくるのも、ペリクレスは完全に認めていた。繁々《しげしげ》と訪ねてくる男友達の一人にアスパシアと同年のソクラテスがいたが、哲学者になりつつあった時期の若いソクラテスは、弟子と称する少年たちまで引き連れて訪ねてくるのである。

それで、公務を終えて帰宅したペリクレス

は、しばしば、若者たちに囲まれて話に熱中している妻を見ることになるのだった。

そのようなときでもペリクレスは、客たちには挨拶し、帰宅したときの習慣になっていた愛する女を抱擁しただけで、そのまま坐《すわ》りこんで話の輪に入ることはしなかった。アスパシアと客人たちはそのままにして、彼は自室に引き揚げたという。

ギリシア史の研究者の中には、なぜペリクレスはソクラテスに興味を持たなかったのか、を問題視する人が多い。だが、市民集会の会場で、「無知であることを知れ」などと言おうものなら、それだけでブーイングを浴びて退場を余儀なくされること確実であり、それだけで陶片追放にさえなりかねない。

国民は、国政の担当者に、哲学的に深遠な思索は求めてはいないのだ。具体的で有効な解決策を求めているのである。

哲学者アナクサゴラスとは親友の仲であったのだから、ペリクレスが哲学そのものに無関心であったのではない。だが、彼にとっての哲学は「余暇」のもので、「仕事」ではなかった。ゆえに、自分の死の一年後に生れるプラトンが、国政は哲学者にまかせるべきである、と言うようになるのを知ったら、まず大笑いし、その後でつぶやいたのではないか。やらせてみたら、と。

政治の言葉と哲学の言葉は、ちがうのである。

ペリクレスは、政治の言葉の名手であり、彼よりは二十五歳若かったソクラテスは、ペリクレスの年齢に達する頃に、哲学の言葉の巧者になるのである。

ただし二人とも、関心をもたない人からの影響はいっさい受けなかった、という点ならば似ていた。

そして、目標はちがっても、その方向に他者を誘導《リード》していくという話法でも似ていたのである。

アスパシアとともに暮らすようになって以来のペリクレスは、もう一つの「とんでもないこと」までしている。

家の内部にこもってめったに外出しないのがアテネの良家の女の常の暮らし方だが、ペリクレスはアスパシアを、家の外に連れ出したのである。

それも、供え物を持って神殿に参拝するのではない。壮麗な姿を現わしつつあるパルテノンの建築現場に連れて行き、二人して、建築総監督のフィディアスから説明を聞き、彼を交えた三人の間で意見交換したというのだから、女には聴くに値する意見などはない、と思いこんでいるアテネの男たちが、眼を見張ったのも無理はなかった。

フィディアスはペリクレス邸で開かれる集いの常連でもあったから、三人の間での意見交換は、それまでにも幾度となくされていただろう。だが、意見交換の対象を見ないで話すのと、見ながら話すのとでは、絶対にちがう。ペリクレスは愛する女に、見せてあげたい、と思ったのではないだろうか。

古代から現代に至るまでのペリクレス評の一つに、貴族的な生き方で一貫していた、というのがある。

貴族的とは、高貴な生れとか暮らしぶりが贅沢《ぜいたく》であるとかはまったく関係ない。

真の意味での「貴族的」とは、多くの人がやってみたいと思ってはいても世間体が気になってやれないでいることを、平然と、しかし品位《スタイル》は保って、やってしまう人を指す。

民主政体を機能させるのに、そのリーダーまでが民主的である必要はない。いや、単純で善意一筋の民主主義者ではなかったからこそ、アテネの民主政は機能できたのではないか。

なにしろ、「形は民主政だが実態はただ一人が統治した」と言われるのが、黄金時代のアテネであったのだから。

アスパシアは、ペリクレスの生涯の最後まで、忠実で心優しい伴走者でありつづける。この二人が正式に結婚していた、とする確証はない。しようと思えば障害はなかったのだからしていたと思うのだが、同時代人の手になる史料では、愛人とか妾《めかけ》とか記しているもののほうが多い。同時代人でも既成概念に捕われることの意外と多い有識者たちにしてみれば、偉大なるペリクレスの妻の前歴がヘタイラであるという事実を、飲み下すのはむずかしかったのかもしれない。いずれにしても、息子は生れていた。

そのときだけはさすがのペリクレスも、「しまった」と思ったのではないか。以前に彼が提案し市民集会が可決していた法の一つに、アテネの市民権は両親ともがアテネ生れである場合に限る、としたものがあったのだ。アスパシアは、イオニア地方のミレトス生れである。

父と同じ名を与えられたこの息子がアテネ市民権を取得できたのは、前妻との間の息子二人が病死した後になってからで、それも市民集会が、これまでのペリクレスの国家への貢献を多として、特例として認めたからであった。

息子ペリクレスは父の死の後に「ストラテゴス」に選出されるが、さしたる業績もあげないままに死ぬ。天才の子に、天才はいないのだった。

アスパシアは、愛する人の死を看取《みと》った後も二十九年生きる。だが、二十九年も生きたために、愛する人があれほども力を尽くして避けようと努めていた、都市国家アテネの衰退を見ることになってしまう。

死んだのは紀元前四〇〇年。アテネがスパルタに敗北した年の四年後であり、そのアテネから死刑を宣告されたソクラテスが毒杯をあおぐことになる、一年前であった。

変化する「デロス同盟」

紀元前四四九年に成立した「カリアスの平和」によって、オリエントの大国「ペルシアとの棲み分け」は実現した。

紀元前四四六年の冬に開かれたスパルタでの汎《はん》ギリシア会議で成立した「三十年の平和」によって、ギリシア世界での強国「スパルタとの間の棲み分け」も実現する。

「棲み分け」とは相互不可侵ということだから、アテネに領土拡張意欲があったとしても、この二国が睨《にら》みを効かせている地域には、容易なことでは進出できなくなったということである。

しかし、アテネは、ペルシアのように小アジア以外にも広大な領土を持つ国ではなく、スパルタのように一国平和主義で、しかも経済力の向上となるとからきし無関心、という国でもなかった。

アテネは、政治的には僭主《せんしゅ》政と非難されながらも、長期にわたって市民たちの支持を享受していたペイシストラトスの例が示すように、経済力の向上にはすこぶる敏感な人々で成る都市国家である。

そのアテネを統治する立場にあるペリクレスが、新市場の開拓に熱心になるのも当然だ。それも、ペルシアやスパルタを怒らせないようにやる必要からも、視線が北と西に向ったのも当然であった。

とはいえ、先決するのは足許《あしもと》を固めることである。「足許」とは、国内とデロス同盟の二つになる。

国内ではすでに、「市民の物乞《ものご》い化」だとする批判には耳も貸さずに断行していた、第四階級に属す人々に国家の仕事に就いている期間は給料を与える、とした法の成立で成し遂げていた。

この政策は、無産階級の一言で整理されることの多い、日々働くからこそ家族を養っていけるという意味で後にはローマ人が「プロレターリ」と呼ぶことになる、「第四階級」の中産階級化であったと思う。

いかに「ただ一人」でも、民主政体そのものをくつがえすことなどは考えもしなかったペリクレスが、民主政体が機能するには中産階級の確立が不可欠、であることに気づかなかったはずはない。

また、無産階級ではなく無資産階級にしろ、この階級の中産階級化は、政治面でのみ不可欠なのではない。海軍が主戦力になる一方のアテネにとって、安全保障上でも不可欠になる。また、経済面でも、一人一人は少額でも数ならば多い消費者の増大につながる。ペリクレスが、市民集会での演説でも、神々の御加護などはそっちのけにして、政治・軍事に留まらず経済にも多く言及しているのには笑ってしまう。

政教分離という言葉からして存在しなかった、古代の話である。いや、もしかしたら、「政教分離」の必要への認識が生れてくるのは、多神教の民であったギリシア人やローマ人が去った後のヨーロッパを支配することになる、一神教の民の時代になってから、ということであろうか。

それで、国内を固めた後は味方を固めるためのデロス同盟の改革だが、こちらのほうは、スパルタでの会議の前と後とではがらりと変わる。ペリクレスが、スパルタ会議で決定した、「デロス同盟」とはイコール、アテネの勢力圏、とした決定を、最大限に活用しようと考えたからだった。

以前のような、加盟諸国がそれぞれの国力に応じて軍船を提供し、分担金も、国力に応じて課される、としてきたシステムは全廃された。

それに代わって、小都市国家《ポリス》までふくめれば三百を超える数になる全加盟国は、大きく三分されることになる。

常時でも百隻《せき》、いざとなれば二百隻まで進水可能な海軍力を誇るアテネ。

常でも緊急事態でも、この五分の一の軍船ならば提供可能な、レスボス、キオス、サモスという比較的大きな島々。これら三島には、アテネと同じく分担金支払いは免除される。

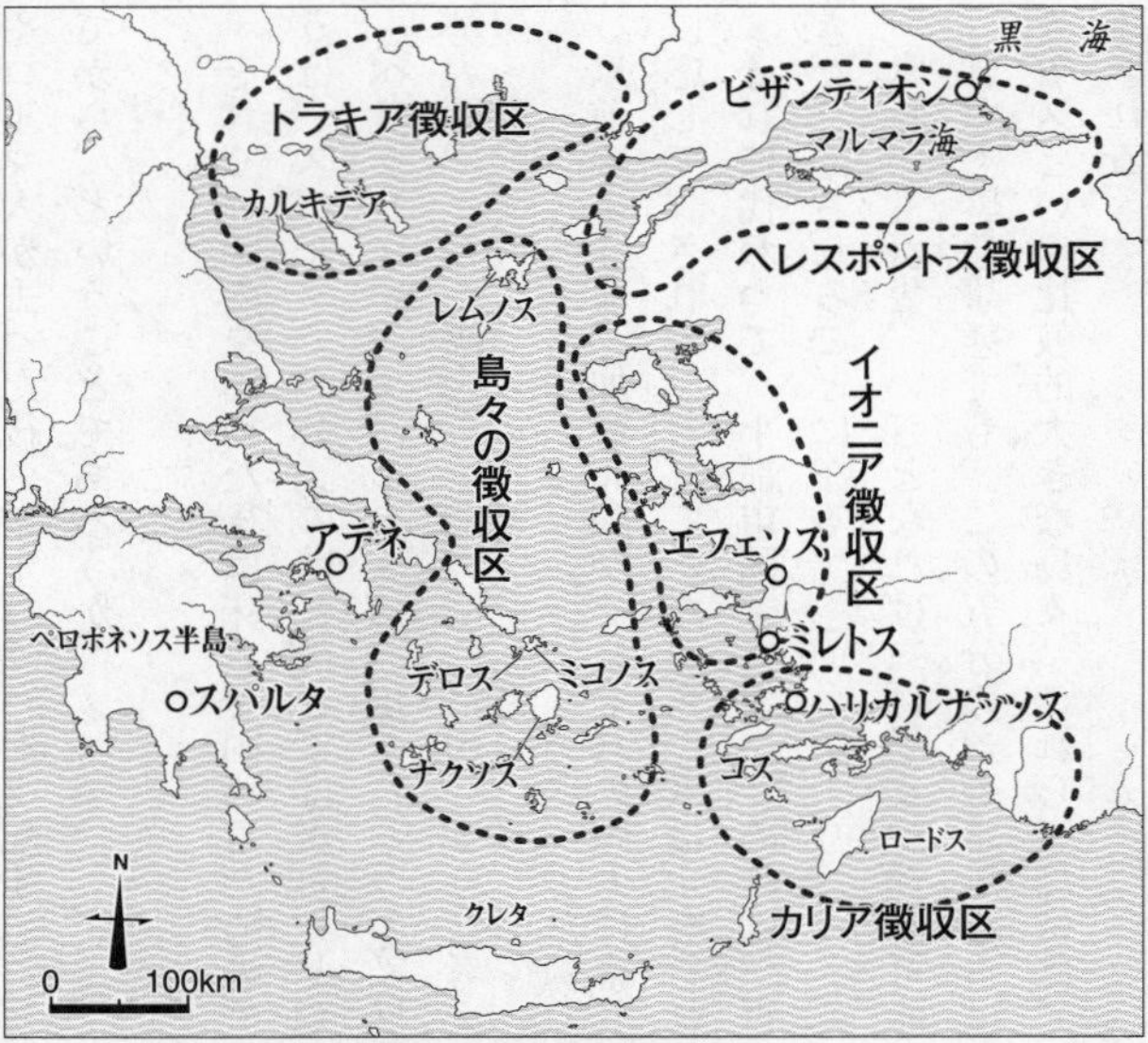

デロス同盟の分担金徴収区

そして最後は、この四都市国家《ポリス》を除いた加盟国すべて。このグループに入れられたポリスも島も、軍船の提供は免除される代わりに、国力に応じて定められた毎年の分担金支払いの義務は課された。

そしてアテネは、分担金徴収のシステムも変えたのだ。エーゲ海全域を五区に分け、それぞれの「区」ごとに、アテネからそれ専門の役人が訪れて徴収するという、能率を重視したシステムに変えたのである。同盟の〝金庫〟もすでにデロス島からアテネに移してあるので、分担金はすべてアテネに集まるのだった。

「カリア徴収区」——第二次ペルシア戦役当時はペルシアの属国カリアが支配していた地方だが、その後はキモンの積極戦法によって事実上にしろアテネ下に入り、「カリアスの平和」によってペルシアが、キプロス島と引き換えに正式にアテネ下に入ることを認めた地方である。

小アジア西岸一帯でも南部に位置し、この徴収区には、歴史家ヘロドトスの生れたハリカルナッソス、医学の祖とされるヒポクラテスが本拠にしていたコス島、また、この時期から台頭し始めるロードス島もふくまれていた。

「イオニア徴収区」——イオニア地方の中核を占める地方で、主要都市であるミレトス、エフェソスを始めとして、繁栄する海港都市が集中している一帯。おそらく分担金の額も、最も多かったのではないかと思う。

「ヘレスポントス徴収区」——ダーダネルスから始まるヘレスポントス海峡を通ってマルマラ海に入り、ビザンティオンに至る海域の両側に並び立つ加盟国群。この海域は、主食である小麦の黒海地方からの輸入路にも当っていたので、アテネにとっては重要極まりない一帯であった。

「トラキア徴収区」――トラキア、マケドニアという二王国を背後に控える、エーゲ海北部を占める地方。この一帯は鉱物資源に富み、以前からアテネ人の海外資産が集まっている地方でもあった。

そして最後は「島々の徴収区」――エーゲ海中央部に点在するレムノス、ミコノス、デロス、ナクソス等の島がふくまれる。これらの島々をまわって徴収する仕事を担当する、アテネの役人の苦労がしのばれるくらい。

だが、こうして「デロス同盟」は、名称は変わらず以前のままでつづいても、内実は、三十二年前の創設当時からは一変した。対ペルシアへの防衛を目的にした同盟から、アテネの覇権下にあることを加盟各国ともが認めた同盟、に脱皮したのである。機を捕えるのにも敏であった、ペリクレスの爪跡《つめあと》を見る想《おも》いになる。

しかし、ペリクレスは、他国であろうと住民は同じギリシア人の加盟諸国に対し、強圧策は有効ではないと考えたのだろう。どれほど批判されようと中傷の的にされようと、言論と行動の自由は尊重した彼のことだ。「デロス同盟」は、相当にゆるやかな形でつづくのである。

分担金のみの参加と決まったポリスでも、軍船を持つことを禁止されたのではない。自前の軍事力維持を禁じたのでは、従属関係が明らかになってしまう。属国になると明示するのは、ギリシア人の独立志向を考えるだけでも、賢明なやり方ではなかった。とはいえその規模ならば、その国の海軍力からして沿岸警備水準に留まるのも当然だ。だが近海が緊急事態になろうものなら、〝海上保安庁〟程度の海軍力でも、アテネ人の司令官の指揮下、堂々と参戦するのだった。

また、アテネの外港ピレウスの一帯は、ギリシア世界では最も規模が大きく最も整備された造船地帯になっていたが、ここでの造船は、デロス同盟に加盟するすべての国に開かれていたのである。

すべての加盟国に開かれていたのは、造船設備だけではない。第二次ペルシア戦役に勝利した直後からテミストクレスが始めていた首都と外港の間の七キロ余りの距離を結ぶことによるアテネ・ピレウス一体化は、その後の三十年の間に、アテネをエーゲ海の一大通商センターに変えていたのである。エーゲ海域という一大経済圏は、「ビジネスセンター」を中心に造成されていたことになる。

デロス同盟の加盟諸国の人々も、注文した商船が建造されている間、ピレウスとアテネの間を往復しながら、ビジネスに専念することもできたろう。

軍事同盟である「ペロポネソス同盟」に対し、脱皮後の「デロス同盟」を説明するのは簡単ではない。

軍事同盟であり、経済同盟であり、人材交流の同盟でもあったからである。

圧倒的な強さを誇るアテネ海軍の主導下、エーゲ海は、敵からも海賊等の不法者からも解放された。

これまた他に優れたアテネ人の経済感覚《センス》の主導下、エーゲ海世界という一大経済圏の許《もと》、投資も交易も一段と活性化する。

そして、文化も例外ではなかった。

パルテノン建造工事の総監督はアテネ生れのフィディアスだが、その下で神殿工事を担当した二人の建築家は、イオニア地方の都市ミレトスの生れ。

ペリクレス時代を代表する二大彫像作家となれば、フィディアスとミロンにつきる。

そのフィディアスが彫像群という〝交響曲〟に彼の才能を集中している一方で、円盤投げの像で今なお有名なミロンは、〝独奏曲〟の名手であったと言ってよい。フィディアスは生れも育ちもアテネだが、ミロンはアテネ市民ではなかった。

ペロポネソス戦役を書くことになる歴史家ツキディデスはアテネ人だが、それ以前のペルシア戦役を書いた歴史家ヘロドトスのほうは、イオニア地方の都市ハリカルナッソスの生れである。

ソクラテスも、プラトンはアテネ生れにしても、弟子たちの生国にはまったく無関心。アテネ人でもないのに都市国家アテネの政体史を書くことになるアリストテレスは、生れはマケドニアでありながらアテネに来て開花した人である。

「デロス同盟」とは、サラミスの海戦での勝利で基盤を作ったテミストクレスと、その基盤の上に同盟を形成したアリステイデスの、二人の「作品」であった。そのままで、三十一年間つづいたのである。

この後にバトンを受け継いだのが、脱皮後の「デロス同盟」だ。これこそまさしく、ペリクレスの「作品」になる。

芸術家や歴史家や哲学者の「作品《オペラ》」は、後世にまで遺《のこ》るので、それに対する評価も長い生命を持つことができる。ペリクレスのもう一つの「作品」であるパルテノンも、二千五百年後に生きるわれわれでも見ることができるのだから。

しかし、政治家の「作品《オペラ》」は、後世にまでは遺らない。ゆえに評価も、どれだけの期間有効でありつづけたか、で下すしかない。

「デロス同盟」は、脱皮後さらに四十二年もの歳月、有効でありつづけるのだ。

覇権国アテネの力が健在でありつづけ、そのアテネをささえるレスボス、キオス、サモスも、事故と言ってもよい一件を除けば、デロス同盟内に、つまりはアテネの覇権下に、留まりつづけたからであった。

「ペロポネソス同盟」とは何であったのか、と問われれば、軍事同盟であった、と答えれば済む。

だが、「デロス同盟」とは何か、という問いに答えるのは簡単ではない。まずは脱皮前と脱皮後から話を始めねばならないのだが、それをしながらも、このちがいは何によるのか、と考えてしまう。

「変わらない国スパルタ」と、「変わる国アテネ」のちがいであったのか、と。

それとも、「求めなかった国スパルタ」と「求めつづけた国アテネ」のちがいにあったのか。

しかし、「求めない」という生き方は、軍事的経済的に求めない、というだけでは済まない。知的にも、「求めない」、になってしまいがち。清貧を説く人は、この辺りの事情までわかって、説いているのであろうか。

新市場開拓

ギリシア人の中でもアテネ人はとくに、昔から進取の精神にあふれ、その行きつく先である海外雄飛にも、ためらいなどはいっさい感じない男たちであった。「デロス同盟」の脱皮以降、エーゲ海世界では、アテネ人による人的経済的投資が一段と活潑《かっぱつ》化したことだろう。そしてこの「動き」を、より適切でより現実的な方向に誘導するのが、ペリクレスの責務になるのである。

しかし、今度は海外雄飛の気運に乗って好きな土地に行きそこを植民都市化すればよかった、三百年昔の話ではない。ペリクレス時代のアテネでは、海外雄飛も変わってくる。なにしろ、ここぞと思う土地は植民都市化されており、ナポリやターラントやシラクサのように、すでに独立国としての長い歴史を持っていた。

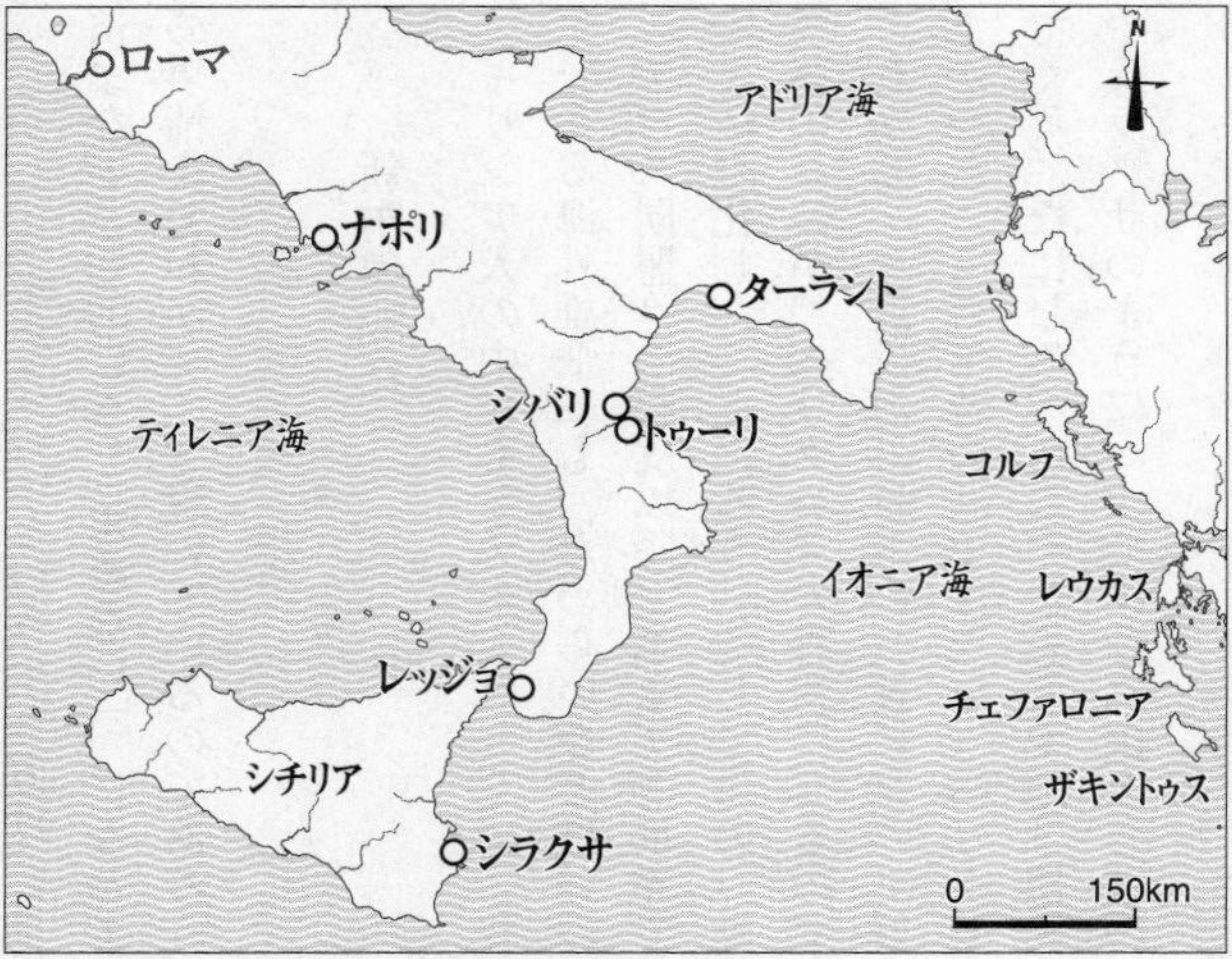

南イタリアとシチリア

それでペリクレスは、可能と見た土地にはアテネ市民を移住させ、植民地にし基地化はしても、それ以上の領土拡大にはこだわっていない。新たに植民都市化した土地の周辺にすでに存在している都市国家と、同盟関係を結ぶほうを選んだのだ。

と言っても、適切な候補地が少ないことから生れた苦肉の策にすぎないのだが、それでも問題は起る。

西方でアテネが植民地化した最初の土地は、長靴の形をしたイタリア半島の土踏まずに位置するトゥーリだが、そのすぐ近くに、シバリという名の都市国家がすでにあった。

このシバリの住民代表がアテネま

で来て、アテネによるトゥーリの植民地化を、不当な侵略であると抗議したのだ。

　これをペリクレスは、いかにも彼らしいやり方で解決する。

　トゥーリはアテネ市民の入植地であるからには本国アテネから援助が与えられるが、そこに住むのはアテネ市民とはかぎらず、他国のギリシア人にも開かれている、と言ったのだった。

　この説得は効いた。シバリから来た代表は、眼前にするアテネが他国から来たギリシア人であふれており、彼らが眼にするアテネの繁栄も、他国人への解放政策の成果と思ったのである。

　その彼らにペリクレスは、トゥーリとの同盟を結ぶよう勧めた。そしてさらに、トゥーリには命じてあるのだが、と言い、シバリもこの際にターラントとの間に友好的な関係を築くことを望む、と言ったのだ。

　ターラントは、海外雄飛には無縁なスパルタ人が唯一《ゆいいつ》入植した植民都市で、建国から三百年以上も過ぎたこの当時では、南イタリア最強の都市になっている。この強国と敵対関係に入る気はなかったシバリは、ペリクレスの進言に従った。

　しかし、ペリクレスの真の意図は、トゥーリを基地化したことでアテネの西進政策に警戒心を抱くようになっていた南伊やシチリア島に住むギリシア人たちに、アテネの本意は、軍事力を使っての領土拡張にはなく、同盟関係を結ぶことにあるのを、リモートではあっても伝えるメッセージにあったのだ。実際、さしたるときも置かずに、南イタリアのギリシア系都市に対しての、アテネの同盟作戦が開始される。そしてそれは、成功するのだ。

これが、現代の学者たちが批判する、「帝国主義者ペリクレス」による西進政策の実態であった。

エーゲ海北部への北進政策も、同じようなやり方で行われつつあった。拠点だけを基地化し、周辺とは同盟を結ぶというやり方だ。

こちらのほうも、相手側がこの種の穏和策に慣れていなかったこともあって、開始から十年の間は、満足行く程度には成功していく。

しかし、同盟とは、軍事力を使って征服した敗者と結ぶものではない。征服されたことのない相手、言ってみれば対等の関係にある相手、との間で結ぶ関係である。

だが、その内実となると、対等ではない。「ペロポネソス同盟」の盟主スパルタと加盟国の陸上戦力は対等でなかったし、「デロス同盟」のアテネと加盟国との間でも、海上戦力一つ取っても厳然たる差があった。

しかし、外観ならば「対等」であるのだから、加盟各国は、対等であると思いたい。「思いたい」がつづくと、実際に「思う」ようになるのは人間の心情でもある。

同盟の持つこの宿命を、スパルタは、主導権を発揮しないことで避けようとし、アテネは、主導権は発揮しながらもそれによるメリットを与えつづけることで、加盟諸国をまとめていこうと考えたのだった。

この種の同盟の、つまりスパルタ式やアテネ式の同盟の有効性に疑問を抱いたローマ人は、後になって、ペリクレス式の同盟とは異《こと》なる味方の獲得法を産み出していく。それは、時間はかかってもまずは征服し、その後はローマから征服した町まで街道を通したり上下水道を敷設《ふせつ》したりして組み入れ、このやり方をつづけることで、かつての敗者をローマに吸収していくのである。

帝国時代のローマに生きたギリシア人で、『列伝』の著者でもあるプルタルコス（英名プルターク）も書いている。

「ローマ興隆の最大の要因は、敗者でさえも自分たちと同化していった彼らの生き方にあった」

ローマ帝国とは、対等な国の間で結ばれる同盟という名の多国間関係に、ローマ人が与えた「解答」ではなかったか、と思ったりする。

脱皮してから五年が過ぎようとしていたデロス同盟内で、最初の事故が起った。いずれも加盟国同士のサモスとミレトスの間が険悪化したのである。

サモス島事件

現代では海岸線が大きく後退しているために二千五百年昔の地勢を想像するのは大変にむずかしいが、古代のミレトスは海港都市で、幅十キロもの広い湾に面していた。その対岸には、プリエネという名の港町がある。それまではミレトスと友好関係にあったこのプリエネを、サモスが自国領に加えようとしたのがことの発端になった。

サモス島は、アテネの五分の一ながら、デロス同盟に海軍力で参加している三つの島の一つである。そのサモスが十キロの対岸に進出してくるのを、ミレトスは怖《おそ》れたのだ。海港都市であるメリットが、減少してしまうからである。

ミレトスは使節をアテネに派遣して、このサモスを侵略だとして訴えた。ペリクレスは、半径五十キロもない地域で起ったこの不祥事に対し、サモスからも代表を来させ彼らの意見も聴いたうえで裁決を下す。裁決は、サモスの侵略行動を禁じたものになった。

この裁決が、アテネ内の反ペリクレス派に火を点《つ》けた。ペリクレスは、愛人アスパシアの生国であることからミレトスに味方した、というのである。このアテネ内の声に力づけられたのか、もともとからして裁決に不満であったサモス側の態度が硬化した。もどってきた代表を迎えて、サモス島の住民たちの感情も硬化する。

サモス島は、第二次ペルシア戦役以前はペルシア海軍の基地だったのが、戦後はアテネ海軍が基地を置くようになって、すでに四十年近くが過ぎている。同盟国内に置かれた基地だが、感情が硬化した住民がまず考えるのは、基地の撤去になりやすい。だが、サモスも、ギリシアの都市国家《ポリス》の例にもれず、人口が少なかった。軍船を戦力化するだけで手いっぱいで、基地の襲撃に使える兵力まではない。

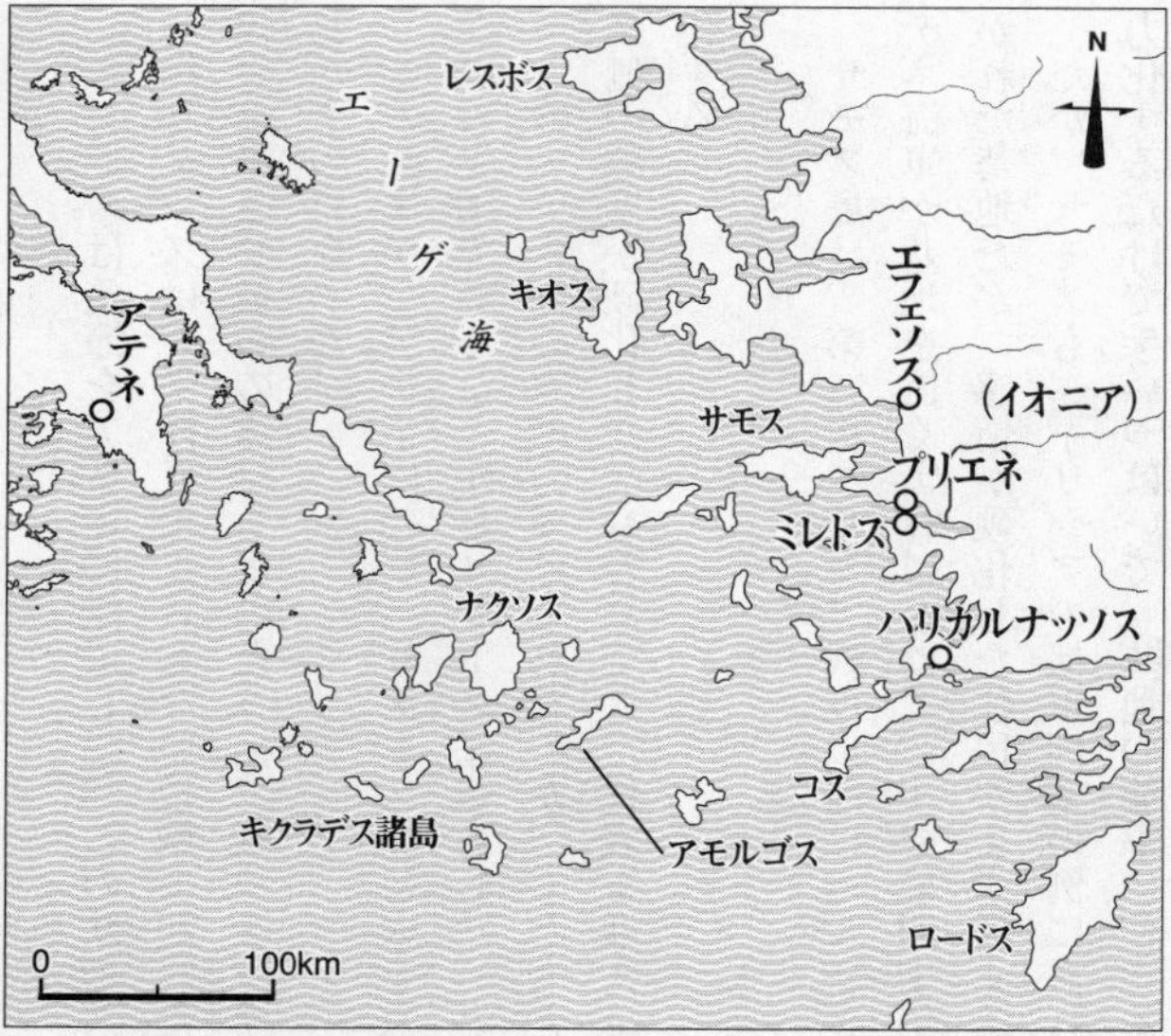

サモス島とミレトス、エーゲ海の島々

それで、すぐ近くのペルシア領に住む男たち、と言ってもギリシア系住民だが、その男たちを兵士として傭《やと》うことにしたのだ。「カリアスの平和」以来、もうペルシアは敵ではないという想いもあったのだろう。

こうして集めた傭兵《ようへい》で、アテネ海軍の基地を襲う。想像もしていなかった事態に基地にいるアテネ兵も適切な応戦ができなかったのか、その多くが捕虜にされてしまった。

サモス側はこれらの捕虜を、殺すでもなく彼らで収容するでもなく、ペルシアの地方長官《サトラペ》に「預けた」のだ。

サモス側に、アテネを完全に敵にまわす気がなかったことを示している。同時に、イオニア地方に住むギリシア人のペルシア人に対する、敵であって敵ではなく、ビジネス相手ではあっても同志ではないという、複雑な心情も映していた。

とは言っても、事態がこうも進んでしまっては、アテネも、実力行使に出るしかなくなった。使節の往復や市民集会に賛否を問うなどで、ことの始まりからはすでに二年が過ぎている。

それでアテネは、三段層ガレー船六十隻を送り出すと決めた。一万二千を超える全兵力を率いるのは二人の「ストラテゴス」で、一人は、五十五歳になっていたペリクレス。もう一人は、ペリクレスの親友でもある、ギリシア悲劇の三大作家の一人ソフォクレス。

このアテネ海軍を迎え撃つサモス海軍を率いるのも、哲学者のメリソスだというのだから、ギリシアの都市国家《ポリス》とは、厳格に市民皆兵の国であり、ゆえに何を本業にしていようと、祖国防衛に起《た》つのが市民の義務であるという認識ならば、共有していたことを示している。

ただし、ペリクレスからして、「相当な程度にはやれるがそれ以上ではない」と二千五百年後のイギリス人から評される程度の「武の人」であった。その彼以外は、悲劇作家と哲学者が指揮しての戦争だ。後のユリウス・カエサルのように、「来た、見た、勝った」(veni, vidi, vici) のようにはいかなかったが、それも仕方がないのだった。

海戦をしたり封鎖したりで、結局は、サモス側が手を挙げる紀元前四三九年の春までの、八ヵ月間かかってしまう。

降伏したサモス島は、ペリクレスの要求をすべて受け容《い》れた。

サモスの町を囲んでいた、城壁すべての撤去。

それまでサモスが自領にしていたナクソス島近くの島アモルゴスは、以後アテネの領有に帰す。

この戦役にアテネ側が負担した全費用、一千四百タレントになったというが、その全戦費をサモスはアテネに、分割払いで支払う。

今回の反乱の主謀者たちはサモス島から追放され、海をへだてた対岸にあるペルシア領の町に、ペルシア王の保護下で預かりの身となる。

それでもサモスの海軍は、温存されたのだ。ペリクレスに、デロス同盟からサモスをはずす考えがなかったことを示している。

また、ペルシアの地方長官に預けられていたアテネ人の捕虜たちの釈放が直ちに実現したことと言い、主謀者たちをペルシア側の預かりの身にした処置と言い、何となくペルシア王とペリクレスの間には内密の連絡が行われていたという気がしてならないが、史的確証はない。

ペリクレスとは同世代のペルシア王アルタ・クセルクセスは、この二十年前まではテミストクレスを政治顧問にしていた人であり、それもあってアテネとことを起す気はまったくなく、この十年前に成立していた「カリアスの平和」を積極的に推進した王でもあった。

ペリクレスとは、スパルタ王アルキダモスを思い起すまでもなく、仮想敵国のリーダーであろうとわかり合える仲になり、その間柄を活用することを知っていた政治家でもあったようである。

「来た、見た、勝った」とまではいかなかったが、サモス制圧行はエーゲ海全域に、アテネの海軍力の強さを改めて見せつけた戦争になった。実際、それまではデロス同盟に加盟していなかったビザンティオンが、早速加盟を申請してくる。不参加だったポリスからの加盟申請は、その後もつづいた。

八ヵ月もかかったことが、サモス制圧戦を終えてアテネに帰還したペリクレスへの市民の支持に影響を与えることはなかった。海戦と言っても、サラミスの海戦並みに正面から激突したわけではない。ゆえに、犠牲者も少ない。戦費も、分割払いとはいえサモスが支払う。

だが、それでも反対派は黙りはしなかった。次のように言って、ペリクレスを物笑いの種にしたという。

「あの玉ねぎ頭は高言しているそうだ。アガメムノンでもトロイの攻略には十年かかったが、自分は八ヵ月しかかけなかった」

このようなことを、あのペリクレスが言うはずはないのである。とはいえ、民主政の国のリーダーとは、並の神経の持主では務まらないということかもしれない。

しかし、ペリクレスにも喜びはあった。翌年、即《すなわ》ち紀元前四三八年、ついにフィデイアス作の女神アテナ像が、完成したばかりのパルテノンの内陣に安置されたのだ。壮麗な芸術作品はこれで、壮麗な神殿になった。芸術を理解できる人だけのものではなく、アテネ市民全員の心の拠《よ》りどころになったのである。

着工から、九年が過ぎていた。ただし、アクロポリス全域の建設工事は、この後から始まるのである。それに、まだ六年はかかる。

結局、芸術家フィディアスにとっても政治家ペリクレスにとっても、パルテノンを中心とするアクロポリス全体の建設は、世に出て以後の歳月の、ほとんどすべてをつぎ込む仕事になるのである。侵攻してきたペルシア軍によって焼き払われてから、四十二年が過ぎた後の再建だ。それも、以前とは比べようもないくらいに、壮大で壮麗な神域として。

強国になるのも難事だが、強国でありつづけるに至っては、並大抵の努力では成し遂げられない。チャンピオンになるのと、チャンピオンの座を維持しつづけることのちがいに似ている。

陽光を浴びて光り輝くパルテノンを遠望しながら、ペリクレスの心の眼は、エーゲ海の北方一帯にそそがれていたのではないか。

それは、「デロス同盟」の分担金徴収区別で言えば、「トラキア徴収区」と「ヘレスポントス徴収区」になる。

エーゲ海の北側

「トラキア徴収区」は、伝統的にアテネ人の海外資産が集中していた地方で、豊かな鉱物資源に恵まれていることで知られていた。ゆえにアテネにとってのこの地方の重要性は、今風に言えば、アテネ人の権益の保護にある。

しかし、この意味の「保護」は、すでに持っている利権の保護には留まらない。新規の参入を奨励することにもなるので、アテネの経済力のさらなる向上につながってくるという意味でも、すこぶる重要であったのだ。

カルキデア地方と総称されるこの一帯は、背後からはマケドニアとトラキアの二王国が迫る。この二王国ともギリシア世界では後進地方で、この時代ではまだ、統一したパワーで南下してくるまでの力は持っていなかった。

だが、後進地帯だけに、男たちは恐《こわ》いもの知らず。また、内陸部に住む民は、常に海への出口を求めるものである。この勢いを阻止するためにも、カルキデア地方への

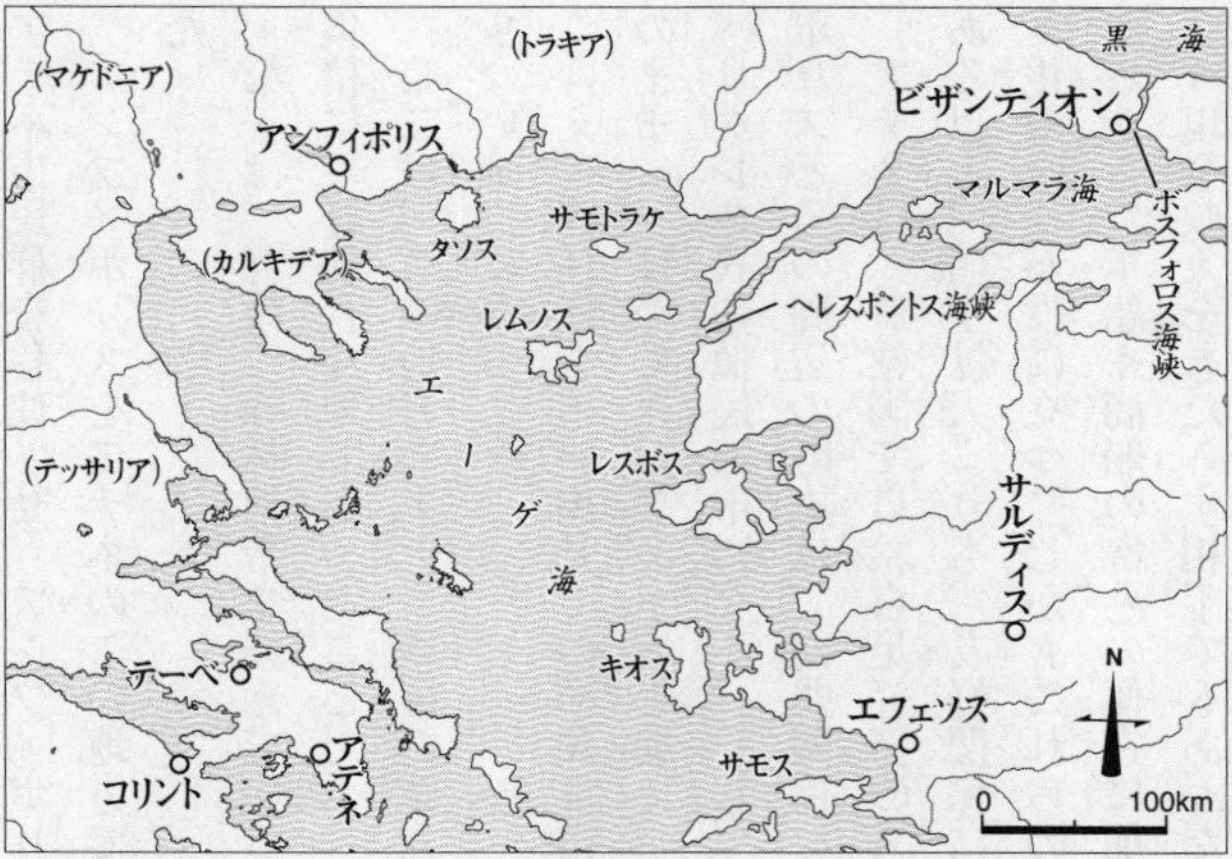

エーゲ海とトラキア地方

アテネの覇権は確実にしておく必要があったのだ。

明確な国境線などは存在しなかった時代、山脈や湖や河川がその役割を果していた。

マケドニア王国とトラキア王国を分けていたのは、現代では乾《ひ》あがって河川地帯になってしまったが、古代では存在した湖と、その湖からエーゲ海にそそぎこむ川である。

その川の東岸に、アンフィポリスという名の小さな町があった。つまり、この小さな町は、マケドニアとトラキアの両王国の境い目に位置していた。

ペリクレスは、この町に眼をつける。

アテネ市民群を移住させ、アンフィポリスを植民都市化したのである。

アンフィポリスをアテネのこの地方での拠点にするのには、明確な利点が二つあった。

第一は、背後に森林地帯を控えていること。三段層ガレー船の造船に必要な木材の集積に、好都合な地であったことだ。

第二は、この地方のアテネ覇権の確立に、背後に控える二王国を刺激する度合いが少ない地点にあること。

ゆえに先住民を追い出しての植民都市化などは、する必要もなかった。先住民はそのままに、移ってきたアテネ人を加え、しかも周辺からの新たな移住もOKという、ペリクレス式の植民都市になる。そしてその後も、ペリクレス式はつづく。アンフィポリスとその周辺の町々は、同盟関係で結ばれるようにしたのだ。

アテネは、農業国で自給自足経済のスパルタとはちがう。輸出と輸入で生きる国である以上、領土拡大よりも、友好関係にある町を結ぶことによって成る、ネットワーク化のほうが役に立つ。しかもこれらの小都市国家群は「デロス同盟」の加盟国でもあるから、軍船や商船の寄港の便宜に加え交易の相手にもなり、そのうえ、分担金という現金収入をもたらす相手でもあった。

この一帯へのアテネの覇権確立政略は、紀元前四三七年いっぱいで、一応のカタはついたようである。なぜなら翌年の前四三六年、五十九歳になっていたペリクレスは、黒海までの遠征を決行するからだ。

その年のアテネ海軍の北行の目的は、デロス同盟の分担金徴収区別では「ヘレスポントス徴収区」になる、ヘレスポントス海峡からビザンティオンまでの一帯の、アテネの覇権の確立にはなかった。覇権確立は、つまり「デロス同盟」に組み入れることは、すでに満足いく程度には終わっていたからである。ゆえに遠征の目的は、ビザンティオンを通り抜けることで達する黒海沿岸の都市群を、市場《マーケット》として確立することにあった。

いずれもギリシア人の入植で建設された都市国家《ポリス》で、有名なのはシノペとトレビゾンド。ただし、アテネの交易先は、すでに長い歴史を持つこの二都市にかぎらず、黒海の東岸から北岸部という、コーカサス地方からクリミア半島までも網羅する。

アテネの輸出品目は、葡萄酒《ぶどうしゅ》にオリーブ油に上質の麻布、これまた地中海世界では最高級品になっていた赤絵・黒絵の壺《つぼ》の数々、そして当時最高と言われたアテネの造船技術になる。
一方、アテネがこの地方から輸入する二大品目は、小麦と木材。木材は、ギリシア最強の海軍を維持するに不可欠であり、小麦は、首都だけでも十万を超える人口になっていたアテネにとって不可欠であったのだ。

ただし、三段層ガレー船の造船に不可欠な木材の調達先を、カルキデア地方と黒海周辺に二分したことでも明らかなように、ペリクレスは、主食である小麦の輸入先を黒海一本にしぼってはいない。今風に言えば〝多角化〟で、黒海周辺は、三つある輸入先の一つに位置づけていた。

スパルタ人とはちがって快適な生活を愛するアテネ人は、食糧一つとっても痩《や》せた土地から産する国産では足りない。自給自足は捨てて久しいアテネでは、小麦は常に輸入品目の一番手であり、その輸入先は、エジプトとシチリアであったのだ。

だが、エジプトもシチリアも、王か僭主に支配されている国で、それゆえに政変に無縁ではない。政局不安が起るたびに小麦の輸出が止まるのでは、アテネはたちまち食糧危機に陥る。

輸入先の多角化は、いずれは手をつけなくてはならない政策でもあった。

しかも、ペリクレスの死後はますます、市場としての黒海の重要性が増してくるのである。黒海市場が重要になる一方ということは、黒海とエーゲ海をつないでいるヘレスポントス海峡の重要性が増してくるということであった。ほとんど、都市国家アテネの生命線、と言ってもよいくらいに。

〝食糧安保〟と呼んでもよいこの政略《ストラテジー》一つ取っても、ペリクレスは、先見性を兼ねそなえた政治家であったと思うしかない。

ペリクレスが率いたこの年の黒海遠征行では、海戦を行ったとか上陸戦を強行したとかの記録はない。おそらく、百隻を超える三段層ガレー船団を引き連れて黒海の周辺都市を次々と巡回しては、アテネとの経済協定を結んで行ったのだろう。

そして、その行き帰りに通過するヘレスポントス海峡の両岸にある町々とも、アテネ海軍の威容を見せつけることによって、デロス同盟の加盟国としての絆《きずな》を強めて行ったのだろう。五十九歳になっていたペリクレスの遠征行としては、このほうがふさわしかった。

この遠征行にも、副将格の「ストラテゴス」が従《つ》いて行ったはずだが、それが誰かはわかっていない。

四年前のサモス制圧行のときのように、悲劇作家のソフォクレスではなかったのは確かだ。ペリクレスは「ストラテゴス」に連続当選していたが、悲劇作家のほうは、それ以後選ばれなかったからである。


ここで、笑い話を一つ。

後になってからの話だが、マケドニアの王でアレクサンダー大王の父親になるフィリッポスが、あるとき言ったという。

「アテネではよくも毎年毎年、十人ものストラテゴスを見つけられるね。オレのところではずっと、パルメニオン一人だというのに」

これは、完全な皮肉である。

民主政アテネ独特の官名である「ストラテゴス」は、政治・外交・経済に加え、軍の司令官でもある。十個ある「トリブス」（選挙区）から毎年一人ずつ選ばれるので、合計十人になる。

とはいえ、十人では、毎年適材が選ばれてくるとはかぎらない。いや、そうでない年のほうが多かった。

ペリクレスは、彼自身に軍事の才能が充分でないことは自覚していても、軍才豊かな人を見出《みいだ》す能力はあったように思う。十五歳は若かったフォルミオンを実に巧みに活用している。

だが、海将としてはなかなかの巧者であったフォルミオンでも、彼一人ではどうしようもなかった。ペリクレス時代に戦争が少ないのは、軍事面での適材の不足もその要因になったのではないか。連続して「ストラテゴス」に選ばれている以上は軍を率いる任務もあるのだが、三十年に及んだペリクレス時代に、ペリクレスが自ら率いての出陣は、サモス制圧戦と黒海遠征行と最後の近海への出陣の三度しかない。

しかし、司令官クラスの人材不足が要因で戦争が避けられるのであれば、人間世界から戦争という大悪が姿を消してもよいはずだが、現実はそうはならない。戦争には、望んでいなかったにかかわらず始まってしまう、という性質もあるからである。

そしてそれは、ペリクレスが黒海から帰国した翌年に、早くも最初の火が点《つ》くことになる。

戦争は辺境から

エピダムノスという地名を聴いてただちにそれがどこにあるのかをわかる人は、当時のギリシアでもほとんどいなかったにちがいない。ローマ時代になるとドゥラキウムと名を変え、ギリシアを横断するエニャティア街道の起点として戦略要地になるが、それより三百年は昔になるこの時代、ギリシア世界でも北西の端の端に位置する、アドリア海に面した小さな町にすぎなかった。ギリシア世界では星の数ほどもある、植民都市《コローニア》の一つにすぎなかったのである。

それでも住民はギリシア人だ。十人寄ればすぐさま二派に分れて争う、といわれるギリシア人である。

ギリシア世界では珍しくもないこの現象はエピダムノスでも起り、負けた側は近くのコルフ島に助けを求めたのだが拒否される。それで助けを求める先をコリントに変えたのだが、コリントがそれを受けたのだった。

コリントは、アテネに大差をつけられたとはいえ、今なおギリシアでは第二の海軍力を誇る。ゆえに海運大国であり交易立国であり、彼らの主たる「市場《マーケット》」は、地中海を西に向かった先にある、南伊とシチリア島にあった。

このコリントがエピダムノスの残党からの救援要請を受けたのは、この機にコルフ島を破って覇権下に置ければ、アテネに侵害されつつある西方「市場」の奪還も可能になると計算したからである。

こうして、エピダムノスなどはそっちのけにして、コルフとコリント間の対立になったのだが、その結果の海戦で、何とコリントが負けてしまったのだ。

敗れたとは言ってもコリントは十五隻《せき》を失っただけで撤退したにすぎないのだが、思ってもいなかった勝利にコルフのほうが舞い上がってしまう。捕虜の返還要求にも応じず、それどころかコリント側で闘っていた他国からの兵士は殺すか奴隷《どれい》に売り払うという、ギリシアではあまり見られなくなっていた蛮行に走る始末。紀元前四三五年はこうして、辺境での争いで終わった。

翌・前四三四年は、コルフ島などとは比べようもない大国コリントが、誇りにかけての雪辱戦の準備に集中する年になる。今度こそはと、ギリシア中から漕《こ》ぎ手を募集しての大海軍の編成でコリント中がわき立った。

これを知ったコルフは恐ろしさのあまり、アテネに助けを求めたのである。翌年に

コルフ島とギリシア北東部

は起ること必至のコリント相手の海戦にアテネ海軍の応援を求め、そのためには同盟を結ぶ用意があると、全権を与えた特使をアテネに送ってきたのだった。

ところが、それを知ったコリントも、アテネに使節を派遣する。こちらの意図は、ギリシア人らしく論理をつくしてはいても、真意は一つしかない。アテネには出てきてもらいたくない、につきる。だが、使節の言い方が、外交的には適切を欠いていた。それを聴く人に、お前あたりから「やるべきではない」などと言われたくない、という感情を抱かせてしまう言い方であったのだ。ペリクレスはとくに、冷たい視線を投げたことだろう。

しかし、問題は簡単ではなかった。これまでは辺境での局地戦にすぎなかった敵対関係が、ギリシア中に広まる危険があったからだ。

では、コルフとコリント双方の使節の言い分を聴いたうえで、六十一歳になっていたペリクレスは、どのような決断を下したのか。

まずは、コルフの要請を受けて、この島との同盟を結んだ。つまりコルフは、「デロス同盟」の一員になったのだ。

コリント湾の出口に位置するナウパクトゥスを基地化して以来、また、南イタリアのトゥーリを植民都市化して以来、ペリクレスの頭にはますます、アテネにとっての「市場《マーケット》」を西方にも広げる考えが形を成しつつあった。コルフ島は、その彼の政略《ストラテジー》にとって、友好国という名の足がかりをもう一つ増やすことになるのである。

ゆえに、同盟関係にもなった以上、応援の海軍は派遣すると決める。

しかし、コリントを、完全に敵にまわすのは避けたかった。コリントは、「ペロポネソス同盟」に加盟している国の一つである。「ペロポネソス同盟」の盟主であるスパルタが、静観を捨て重い腰を上げるようになるのは避けたかったのである。

それで、現代のイタリア人が言う、「鍋《なべ》は与えても蓋《ふた》は与えないやり方」を採《と》ることにしたのだ。

コルフの応援に送り出すのは、まずは三段層ガレー船十隻。次いで、三段層ガレー船二十隻を派遣することにしたのである。

これは、現代の研究者たちでも、ゼロが一つ足りないのではないかと、史料をもう一度読み直す規模でしかない。

しかもペリクレスは、送り出す軍船団の指揮官に、コリント海軍とは直接に対戦してはならない、という厳命まで与えている。

というわけで、紀元前四三三年夏に行われたコルフ対コリントの海戦は、すこぶる滑稽《こっけい》な様相で展開することになる。

第一戦は、コリント側の圧勝で終わりそうであったのがそうでなくなったのは、逃げ帰るコルフ海軍が、アテネの十隻による見事なリードのおかげでさしたる損失をこうむることなく逃げ帰れたこと。

三週間後に行われた第二戦に至っては、滑稽の度はさらに増す。

海軍国の面子《めんつ》にかけても今度は圧勝して見せると決めたコリントは、百五十隻もの大編成で、コルフ島を目指して北上する。南下してくるコルフ海軍、と言ってもあい変わらずアテネの十隻に守られてではあったが、そのコルフ海軍との対決に向うためであった。

ところが、対決の場である海上にあと少しという距離まで近づいたところで、コリント海軍には一つの情報がもたらされた。ペロポネソス半島をまわってイオニア海に入ってきたアテネ海軍が接近中、という情報である。

これを受けたコリント海軍の司令官は、どうやらゼロを一つつけ加えてしまったらしい。二十隻ではなく、接近中というアテネ海軍は二百隻にちがいない、と思ったのだ。二十隻ならば、先発の十隻と合わせても三十隻。だから、そんなはずはない、と。アテネの海軍力を知っていれば、コリントの司令官の読みのほうが妥当であったのだから。

百五十隻で来ていようとあのアテネの海軍の二百十隻相手ではかなわない、と考えたらしいコリントの司令官は、一戦も交えずの撤退を決め、ほんとうに実行してしまう。

こうして、何が何やらわからないままにコルフとコリントの対決は霧散してしまったのだが、この事実はまもなくギリシア中に知れわたった。ただし、伝聞とは常に簡略化されるものなので、ギリシア中に知れわたったのは、「アテネ海軍に接近されただけで、コリント海軍は尻尾《しっぽ》を巻いて逃げ帰った」になる。

面子を傷つけられてしまったコリントは、激怒する。もはや、コルフなどは相手ではない。アテネに対して、怒りを爆発させたのである。十三年前に飲み下さざるをえなかった苦汁が、のど元に逆流してきた気分であったろう。

十三年前にスパルタで開かれた汎《はん》ギリシア都市国家会議で承認されて以来、ナウパクトゥスはアテネの基地になった状態でつづいている。

アテネが手中にして離さないナウパクトゥスに対するコリント人の感情は、今ならば、英国が手放そうとしないジブラルタルに対する、スペイン人の感情と似ていなくもない。

しかもアテネは、その後も〝帝国主義的〟やり方を改めるどころか、伝統的にコリントの「市場」であった西方の海域にまで手を伸ばしつつあるのだ。

それでも、汎ギリシア会議で決まった、ギリシア世界は「ペロポネソス同盟」と「デロス同盟」に二分され、両者とも互いの勢力圏は侵害しないとした決定に、違反すると抗議することもできなかった。

なぜなら、アテネが手を伸ばしつつある西方の海とそこに浮ぶ島々は、陸上の都市国家の連合体である「ペロポネソス同盟」の勢力圏にはふくまれていなかったからである。

つまり、ペリクレスは南伊でも、ターラントとシラクサという二大強国の勢力の及ばないトゥーリを植民都市化し、エーゲ海の北側では、トラキアとマケドニアの二王国の境い目に位置するアンフィポリスを植民都市化した前例にも見られたように、ギリシアの中でも、言ってみれば両勢力圏の「スキ間」に狙《ねら》いをつけたのだった。

ホメロス作の『イーリアス』に登場する英雄たちの中で、女神アテナが誰よりも愛し援助を惜しまなかったのは、勇敢な戦士アキレスではなく、木馬の計を考え出すなどして、十年もケリがつかなかったトロイ戦役を勝利に持っていった、知将と呼ばれるオデュッセウスである。

その女神を守護神にしているのが、都市国家アテネだ。一世代前のテミストクレスがそうであったように、ペリクレスも、いかにもアテネの男らしいアテネ人なのであった。

しかし、コリント人はアテネ人ではない。これまたホメロスが書いたように、「先を読む能力はなくても過去に受けた屈辱は忘れない」という性向が強い。

このコリントにとって、復讐《ふくしゅう》すべき相手はもはやアテネであり、その恨みを晴らすには「ペロポネソス同盟」を引きこむことになろうとも、そのようなことは、頭に入る余地はなくなっていたのだった。

紀元前四三三年も冬近く、ギリシア中の物笑いの種になってしまった屈辱に身を震わせていたコリントに、それを晴らす好機が、ヨーロッパ人の言い方で言えば、「銀の盆に乗せて運ばれてきた」のである。

つまり、アテネに復讐する好機は、コリントが自ら作り出したのではない。他から、それも予想もしていなかった方角から、もたらされたのである。

拡散する戦線

王国の持つ欠陥は、それが先進国であろうと後進国であろうと変わりなく、王位をめぐって起る御家騒動に無縁ではいられないところにある。この時期のマケドニア王国でもそれが起り、王のペルディカに対し、その弟が反乱を起していた。反乱だけならばマケドニア王国の内戦に留まっていたのだが、足許《あしもと》を崩される恐怖に駆られた王は、国外に味方を求める。国外とは、マケドニアの南に広がる地方で、アテネの勢力圏として確立しつつあったカルキデア地方だが、中でも眼をつけたのが、ポティダイアという名の海港都市であった。

なぜマケドニア王は、カルキデア地方に、それもとくにポティダイアに眼をつけたのか。

「デロス同盟」内でも分担金徴収区別になれば「トラキア徴収区」になるこの地方の

住民に、覇権国アテネへの不満が起り始めているのを知ったからである。それで、マケドニア王が反アテネであることを示せば、彼らはこぞって王ペルディカの味方になる、と踏んだのであった。

この地方に起り始めていたアテネへの不満を、現代の研究者の中には、ギリシア人に強かった自主独立の気運による、とする人がいる。

しかし、不満とは、高邁《こうまい》な精神によって起ること実に少ないのが人間世界の実情で、実際はミもフタもない事柄から起るものなのだ。カルキデア地方の住民の不満は、「デロス同盟」に加盟するのは良いとしても、分担金を支払うのは嫌だ、ということから発していたのである。

カエサルではないが、「誰もが、現実を見ているのではない。ほとんどの人は、見たいと思う現実しか見ていない」のである。

イオニア地方に比べれば、カルキデア地方は、エーゲ海世界の後進地帯であった。「デロス同盟」という一大経済圏に加わっていることで得られる利益を考えるよりも、分担金支払いは嫌だ、と思ってしまったのである。一大経済圏の中にいるから得られるメリットは明確に計算できないが、アテネが課してくる分担金というデメリットは、明確な数字で示されるからである。

このように考える人の想《おも》いが、飛躍しても驚くには当らない。マケドニア王が後押ししてくれると知って力づいたポティダイアの住民は、つい先頃アテネのおかげで顔に泥を塗られた想いのコリントを、対アテネへの味方に引き入れることを考えたのだった。

マケドニアとカルキデア地方

「銀盆に乗せて差し出された」この好機に、もちろんのことコリントは乗る。ただし、ギリシア世界の先進国であるコリントは、ポティダイアのように単純ではない。

正規の軍勢を派遣したのでは、十四年前にスパルタで開かれた汎ギリシア会議で決まった、「デロス同盟」と「ペロポネソス同盟」とも相手の勢力圏は侵害しないとした規定に、反することになるからである。ポテイダイアのあるカルキデア地方は「デロス同盟」に属す。一方のコリントは、いかにアテネに一泡吹かせたくても、「ペロポネソス同盟」内の一国なのである。

それでコリントは、〝ボランティア〟で成る軍を編成し、それをポティダイア救援に送り出すことにしたのだった。

スパルタを除いたペロポネソス半島全域から集めた、二千人にもなったという〝ボランティア〟たちの実態だが、この場合の日本語訳は、傭兵軍《ようへい》としたほうが適切だろう。軍務中の給料はコリントが払うのだから、実質はコリント軍だが、コリント市民は加わっていないので正規軍ではない。「ペロポネソス同盟」の盟主スパルタに許可を求める必要もない形での、派遣になるのである。

しかも、二千人もの傭兵軍の目的地までの行軍路も、海路は採らなかった。エーゲ海の制海権は、アテネの手中にある。船で運ぼうものならアテネ海軍に気づかれる危険が大で、それも船がコリントのものとわかれば、コリントの関与が明らかになってしまう。二千のボランティアたちは、ギリシアを北上した後でカルキデア地方に降りてくるという、長い陸路を採ることになる。

しかし、コリントが動き出す前に、先にアテネのほうが動き出していた。六十三歳になっていたペリクレスは、ことの重大さを正確に把握していた。前年のコルフへの応援とは、問題がちがうのだ。カルキデア地方の一都市で起った反アテネの気運は、「デロス同盟」に加盟する他の都市に広まる危険があった。分担金支払い拒否は、誰にとってもわかりやすい。ということは、誰でも同意しやすいことなのである。

紀元前四三二年五月、と言ってもギリシアではすでに夏に入っていたが、一千人の重装歩兵《ホプリーテス》、つまり正規兵を乗せた三十隻の三段層ガレー船、つまり生粋の軍用船がアテネの外港ピレウスを後にした。

だが、これは第一軍で、続いて、二千人の重装歩兵を乗せた四十隻の三段層ガレー船が出港することも決まっている。

いずれも「ストラテゴス」が率い、重装歩兵を乗せているということは、海戦よりも上陸戦を想定しての編成であったとわかる。一海港都市の制圧戦にしては、と思うくらいの大戦力の投入だ。合計すれば、七十隻の軍船に三千の重装歩兵を、一挙に投入するのだから。

しかし、あの地方を旅したことのある人ならば、ただちにわかってくれるだろう。三叉《さんさ》の鉾《ほこ》のようにエーゲ海に突き出ているカルキデア地方は、隊列を組んで攻めてくる正規軍よりもゲリラに適した地勢であることを。そして、正規軍は勝たなければ負けだが、ゲリラは、負けさえしなければ勝ち、になるのである。

もう一つ、海軍力ならばナンバーワンであるアテネでも、どうしようもない弱味はあった。

それは、海から激しく攻められても、逃げ隠れた場所にひそんで耐えつづければ、敵はいずれは去る、と思わせてしまうことである。

反対に陸上軍に攻められると、逃げ隠れしようがそれに耐えつづけようが、敵は去ってくれない。つまり、遅かれ早かれにしろ降伏しないかぎり、敵は去ってくれないのである。

さしたる頻度で出動するわけでもないのに、しかも規模は一万前後でしかないのに、スパルタの戦士集団がギリシア中に無言の圧力をかけつづけることができたのは、一にも二にも、陸伝いに攻めてくるからであった。

何となく現代の、空軍による空爆と地上軍による攻撃のちがいに似ているのではないかという気がしないでもない。

その欠陥を埋めようと考えたのか、キモン以降は、平原での会戦には強い重装歩兵を〝海兵《マリーンズ》〟的に使うようになっていたアテネだが、カルキデア地方の地勢では、アテネの〝海兵〟たちにも力の振るいようがなかったのかもしれない。そしてアテネ自体からして、いかなる事態を突きつけられても必ず解決の道を見出すという、テミストクレス級の「ストラテゴス」に毎年恵まれるわけもないのだった。

こうして、その年の夏も過ぎ秋に入る頃、アテネは困っていた。ポティダイアから軍を退《ひ》こうものなら、「デロス同盟」解体が進みかねないので、退くなど論外だ。アテネが本気で出てきたと知ったマケドニア王ペルディカがポティダイアを見捨てアテネに再接近してきたが、そのようなことも役には立たなかった。態度の変化が大勢にはまったく影響がなかったということは、当時のマケドニア王国が辺境の一王国にすぎなかったことを証明していた。

このようにアテネは困っていたのだが、スパルタのほうも困っていたのである。

「ペロポネソス同盟」としては、コリントは正式に参戦してはいなくても、〝ボランティア〟の形にしろアテネ軍相手に闘っているのは、ペロポネソス半島の住民である。この一事を、「先を読む能力はなくても、過去に受けた屈辱は忘れない」コリントが活用したのはもちろんだ。スパルタ内の「エフォロス」に、裏から働きかけるなど、彼らにとっては朝飯前のことであったにちがいない。

「リクルゴス憲法の番人」と自認する五人の「エフォロス」（監督官）は、それゆえスパルタの国体を守る意欲に燃える保守主義者であり、となれば当然ナショナリストであり、ということは伝統的に反アテネであることになる。この「エフォロス」たちのアテネ敵視の声が、スパルタ内で高まる一方になっていたのだった。

十四年前にスパルタで開かれた汎ギリシア会議で、「三十年の平和」の名で呼ばれるスパルタ・アテネ間の「棲《す》み分け」が成立していた。これはまだ、十六年は存続するはずであったのだ。だが、十四年間つづいた後の紀元前四三二年、アテネもスパルタも、平和か戦争か、を決めねばならない時を迎えてしまったのである。

このような事態になるのを、コリントを除けば、スパルタもアテネも望んではいなかった。だからこそ十四年前に、ギリシアでは例のない長さになる三十年にもわたる休戦協定を、「三十年の平和」の名で締結したのである。

「戦争」という魔物

あのときの協定を厳守するならば、アテネ軍が攻めているポティダイアをふくむカルキデア地方は「デロス同盟」内にあるので、スパルタを盟主とする「ペロポネソス同盟」には、手も口も出すのは許されないことになる。だが、あの地でアテネ相手に闘っているのは、コリントが送った、ペロポネソス半島の住民でなる〝ボランティア〟の二千人。

これだけでも事態は複雑化していたのだが、ポティダイア側の善戦に刺激されたのか、メガラまでが「デロス同盟」からの脱退を表明してきたので、事態はさらに複雑化する。

メガラは、アテネが首都のアッティカ地方の西隣りにあり、狭い地峡をはさんで広がるペロポネソス半島内には位置していない。だが、そのすぐ外側には位置している。

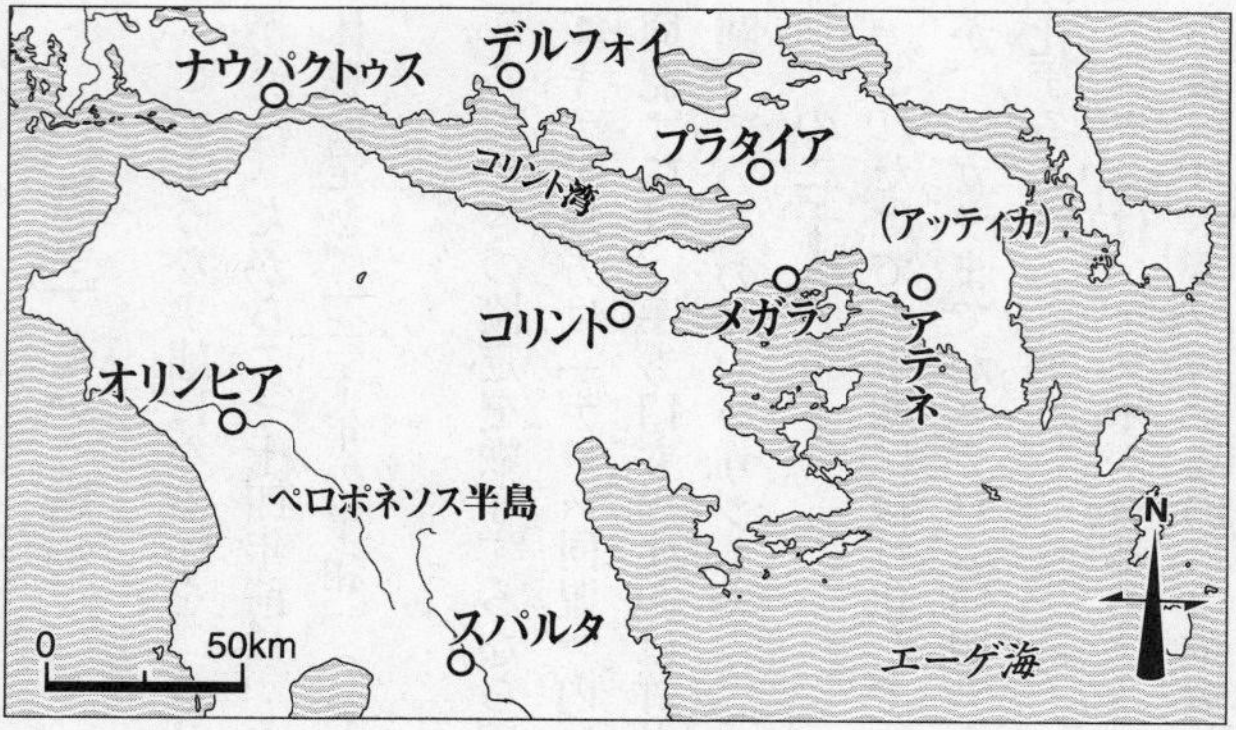

メガラとその周辺

それでいて、西隣りはコリントと境を接していた。

そのコリントが誘ったのか、「デロス同盟」から脱退するだけでなく、「ペロポネソス同盟」への加盟を求めたのである。

隣国のこの動きには、アテネもいち早く手を打つ。メガラの船のピレウス寄港は禁止され、メガラとアテネの交易関係の断絶を宣告したのだった。

だがこれが、スパルタの「エフォロス」たちの反アテネ感情に油をそそぐことになる。こちらが呼びかけたのではなくメガラの要請を受けただけなのに、「ペロポネソス同盟」の一国になったメガラへのアテネのこのやり方は何だ、というのである。

しかし、スパルタ内にはまだ、王アルキダモスを中心とする、アテネとことはかまえたくない一派が存在した。

この結果、スパルタにしては珍しく、国論が二分してしまったのである。

このような場合にスパルタ人は、デルフォイにあるアポロン神殿に出向き、巫女《みこ》の口を通して告げられる神託を聴くのを常としている。アテネ人ならば、個人では御神託うかがいに出向くことはあっても、国家としてはその種の行為には訴えないのが普通だが、スパルタ人とは、国家としてもやる人々なのだ。

しかもこのときは、常には、意味不明な言葉を口にし、神官による翻訳を待たないと理解できない巫女を通しての御告げが、なぜかはっきりしたものであったというのである。

「もしも、ペロポネソス半島に住む人々の全員が力を合わせて闘えば勝てる。そしてアポロン神は、求められればペロポネソスの人々を助けるだろう」

ウーンと思ってしまうのは、現代のわれわれだけではない。古代のギリシア人も、この御告げには疑いを持ったのだ。神がかりの状態にある巫女はともかく、その巫女が口にする意味不明な言葉を、御神託を求めてきた人に向って翻訳するのが仕事の神官たちを買収する例は少なくなかったのだから。

しかし、古代では有名だったデルフォイの御神託を、どの都市国家《ポリス》よりも信じていたのがスパルタである。その彼らが、買収に手を染めたとは思われない。コリント人ならば、やった可能性は大と思うのだが。

いずれにしても、デルフォイでの御告げは、スパルタ内の反アテネ勢力を力づける。ようやくにして宿敵アテネを倒すときが来たと、五人の「エフォロス」を前面に立てた主戦派の声が、日一日と高くなっていた。

それぞれの国の慎重派

それでもなお、スパルタ内では、慎重派が力を持っていた。

この派の重鎮は、王のアルキダモス。年齢的にはペリクレスと一歳かそこらしかちがわない同世代に属すが、二十代で王位に就いたこの人の、治世の始めは災難つづきだった。大地震に見舞われ、それをよいことに反乱を起したヘロットたちの制圧で、最初の十五年を苦労の連続で過ごした人である。

しかし、アテネがペリクレス時代に入って以降、スパルタの王でもあるこの人の人生も穏やかに変わった。軍を率いて戦場に出向くのが任務の王でありながら、この人は、三十年近くも戦場に出ていない。その間ずっと、スパルタとアテネというギリシアの二大強国の間では、直接には戦争は起らなかったからである。

その間ペリクレスとは、郊外にあるペリクレスの山荘を、プライベートに訪れる間柄になっていたという。

それが、三十年ぶりに訪れた、二大強国間の緊迫状況である。第一線に立つことになってしまったこの二人の心の内は、どうであったのだろう。

二人とも、超のつくエリートに生れている。アルキダモスは、リクルゴスが「憲法」を作成する以前からスパルタを支配していた、王家の血筋を引いていた。

ペリクレスのほうも、ソロンによる改革以前から存在していたといわれる、アテネの名門中の名門アルクメオニデス一門に属す。

そして、年齢的にも同年輩のこの二人は、スパルタとアテネが緊迫状態になった紀元前四三二年までにしても、若くして王位に就いたアルキダモスは、三十二年にわた

って スパルタ王であり、ペリクレスも、「形は民主政だが実際はただ一人が統治した」と言われるアテネで、「ただ一人」を二十九年間もつづけていたのである。

また、気質的にも二人は、似ていたのではないか。

歴史家ツキディデスが紹介するこの二人の演説を読んでいて驚くのは、神々や神託や運命のような事柄への言及が、まったくと言ってよいほどに無いことだ。

運命も、その多くはわれわれ人間にかかっている、つまり、最大の敵はわれわれ自身、とでも言いたいかのようで、これが二千五百年も昔の男の口から出たことかと思うと、徹底したそのリアリズムとバランス感覚には驚嘆するしかない。

おそらく、そこにまで至った二人の想いは、長年にわたっての第一人者の経験と、それによって蓄積された責任感によるのではないかと想像する。


しかし、この二人にも、それぞれの「足枷《あしかせ》」があった。

ペリクレスにとっての「足枷」は、アテネの世論である。民主政を採る国である以上、世論の無視は許されないのは当然だが、世論、アテネでは市民集会に集まる市民の心情の動向には、近くは見ても遠くは見ない、という性質もあるのだ。

それでもペリクレスは、近く、つまりは眼で見える実績を見せることと、彼にとっての唯一《ゆいいつ》の武器であった言語を駆使しての誘導によって、コントロールには成功してきたのである。だからこそ、「形は民主政でも実際はただ一人」の、「ただ一人」を三十年もつづけることができたのだった。

しかし、緊迫状況とは、普通の庶民に、もともと少なかった冷静さを失わせてしまいがちだ。紀元前四三二年の秋から冬のアテネでは、ペリクレスの「足枷」はより重くなっていたのだった。

一方、スパルタ王アルキダモスにとっての「足枷」は、毎年五人ずつ市民集会から選ばれてくる「エフォロス」である。

日本語では「監督官」と訳されているが、この五人が監督するのは、障害を持って生れた赤子は崖《がけ》から突き落として殺すとかに留まらない。

彼らが真に監督するのは、二つの王家の出身者が就くと決まっている、二人の王なのである。権力の専横を阻止するのが、「エフォロス」の第一の任務とされてきたからであった。

リクルゴスが、このスパルタ独自の制度を考え出した当初は、たしかに意味はあった。二つの王家の持つ権勢は強大であったからで、ゆえに五人の「エフォロス」の役割は、リクルゴスが作成した「憲法の番人」、つまり、権力を持つ者を牽制《けんせい》する役割を象徴する、スパルタ独自の官職になったのだった。

しかし、あれからは二百年が過ぎているのである。その間、「エフォロス」による牽制が効いたのか、歴代の王たちの持つ権力は、軍を率いて戦場に出向くことに限定されるまでに落ちていた。

市民集会で議長を務める王アルキダモスの対アテネ慎重論のすぐ後に、「エフォロス」の一人が激烈な対アテネ主戦論を展開するが、長年にわたって指揮する立場にあった人と、一年の任期で「エフォロス」に選ばれた一兵卒の発言が、同列視されるのには驚くしかない。

これが内政なら、未経験者の意見でも、聴き容《い》れる価値は充分にあるだろう。だがことは、アテネとの正面衝突に、イエスかノーを決めるほどの重大問題であった。そして、これほどの強権を持つようになっていた「エフォロス」のブラック・リストに載ってしまうやいなや、スパルタでは、王であろうと容赦されなかったのである。

冤罪《えんざい》を着せられて自死に追いこまれた、プラタイアの英雄パウサニアス。ペリクレスの説得で軍を退いたのを、買収されたからだと告発され、退位に追い込まれた王プレイストナクス。

アテネで権力の行使を認められていたのは、毎年十人ずつ選ばれてくる「ストラテゴス」である。連続しての就任も、当選さえすれば認められていた。

一方、スパルタで、実際に権力を持っていたのは、毎年五人ずつ選ばれる「エフォロス」で、続けての就任は認められていない。

両者のちがいは明白だ。実際に軍を率いる「ストラテゴス」は自らリスクを負っているが、牽制することだけが仕事の「エフォロス」は、自らはリスクをいっさい負わない。「憲法の番人」であるというだけで、罰することはできないからである。

しかし、リスクを負わない人間に国の運命を託すというスパルタ独自のこの制度は、少しずつ欠陥を露《あら》わにしてくる。スパルタが一国平和主義で通していた時代は、王に苦汁を飲ませたにしろ一応は機能していたのだが、これより三十年後とはいえ、国体としての魅力がまったく無いことが露呈されてしまうのだ。

敗退したアテネの後に唯一の覇権国になったスパルタだが、その覇権の保持すらできなかったからである。スパルタの国体そのものが、今風に言えば、〝国際競争力〟に欠けていたからだろう。

だがこれは、三十年後になって初めて明らかになることである。紀元前四三二年の冬、アテネとの軍事対決を強く迫る「エフォロス」の力は、それを可能な限り避けたい王アルキダモスにとって、常よりは断じて重い足枷になっていたのだった。

それでもスパルタの市民集会は、王の進言を容れてアテネと、戦争回避のための交渉をすることは承認した。だが、その内容たるや「エフォロス」の筆になること明らかで、スパルタ側が求めてきたのは、まるでアテネが拒否するのを見込んでいたかのような〝回避案〟であった。ポティダイアへの包囲を解いて撤退せよというのだから、アテネの世論が、激昂《げきこう》したのも当然である。「デロス同盟」の解体を要求されたのと同じであったのだから。

しかし、このような形で二国間の間だけで「球」を投げ合うだけの交渉は、他の国々に、スパルタとアテネの間は膠着《こうちゃく》状態になっている、という印象を与えてしまう。膠着状態になった場合の危険は、弱小国が突発的な行動に走ってしまうところにある。

翌・紀元前四三一年に入るやどこよりも先に動くことになるのが、アテネの北に位置する都市国家テーベ。またしても事故は辺境で起ったのだが、今度は「事故」で終らなくなってしまう。

ギリシア世界の運命を決することになる、ペロポネソス戦役の始まりであった。

「ペロポネソス戦役」

ギリシア人の歴史をたどる中で、彼らの運命を決めた戦争はどれだったのかと問われれば、ペルシア戦役、ペロポネソス戦役、そして最後にくるアレクサンドロスによる東征、と答えるしかない。

全三巻になるこの『ギリシア人の物語』も、第一巻ではペルシア戦役が、そしてこの第二巻ではペロポネソス戦役が、最終巻では東征が語られることになるのもそのため（文庫版は全四巻）。

戦争をこうも重要視するのは、それを叙述すること自体に興味があるからではない。誰が、いつ、どのように始め、それがどう展開して行ったかによって、当事者にかぎらずそれ以外の人々の運命さえも変わってくるということが、「戦争」のもたらす真の影響であるからだ。

ペルシア戦役は第一次と第二次に分れて闘われたが、紀元前四九〇年の「第一次」は簡単に終わった。

侵攻してきたペルシア軍は、マラトン（マラソンの語源）の地での会戦に敗れただけで、引き揚げてくれたからである。

ゆえに「ペルシア戦役」と言えば、この十年後に再開される「第二次」を指すのが、歴史上の常識になっている。

紀元前四八〇年、今度こそはとギリシア全土の征服を目指して大軍で押し寄せてきたペルシア帝国だが、サラミスの海戦で完敗し、翌年にはプラタイアの平原でも完膚無きまでの敗北を喫してしまい、迎え撃ったギリシア側の大勝利で終わったのだった。

ギリシアに手を出そうものなら大火傷《やけど》するとわかったオリエントの大国ペルシアは、実際、その後百年以上にもわたって軍勢を送ってこなくなる。

だが、この大勝利も、サラミスではアテネが、プラタイアではスパルタが、いずれも得意とする海上戦力と陸上戦力を、冷徹に徹底的に活用したからこそ得られた成果なのである。

第二次の「ペルシア戦役」とは、このギリシアの二大強国の共闘体制が機能したことによって、大国ペルシアさえも追い返すことができたのだった。

そのうえ、実際の戦闘は二年で終わったので、戦争が「悪」となる理由の一つである、長期戦という弊害を避けることもできたのだ。

第二次になるこの「ペルシア戦役」が終わった後から始まる五十年間、正確を期せば四十八年間、時折りの局地戦を除けば、ギリシア人は平和な半世紀を享受《きょうじゅ》する。

とは言っても、ギリシア中の都市国家《ポリス》が武装解除したから、平和が実現したのではない。四年に一度の〝オリンピック休戦〟は、あいも変わらずギリシア人には必要であったのだから。

ゆえに、半世紀つづいた平和の要因は、アテネとスパルタが、以前よりは一層強力になったことにある。

アテネはますます海軍力を増強し、何ごとにつけても保守的なスパルタでも、彼らの誇りである陸軍力の堅持となれば、反対するスパルタ人はいなかった。

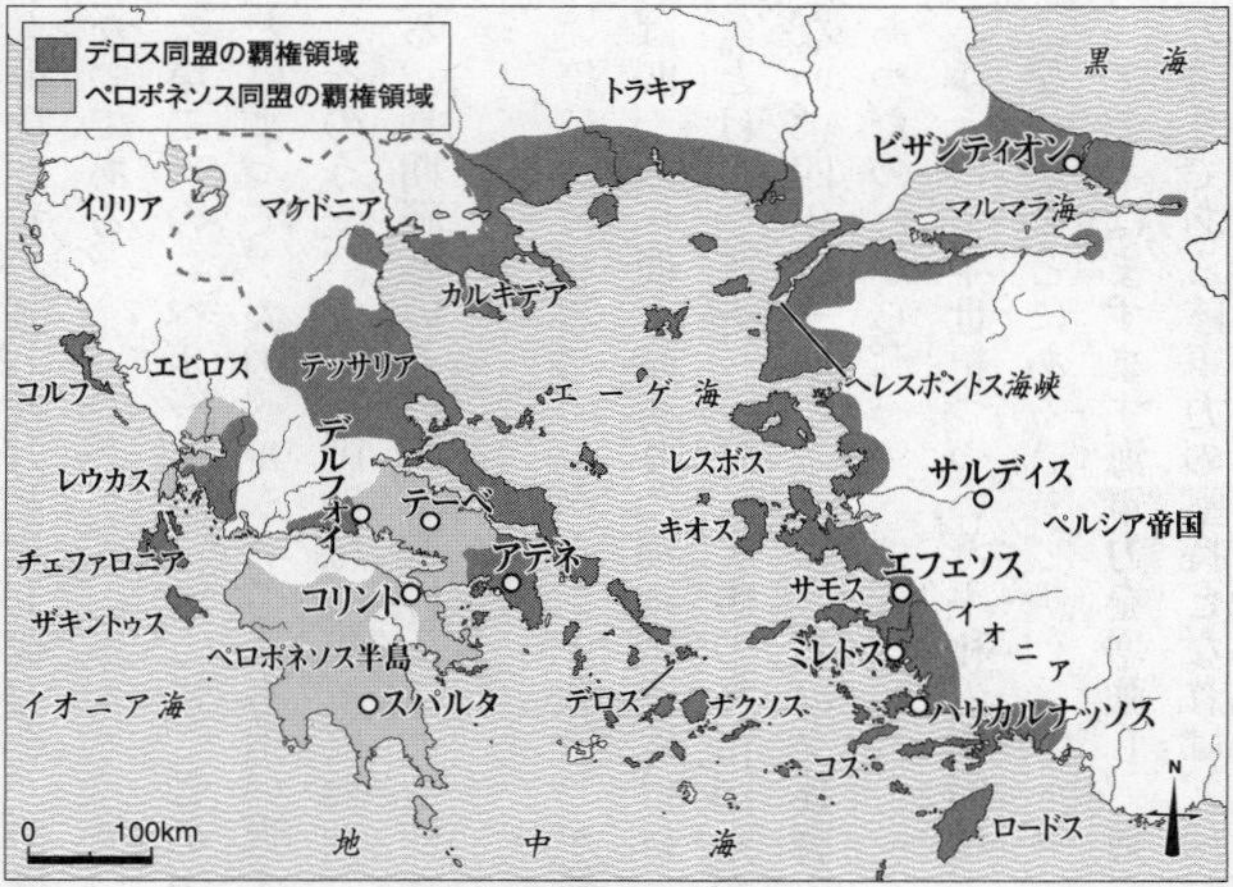

両同盟の〝棲み分け〟

アテネが率いる「デロス同盟」とスパルタが盟主の「ペロポネソス同盟」の間での「棲み分け」が成功していたのが、五十年の平和の真因である。今風に言えば、勢力均衡状態の成立、と言ってよいだろう。

それが、紀元前四三一年になって、「ペロポネソス戦役」が起ってしまう。いずれもギリシアの都市国家であることならば同じの、アテネとスパルタの間に戦争が起ってしまうのだ。

五十年もつづいてきたのだから、両国の「棲み分け」はその後もつづいて良いはずであった。

アテネは海軍国であり、スパルタは

陸軍国である。

アテネには、基地設置欲はあっても、領土拡大欲まではない。拡大できたとしても、そこに送る人間の数からして足りないのだ。そして、一方のスパルタも、一国平和主義で来た歴史が長く、自国の社会構造ではまかないきれないこと明らかな、領土拡大欲は持っていなかった。

こうなると、この二大強国にかぎったとしても、利害の衝突は存在しないことになる。

だからこそ、アテネの第一人者ペリクレスもスパルタ王のアルキダモスも、開戦を望んではいなかったのだった。

にもかかわらず、「ペロポネソス戦役」は起ってしまう。

なぜそうなってしまったのかについては、コルフとコリントの争いで点火した火が他の地にまで飛び火していく様《さま》を叙述することですでに述べたが、池に石を投げると波紋は外辺に向って広がっていくが、戦争では反対に、辺境で起った事変の波紋は中央に向ってくるという例の一つかもしれない。

とは言っても、実際に「ペロポネソス戦役」を書き始める段階に至って、私には馬《ば》鹿馬鹿《かばか》しいくらいに素朴な疑問がわいてきたのだった。

アテネの主戦力は海上にあり、スパルタの主戦力、と言っても唯一の戦力、は陸上にある。

海に足場がある国と陸に立つ国が、どうやって対戦できたのか。

この二国は実際に、正面切って激突したことはあったのか。

詳しく述べる作業はこの後から始まるのだが、先に一言で言ってしまえば、「無かった」のである。

「無かった」からこそ、二十七年もの間、決着がつかないままにつづいてしまうのである。

こうなるともはや喜劇だが、悲劇と喜劇も通貨に似て、表裏《ひょうり》の関係にある。悲喜劇(tragico-comico)という言葉さえある。

「ペロポネソス戦役」とは、これに関係を持った当時の三大国すべての運命を、変えてしまうことになる戦争になってしまうのだ。

紀元前四〇四年、無条件降伏を受け入れるしかなくなったアテネは、海軍を放棄させられ、「デロス同盟」を解散させられ、百年もの間維持してきた、ギリシア世界での覇権を完全に失う。

ところが、勝ったスパルタは、アテネ退場後とて一国だけで覇権を行使できる立場になったにもかかわらず、それができない状態になっていた。スパルタの社会構造自体が、時代遅れになってしまっていたからだ。

戦役の後三分の一あたりから登場し漁夫の利をさらった感じのペルシアだが、それに成功したことで、かえって帝国全体の統制が崩れ始める。

専制君主による統制が行き届かなくなったペルシア帝国は、七十年が過ぎた後とはいえ、若きアレクサンドロスの東征を簡単に許してしまうことになり、その結果、アケメネス朝ペルシア自体が滅亡してしまうことになる。

「ペロポネソス戦役」とは、紀元前五世紀から四世紀に生きたすべての人に、大なり小なり影響を与えずには済まなかった戦争なのだ。政治にも軍事にも関心がなかった、ソクラテスまでふくめて。

テーベ、動く

紀元前四三一年春、軍を動かせる季節に入ったとみるや南下してきたテーベ軍は、迷うことなくプラタイアに的《まと》を定めた。

テーベは、都市国家アテネの領土であるアッティカ地方の北辺から始まるボイオティア地方の強国だが、アテネとスパルタを二大強国とすれば、中程度の力を持った都市国家の一つにすぎない。それでもボイオティア地方全域の支配者になる欲望は持ちつづけていた。ゆえにこの年のテーベの動きは、純粋な領土欲に駆られての侵略だった。

なにしろ、前の年からギリシア世界は、アテネとスパルタが睨《にら》み合う状態になっているのである。テーベには、年来の領土欲を満足させる好機に見えたのだろう。

ではなぜ、プラタイアに狙《ねら》いを定めたのか。

アッティカ地方、ボイオティア地方と言っても、明確な国境線が引かれているわけではない。しかも国境には、国境のすぐ外側にある地まで手中にすることで初めて明確になるという、やっかいな性質がある。プラタイアは、アッティカ地方でもないがボイオティア地方でもない地帯にある町で、テーベからは南に、十キロしか離れていなかった。

だがこのプラタイアは、伝統的にアテネと近い関係にあった。プラタイアにとってのアテネは、尊敬する兄貴とでもいう感じの存在で、アテネが軍を出すときには常にプラタイアも兵を送り、アテネ人の「ストラテゴス」の指揮下で闘ってきた。

第一次ペルシア戦役当時のマラトンの会戦では、アテネの九千兵に対してプラタイアは一千兵で参戦し、ミリティアデスの指揮下でペルシア軍の撃退に貢献している。

第二次ペルシア戦役でも、海に面していないプラタイアはサラミスの海戦では協力できなかったが、翌年闘われたプラタイアの会戦では、八千で参戦したアテネ主導の左翼に、六百兵で参戦したに留まらず、兵站《へいたん》面での協力まで果したのだった。

これほどもアテネと近い関係にあるプラタイアを狙った理由だが、一にも二にも、スパルタとの間が一触即発状況になっているアテネに、救援軍を派遣する余裕はないと見たからだ。また、もし仮にプラタイア攻略が困難になったときは、スパルタが助けてくれるとも思っていた。

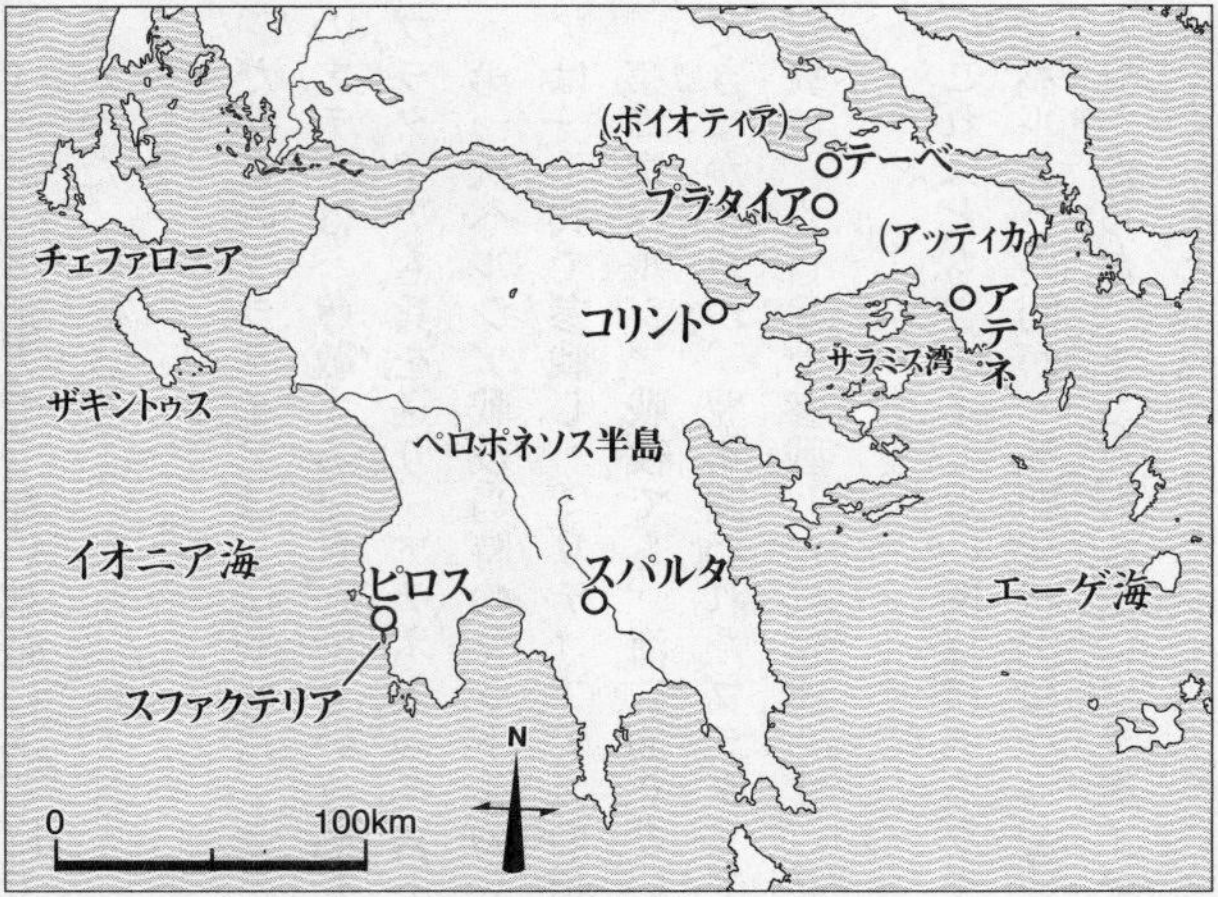

ペロポネソス半島

二十年ほど前からテーベも、「ペロポネソス同盟」に加盟していたのである。スパルタが盟主のこの同盟は「デロス同盟」とちがって、分担金支払いの義務がない。ないから、それを果さなかった国に対する罰則もない。また、スパルタが軍事行動に出る場合の援軍派遣も、強制されてはいなかった。つまり、ゆるやかな寄り合いという感じの「ペロポネソス同盟」への出入りは事実上自由で、これも、明確にアテネ側ではないギリシアの小都市国家《ポリス》にとっての、「ペロポネソス同盟」の魅力になっていたのである。

ここまで読み進んでくれた読者ならば、ここに至ってはもはや、この時代が専門の学者たちと同じ「気配」を感じ取ったのではないか。裏ではコリントが糸を引いていたにちがいない、と。

実際、コリントが糸を引いていたのである。先を読む能力はなくても過去の恨みならば忘れないということでは典型のコリントの扇動に、テーベが乗ったからであった。ただし、コリントは狡猾《こうかつ》だった。テーベが動けばコリントが自国の軍勢を応援に送る、と言ったのではない。テーベが動けば、「ペロポネソス同盟」ではスパルタに次ぐ強国のコリントが、スパルタを動かすからと約束して、テーベを後押ししたのである。

スパルタもコリントもテーベも、「ペロポネソス同盟」に加盟していることでは同じ立場にあった。

このような事情があって、アテネとスパルタが睨み合っている今こそ好機とプラタイアに攻めこんだテーベだが、占拠自体は実に簡単に成功してしまう。

理由の第一は、プラタイア側が不意を突かれたこと。第二は、まさか三百という小規模な兵力で他国の攻略に出てくるはずはないと、続いて到着するにちがいない本隊への恐怖があったこと。

家の中にひそんで様子を見ていたプラタイアの人々も、数日も過ぎないうちに、テーベの兵士は三百人にすぎなく、続いて来ると思っていた本隊も、到着するどころかテーベから発《た》ってもいないことを知る。

勇気をとりもどした彼らは町中に出て、簡単に済んだ占拠で気を許していたテーベ兵に襲いかかった。結果は、テーベ兵の幾人かは殺したが、その大半を捕虜にする。テーベによるプラタイアの侵略は、コリントを通してスパルタに頼る以前に、早くも失敗に終わってしまったのだ。

しかし、これを知ったペリクレスは、直ちにプラタイアに急使を送った。急使は、ペリクレスからの厳命をたずさえていた。

第一に、テーベ兵の捕虜の処遇は慎重に決められるべきであり、追ってのアテネからの指令を待つこと。

そして、テーベがこのまま引き下がるとは思っていなかったペリクレスは、プラタイアの女子供の全員をアテネ市内に避難させることも命じていた。

だが、急使がプラタイアに着いたときには、テーベの捕虜全員は、怒り狂ったプラタイアの人々によって殺された後だったのである。

そして、それに怒ったテーベはスパルタに急使を派遣し、「ペロポネソス同盟」軍の出動を要求していたのだった。


アテネがテーベに攻めこんだわけではない。だが、それを根拠に慎重な対処を説く王アルキダモスの発言は、その直後に立った「エフォロス」の一人の強硬意見に一掃されてしまう。寡頭政《かとう》のスパルタでも国政の最高決定機関である市民集会は、「ペロポネソス同盟」の加盟諸国で編成される同盟軍を、アッティカ地方の侵攻に送り出すことを可決した。

アルキダモスには、スパルタの正規兵である重装歩兵《ホプリーテス》を率いて出陣するという、「リクルゴス憲法」の定めた「スパルタ王の任務」にもどるしかなかったのである。

「三十年の平和」の名で呼ばれてきたアテネとスパルタの「棲み分け」は、半ばが過ぎたところで破綻《はたん》してしまったのだ。

この勢力均衡政策の仕掛け人であったペリクレスとアルキダモスは、これ以後は敵対する二国のトップになるのである。二人とも、望んではいなかったにかかわらず。

考えてみれば、紀元前四七九年に闘われたプラタイアの会戦以来四十八年ぶりになる、スパルタ主導のペロポネソス連合軍の出陣になる。

あのときは敵ペルシアに対してギリシア側は、右翼はスパルタ、中央はコリントその他、左翼はアテネという陣容で闘ったのだ。それが四十八年が過ぎて、右翼と中央の連合に左翼がぶつかるという、ギリシア人同士の戦争に変わったのである。

ペロポネソス連合軍の戦力は、次のようになった。

ペロポネソス半島からの二万四千に、ボイオティア地方から一万と一千の騎兵。合計すれば、重装歩兵の三万四千に、騎兵一千になる。

率いるのは、スパルタの王アルキダモス。

ペロポネソス半島からの二万四千のうち、どれほどの数が、スパルタ兵で占められていたのかはわかっていない。

しかし、王が率いて行くからにはスパルタの正規軍で、そうなれば勇名とどろく「スパルタの戦士」の数も、五千にはなったのではないかと想像する。これもまた、四十八年ぶりの「数」であったろう。

この陸軍とは別に、コリントが主体の百隻《せき》で成る海軍の参戦も決まったのだが、この百隻はもっぱらコリントの主張を容《い》れて、アテネ領有の地になっていたギリシア西方の島々の、コリントから言えば奪還に向けられるので、スパルタ王の指揮下には入っていない。

一方、アテネも、ペロポネソス連合が動き出したと知るや、迎え撃つ軍勢の編成に着手した。

アテネ市民とアテネ在住の外国人の重装歩兵が合計で一万三千。これ以外に、槍《やり》が武器の騎兵一千と、馬上から弓を射る騎兵が二百。

そして海軍だが、もちろんのことアテネの誇りである三段層ガレー船団が主力になる。常時二百隻、いざとなれば三百隻、という大戦力になった。

だが、アテネが起《た》ったからには、「デロス同盟」も起《た》つ。エーゲ海の波が洗う地方の同盟都市は、レスボスとキオスを除けば、提供できる船の数は少なかったろう。それでも「デロス同盟」は、「ペロポネソス同盟」に抗して起ったのであった。

しかしアテネは、海上ではペロポネソス連合軍を完敗させる戦力を持っていても、陸上戦力となると、三万四千に対するに一万三千でしかない。だがこれが、海軍に四万人は割《さ》かねばならないアテネにとって、陸上戦力の限界である以上はしかたがないのだが、ペリクレスはそれでも充分に迎撃は可能と考えていた。一万三千の中から一千九百の兵士を、フォルミオンに率いさせ、いまだ制圧が完了していないポティダイアに送り出したほどである。

ペリクレスが考えていた戦略が、迎撃は迎撃でも、正面切って迎え撃つものではなかったからであった。

まず第一に、もはや一体化が成って以来半世紀が過ぎている、首都アテネと外港ピレウスの防衛が優先される。圧倒的な強さを誇るアテネ海軍の活用と祖国防衛は、切り離せない関係にあるからだ。

ナウパクトゥスとコルフには、アテネと同盟関係にあるその近くの島々と連携して、イオニア海でのコリントの動きをシャットアウトする役割が与えられる。

プラタイアには、テーベ問題が起ったときにアテネが送った応援部隊と協力して、ボイオティア地方から南下してくるテーベが主力の一万と一千騎に抗する、砦《とりで》の役割が与えられた。

一方、エーゲ海の同盟都市群に与えられた使命は、アテネの外港ピレウスから黒海までの制海権を死守することである。目的は、人口が十万を超えるまでになっているアテネにとっての、食の安全保障であったのは言うまでもない。

この一件に関しては、ペリクレスは朗報を得ていた。ペルシア王アルタ・クセルクセスが、ペロポネソス同盟側から寄せられた、小アジア西岸一帯へのペルシア軍の出動要請を拒否したというのである。もしもペルシア軍が出動していたとすれば、イオニア地方という、「デロス同盟」の主要な加盟国が集中している一帯が不安定化するだけではない。アテネと黒海をつなぐ食の安全保障航路も、機能不全に陥る危険があったのである。

「戦役」の最初の年

この時期に生きたギリシア人の多くは、半世紀前に闘われた「第二次ペルシア戦役」などは忘れてしまっていたかもしれない。あの頃は、まだ生れていなかった人も多かった。

しかし、先を読める人は過去を忘れない。

あの戦役当時、ペリクレスは十五歳。スパルタ王アルキダモスは十四歳。ペルシア王アルタ・クセルクセスは十五歳。

前二者は未成年ゆえ後方で学生生活を送る身だったが、アルタ・クセルクセスは、眼下でくり広げられたサラミスの海戦を、父王のかたわらで見たという、忘れようにも忘れられない体験をしている。ギリシアに手を出そうものなら大火傷を負うという教訓を、それによって人格破綻まで起してしまった父を見ることで、学び取った人であった。しかも、その原因になったテミストクレスを迎え入れ、政治顧問にしてその死までめんどうを見た人でもあったのだ。

今では六十四歳になっていたペルシア王だが、ペロポネソス同盟側の要請を断わる。十八年前に締結されていた、ペルシアとアテネの相互不可侵条約である「カリアスの平和」のほうを守る、というのが、ペルシア王の拒否の理由であった。

ただし、ペルシア王への出動要請はペロポネソス同盟側から成されたのだが、どうもそれに、スパルタがかかわっていたとは思えないのである。コリントが独自に動いたのではないか、とする学者の一人の意見に同意したくなるのだ。

スパルタ人が外政の感覚に欠けていたのは事実だが、彼らには、自尊心ならばありすぎるほどにあった。

自尊心を辞書は、次のように説明している。「自らの生き方に自信をもち、他からの干渉を排してまでも品位を保とうとする気概」

侵攻してきたペルシア軍に対してギリシア側が団結して迎え撃ったのが、紀元前四七九年のプラタイアの会戦である。あの会戦で勝利を決めたのは、アルキダモスとは血のつながるパウサニアスが率いた、スパルタの戦士たちであった。

そのスパルタ人が半世紀後におめおめと、あのときは敗退するしかなかったペルシア王の息子に、軍を出動することで助けてくれと頼めるであろうか。

スパルタ人は、アテネ人のように悪賢くはなかった。ゆえに、狡猾でもなかった。

自尊心とは、あるライン以下のことには死んでも手を染めない、という心構えでもある。

だがこれで、「ペロポネソス戦役」の名で知られる戦争は、ペルシアの不介入が決まったことによって、ギリシア人同士で闘われる戦争になるのである。

紀元前四三一年の春も盛り、スパルタ王アルキダモスは、ペロポネソス半島からの二万四千兵を率いて、アッティカ地方に侵攻してきた。

だがそこで、王は再度の試みをする。腹心の一人を、ペリクレスの許《もと》に送ったのだ。ただし、私的ではなく公的に。

この時期、敵対する国のトップ同士が私的に接触しようものなら、二人とも裏切者と見なされ、反逆の罪で告発される危険があった。山荘を訪れるような振舞いが許されていたのも、過去の話になっていたのである。

そのうえアテネには、軍勢を率いてアテネ領内に入ってきた敵との交渉を禁じた法があった。スパルタ王からの使節は追い返され、アルキダモスによる最後の試みも水泡に帰したのである。

ペリクレスの開戦演説

寡頭政《オリガルキア》の国スパルタでも、戦争に入るに際しては、その可否を市民集会に問う。アテネは、民主政《デモクラツィア》の国である。いかに敵の侵攻が現実になっても、それを迎え撃つか否《いな》かを決めるのは市民集会なのだ。考えるのはペリクレスでも、その考えに賛成か否かは市民集会が決めるのである。

そして、このような場合に説明に立つのは、その年も「ストラテゴス」に選出されていた、ペリクレスの役割であった。

「市民諸君、ペロポネソス人に対しては一歩たりとも譲歩してはならない、ということでは、わたしの考えは少しも変わっていない」

で始まるペリクレスの演説は、一言で言ってしまえば、開戦を主張したものであった。破裂しそうになってしまった「鍋《なべ》」は「蓋《ふた》」を取ることで、内部の蒸気を逃がすしかない、と考えたのかもしれない。

だが、六十四歳になっていたペリクレスは、どう言えばアテネ市民を誘導できるかを熟知していた。

まず初めに、釘《くぎ》を刺す。この場で開戦と決まった場合はそれがアテネの国論になると言い、その後の戦況しだいで起りうる反戦論を、あらかじめ封じたのだった。次いで、開戦に至った責任はわれわれにはなく、ペロポネソス同盟側にある、と説く。

十五年前に汎《はん》ギリシア会議で決まった「デロス同盟」と「ペロポネソス同盟」の「棲み分け」とはアテネとスパルタ両国による責任分担であり、それによればスパルタは、同盟内の問題はスパルタが審判役にでもなって解決すべきところをせずに、アテネに押しつけたというわけだ。

実際、コルフ島もポティダイアもプラタイアもアテネ勢力圏に属していたし、そこに手を出してきたコリントやテーベは、スパルタ勢力圏に属しているので、ペリクレスの対スパルタ非難は、論理的にはまったく正しい。

しかし、スパルタにはもともと、責任を分担する意志もなく能力もなかった。

一国平和主義でつづいてきたスパルタは、経済的には「求めない」ことをモットーにしている。だが、経済的には求めないということは、他の面でも「求めない」ことにつながってしまいがちだ。しかも、「求めない」という生き方をつづけていると、行きつく先は、求める能力の劣化なのである。

陸上戦力では圧倒的な強さを誇っていたスパルタが、外政面となるやコリントに引きずられることが多かったのは、「求めない」でいるうちに能力そのものまでが劣化してしまうという好例でもあった。だからこそアテネに、コリントに言われるままアテネにはとうてい飲めない要求を出してしまうことになったのだ。この要求を容れるか、それとも開戦か、と突きつける感じで。

ペリクレスの非難は、論理的には正しかった。だが現実的には、スパルタに求めすぎた、と言えないこともない。とはいえ、開戦に誘導すると決めた政治家ならば、誰でもそういう言い方をしたとは思うのだが。

というわけで政治家であるペリクレスの演説も、開戦になったとしても必ずアテネが勝つ、という方向に進む。

その理由をペリクレスは、アテネの豊富な資金力と、熟練した技能者集団でもあるアテネ海軍の強さにあると説く。戦争といえども所詮《しょせん》はその国の経済力の影響を受けざるをえないものであり、実際に戦場に向う兵士もまた、ベテランであれば簡単には戦況の行方に左右されなくなるからだ、というわけである。

それで、精神力はどうなるのか、と聞きたくなるのだが、ペリクレスの説く「精神力」は、一億火の玉になって敵に突っこむ、というたぐいの精神力ではない。

彼が説くのは、一言で言えば、自己コントロール能力である。

われわれアテネ人が最も警戒しなければならないのは、敵側の戦略の冴《さ》えではなく、われわれ自身の内部に常にひそむ、自信喪失だというのだから。ゆえに彼の説く「精神力」とは、何ごとが起ろうとも冷静を失わず、資産が略奪されようと、資産が人を作るのではなく人が資産を作ると考えて、それに耐え抜く力を指しているのである。

そして、最高司令官でもあるペリクレスは、大まかではあっても戦争の進め方を、市民たちに明かす。敵は陸側から来る。だがわれわれは、海から敵本国をたたく、と。

最後は、次の一事で締めくくった。即《すなわ》ち、われわれの父の世代は、今よりはよほど不利な状況にありながら大国ペルシアを敗退させたのだから、と言い、その五十年後に闘うわれわれも、侵攻してきた敵を迎え撃つということならばあの時代と同じなのだと説く。あくまでもこれより始まる戦争は、攻めてくるペロポネソス連合軍に対しての自衛の闘いであるとして終わるのだ。

政治指導者としては、開戦の理由を、自国防衛にあるとするのは当然であったし、また、事実でもあった。

このペリクレスの演説の後に行われた投票で、アテネの市民集会は、圧倒的な多数で開戦を決議したのである。

真意はどこに？

ところが、全ギリシアが注目する中で始まったにしては、「ペロポネソス戦役」の第一年目にあたる紀元前四三一年は、傍目《はため》から見る限りは両国ともが、奇妙な闘い方で終始するのである。

スパルタ王が率いるペロポネソス連合軍がアッティカ地方の北部一帯を荒らしまわっている一方で、アテネ海軍のほうはペロポネソス半島の東岸に上陸してはその地方一帯を荒らしまわった、というところまでは、ペリクレスが市民集会で明らかにした戦略で進んだのである。奇妙と言うのは、その後の展開であった。

アッティカ地方に侵攻中のスパルタ王アルキダモスが、侵攻してから四十日にもな

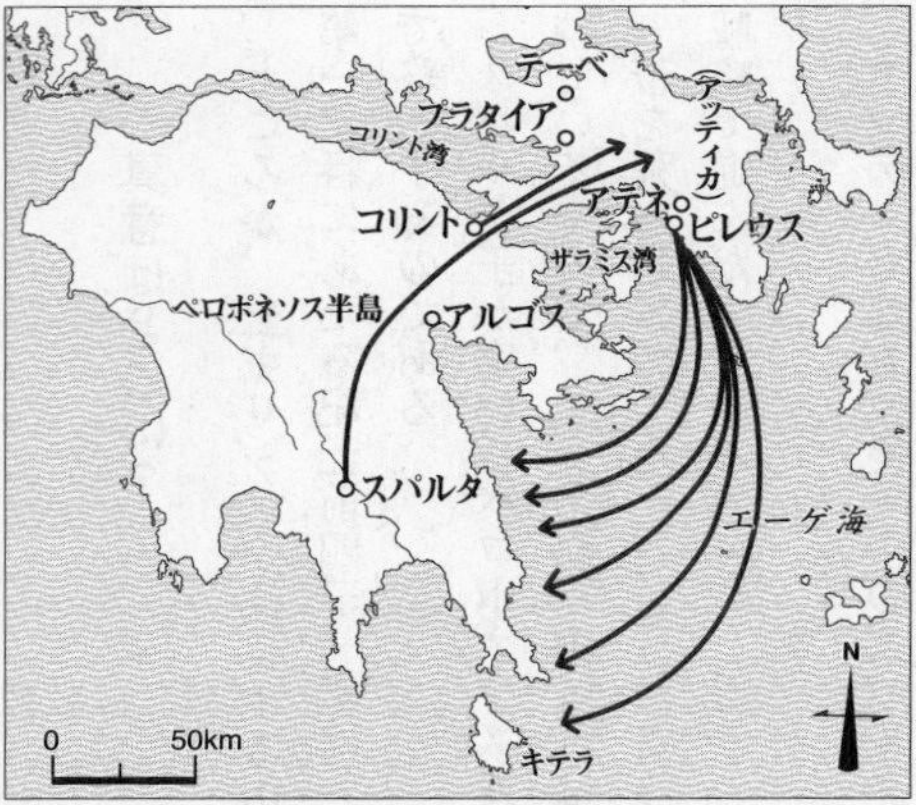

ペロポネソス戦役の一年目

らないというのに、それもまだ戦闘には適した夏だというのに、突如の帰国を命じたのである。

　理由は、兵糧《ひょうろう》不足。たしかに三万四千にもなる全軍を、食べさせるだけでも難事であるのはわかる。中程度の都市国家でしかないテーベに、それを請け負う余裕がなかったこともわかる。また、収穫期には間がある季節では、略奪したとしてもタカがしれていた、という事情もあったろう。

　それにしても、大軍を率いて来ていながら、四十日足らずで引き揚げるというのも異常だった。だが、同行している「エフォロス」がいかに抗議しようと、王の気持は変わらなかった。ボイオティア地方から来た兵士には帰国するよう命じ、彼が率いてきたペロポネソス半島からの兵士だけを連れて、さっさとスパルタに帰ってしまったのである。

そして、これを知ったアテネ海軍も、敵地荒らしは止《や》めて、彼らもピレウスに帰港したのだった。

ここにきて私には、ペリクレスの真の意図がわかった、という想《おも》いになったのだ。海軍を上陸させての敵地荒らしは命じても、アッティカ地方に侵攻してきた敵に対するアテネ側の迎撃は、消極戦法に徹している。砦と化したプラタイアの堅持は命じたが、それ以外の地での敵軍との対決は禁じている。正面切っての激突は避け、互いに敵地を荒らしまわる戦法に徹したのである。

だが、これでは消耗戦だ。人的パワーも資金的パワーも使い減らしていく戦法になる。消耗戦を長年にわたってつづけるなどという愚かなことを、六十四歳になっていたペリクレスが考えるわけがない。考えたとしたら、無責任と言うしかない。

そして彼よりは一歳年下で昔から親しい仲にあり、しかも「エフォロス」とはしばしば衝突するほどバランス感覚に長《た》けた考え方をするスパルタ王のアルキダモスも、無用な消耗戦をつづけて良しとする人とは思えないのである。

この二人の間では、開戦前夜には連絡は途絶えていた。だが、同年輩で長く親友の間柄にあった二人である。口に出さないでもわかりあえる仲、とでも言うのだろうか、離れていても相手の考え方は想像できるのが、長年にわたって責任ある地位を占めてきたこの二人ではなかったか、と思うのだ。

であるならば、次のような仮説さえも成り立つ。


アルキダモスは、毎年春になるや、ペロポネソス軍を率いて北上し、アッティカ地方を荒らしまわる。一方のアテネも、海軍を出してはペロポネソス半島の沿岸一帯を荒らしまわる。

ここで注意しなければならないのは、アテネのペリクレスもスパルタのアルキダモスも、相手国への決定的打撃は与えないような形で〝敵対行為〟をしていることだ。

スパルタ王によるアッティカ地方の耕地荒らしはアテネの農業には打撃でも、それでアテネが干上《ひあ》がる心配はない。アテネには、デロス同盟と自国の海運力によって、国外からの食の輸入は保証されていたからである。

また、一方のスパルタにとっても、ペロポネソス半島の海沿いの一帯が荒らされても、それによる被害をこうむるのは被支配者階級に属す農奴《のうど》だけで、質実剛健一本の支配者階級にとっては痛くもかゆくもなかった。

つまり、スパルタの王もアテネの第一人者も、相手国に与える被害は、決定的にはならない程度に抑えていたのである。〝決定的〟になろうものなら、それはただちにアテネとスパルタという二大強国間の正面衝突になっていたであろうから。

二、三年、正面切っての激突は避けながらのこの戦法をつづける。そのうちに、噴き出す寸前にあった鍋の中身も鎮静化してくる。

その頃合いを見計らって、アテネとスパルタは五年間の休戦に入る。そして、その五年が過ぎるうちにさらに状況が鎮静化したのを見て、長期にわたっての休戦である「三十年の平和」に持っていくのだ。

前例はあった。紀元前四五一年に五年間の期限つきで結ばれたアテネ・スパルタ間の休戦は、その五年後に締結される、「三十年の平和」と呼ばれた両国の「棲《す》み分け」につながったのだから。それに、あの年の「棲み分け」の仕掛け人も、ペリクレスとアルキダモスの二人であった。

もしも、私の仮説どおりにことが運んでいたとしたら、「ペロポネソス戦役」は、双方ともが多少の犠牲は払わねばならなかったとしても、二十七年もの間つづいてしまう必要はなかったのだ。

ペリクレス、三十年もの間第一人者でありつづけた六十四歳。

アルキダモス、三十三年もの間王位にある六十三歳。

この二人に、際限なく消耗戦をつづけるなどという、無責任なことができたであろうか。できたとしたら、若い世代を少しも考慮しない、老人のエゴということになる。

しかし、「ペロポネソス戦役」は、その後も二十七年の間、つづいてしまうのである。

なぜなら、ペリクレスもアルキダモスも、いや他の誰も予想できなかった不幸が、翌年に早くも起ってしまったからであった。

戦没者追悼演説

戦役の一年目が終わった年の冬、この二人はそれぞれ、占める地位に課された責務を果していた。

スパルタ王はおそらく、アテネ海軍によって荒らされたラコーニア地方の視察を。

そしてペリクレスは、さしたる数ではなかったにしろ、一年目とて印象ならば強くなるのも当然な、戦没者たちの追悼を。

アクロポリスを中心にした首都アテネをめぐる城壁を出たところから始まる一帯には、市民たちのための墓地が広がっていた。ギリシア人もローマ人も火葬の民なので、墓地と言っても陰気な印象はない。冬でも降りそそぐ陽光と海からの涼風に恵まれているアテネでは湿っぽくなるはずもないのだが、ここに墓をもつ在留外国人もふくめて、人々の散策の場にもなっていた。

戦没者専用とされた墓地も、この中にある。パルテノンを遠望できるその一画で、戦没者追悼の式が行われるのは、アテネでは常のことになっていた。式には、政府や軍の高官たちに遺族が参列するのは当然だが、一般の市民の参加も多かった。国のために身を捧《ささ》げた人々を追悼するのだから、理に適《かな》っている。

また、理に適っていたことはもう一つあった。戦没者を弔う演説は、その年担当の「ストラテゴス」がすると決まっていたのだ。兵士を戦場に率いて行った人か、それとも、戦場に送り出した人、ということになる。

こうして、ペロポネソス戦役第一年目の追悼演説は、ペリクレスが行った。壇上に登ったペリクレスは、おそらくは久方ぶりであったにちがいない、戦没者への追悼の言葉を始める。

だが、この人の面白いところは、意表を突いてくるところにある。ペリクレスの話術の巧みさは、ペリクレス時代とも言われるこの三十年にわたって衆知の事実であったのに、絢爛《けんらん》たるレトリックを駆使しての言論の価値を見せびらかしたりはしない。それどころか、このような場所での言葉の無用から話を始めるのだから、聴いている側は早くも、一本取られた、とでもいう想いになってしまう。

しかし、と彼はつづける。いかなる言葉も尊いこの死を前にしては無用だが、死者たちが、どのような国のために身を捧げたのかを再認識するのは無用ではない、ということに話をもっていく。次いで、これ以上見事な民主政のマニフェストはないとさえ思う、二千五百年後のヨーロッパの高校の教科書にさえも載っている、演説が始まるのだ。

「われわれの国アテネの政体は、われわれ自身が創《つく》り出したものであって、他国を模倣したものではない。名づけるとすれば、民主政（デモクラツィア）と言えるだろう。

国の方向を決めるのは、少数の者ではなく多数であるからだ。

この政体下では、すべての市民は平等な権利を持つ。公的な仕事への参加で得られる名誉も、生れや育ちに応じて与えられるのではなく、その人の努力と業績に応じて与えられる。貧しく生れた者も、国に利する業績をあげた者は、出自《しゅつじ》による不利によって名誉からはずされることはない。

われわれは、公的な生活にかぎらず私的な日常生活でも、完璧《かんぺき》な自由を享受《きょうじゅ》して生きている。アテネ市民が享受している、言論を始めとして各方面にわたって保証されている自由は、政府の政策に対する反対意見はもとよりのこと、政策担当者個人に対する嫉妬《しっと》や中傷や羨望《せんぼう》が渦巻くことさえも自由というほどの、完成度に達している。とは言っても市民たちの日々の生活が、これらの渦巻く嵐《あらし》に右往左往して落着かない、というわけではない。

アテネでは、日々の労苦を忘れさせてくれる教養と娯楽を愉《たの》しむ機会は多く、一年の決まった日に催される祝祭や競技会や演劇祭は、戦時であろうとも、変わりなく実施されている。

そしてこのことに加えて次に述べることも、われわれと競争相手の生き方のちがいを示す例でもあるのだ。

彼《か》の国は外国人を排除することによって国内の安定を計るが、アテネでは反対に、外から来る人々に対して門戸を開放している。他国人にも機会を与えることが、われらが国のより以上の繁栄につながると確信しているからだ。

子弟の養育に関しても、われわれの競争相手は、ごく若い時期から子弟に厳しい教育をほどこすことによって勇敢な気質の持主の育成を目指しているが、アテネでは、彼の国ほどは厳格な教育を子弟に与えていない。それでいながら、危機に際しては、彼らより劣る勇気を示したことは一度としてなかった。

われわれは、試練に対処するにも、彼らのように非人間的で苛酷《かこく》な訓練の末に予定された結果で対するのではない。われわれの一人一人が持つ能力に基づいての、判断と実行力で対処する。われわれが示す勇気は、法によって定められたり、慣習に縛られるがゆえに発揮されるものではない。一人一人が日々の生活をおくることによって築きあげてきた、各自の行動原則によって発揮されるのだ。

現在諸君が眼にするアテネの栄光と繁栄は、これら多くの無名の人々による成果であり、これこそがこのアテネにふさわしい、永遠の命を与えることになるのである。

われわれは美を愛する。しかし、節度をもって。われわれは知を愛する。だが、溺《おぼ》れることなしに。われわれは、富の追求にも無関心ではない。だがそれも、自らの可能性を広げるためであって、他人に見せびらかすためではない。アテネでは、貧しさ自体は恥とは見なされない。だが、貧しさから脱け出そうと努力しないことは恥と見なされる。

私的な利益でも尊重するこの生き方は、それが公的利益への関心を高めることにつながると確信しているからである。私益追求を目的に行われた事業で発揮された能力は、公的な事業でも立派に応用は可能であるのだから。

このアテネでは、市民には誰にでも公的な仕事に就く機会が与えられている。ゆえに、政治に無関心な市民は静かさを愛する者とは見なされず、都市国家を背負う市民の義務を果さない者と見なされるのだ。

これが、諸君が日々眼にしている、ギリシア人すべての学校と言ってもよいアテネという国である。戦没者たちは、このアテネの栄光と繁栄を守るために、その身を捧げたのであった。

この人々の尊い犠牲に国家が報いることは、その犠牲を心に留めつづけることと、彼らが残した遺児たちの成年に達するまでの養育を、経済面で保証することぐらいしかない。

だが、アテネ市民全員に約束できることは、まだ一つある。それは、戦時とて海陸双方の戦力を増強せざるをえないとはいえ、その一方では市民の日常生活が以前と変わりなくつづけられるよう、全力をつくす、ということだ。なぜなら、この双方ともを成し遂げてこそ、アテネは、アテネの名に恥じない都市国家《ポリス》であることを明らかにすることになるからである。

さあ、遺族たちはまだしばらくの間、肉親を失った哀《かな》しみにひたるがよい。だが、その後は家路につかれよ。他の人々と同じように」

遺族からもその背後を埋めていた市民たちの間からも、開戦の張本人であることならば確かな彼に対する、非難や抗議の声はまったくあがらなかった。アテネ人はこのときも、言語という唯一《ゆいいつ》の武器を駆使したペリクレスに誘導されたのである。こうして、「ペロポネソス戦役」の一年目は終った。

疫病《えきびょう》の大流行

戦役の二年目にあたる紀元前四三〇年、夏に入るやスパルタ王アルキダモスが、前年と同じように、ペロポネソス連合軍を率いてアッティカ地方に侵攻してきた。だが、その年のアテネは、誰一人として予想もしていなかった大変な状態になっていたのである。

先見性豊かなテミストクレスの尽力によって、アテネだけは五十年前から、市街地全体を囲む城壁に守られていた。しかもそれは、外港ピレウスにまで延長されていたので、アテネとは、延々と連なる石壁で守られた、ギリシアでは唯一の都市でもあったのだ。アテネ以外の都市に城壁らしい城壁がなかったのは、城壁と聴いただけでアレルギーを起すスパルタを、気にするポリスが多かったからである。

スパルタはもちろんのことコリントでもテーベでも、城壁の名に値する城壁がなかったこの時代、アッティカ地方の村や町にこの種の防壁があるはずはない。ということは、夏になるや侵攻してくるスパルタ王率いるペロポネソス連合軍の前に、これらアッティカ地方に住む農民たちには、身を守る手段はなかったことになる。

しかし、彼らもまた、都市国家アテネの市民である。ペリクレスは、この人々が、アテネ市内に避難してくることを認めた。ただでさえギリシア最大の人口を持つアテネは、こうして前年の秋から始まった難民を受け入れることで、その翌年の夏にはあふれんばかりの人々をかかえこむ都市になっていたのである。黒海からピレウスに至る食の補給路は充分に機能していたから、食料ならば、不足しなかった。

だが、市内の難民たちの生活環境は、劣悪と言うしかなかった。この人々の収容場所には多くの公共施設が提供されていたのだが、ギリシア人自身からして衛生観念が充分ではないのである。後になってからの話だが、イタリア半島を旅したギリシア人が、次のように言ったくらいであった。

「ギリシア人は何よりも先に神殿を建てるが、ローマ人は、まず街道を通し、上下水道を整備する」

人類最高の文化遺産パルテノンが壮麗な姿で光り輝いていたペリクレス時代のアテネでも、下水道の重要性を考えた人まではいなかったのである。

しかし、医学の祖とされるヒポクラテスを生んだ民族だ。医療の水準は高かったにちがいなく、医者も多かった。

だが、その医者たちも、難民の収容先から発生し富裕な人々の家にまで広がる勢いになっていたこの疫病を前にして、治療の方策も見出《みいだ》せないでいた。なにしろ、初めて眼にする病気であったのだ。遠くエチオピアからエジプトを経てピレウス港に上陸したのではないかという話も、気休めの噂《うわさ》でしかなかった。

この年は二十八歳だったから、『ペロポネソス戦役史』の著者ツキディデスは立派に現場証人である。この比類なき現場証人の筆になる『戦役史』中の数ページはドキュメントとして傑作で、この描写に比肩《ひけん》しうるのは、一千八百年後のボッカッチオの『デカメロン』を待つしかない、と思うほどである。

ちなみに、ギリシア人の後に来るローマ人の時代に疫病ドキュメントの傑作が書かれなかったのは、下水道建設に熱心だったローマ人の時代には、大規模な伝染病が発生しなかったからにすぎない。とはいえ、ツキディデスが書き残した病状を基に現代の研究者たちが推測したところでは、アテネを襲ったこの年の疫病は、ボッカッチオの時代のような黒死病《ペスト》ではなく、腸チフスではなかったか、という。

それでもアテネ市内に住む人の多くがかかったのは事実で、ツキディデスもかかったが全治したというのだから、若くて体力もある者は全快し、死者の多くは、幼い子供たちか、若くもなく体力も衰えていた人であったのかもしれない。

いずれにしても、この疫病は、それまではあったアテネ人の気概を完全に崩壊させてしまったのも事実であった。神殿という神殿は神々の御加護を願う声で満ちあふれ、神々に捧げる犠牲の家畜を焼く煙が、いつもは染まるように蒼《あお》いアテネの空に向って、何本となく立ちのぼって消えなかった。


アッティカ地方に侵攻中のスパルタ王アルキダモスも、アテネ市内を襲ったこの災害を知る。王の出陣となれば同行するのが習いの「エフォロス」が、その王に向って言った。

この機にアテネを攻めれば、簡単に征服できます、と。

アルキダモスはそれに、わがほうの兵士たちまでも犠牲にしてよいのか、とだけ言い、陣を引き払っての全軍の帰国を命じたのである。こうして、この年のアッティカ地方侵攻も、一ヵ月足らずで終わった。

ペリクレスのほうは、スパルタ王のアッティカ地方入りを知るや、自ら海軍を率いての敵地荒らしに向っている。そして、これも例によって、という感じで、アルキダモスの帰国を知るやピレウス港に帰ってきた。

この時期はまだ、疫病は、ペリクレスにまでは迫ってはいなかったのである。

だが、アテネ人の怒りのほうは迫っていた。

家を耕地を家畜を略奪され、避難してきたアテネでも劣悪な状態での暮らしを耐えるしかなかったところに、疫病の発生である。眼の前でバタバタと死んでいく家族を見れば、怒るのも当然であった。

怒ったのは、難民だけではない。長年にわたってアテネ市内に住んでいた人々も、大量の難民に入ってこられて困惑していたところを、その人々こそが自分たちの家族を殺した疫病の温床になっていると聴いて、困惑が怒りに変わっていたのである。

神々への祈りも効果がないと知った市民たちの怒りは、ペリクレスに向った。

弾劾《だんがい》

このような場合には必ず、一段と声を張りあげる一人が現われる。

「誰が、ペロポネソス同盟との戦争に入れと勧めたのか」

「ペリクレス！」

「誰が、大量の難民の受け入れを認めたのか」

「ペリクレス！」

「誰が、疫病はまもなく鎮静化する、と言ったのか」

「ペリクレス！」

どこかの国の反政府系マスコミによる世論調査を思い出してしまうが、いかに回答が質問しだいであるかも示している。とはいえこれで、三十年もの長きにわたって「形は民主政でも実際はただ一人が統治する」と言われてきた「ただ一人」は、一朝にして、アテネを襲ったすべての不幸の「犯人」にされてしまったのである。彼に罪があるとすれば、疫病の流行までは予測できなかった、ということでしかなかった。

しかし、あの気質のペリクレスだ。六十五歳になっていた彼は、市民の間に燃えあがった非難を、昂然《こうぜん》と受けて起《た》つ。市民集会を召集し、その場で堂々と反論を展開したのである。

「諸君のわたしへの怒りは、予想していたことではあった。とはいえ、わたしは諸君に、開戦の可否を求めた時点ですでに、開戦を是とする根拠を明示している。

ゆえに今日市民集会を召集したのは、不安に駆られ感情的になっている諸君に、あのときの記憶を思い出させるためである。そして、それをすることで、今の諸君がいかに臆病《おくびょう》になり、消極的な気分になっているかを示すためなのだ。わたしの考えは、いっさい変わっていない。都市国家《ポリス》があるからこそ市民がある、という考えはまったく変わっていない。

好運に恵まれ、それによって空高く飛べるようになった個人はいるだろう。だが、その人も、ときには飛び降りて羽根を休める場所である母国が国力も衰え衰退していては、再び飛びあがる力も持てなくなるというもの。国家には、能力を全開にして飛躍しようとする個人に、そのための基盤を提供する役割もある。

ゆえに、優先事項の選択を迫られるのが常の統治者にとって、個々人の安全よりも国家全体の安全を優先するのは当然であり、その統治者の考えに対して可否で答える権利を有する市民にとっても、冷静な心で優先順位を受け入れるのは当然の義務なのである」

これって、民主主義国のリーダーの言ってよいことですかね、と二十一世紀に生きる私などは思ってしまうが、二千五百年昔に「デモクラツィア」を創り出したアテネ人の頭の中では、個人と国家は、このような関係にあると考えられていたのか。

国家と個人という、現代でもなお解答を与えることがむずかしい大命題を取り上げたのは、ペリクレスとは同年輩で親友の仲でもあった、悲劇作家のソフォクレスである。

『アンティゴネー』は、この時期からならば十二年前になる年に書かれ、それを観《み》た人々の投票によって、その年の悲劇の最高作品の栄誉に輝いている。

国家あっての個人とは政治家の考えであって、そうとは簡単に言い切れないとは、芸術家の考えということか。このちがいを突いたのが、『アンディゴネー』のテーマであった。

でいながら芸術家ソフォクレスも、「ストラテゴス」に選出されれば軍勢を率いて戦場に出ている。つまり、国家あっての個人だとするペリクレスの考えに対し、そうとは言い切れない、と考えていても、都市国家《ポリス》の市民としての責務を果たすことでは、異論はなかったのである。そしてペリクレスも、この親友の芸術家的な考えを、それはそれとして尊重していたのであった。

ソフォクレス

実際、『アンティゴネー』が月桂冠《げっけいかん》に輝いた翌年、この二人はいずれも「ストラテゴス」(司令官)として、サモス島制圧にともに出向いていたのだから。

しかし、本質的にはソフォクレスは芸術家であり、ペリクレスは政治家であった。芸術家は命題を取り上げ、それを最上の形にして示すだけでよいが、政治家はそれに解決策を与えねばならないのである。

ペリクレスは、都市国家アテネあってのアテネ市民、という考えで一貫していた。そのためには市民たちにも、都市国家アテネの市民にふさわしい言動を求めたのである。

想定可能でも不可能でも、今後とも災難は訪れる。それに見舞われるたびに責任を他者に転嫁《てんか》するのは、不安に駆られるあまりに自分を見失ってしまう者のやることである、と。反対に、アテネ市民の名に恥じない者のやることは、最も重要な事柄は何かを忘れずに、いかなる不幸をも耐え忍び、情況の好転まで冷静に待ちつづける忍耐である、と説いたのであった。

「それをやりつづけることが、いずれは諸君一人一人のためになり、アテネという都市国家《ポリス》のためになり、個人と国家双方の運命を決めることにもなるのだ」

この一句で終わったペリクレスの演説に、人々は納得したようであった。市民集会は、これ以上はエスカレートすることもなく、平穏裡《り》に散会したのである。

だが、家に戻った彼らを待っていたのは、肉親の病いや死を嘆く女たちだった。それを眼にした男たちの頭からは、近くを見るだけでなく遠くも見よ、というペリクレスの言葉が消え去るのは簡単だった。

再び燃えあがった怒りに、火を点《つ》ける人はどこにでもいる。召集されてもいないのに開かれた市民集会は、三十年このかた誰に対しても成されなかったことを、賛成多数で可決した。

ペリクレスを、「ストラテゴス」から解任。

ペリクレスに、公金悪用の罪で五十タレントの罰金を科す。

公金を悪用したということは、国家を誤った方向に導いた、ということである。いかなる非難や批判に対しても、例の貴族的な精神によって通り過ぎてきたペリクレスだが、公金悪用罪とされたのだけは飲み下せなかったのではないか。

しかし、三十年もの長きにわたって彼を「ストラテゴス」に選びつづけてきた選挙区《トリブス》アカマンティデスの有権者たちは、このときも彼を見離さなかった。ペリクレスは、翌年担当の「ストラテゴス」に再選されたのである。

これが、冷水を浴びせる役割を果したのかもしれない。解任騒ぎも公金悪用騒ぎも、ストンという感じで落ちついてしまったのだ。

ただし、歴史家ツキディデスが書くように、ペリクレスを措《お》いて他に人はいないと市民たちが再認識したから、騒ぎが収まったのではない。ただ単に、勢いよく燃えあがっていた火が下火になっただけである。

これを、誰よりもペリクレスが、わかっていたのではないかと思う。クレオンという、ペリクレスを追い落すことに執着している男の激しい口調に、耳を傾ける市民が増えていたのだ。また、腸チフスと思われる疫病のほうも、完全に鎮火したわけではなかった。

翌・前四二九年の夏も、いつものように始まった。スパルタ王アルキダモスに率いられたペロポネソス連合軍は、北上してきてはアッティカ地方を荒らしまわる。一方、アテネ海軍は南下して、ペロポネソス半島の海沿い一帯を荒らしまわる。そして、夏が終わる頃には、まるで申し合わせでもしたかのように両軍とも帰国する、がその年もくり返されたのだった。

少なくとも、ペリクレスの戦略は、その年も続行されていたのである。

しかし、消極戦法をつづけるのは、誰にとっても容易ではない。忍耐力とて限度はある。このような場合、気が晴れ晴れすることが起ったりすると、それを機に忍耐のほうも再び上昇線を描いてくるものだ。その年の夏、アテネは、久方ぶりの朗報に沸いた。

久々の勝利

社会的には、ペリクレスやソフォクレスやツキディデスのように上流階級に属していなかったのか、「ストラテゴス」には選出されなかったようだが、ペリクレスがすでに十年前から登用していた武将に、フォルミオンがいた。「ストラテゴス」(司令

コリントとその周辺

官）ではないので、小規模な軍勢を率いさせるのに適していたのだ。つまり、小まわりの効く小型車というところだが、戦闘の才能にはさして恵まれていなかったペリクレスを、その面でささえてきた人でもある。生年は不明だが、ペリクレスよりは十五歳ほど年下であったようだから、五十歳にはなっていた。

このフォルミオンは紀元前四二九年の春、前年までのエーゲ海北部のカルキデア地方から、ギリシアを東から西に半周して、コリント海軍を前にするイオニア海に配置換えになっていた。

その彼に与えられたのは、わずか二十隻《せき》の三段層ガレー船。この戦力で、コリント海軍が主力のペロポネソス連合海軍を迎え撃つ任務を与えられたのである。コリントが、アテネ海軍がペロポネソス半島の海岸一帯を荒らしまわっているスキにギリシア西方にあるアテネ勢力圏の基地や島を奪い取ろうとして、いよいよ行動を起していたからだった。

フォルミオンは、コリント湾に面したアテネの基地ナウパクトゥス（後代のレパント）に到着するや、まず、率いてきた二十隻を隠した。

アテネの軍船の姿が見えない今こそ好機と見たのか、コリントの港を後にしたペロポネソス連合海軍は、その前の海をコリント湾の出口に向う。湾を出たところにある、チェファロニア島の攻略を目指していたのだ。

敵軍船の数は、四十七隻。しかし、重装歩兵を満載しているため船全体が重く動きも鈍い。それを、フォルミオンは見逃さなかった。

敵の四十七隻の後を、気づかれない程度の距離を保って、フォルミオンの二十隻が追った。そして、湾の外に出たとたんに、漕《こ》ぎ手たちは命令一下、漕ぐ力と速度を一段とあげる。

たちまち、二十隻は四十七隻を囲んだ。それも、包囲しただけではない。包囲網を少しずつ縮めていったのだ。フォルミオンが考えた戦法が、味方の船を敵船に激突させることで敵船を沈没させるのではなく、動きがとれなくなった敵船同士が激突したあげくの自沈にあったからだった。

結果は、四十七隻中沈没した船の数は不明にしろ、捕獲された船は十二隻に達し、アテネ側の勝利で終わった。

しかし、ペロポネソス同盟中では第一の海軍力を持つ、と自負しているコリントが、このままで退くはずはない。第二戦には、七十七隻でくり出してきた。アテネ側は、第一戦と同じ二十隻。

ただし戦場は、ナウパクトゥスを前にしたコリント湾内になる。

フォルミオンは、戦法を変えた。第二戦には、以前からアテネがナウパクトゥスの海軍基地に常駐させていた、十一隻も参戦させることにしたのである。とは言っても、二十隻と十一隻の合計三十一隻で七十七隻を迎え撃つのではなく、二十と十一は二派に分かれ、左右から七十七隻を攻めるというやり方を採る。もちろん、敵に接近するやいなや、二派は円型の陣を作っての包囲戦に持っていく。

実際の戦況もこのとおりに終始し、第二戦もまた、海上ではアテネに敵なし、を実証したのであった。

ペリクレスが市民集会でくり返し強調したように、「海軍こそがアテネの安全保障の要《かなめ》であり、それはアテネ海軍が、他国には容易なことでは追いつけない水準にまで達した、経験豊かな技能者集団であるからだ」という言葉の正しさを、今度も実証したのである。

アテネ中が、喜びに沸いたのも当然だ。勝利ということでは同じでも、それが主戦力によって成された場合の満足度は断じてちがう。ペリクレスに向けられていた怒りも、消え去ったかのようであった。

死

しかし、ペリクレスの命の火のほうが、消えかかっていたのである。いまだ現役の「ストラテゴス」である以上、フォルミオンによる勝利は誰よりも早く知ったであろうし、喜びをもって迎えたにちがいない。だがこの朗報も、命の火を再び燃えあがらせることまではできなかった。

六十六歳という年齢が、死んでも当然、という老齢であったわけではない。ソフォクレスは九十歳まで生きるし、ソクラテスも、死刑を宣告されて毒杯をあおらねばならなくなったのは、七十歳の年である。プラトンも、八十歳まで長生きしている。

平均寿命が短かかったのは幼児期の死亡率が高かったからで、野生動物と同じであの時代の男たちは、幼少期を脱しさえすればその後の人生は、個々人の体力と幸運しだいであったのだ。ヒポクラテス以降の古代医学が、肉体の抵抗力を高めることを最重要視しているのもそのためである。

ペリクレスの死も、腸チフスと言われる疫病にかかった末の死であった、とする史家は少なくない。だが、あの病気特有の症状を記した史料はないのだ。

また、あの伝染病が燃え広がったのは、一年前の夏である。その後も一度再燃するが、それとて二年が過ぎた前四二七年になってからである。

一年前の疫病最盛の年に、ペリクレスは、妹一人と、前妻の間にもうけた息子二人を疫病で失っていた。この家庭内の不幸が彼の命を縮めたとする研究者もいるが、国家のために個人の不幸は耐えよと説いた人が、肉親を失った哀しみで命を縮めるであろうか。

私には、半年前に突きつけられた公金悪用、つまり国政を誤ったとする告発が、彼の誇りを深く傷つけたからではないかと思う。ペリクレスのように誇り高い男にとって、この非難だけは、忘れ去ることはできなかったのではないか。

病床に伏したペリクレスの許《もと》には、心配した友人たちが集まり、まるで一人では死なせないとでもいうかのように、そのそばに居つづける日が重なった。

そのうちのある日、友人たちはペリクレスが眠っていると思ったのか、ペリクレスがこれまでの遠征で得た勝利の数々を賞讃する話をしていた。眼を開けたペリクレスが言った。

「きみたちが、そのようなことを重要視していたとは驚きだね。勝利した「ストラテゴス」の業績などは、その年担当の司令官に選ばれていたという、偶然の結果にすぎないのだ。

真に賞讃されるに値するわたしの業績は、わたしの政略の誤りのために死ぬしかなかったアテネ市民は、一人もいなかったということのほうではないかな」

もしも、プルタルコスが伝えるこのエピソードが事実であったとすれば、ペリクレスに、安らかに生を終えることを許さなかったのは、私がすでに、私の想像だと断わったうえで述べたことにあったのではないか。

始めるしかなくなったペロポネソス戦役を、スパルタとの直接対決は極力避ける形で二、三年つづけ、頃合いを見計らってスパルタとの間に五年程度の休戦を結び、その後も頃合いを見計らって、「三十年の平和」に持っていく、とした仮説である。

しかし、ツキディデスも書くように、ペリクレスは、ペロポネソス戦役が始まってから二年半後、つまり紀元前四二九年の秋に死ぬ。都市国家《ポリス》アテネの繁栄の維持という最高目的のために成されたペリクレスの深謀遠慮も、中途で挫折《ざせつ》せざるをえなかったことになる。これが、六十六歳で死ぬ彼にとっての唯一の心残りではなかったか。

しかも、深謀遠慮のパートナーになりえたスパルタの王アルキダモスも、この二年後に死ぬのだ。

ペルシア戦役が終わってからの五十年間、少なくともギリシアに平穏はもたらすに功あったこの二人の男は、相継いで世を去るのである。そして、遠方にいながらもギリシア世界の平和維持に功あったペルシア王アルタ・クセルクセスも、ペリクレスの死の四年後には世を去る。主人公たちが総入れ代えになる時代に、なっていたのであった。

ペリクレスの死の報は、アテネ市民にはさほどの感慨もなく受けとられた。正義の人とされて死ぬまで賞讃を浴びていたアリステイデスのときのように、国葬にしてその死を弔おうと言い出す者もいなかった。戦没者でもないので、アテネ城壁外の墓地内の一等地にある、国有の専用墓地に葬《ほうむ》られることもなかった。

ペリクレスの死を知っても、アテネ市民の多くには、追悼の想《おも》いはあまりなかったようである。

それどころか、風刺喜劇作家のアリストファーネスが笑いの種にしたように、何ごとにつけても、国民に寄り添うとか国民の要望に耳を傾けるとかはいっさいせず、まるで主神ゼウスでもあるかのように叱《しか》りつけたりリードするだけであったペリクレスがようやく死んでくれて、やれやれ清々した、という想いのほうが強かったのかもしれない。

このペリクレスの死が、アテネにとって、いやギリシア全体にとって、終わりの始まりになるという想いは、誰一人として抱いていなかった。

歴史家ツキディデスがそのように書いたのは、彼が、終わりの始まりどころか、終わりに向って急降下していく時代になって、『ペロポネソス戦役史』を書き始めたからである。

ペリクレスの死の年には二十九歳になっていたツキディデスだが、その年には彼でも、考えてはいなかったと思うのだ。

死んだ後になって、いや死んでしばらく過ぎた後になって、その人への評価は初めて明らかになってくるものである。

ペリクレスの死を悲しんだ詩一つ残っていないのが、前四二九年当時のアテネであった。

しかし、詩は遺《のこ》っていないが悲劇の傑作は遺っている。

ペリクレスが死んだ年、ソフォクレスの悲劇『オイディプス王』が上演された。予言によって定められた運命に逆らう想いで一生を生きてきたのに、結局は予言されたとおりの一生をおくってしまった人間の哀しみを、深く極めた傑作である。

ペリクレスは生涯にわたって、運命とは神々が定めるものではなく、われわれ人間が切り開くものだと言いつづけてきた人である。だが、その最後になって、考えていた「大戦略《グランド・ストラテジー》」は、彼自身の死によって中途での挫折を強いられる。これが運命でなくて、何が運命であろうか。

この二人は同年輩であり、親友でもあり、「ストラテゴス」として肩を並べて遠征にも行った仲であった。「海軍司令官をやるよりも悲劇を書いてくれたほうがいい」なんて言われても、ペリクレス支持で一貫してきたソフォクレスである。ペリクレスの病床にも、駆けつけた一人であったにちがいない。

もしもペリクレスが、このソフォクレスの最新作の内容を知っていたとすれば、どのような感想を述べたろうか、と思ってしまう。例によって皮肉な調子で、「やはりきみは、軍船を率いるより悲劇を書いてくれたほうが、アテネにとって有益だ」とでも言ったかもしれない。

最後に、エピソードを一つ。

ペリクレスは、批判や非難や中傷には慣れていた。だが、その日の男はしつこかった。

公務をつづけるペリクレスのそばで、口汚く非難を浴びせつづけたのである。それに対しペリクレスは、一言も言い返さず、怒った様子も見せなかった。

ローマの「執政官《コンスル》」には十二人のSPが付くが、アテネの「ストラテゴス」にはSPは付かない。それでこのアテネ市民は、公務遂行中も、夜遅くになって公務が終わって帰宅する道でも、灯りで道を照らす召使を一人連れているだけのペリクレスに向って、批判・非難・中傷の数々を浴びせつづけたのである。

家に帰り着いたときに、ペリクレスは初めて口を開いた。だがそれは、男に向けられたのではなく、召使に命じた言葉だった。

「その灯りを持って、この人を家まで送り届けてあげるように」

ペリクレスが男にいっさい応じなかったのは、言論の自由を尊重したからではない。言論の自由を乱用する愚か者に対する、強烈な軽蔑《けいべつ》ゆえの振舞いである。怒りもしなかったのは、この種の愚か者の水準にまで降りていくのを、拒否したからにすぎなかった。怒りとは、相手も対等であると思うから、起こる感情なのだ。

しかし、こうも貴族的でこうも非民主主義的な男によって、アテネの民主政は、それ以前にもそれ以後にも実現しなかったほどに機能できたのであった。

アテネの重装歩兵の墓碑
(アテネ国立考古学博物館蔵)

第二部　ペリクレス以後（紀元前四二九年から四〇四年までの二十六年間）

――「衆愚政」（デマゴジア）と呼ばれ、現代からは「民主政」が機能していなかったとされている時代――

前期（紀元前四二九年から四一三年までの十七年間）

ペリクレスの死を境にしてアテネは衆愚政治の時代に突入して行ったとは、ギリシア史では支配的な見方になって久しい。

大軍で攻めこんできたペルシアを完膚《かんぷ》なきまでに撃破しアテネに黄金時代への道を開くことになる、テミストクレスが活躍したのは紀元前四八〇年。

その路線を受け継いで、「形は民主政でも実際に統治するのはただ一人」と言われようが意に介さず、アテネに政治的安定と経済的繁栄をもたらしたに留まらず、文化も花咲かせてアテネに文字どおりの黄金時代を与えたペリクレス下の三十年。

この、いずれもが「民主政」で機能していた歳月の合計が、五十年になる。

この五十年の後は「衆愚政」を経てペロポネソス戦役に敗北する紀元前四〇四年ま

での二十五年間。

つまり、アテネは、五十年かけて築きあげてきた繁栄を、その半分の二十五年で台無しにしてしまうことになる。

都市国家としてのアテネは、その後も八十二年間にわたって存続する。だがそれは、後世に生きるわれわれがかぎりない讃嘆の想《おも》いを抱かずにはいられない、アテネらしいアテネではなくなっていた。

では、そのアテネ衰退の主犯とされている、衆愚政治とは何であったのか。

「デモクラツィア」(demokratia)——「民主(衆)政治」

「デマゴジア」(demagogia)——「衆愚政治」

いずれもギリシア人の発明になる言葉だが、一見するだけならば別物の政体のように見える。だが、この二つともが「衆」(demos)が主役であることに御注意を。

なぜ衆愚政に?

都市国家《ポリス》アテネの主権者は、「市民」という名の民衆《デモス》である。だからこそ、主権在民になる。最高決定権は「民」(demos)にあるという点では、民主政治も衆愚政治もまったく変わらない。

つまり、悪い政治の見本とされている衆愚政治といえども、民主政治が存在しなかった国では生れようがないということになる。

「デモクラシー」が銀貨の表面ならば、「デマゴジー」は裏面なのだ。

ひっくり返しただけで様相が一変してしまう、裏面なのである。

「民主政」も「衆愚政」も、銀で鋳造《ちゅうぞう》されているということならば同じの、銀貨の表裏でしかない。

ペリクレスが生きていた時代のアテネ人は賢かったが、彼が死んだとたんにバカに一変した、などということはありえないのだから。

しかし、ペリクレス以後のアテネが衆愚政に突入したのは、歴史上の事実である。なぜそのようになってしまったのか、の疑問の解明には、もう一つの要因があるように思う。

政体がどう変わろうと、王政、貴族政、民主政、共産政と変わろうと、今日に至るまで人類は、指導者を必要としない政体を発明していない。

この事実が示すように、民主政でも衆愚政でも、リーダーは存在する。ただし、性質はちがう。

民主政のリーダー——民衆《デモス》に自信を持たせることができる人。

衆愚政のリーダー——民衆《デモス》が心の奥底に持っている漠とした将来への不安を、煽《あお》るのが実に巧みな人。

前者が「誘導する人」ならば、後者は「扇動する人」になる。

前者は、プラス面に光を当てながらリードしていくタイプだが、後者となると、マイナス面をあばき出すことで不安を煽るタイプのリーダーになる。ゆえに扇動者とは何も、政治家とはかぎらない。

今日ならば、デモの指導者もマスコミもウェブも、自覚していようがいまいがには関係なく、立派に「デマゴーグ」(扇動者)になりうる。

では、ペリクレスが遺《のこ》したアテネには、人々を不安にする要因はあったのか。

理性的に考えれば、無かった。

内政は、民主政もすでに定着して長く、誘導の名手を得て、この政体で安定していた。反対派は常にいた。だが、三十年にもわたって、ペリクレス時代の名で呼ばれる長期政権でつづいていたのである。

外政面では、ペルシアとスパルタというアテネが無視を許されない強国との間に、相互不可侵という感じの棲《す》み分けが成り立っていた。ペルシアもスパルタも、もはやまぎれもない一大強国になったアテネとの間で、直接対決という形でのリスクを冒す気はなかったのである。

経済的にも、問題はなかった。「デロス同盟」という広域経済圏の確立と各地に展開する基地を軸にしての経済活動は活性化する一方であったし、そのうえ加盟国からは分担金も入ってくる。アテネの国家財政は長期にわたって健全財政で、ペリクレスが、「戦争も、結局は経済力で勝てる」と言えたほどであったのだ。

文化的には、それこそアテネは、全ギリシアの「学校」になっていた。ギリシア世界全域からアテネを目指す人は引きもきらず、その人々まで巻きこんでの文化文明の大輪の花が、ペリクレス時代のアテネで全開していたのである。

軍事的にもアテネは、当時の地中海世界最高の海軍力を誇っていた。

「海軍」という概念からして、テミストクレスが考え出し、ペリクレスが完成させた概念ではないかと思う。それ以前の地中海では、商船か海賊船しか存在しなかったのだから。

陸上戦力でも、少数精鋭主義のスパルタは別にして、ギリシアで最多の兵力を戦場に送り出す力を持っていたのはアテネであった。

古代のギリシアは、市民皆兵の世界である。市民権を持つ二十歳以上の成年男子のみが、国政への参与という市民に与えられた権利を行使でき、祖国防衛という義務を持つとされていたからである。

スパルタではその意味の市民は常に一万前後であったのに対し、アテネでは五万から六万はいた。ペリクレス時代には、その六万さえも超えていたと言われている。スパルタでは、農業に従事するヘロットや商工業が仕事のペリオイコイには市民権は与えていない。だがアテネでは、ローマ人がプロレターリと呼ぶことになる、資産がないので生活の糧《かて》は日々の仕事で稼ぐしかない最下層の人々にも市民権は与えられていたから、この人々にも兵役を課すことができたのである。

二百隻《せき》の三段層ガレー船を戦力化するのには、一隻につき最低でも二百人は乗船させねばならないので、合計すれば四万人が必要になる。常時二百隻を出港させることができたのがアテネだけであったのも、民主政によってアテネが、どこよりも多くの兵士を徴兵することができたからである。

では、そのアテネで良しとしてきたアテネ市民にとって、何が不安であったのか。

眼前の不安は、腸チフスらしい疫病《えきびょう》の流行と、アッティカ地方に侵攻してきた、スパルタ王率いるペロポネソス連合軍であったろう。

だが、疫病はいずれ鎮静化する。と、少なくともペリクレスは言った。

アッティカ地方への侵攻のほうだが、これもペリクレスが、しばらくは耐えよと説いた。また、ペリクレスのことだから、解決策も考えずにただ単に耐えよ、と言っているのではないことは、これまでの三十年の間でアテネ市民は知っている。

では何が？

疫病と敵軍侵攻で火が点《つ》けられた彼らの不満は、人間が多少なりとも常に持つ不安に結びついてしまったのだ。

それは、今持っているものでも明日になれば失うかもしれない、という不安である。

それでは根拠は薄弱だし建設的ではない、と断じるのは簡単だ。不景気になると思っているとほんとうに不景気になってしまう、と説くのと同じで、不安に駆られ始めた人の心を逆方向に変えるのはむずかしい。

ペリクレスの存在理由は、人間にはごく当然な心情でもある将来への漠とした不安を、言葉を駆使することでの誘導によって、落ちつかせていたことにあった。

一方、アテネ最初のデマゴーグとされるクレオンは、この不安から発した指導者たちへの不信、その不信がエスカレートしたあげくの、自分よりは恵まれている人々に対する恨みや怒りを煽り立てるのが実に巧みであったのだ。

多くの人の怒りを煽り立てるのに彼が成功したのは、彼自身が誰よりも、怒り狂うタイプの人であったからだろう。

ペリクレスは去り、残ったのはこのクレオンであった。

扇動者《デマゴーグ》クレオン

重装歩兵の軍装には欠くことのできない皮革製造業で財を成したというのだから、経営者としてはなかなかの才能の持主ではあったのだろう。

このクレオンを一躍有名にしたのが、最晩年のペリクレスに向けた弾劾《だんがい》演説である。公金悪用罪、つまりは政策を誤った罪で罰金刑に処したまでは上手《うま》くいったのだが、三十年にもわたってペリクレスを連続当選させてきた「選挙区」の有権者たちは、そのときでさえもペリクレスを見捨てなかった。

クレオンの弾劾などは意に介さず、ペリクレスを再度「ストラテゴス」に当選させたのである。おかげで、罰金のほうもウヤムヤに終わる。だが、その六ヵ月後に、ペリクレスは死んだ。

ペリクレスが、病死とはいえ最終的に退場したことによって、この大物を舌鋒《ぜっぽう》鋭く追及したクレオンは、既成の権力に反対する人々のリーダーの地位を確かにしたのだった。

この展開を危険と見たのが、アテネ内の良識派を認ずる人々である。この人々が、好戦派で反スパルタになる一方のクレオンへの対抗馬として、ニキアスをかつぎ出したのだ。

ペリクレスが死んだ前四二九年を基準にすれば、クレオンは三十五歳前後。ニキアスは四十一歳。

ソロンの改革以来の階級制ならば、クレオンはおそらく第四階級。一千人もの奴隷《どれい》を使うほどの銀山を所有しているニキアスは、まちがいなく第一階級に属していただろう。

しかし、第四階級に生れようとアテネでは、その後の人生にはほとんど関係なかった。

パルテノン建造の総監督を務めた彫刻家のフィディアスも、ギリシア三大悲劇作家の最後の人になるエウリピデスも、労働者階級の出身である。クレオン自身も数年後には、都市国家アテネでは内閣の大臣としてもよい「ストラテゴス」に選出されることになる。

ペリクレス死後のアテネの国政をまずは二分することになるのが、このクレオンとニキアスになる。

いずれも死ぬまでの歳月だが、クレオンはこの後七年にわたって。ニキアスのほうは、十六年にもわたって。ただし、舌鋒鋭く政府を追及する野党と、それにタジタジとなりながらも、何か手は打たねばとあせる与党、という感じではあったのだが。

ペリクレス死後のアテネが衆愚政治に突入したとする見方が正しければ、クレオンとニキアスの二人がまず、「衆愚政アテネ」の主人公になるのである。

ペリクレス死後のアテネが、すぐさま直面せざるをえなかった問題が二つあった。

第一は、もはや四年目になる、スパルタ王率いるペロポネソス連合軍のアッティカ地方への侵攻。

第二は、レスボス島の反乱。

スパルタの出方

ペリクレスの死を知ったスパルタ王アルキダモスが、どのような想いでいたかはわかっていない。スパルタ人とは、自分たちでは記録をいっさい残さなかった人々なのである。それでもアテネ側の記録によれば、ペリクレスの死の翌年になる前四二八年も、六十六歳になっていたアルキダモスは、スパルタの王としての責務は果す。四度目になる、アッティカ地方への侵攻である。

スパルタでは、王が出陣するときは、「スパルタの戦士」と言うだけで通じてしまうくらいに勇名とどろく、正規兵の重装歩兵団を率いていく。同時に、五人いる「エフォロス」のうちの二人が同行するのも慣例になっていた。「エフォロス」の権限の中でも重要な一つが、王の言動の監視とその牽制《けんせい》にあったからだ。

そして、その年のアルキダモスに同行していた「エフォロス」は、前二度の侵攻時のように、王の思うようにはさせなかった。

一年目は兵糧《ひょうろう》不足を理由に、二年目は疫病の流行を理由にしての、いずれも一ヵ月ちょっとの略奪行の後の帰国では、敵地への侵攻ではなく敵へのデモンストレーションではないか、もはや本気でやるべきときが来た、とでも言って王に迫ったのである。

実際はそのとおりなので、王も戦法を変える。ペリクレスも死んで、デモンストレーションを続ける効果にも疑いを持ち始めていたのかもしれない。

ただし、「エフォロス」の忠告にそのまま従ったのではなかった。アッティカ地方を荒らしまわるのはやめて、プラタイアの攻略に的《まと》を定めたのである。

プラタイアは、第一次ペルシア戦役でマラトンの会戦に兵士を送って以来、六十年以上にもわたってアテネとは常に同盟関係をつづけてきた都市《ポリス》である。このプラタイアを攻めたら、アテネはどう出てくるか。

それを、アルキダモスは知りたかったのだ。つまり、プラタイアを攻めたら、ペリクレス亡《な》き後のアテネはどう反応してくるか、である。

反応の如何《いかん》によって、以後もデモンストレーションでいくか、それとも本物の軍事侵攻に変えるか、が決まるからであった。

それゆえか、アルキダモスは急がなかった。プラタイアの市街を包囲する二重の木造の壁の建造工事が終わるやいなや、その年も早々に帰国したのである。

レスボス問題

レスボス島の反乱と言っても、島全体がアテネに反旗をひるがえしたわけではない。レスボスは、エーゲ海の南に浮ぶクレタ島やロードス島を除けば、多島海とも呼ばれるエーゲ海の中では最も大きな島になる。
それでいて住民は、まとまることが何よりも不得手なギリシア人なので、同じ島内と言っても都市国家《ポリス》はいくつもあった。アテネに反旗をひるがえしたのは、島の東側にあってレスボスの首都格でもあるミティレーネだけで、他のポリスはそれに同調していない。

とは言っても、レスボスはキオスと並んで、「デロス同盟」の主要な加盟国である。独自の海軍を持っているので、アテネとこの二島だけは、「デロス同盟」の他の加盟国には課されている分担金を免除されている。つまり、アテネが海軍を出動させる場合は、この二島も参戦するのが習いになっていた。

ゆえに、たとえ一都市でも、レスボス島に不穏な空気が漂い始めたことは、アテネにとっては一大事になる。「デロス同盟」の行方を、左右しかねないからであった。

なぜこの時期に、レスボス島の一画から反アテネの火が噴きあがったのかは、よくわかっていない。分担金は課されていないのだから、カネの問題ではない。研究者たちは、ミティレーネ内部の権力抗争が火種になったとしている。

権力抗争とは、レスボス島全域を制覇して島全体をミティレーネの領有にすると主張する一派と、いやそのようなことはアテネが認めるはずはないから、現状維持で行くべきだとする派の間で起った争いで、この種の争いは、ギリシアの中小都市国家では日常茶飯事に起っていたことである。だが、このときに勝ったのは、強硬派のほうであった。

しかも、勝った側はスパルタに接近したのだ。「デロス同盟」を離脱し、「ペロポネソス同盟」に加盟することを条件に。スパルタに、その交渉のための使節まで派遣したのだから。

「ペロポネソス同盟」は海上戦力ではアテネに大きく差をつけられている。一方レスボスは、海軍を持っている。そのレスボスがアテネから離れスパルタにつけば「ペロポネソス同盟」の持つ不利は軽減されるから、同盟の盟主であるスパルタも歓迎するにちがいない、と見たのかもしれない。

実際、スパルタは、百隻の三段層ガレー船を派遣するとまで言って、その申し出を受けたのである。

しかし、特別に冷静に考えなくても、スパルタが、口ではどう言おうと行動に移るのが常に遅い国であるのは知っていたはずだ。

また、今のところはコリントに頼るしかない「ペロポネソス同盟」の海軍力だが、そのコリントが、自国の「市場《マーケット》」であるイオニア海でアテネ海軍とぶつかるのは甘受しても、アテネの「マーケット」であるエーゲ海に遠征して、出てくること必至のアテネ海軍と激突する情況まで甘受すると考えていたのであろうか。

いずれにしても、ペリクレス亡き後のアテネに生れた権力空白の時期を好機と見たとしか思われないレスボスの一画から燃えあがった火は、燃えあがっただけで消えるのを待つだけだった。

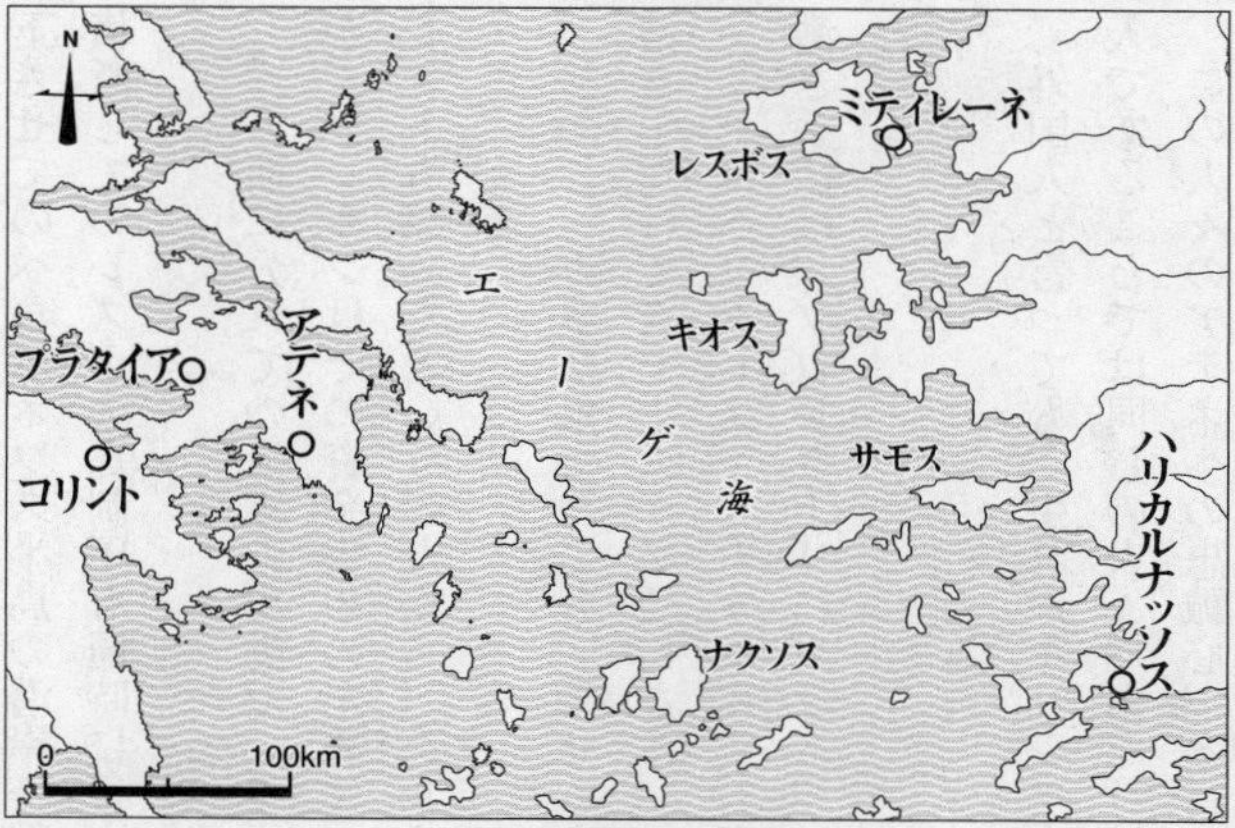

レスボス島とその周辺

しかし、アテネにしてみれば、それで良しとするわけにはいかなかったのである。「デロス同盟」の運命は、もはやアテネの運命になっている。ミティレーネからは公式に、「デロス同盟」脱退を通告してきたわけではない。だが、「ペロポネソス同盟」に加盟すると公言している相手を、座視するわけにはいかなかった。火がエーゲ海の東方に点在する加盟諸国に燃え広がる前に、早々に消し止める必要もあった。

このときだけはアテネでも、与野党ともが完全に一致したのである。

アッティカ地方に侵攻するだけでなく今やプラタイアを包囲する壁まで建造中のペロポネソス同盟軍に対し、今年も海軍を南下させてのペロポネソス半島の沿岸一帯の略奪は続行する、それに加え、エーゲ海を横断してのレスボス島制圧も同時に行うこと、で一致したのである。

二方面に分れての海軍の出動だ。まず、必要とされる数の三段層ガレー船の準備だが、クレオンはその資金集めのために、富裕者たちに特別税を課したらしい。二百タレントも集めたというのだから、クレオンの〝国税庁〟的厳しさはなかなかのものだった。

しかし、カネは集まっても、乗せる人間を集める問題が残っている。一隻につき、漕《こ》ぎ手だけで百七十人が必要になる。

これはペリクレス下でもすでに実行されていたことだが、船のモーター役でもある漕ぎ手には、プロレターリにプラス、アテネ在住の外国人も加わる例が多くなっていた。

外国人と言っても、生れがギリシアの他の都市国家であるというだけで、ギリシア人であることでは同じの人々である。

この人々のアテネへの忠誠心、と言うか愛国心を信頼できた理由は、アテネがこの人々に対して、市民権までは与えなくても、また不動産の所有は認めなくても、それ以外のすべての門戸は開放していたからである。在留外国人相手の賃貸し住宅ビジネスが盛んであったのが、ペリクレス時代のアテネの特色でもあった。

一方、スパルタは、外国人の流入を完全に排除している。

現在進行中のペロポネソス戦役でスパルタが勝ちアテネが敗れようものなら、ペルシア戦役以降盛んになる一方であったギリシア世界の人的・経済的交流がストップされる危険が、アテネ在住の外国人をアテネ側で参戦させた理由であった。

アテネの市民権は持っていないこの人々は、市民権所有者のみが担当することになっている重装歩兵《ホプリーテス》にはなれない。だが、三段層ガレー船の漕《つ》ぎ手にはなれた。

考えてみれば、テミストクレスが創り出したアテネ海軍とは、下層民も外国人も戦力にしたという点だけでも、民主政アテネを象徴する存在になっていたのだった。都市国家アテネの安全保障は海軍にかかっていると、民主主義者ペリクレスが断言できたように。

しかし、レスボス島のミティレーネを攻める戦闘は、サラミスの海戦やプラタイアのような会戦とは性質がちがう。いかに激戦でも一日でケリがつく戦いとはちがって、一都市の攻防戦は時間がかかる。結局、すべてが終わったのは翌年になってからだった。火付け役になったミティレーネと、それに同調するようになっていたレスボス島の他のポリスは、アテネの前に無条件降伏したのである。

ここまでは一致して行動してきたアテネの与野党だが、戦後処理をどうするかで意見が分れてしまう。

クレオンは、例によって強硬な処置を主張した。アテネに反旗をひるがえした場合はどのような結果が待っているかを「デロス同盟」の他の加盟国に知らせる見本にならねばならないとして、強圧的で残酷な処置を主張したのである。

一、ミティレーネとそれに同調したレスボス島のポリスの領土はすべて、アテネの直轄《ちょっかつ》領にし、アテネ市民を移住させる。

二、これらの都市国家《ポリス》の成年男子の全員は、反乱分子として死刑に処す。

三、女子供の全員は、奴隷にして売り払う。

このクレオンへの対抗馬としてアテネの良識派がかつぎ出していたニキアスは、このときの市民集会で、どのように対抗したのか。

対抗しなかった、のである。ニキアスには、ガンガンまくし立てられると、怖《おそ》れはしないのだが嫌気がさして退《ひ》いてしまうという、政治指導者としては最大の欠陥があったのだ。

それでもまだ、ペリクレスが死んで二年しか過ぎていない。市民集会には、ペリクレス派がいた。その中の一人がクレオンに反論したのである。

そのような強硬処置では、かえって他の同盟諸都市《ポリス》を離反させることになる、と言って。

クレオンはただちに、市民集会の空気が変わったのに気づいた。前案は引っこめ、別の案を提出したのだ。

一、反乱首謀者全員の引き渡しとその人々の処刑。

二、ミティレーネの市街を守る城壁の撤去。

三、反乱に参加しなかったポリスは除きレスボス全島を三十の区劃《くかく》に分け、それらを分割して、アテネから移住させたアテネ市民に売り出す。

これではレスボスが、アテネの植民地の地位に落ちることになる。

それでも、アテネの市民集会は、このクレオンによる第二案を承認したのである。

最初の案のあまりにもの過激さに動転した市民たちにとって、この第二案ですらも穏健に見えたのかもしれない。

レスボス島の持っていた海軍力は、この時期に限ったにしても、アテネ海軍に併合された。

また、引き渡された首謀者全員は一千人にも及んでいたようだが、この人々は、アテネに対する反逆の罪とスパルタに接近したことで、裏切り者とされて殺された。

アテネが同盟国に反乱を起されたのは、この年のレスボス島が初めてではない。十二年前に、サモス島に反乱を起されている。

そのときの制圧軍はペリクレス自らが率いたのだが、戦後処理はまったくちがった。城壁の撤去までは同じだが、サモスをアテネの植民地にはしなかった。戦費の賠償は分割払いにしろ現政府に課したのだから、サモス島の独立は維持されたのである。海軍も温存された。

反乱首謀者たちの処置も、数十人の規模であったらしいが、殺されることはなく島外追放の刑で終わる。

ただし、どこであろうと出て行け、というのではなかった。近くにあるペルシア領の町に、ペルシア王の了解を得た「預かりの身」ということで追放に処したのである。ということは、時期が過ぎれば帰国を認める、ということでもあった。

紀元前四三九年当時のサモスに対して成された処置と、前四二七年にレスボスに対して成された処置の、その後はどうなったのか。

サモス島は、以前と同じく「デロス同盟」の一員として残り、アテネと運命をともにする。

レスボス島は、同盟の一員としては残ったが、この十五年後にアテネが未曾有《みぞう》の国難に見舞われたとき、どこよりも早く「デロス同盟」から脱退したのがレスボスになる。

しかし、レスボス制圧の成功に喜んでいたアテネは、この直後、もう一つの同盟国を失うことになるのだ。

ペロポネソス連合軍による包囲戦を一年間にわたって耐えてきたプラタイアが、ついに陥落したのである。

この間プラタイアは、幾度となくアテネに救援軍の派遣を求めていた。だが、「ペリクレス以後」に入っていたアテネは、その求めに良い返事は与えながらも、結局は送らなかった。第一次ペルシア戦役以来の同盟国を、見捨てたのである。ただ単に、レスボス問題が優先する今、そこまでは手がまわらないという理由だけで。

もはや耐えきれないとわかった時点で、プラタイアは、若者たちの多くを秘《ひそ》かに逃がしていたようである。アテネに逃げよ、とだけ言って。

それゆえ、二年もの攻防戦の末に降伏したプラタイアには、もともとからして小都市国家であったこともあり、多くの防衛兵が残っていたわけではなかった。何人残っていたかの正確な数までは、わかっていない。

それでも、勝ったペロポネソス連合軍は、降伏してきた二百人のプラタイア市民と二十五人のアテネ市民を死刑に処した。

この二十五人のアテネ人は、ペロポネソス連合軍によるアッティカ地方への侵攻が始まった年に、援軍として送られてきたアテネ兵の生き残りである。母国はプラタイアを見捨てても、彼らは見捨てなかったのだ。

女子供の全員は、奴隷として売り払われた。

そして、プラタイアの街全体は破壊され焼き払われてさら地にされ、テーベの領地に加えられた。都市国家プラタイアは、地上からも抹殺されたのである。

これに対してアテネがやったことは、以前からアテネに避難していたり、最近になって逃げてきたプラタイアの男たち全員に、アテネの市民権を与えたことだけであった。

だが、これによってアテネは、次の一事も失うことになる。つまり、都市国家アテネは、同盟関係にある他の都市国家《ポリス》を助けるとはかぎらない、という印象を同盟国に与えたことであった。

エスカレートする残酷

「ペリクレス時代」と「ペリクレス以後」、のちがいは厳然と存在する。一言で言ってしまえば、長期を視野に入れての一貫した政略（ストラテジア）の有る無し、に尽きる。だが、これが「無い」場合でも枝葉だけは勝手に四方八方へと伸びていくものだが、その一つが、降伏してきた人々や捕虜の殺害であった。

ギリシア人は、四年ごとのオリンピアでの競技会という休戦を必要としたくらいに戦争ばかりしていた民族だが、それでも怒りにまかせて我を忘れることは少なかった民族である。

戦死者を埋葬するための一日の休戦、捕虜の交換のための数日間の休戦は、しばしば行われてきたのだ。

彼らに、現代人の考える人権尊重の理念があったのではない。だが、降伏してきた者をやみくもに殺害するような行為は、ギリシア人が蛮族《バルバリ》と呼んでいた他民族のすることで、ギリシア人同士でやる行為ではない、と思っていたのである。

勝者は絶対に正しく、敗者は絶対に悪い、とは思っていなかったのだ。勝敗はときの運に左右される場合が多いことを、知っていたのだと思う。ホメロスの叙事詩やギリシア悲劇が、〝教科書〟になっていたのかもしれない。

ギリシア人が後世のわれわれに遺した最高の贈物は中庸の大切さを指南してくれたことにあると思っているが、「中庸」とは、簡単に言ってしまえば左右いずれにも片寄らないところに着地点を見出《みいだ》す心がまえにすぎない。英語では「グッドセンス」、フランス語ならば「ボンサンス」、イタリア語だと「ボンセンソ」だから、日本語の

「良識」は適切な訳語だと思う。

「ペリクレス以後」は、アテネ人のみでなくギリシア人全員が、良識を欠くように変わるのだ。アテネは全ギリシアの手本であると説いたペリクレスも、この世の人ではなくなっていた。

ペロポネソス戦役が悲劇であるのは、アテネが敗北するからだけではない。ギリシア全体が、敗れ去ることになるからである。

ギリシア人は、自分たちで築きあげてきた価値観を、自分たちで壊していったのだから。

ヘロドトス書く『ペルシア戦役』の読後感が明るいのは、ギリシア人の良い面の集大成が描かれているからである。

ツキディデス書く『ペロポネソス戦役』の叙述が終始一貫して暗いのは、ギリシア人の悪い面の集大成を描いたからなのだ。これが、わずか半世紀をへだてただけで同じ民族が闘った戦争かと思うと、暗然としてしまうくらいに。

ペリクレスの死後二年もしないうちに起ったレスボスとプラタイアの事件は、ペロポネソス戦役がつづく間中頻繁に起る、無用な殺戮《さつりく》の先例をつくることになる。

しかもこの「先例」をつくったのが、アテネとスパルタであったのがなお悪かった。「手本」が、手本になることを放棄したということであったのだから。

アテネが無用な殺戮に走ってしまったのはクレオンに扇動されたからだが、「ペリクレス時代」があったから「ペリクレス以後」もあるアテネとちがって、「ペリクレス時代」のなかったスパルタには、「ペリクレス以後」もないはずである。ゆえに変化はないはずなのだが、スパルタにはスパルタ特有の事情があった。リクルゴス憲法以来一国平和主義で来たスパルタだけに、それを裏返せば、他国のことには干渉しない、につながりやすい。

しかし、陸上戦力ではギリシア最強のスパルタの不干渉主義は、スパルタ側についている弱小国に勝手気ままを許すことになりかねない。

降伏した後のプラタイアへの過酷な処置は、勝ったペロポネソス連合軍を率いていた、スパルタ王アルキダモスが望んだからではなかった。

連合軍の一翼としてプラタイア攻略戦に参加していたテーベが、四年前の事故を持ち出し、それへの復讐《ふくしゅう》を強く主張したからである。

四年前にテーベは、プラタイア攻略に送り出した自国の兵士三百人を、プラタイア人に殺されていた。あれはもともとテーベが始めたことだという弁明も、勝者になれば耳も傾けない。そして、このテーベの復讐欲を、スパルタ王に同行していた二人の「エフォロス」も強く支持したのである。

スパルタの「エフォロス」（監督官）のアテネ嫌いは、彼らがリクルゴス憲法護持をモットーにしているだけに年季が入っていた。

自国のヘロットやペリオイコイに市民権を与えていないことから彼らの反抗を常に心配しなければならなかったスパルタには、最下層の民まで市民に加えている民主政アテネは常に、悪影響をもたらす存在としか映らなかったのである。

降伏したプラタイアの市民二百人の処刑を、四年前に殺された三百人への復讐だとしてテーベは要求した。だが、そのうえさらに二十五人のアテネ市民までもプラタイアの二百人と運命を共にしたのは、王に同行していた二人の「エフォロス」が強く主張したからである。

王アルキダモスは、受け入れるしかなかった。スパルタの憲法であるリクルゴス法では、国の方針を決めるのは、世襲制による王ではなく、市民集会から一年任期で選出されてくる五人の「エフォロス」であったからだ。そして、五人のうちの二人は、王の出陣には必ず同行するのも、「リクルゴス憲法」で決まっていたことだった。

このように、アテネに留まらずスパルタも、「ペリクレス以後」に突入していくのである。まずは、無用な殺戮という形をとって。

スパルタ王アルキダモスは、このすべてを終えて帰国して間もなく、燃えつきたかのように死んだ。敵ではあっても盟友でもあったペリクレスの死に、遅れること二年にして訪れた死であった。

翌・紀元前四二六年は、アテネもスパルタも、野蛮な行為に走ったことで少しは気も静まったのか、相対的には静かに過ぎた。だが、前四二五年に入ると、またもや事故が起きる。

「長期を視野に入れての一貫した政略《ストラテジー》」とは、いずれも駿馬《しゅんめ》である複数の馬を御すことで成り立つ四頭立ての戦車競走に似ている。手綱を操る御者の能力がきわめて重要になってくるからだが、御者がいなくなってしまえば、手綱などは有って無きになる。駄馬ならば適当なところで止まってくれるが、駿馬ではそうはいかない。アテネには、「ペリクレス以後」も、駿馬ならばいたのである。

スパルタの敗北

ペロポネソス半島の西南の一画に、ピロスという名の小さな町がある。スパルタの領国であるラコーニア地方ではないがその西隣りのメッセニア地方にあるので、一応はスパルタ傘下《さんか》にあると言ってよい。

また、「ペロポネソス戦役」も六年目を迎えたこの年からは、アテネ・スパルタともに戦線が拡散するように変わっていた。これも御者不在ゆえの現象だが、これまでは、スパルタは北上してアッティカ地方を荒らし、アテネは南下してペロポネソス半島の沿岸を荒らしまわるという、一種の嫌がらせ作戦でつづいてきたのである。それがこの年からは、両国ともがあちこちに手を出すように変わってきたのだ。

と言って両国とも、いまだ直接の対決は避けている。だから、ピロス・スファクテリアの戦闘《バトル》の名で残るこの年の戦闘は、結局は両国の直接対決になったが、それは両国ともが望んだからそうなったのではない。成行きで対戦することになってしまった、と言ったほうが適切な戦闘になる。

アテネのほうは、三人の「ストラテゴス」に率いさせた海軍を、またも救援を求めてきたコルフを援助するために送り出していた。その途中で、五隻《せき》だけのデモステネス隊のみをピロス占拠のために残したのだ。理由は、第一に、スパルタ領であるラコーニア地方のすぐ西隣りにアテネの基地を置くことでのスパルタへの嫌がらせ。第二は、いずれは西地中海にまで広がるであろうアテネの「マーケット」に向うときの、中継基地を確保しておきたいとの想《おも》い。

そのアテネの意図を阻止しようとスパルタが出兵してきたので直接の対決になってしまったのだが、両国の最初の直接対決にしては、局地戦並みの規模だった。

アテネ側の戦力は、ガレー船の漕《こ》ぎ手まで加えても一千を少し超える数。スパルタ側はもっと小規模だったが、その中に三百人の重装歩兵《ホプリーテス》がいたのである。ギリシア中に勇名とどろく「スパルタの戦士」たちだ。三百人でも充分、と思ったのだろう。

ところが、激闘のくり返しではあったにしろ、結果はと言えば、デモステネスの作戦の妙もあって、勝利を手にしたのはアテネであった。

スパルタにとってショックであったのは、小さな町でしかないピロスやこれまた小さな島のスファクテリアがアテネ側に帰したことではなかった。一国平和主義のスパルタには、もともとからして国外への領土欲が希薄だ。

真にショックであったのは、彼らにとっては虎《とら》の子の「スパルタの戦士」の半ばが戦死し、残りの半ばが捕虜になったことである。

何度も述べてきたように、スパルタは市民権を持つ者を限定している閉鎖社会なので、市民権所有者にしか道は開かれていない重装歩兵《ホプリーテス》の補充は簡単ではない。それに、国のために闘った末に捕虜になった者を取りもどすのは、彼らを戦場に送り出した国家の責務でもある。

一方アテネでも、捕虜たちを迎えてゆれ動いていた。当時では子供さえも知っていた、「スパルタの勇士」たちである。しかもその彼らが百五十人も捕虜になって、アテネに連行されてきたのだ。それを見た市民たちも、勇名とどろくスパルタの戦士たちにはそれに応じた礼はつくす必要を感じたのかもしれない。収容所には入れられたが足枷《あしかせ》も何もつけられず、一日の食事の質と量までが保証されるという、ジュネーブ協定顔負けの待遇を受けることになる。

だが、そのようなことはスパルタ人には関係ない。スパルタからは早速、捕虜返還を条件にした休戦締結のための特使が、アテネに送られてきた。

このときが、ペロポネソス戦役を終わらせる好機であったのだ。もしも、スパルタの特使を迎えたのがペリクレスであったら、この機に休戦は成立していただろう。そして、数年の休戦を経て、最終的な平和、つまり「棲《す》み分け」に至っていただろう。そうなっていたならば、二十七年もつづくことになるペロポネソス戦役も、六年で終わっていたのである。

しかし、スパルタの特使を迎えたアテネ側の要人の中には、あのクレオンがいた。クレオンが口調も激しく主張する戦役続行論に、スパルタの戦士を捕虜にしたというだけでもうスパルタ相手の戦争には勝ったも同然、と思いこんでしまった市民たちが賛同したのである。ペロポネソス戦役終結へのチャンスも、泡と消えた。

手ぶらで帰国するしかなかった特使を迎えたスパルタには、それでも選択肢は二つあったのだ。

第一は、平原で敵と向い合う会戦方式の戦闘ならば無敵の「スパルタの戦士」の特色を十二分に活《い》かすために、ありとあらゆる手段を用いてもアテネを陸上の戦闘に引き出す。そして、それで得た勝利をもとに休戦に持っていき、捕われている同胞を取りもどすという考え方である。

第二の選択肢はこれとは逆で、虎の子であるスパルタの正規兵はもはや戦場には送らない、とする考え方だ。と言っても、ペロポネソス戦役は続行中。「ペロポネソス同盟」の盟主スパルタが、これ以後は戦場には出ない、というわけにもいかない。それで、こうなってはもはや他のスパルタ人、つまり非正規兵を送る、という考えに至る。

スパルタ人とは、幼少の頃から始まって一生の間つづく厳しい訓練によって、肉体面での柔軟性ならば、二年足らずの軍事教練しか受けていないアテネ人の及ぶところではない完成度に達している。しかしこれは、軍事にのみ特化されているので、精神面での柔軟性となると、歴史家ツキディデスも言うように、欠落している、とするしかなかった。

だがその結果は、状況が悪化した場合でもそれに積極的に向って行くよりも、内にこもってしまう性向として現われる。このときも、彼らが選んだのは第二の選択肢であった。

そのようなことになってはスパルタにとっての自殺行為になるとは、スパルタでは誰一人考えなかったのである。

下剋上《げこくじょう》を、辞書は、地位の下の者が地位の上の者をしのぐ状態、と説明している。これまでのスパルタでは、軍を率いるのは王の役割と決まっていた。だが、王が率いる以上は正規の兵士、つまり「スパルタの戦士」を率いていかねばならない。だが、王でなく他のスパルタ人が率いるならば、率いていく兵士は正規兵でなくてもよいことになる。虎の子たちは、温存できることになるのだ。

こうして、スパルタに常時二人はいる王たちの出陣は、避けることが不可能な場合を除いて、極度に減少していくことになる。ブラシダスの台頭は、このようなスパルタ国内の変化による産物の、最初のケースになったのであった。

アウトサイダー登用の始まり

自国の記録を残すことには関心がなかったスパルタでは、王でも生年が不明な人がほとんどだ。ゆえに一介の重装歩兵でしかなかったブラシダスの生年が不明なのも当然なのだが、アテネ側の記録に散見するものを拾い集めての推測では、王に代わって彼がスパルタ軍を率いることになった前四二五年からの三年間は、四十代の後半にあったと思われる。

二十歳で一人前の市民になり、三十歳で責任ある立場に就く資格を獲得するのが普通であった古代では、四十代は男にとって、それも戦場の指揮官としてはとくに、最適の年頃とされていたのである。

体力もある。経験も積んでいる。そのうえ、戦場という激しく変わる状況に応じて発揮される瞬発力もまだあるのが、四十代と考えられていたからだった。

四十代の後半に入ったばかりのブラシダスに課されたのは、次の任務であった。思ってもいなかった陸上の戦闘でアテネに敗れただけでなく、その結果多くの捕虜を出してしまい、しかもスパルタが申し出た休戦まで拒否したアテネに対し、どうすれば雪辱できるかが課されていたのである。

そのときのブラシダスの立場は、言ってみれば次のケースと似ていた。

会社側は、絶対にライヴァルには仕返しをしたい。だが、正規の社員で成るグループを送ると、失敗に終わった場合、他国への権威失墜というリスクは避けられなくなる。それで、非正規社員で成るグループを送り出し、それを率いるのはただ一人の正規社員にする、ということだ。その「ただ一人」が、彼自身は、スパルタの虎の子の「スパルタの戦士」の一人であるブラシダス、というだけであった。

しかし、そのブラシダスにも有利はあった。正規軍ではないから、王が率いる場合には同行すると決まっていた二人の「エフォロス」という、何かといえば口を出してくるめんどうな存在がいないという有利である。戦略・戦術も彼一人で決められ、即座に実行に移せるのだから、戦場という「現場」ではこれに優るメリットはなかった。

このブラシダスに、スパルタが与えた兵士はわずかに七百。それも、非正規もよいところの、ヘロットの七百人である。軍装はスパルタの正規兵である重装歩兵並みにし軍事訓練も与えたとは言っても、農奴《のうど》あがりにすぎない。

この七百に、スパルタ一国でなくペロポネソス同盟の軍として行動することの証《あか》しとして、ペロポネソス半島からの一千の兵士も加わる。合計しても、一千七百。契約社員や派遣社員の一千七百を率いる唯《ただ》一人の正社員が、ブラシダスというわけであった。

どうやらブラシダスは、剛毅《ごうき》ではあっても融通はきかないスパルタ男の典型からは、相当にはずれた男であったようである。

正規軍でないがゆえに何であろうと一人で決められる自由と、少ない兵力しか与えられていないがゆえに小まわりが効くというメリットを、最大限に活用できる目標を定めたのだ。

それが、アテネ傘下にあったカルキデア地方への侵攻である。ペリクレスが、アンフィポリスを基地化することで、「デロス同盟」内に完全に組み入れるのに成功していた、エーゲ海の北辺一帯だ。ここことその東隣りに位置するヘレスポントス海峡を傘下に収めたからこそ、エーゲ海はアテネの海、と言えたのであった。

それに、アテネにとってのカルキデア地方の重要性はもう一つあった。後背地が豊かな森林地帯なので、アテネの安全保障の要《かなめ》である三段層ガレー船の造船に不可欠な木材の産地でもあるのだ。

ブラシダスは、アテネの経済圏の一画に杭《くい》を打ちこむと同時に、木材の原産地までも、アテネから切り離すことを考えたのである。

雪辱を期すのは早期に成されるべきということでは、スパルタの国政を実際には決めている五人の「エフォロス」も同感であったようで、何ごとも実行に移るのが遅いスパルタにしては珍しく、アテネに対する雪辱戦はただちに始まる。アテネに休戦を拒否された年の翌年早々、ブラシダスは、一千七百を率いて北上を開始した。紀元前四二四年、ペロポネソス戦役も、七年目に入っていた。

戦線拡大

スパルタを発《た》ってカルキデア地方に向うのだから、ギリシアの南から北までの長い道程になる。普通ならば海路を選ぶが、ブラシダスはそれをしなかった。

選ばなかったのではなく、選べなかったのである。海路をとって北上を始めるやいなや、それを知って出動してきたアテネ海軍に行く手をはばまれ、海の藻屑《もくず》と化すことは眼に見えていたからだ。

しかし、陸路を行くのも簡単ではなかった。中部ギリシアに広がるテッサリア地方は、ペロポネソス戦役ではアテネ側についている。そこを通り抜けないことには、カルキデア地方に達せない。

また、兵糧《ひょうろう》調達の問題もあった。いかに一千七百でも食べさせる必要があったはずだが、その問題をどう解決していたのかはわかっていない。率いていく兵士も、スパルタのエリートである「スパルタの戦士」ではない。

くり返すが、ブラシダスは王ではない。

王やエリートには許されていない野蛮な行為でも、ブラシダスと一千七百ならば黙認されていたのだ。おそらく、その彼を送り出した「エフォロス」の本音は、何をしてもよいから何かはせよ、にあったのではないか。

しかし、ブラシダスは、並のスパルタ男ではなかった。食糧の調達のためとはいえ暴行を働こうものなら、略奪される側とて絶望して向ってくる。そうなっては、こちらも兵士を失う羽目になりかねない。一千七百しかいない以上、目的地に着くまでに一兵たりとも失いたくなかったのだ。

寡黙《かもく》な人と言えばスパルタ男の代名詞になっていたこの時代、この点だけでもブラシダスは、スパルタ男のプロトタイプからは大きくはずれていた。

敵地であるはずのテッサリア地方に入っても、行軍路に当たる町や村には彼自らが出向き、通り抜けるだけで夜も城壁外で野営するので迷惑はいっさいかけない、と断

ブラシダスの進軍路

言するのをくり返したのである。相手側も、問題は起きないに越したことはない。それで、ではどうぞとなり、食糧も、言われなくても少しは与えていたらしい。

このやり方でブラシダスは、テッサリア地方を、一兵を失うことなく通り抜けた。

テッサリアの北からは、マケドニア王国の領土が始まる。この時代はまだギリシアの辺境王国にすぎなかったマケドニアだが、一応はペロポネソス同盟側の一員になっていた。つまり、マケドニア領内に入りさえすれば、アテネ傘下にあるカルキデア地方にはすぐの距離、であったのだ。

こうしてブラシダスは、カルキデア一帯の中でも、いまだアテネとの間で紛争継続中のポティダイアの城壁前に姿を現わしたのである。

これが伝わるや、アテネ中に警戒警報が鳴りひびいたのも当然であった。アテネは、ブラシダスの真の意図は見抜いたのだ。ブラシダスの目的は、いまだアテネに属していないポティダイアの応援などにはなく、アテネにとってはカルキデア地方の要《かなめ》になっていたアンフィポリスの攻略にあると見抜いたのだった。

早速、アテネは、このスパルタ男の行動を阻止するために、二人の「ストラテゴス」に率いさせた軍勢を送り出した。

二人とは、戦闘には慣れているヘウクレスと、三十四歳で、「ストラテゴス」に当選したのはこの年が初めてというツキディデス。

二人の「ストラテゴス」（司令官）には、それぞれ別の任務が与えられた。

陸軍を率いるヘウクレスにはアンフィポリスに直行して、この戦略要地の死守が課される。

一方、七隻の三段層ガレー船を率いる立場になったツキディデスには、タソス島に直行し、そこを基地にして、カルキデア地方のポリス群をアテネ側に引き止めておく任務が与えられた。戦争に勝つには、味方を多く獲得することが大きな意味をもってくるからである。

若いツキディデスに、外交と言ってもよいこの任務が与えられたのは、この若者が、父親の代からつづくトラキア地方の銀鉱の持主で、この一帯は熟知しているから、この地方のポリス対策ならば自信がある、と言ったからであるらしい。

ここまでは、アテネ側の二人の司令官はまちがってはいなかった。まちがったのは、ブラシダスを、並のスパルタ男と思いこんでいたことのほうであった。

もはや冬に近づきつつある季節。また、冬季には戦闘はしないのが常のスパルタ人だから、実際の戦闘に入るのは翌年になる、と予想したのである。それで、彼ら二人はそれぞれ、到着後すぐにも手をつけねばならなかったことを先延ばしにしてしまったのだ。

しかし、ブラシダスは、並のスパルタ人ではなかった。つまり、通例になっているやり方などは平然と無視する、スパルタ男には珍しいタイプであったのだ。

そのうえブラシダスは、戦場では剣と槍《やり》で勝負すると信じて疑わない同胞たちとちがって、言葉も立派に武器になりえると考えた、これまた珍種とするしかないスパルタ男であった。

一応はペロポネソス連合軍を率いているという形にはなっているブラシダスだが、目下進行中のペロポネソス戦役とは、アテネが主導する「デロス同盟」と、スパルタが盟主の「ペロポネソス同盟」が戦っている戦役である。

「デロス同盟」下にあるカルキデア地方に侵攻したブラシダスは、自分は侵略者として来たのではなく、解放者として来たのだ、と触れまわったのだ。アテネから離れても、それはイコールスパルタ領になるわけではないと強調しながら。

アテネの正規軍と戦場で対決したのでは、彼の率いる農奴（ヘロット）あがりの兵では敗れるのは眼に見えていた。それで、剣を交えることなく目的を達せる、言論キャンペーンに訴えたのである。

これはペリクレスの常のやり方でもあったのだが、アテネが基地にする目的で領有した都市でも、それまで住んでいた人々を追い出してアテネ人を入植させるというやり方はとってこなかった。

いかにアテネにとっては重要きわまる戦略要地のアンフィポリスでも、それまでの住民と新たに入植してきたアテネ市民が同居する形でつづいてきたのである。

ブラシダスのキャンペーンが、前者に向けられていたのは当然だが、後者も無視したわけではなかったところが巧妙だった。入植アテネ人と言っても、もう何十年も住みついている人々であったのだから。

それでブラシダスは、先住者と入植者を分けず、その全員に向けてキャンペーンを展開したのである。
一、去りたい者は、何一つ心配することなく町を出ていけることを保証する。持っていきたい物はすべて持ち、連れて行きたい人は誰でも連れて出て行くことも認める。町を去るまでの日数を五日以内としたのは、あわてず急ぐことなく町を出る準備ができるようにと考えたうえで決めた期間であるにすぎない。
二、残留を決めた者には、当然のことながら、これまでに享受《きょうじゅ》してきたすべての権利と資産を継続して所有しつづけることが保証される。

そのうえさらに、「デロス同盟」から離脱して独立ポリスになるからには当然の、分担金を支払う義務からも解放される。

カネを払わなくてもよくなるとは、古今東西、最も効果的な説得法である。アンフィポリスの住民の大半が残留を決めたのも、いたしかたない成行きとするしかなかった。

ブラシダスからの布告が住民たちの前で読みあげられる場に、アテネから送られてきていた「ストラテゴス」のヘウクレスもいたのである。「死守」を命じられていたこのアテネの司令官に、状況がこうなっては何ができたろう。ブラシダスの前に城門が開かれる前に、自分たちがアンフィポリスから出て行くしかなかった。

「ストラテゴス」の経験ではベテランであったこの人は、どのような形にせよアンフィポリスを去ることが、「デロス同盟」の一角を崩すことになるのはわかっていた。つまり、このままおめおめと帰国したのでは、アテネで何が待っているかを知っていたのである。

それで、率いてきていた兵士には帰国を命じ、彼だけは姿を消した。自死を選んだのか、それともどこかに身を隠して生きていたのかはわかっていない。

もう一人の「ストラテゴス」だったツキディデスだが、ブラシダス率いるスパルタ軍がアンフィポリスに迫っているという知らせを受けて、アンフィポリスからはすぐ南にあるエイオンに駆けつける。だが、そこで受けたのは、すでにアンフィポリスはブラシダスの手に陥《お》ちた、という知らせであった。

司令官ツキディデスは、エイオンの死守を決める。彼の配下にいる兵はガレー船の漕《こ》ぎ手までふくめて一千四百だが、アンフィポリスから立ち去る羽目になったアテネ兵を加えれば、ブラシダス相手に一戦をかまえることは可能と思ったのだろう。

アンフィポリスは、河に面した内陸の町である。一方のエイオンは、河口に位置する港町。アンフィポリスを獲得したブラシダスが、必ずエイオンにも、攻略の手を伸ばしてくると見たのだった。だから、エイオンを守り抜きさえすれば、いずれはアンフィポリスの奪還も成る、と。

しかし、海への出口を重要視するのは交易立国の民であるアテネ人の考えることで、交易立国ではまったくないスパルタ人の考えることではない。スパルタ人のブラシダスにとって、海への出口の確保などは、頭にも入ってなかったにちがいない。この時点での彼の頭を占めていたのは、カルキデア地方というアテネにとって重要きわまる一帯を、アテネから切り離すことでしかなかった。

そのブラシダスにしてみれば、アテネの若き司令官がエイオンを死守しようとがんばっているのを知っても、どうぞ御勝手に、という想いしか抱かなかったろう。

そして、ブラシダスでなくても、次のことは予測できた。アンフィポリスがアテネから離れれば、カルキデア地方にあるほとんどのポリスがその後につづくであろうことは、誰にでも予測することはできたのである。


結局、死守はやめざるをえなかったツキディデスは、アテネに帰国する。責任感が強かったのか、それともまだ若かったので、彼を迎えるアテネ市民の怒りの強さにまでは、想像が及ばなかったのか。

帰国するや三十四歳の司令官は告発され、二十年もの国外追放刑に処された。

陶片追放でさえも十年間の国外追放なのに二十年とは酷だ、とは思うが、死刑にならなかったのがせめてもの幸い、とするしかないのかもしれない。被告が三十四歳では、重刑を主張した人々も、死刑は減じて追放刑にする気になったのかもしれなかった。

歴史家の誕生

だがこれが、希代の歴史家の誕生につながる。「ストラテゴス」を一度やっただけで政治生命を絶たれてしまったツキディデスが、以後は自分自身も当事者の一人であった「ペロポネソス戦役」を書いていくと決めたからであった。

二十年もつづくことになる追放生活も、生活面での心配はなかった。なにしろ彼の赴任地であったタソス島のすぐ北にあるトラキア地方に銀鉱山を持っていたからで、そこからの収入だけでも、ソロンが改革した階級別では確実に第一階級に属す、ペリクレスやニキアス並みの富裕者であったからだ。

『ペルシア戦記』を書いた歴史家ヘロドトスは、ギリシア全土を巻きこんだこの戦役がすべて終わって五十年が過ぎた後になって執筆を始めたのである。

そのヘロドトスに優るとも劣らない歴史叙述の最高傑作とされる『ペロポネソス戦記』の著者になるツキディデスは、戦役がいまだ続行中に書き始めるのだ。「ストラテゴス」ツキディデスは死んだが、歴史家ツキディデスが生れたのであった。

いつ、どこで、誰が、何をしたか、までを記した歴史は、エジプトやオリエントでも昔から存在した。

ツキディデスの偉大さは、それに「なぜ」を加えたところにある。というより、「なぜ」の追求に執着したところにある。

その点が、三十四歳で、アテネの上流階級に生れた者にとっては当り前の進路であった政治家への道を断たれた者の、生きることへの執念の表われと見るのは、深読みであろうか。


しかし、紀元前四二四年の冬から翌年の春にかけての時期のアテネにとっては、追放されたもと司令官のことなどにかまっている余裕はなかった。

スパルタのアウトサイダーによって、一戦も交えずに「デロス同盟」の一角を切り崩されてしまったのである。

アテネ中がこの危機に暗然とし、不安に陥るやそれを煽《あお》ることならば得意のクレオンの政府批判が、市民集会の空気を熱く変えていた。

スパルタからの申し出

このアテネに、意外なところから救いの手が差しのべられたのである。それはスパルタからで、あまりにもあざやかなブラシダスの成果に、これがスパルタ社会の下剋上の始まりになる危険を感じた人が、スパルタにもいたのだろう。ゆえに休戦の申し出は、スパルタから成される。

先行きは暗く、かと言ってクレオンの扇動にも同調できないでいたアテネ人が、このスパルタの休戦案にとびついた。

休戦の有効期間は一年。その間アテネには、カルキデア地方に所有していたすべての利権の継続が認められる。

つまり、現状凍結ということ。

ただし、この休戦期間の間にアテネとスパルタは、永続的な平和構築のための交渉をつづける。

この休戦期間中は、あらゆる国の軍船の他国海域内への通行は禁止する。ただし、この禁止条令は、商船には適用されない。

これも、交易立国アテネにとっては、願ってもない条件であった。

では、この休戦で、スパルタは何を得るつもりでいたのか。

表面的には、つまり条約に明記したのは、一年前にピロス戦で捕虜になってアテネで捕囚生活を送っている、百五十人の自国の〝虎の子〟たちの返還と、あのときに失ったピロスとスファクテリアの地の返還である。

ただし裏面的には、つまり条約には記されていない事柄のほうが、アテネにとっては魅力的であったにちがいない。

それは、スパルタはカルキデア地方にはいっさい利害関係を持っていないとの理由によって、ブラシダスと、彼が率いる一千七百兵の本国召還を約束したことであったからだ。

この条件での休戦でも反対したのは、常に強硬路線を主張して譲らないクレオンとその一派だけであった。

前四二三年の春、アテネの市民集会は、この条件でのスパルタとの休戦締結を、賛

カルキデア地方とその周辺

成多数で可決したのだから。

この間ブラシダスのほうは、冬季にもかかわらず、現状凍結など知ったことではない、とでもいうかのように、カルキデア地方の切り崩し作戦をつづけていた。海神ポセイドンのシンボルの三叉《さんさ》の鉾《ほこ》でもあるかのようにエーゲ海に向って突き出しているカルキデア地方に散在するアテネ下の諸都市《ポリス》を、すべて制圧するかのような勢いであった。

そこに、スパルタも調印済みの休戦協定書を持った、アテネの代表たちが到着したのである。

スパルタ市民であるブラシダスには、本国政府が調印した協定に従う義務があった。だが、本国政府からは、この時点では、帰国命令までは届いていなかったのである。

それでブラシダスは、形式的には本国の意向に逆らわなくても、実質的にそれを無効にする策に出たのだった。

アテネの代表たちに向って、スパルタの将は言った。協定とは、そこに明記されている期日以内に到着してこそ発効できるのであって、それに遅れてしまった以上は協定自体も無効になる、と言ったのだ。どうやらアテネの代表たちの到着が、休戦条約に記されてあった期日からは少し遅れていたようなのである。

私などは感嘆のあまり、このスパルタ男は二千五百年後に生れ変わっても立派に弁護士としてやっていける、と思ってしまうが、アテネから来た代表たちも、ブラシダスの論法の前には反駁《はんばく》しようもなかった。

手ぶらでもどってきた代表を迎えて、アテネ市民は唖然《あぜん》とした。あの口下手なスパルタ男にアテネ人が言い負かされたのが、何よりもまず驚きであったのだ。とは言っても、アテネの望みの綱であった休戦も、断ち切られてしまったのは事実であった。

しかし、ブラシダスのほうも、初めての困難に直面していたのである。

軍事力は使わない言論キャンペーンにしろ、それによる切り崩し作戦が成功すればするほど、切り崩した後の都市《ポリス》をアテネ側にもどさないためには、やはりそれ相応の軍事力が必要になる。彼の持っている一千七百では、とても足りなかった。

スパルタはまだ、彼への帰国命令は送ってきていない。だが、本国政府は、ブラシダスの援軍派遣の求めにも、良い返事どころか悪い返事さえも送ってこなかった。困り果てたブラシダスは、マケドニア王に助力を求める。だが、この時代のマケドニアの王くらい、信用できない相手もいなかったのである。

ブラシダスが直面している窮状は、アテネも知っていた。また、休戦の望みも、この男のおかげで断たれたことも知っていた。この機にアテネは本格的な軍勢を、ブラシダスに向けて送り出すと決めたのである。

三段層ガレー船五十隻とは、兵力だけでも一万を超える。そのうえ、上陸戦になるのは必至なので、いまや海兵《マリーンズ》として使われることのほうが多くなっていた重装歩兵《ホプリーテス》の一千も加えられた。合計すれば、一万一千という規模になる。ブラシダスの持つ兵力は一千七百だから、勝利はこちらのもの、と確信して送り出したのにちがいない。

このアテネ軍を率いるのは、二人の「ストラテゴス」。そのうちの一人は、アテネ政界ではクレオンと対立関係にある穏健派のリーダーのニキアスだ。つまり、このときのアテネ軍は、デマゴーグ（扇動家）のクレオンが、ことあるごとに非難を浴びせてきた人々の大合同でもあったのだった。

カルキデア地方に到着後のアテネ軍の戦果は、さすがにあざやか、と言うしかない出来であった。分担金を払わなくてもよくなるというブラシダスの甘言に乗って独立宣言をしていた都市《ポリス》の多くが、再びアテネ下にもどることを承知したのだから。ブラシダスもついに、絶望的な状態に突き落とされたかのようであった。

ところが、敵を崖《がけ》っぷちに追いつめるにはあと一歩、という段階にまで来ていながら、アテネ軍を指揮していた二人の「ストラテゴス」（司令官）は、陣を解いて帰国してしまったのである。

表向きの理由は、戦闘続行には不適な冬が近づいている、ということにあった。だが、私の想像では、二人のうちでもとくにニキアスに、スパルタ本国をこれ以上追いつめたくない、という想《おも》いがあったからではないかと思う。

「ペロポネソス戦役」とは、宣戦布告なしに始まってしまった戦争である。これまでの八年間、アテネもスパルタも、直接対決は避けに避けてきたのである。ピロス戦のように、「ニアミス」に似た事故はあった。あのときはスパルタが敗れ、ピロスを失っただけでなく、虎《とら》の子である百五十人もの重装歩兵を捕虜に取られている。それでもスパルタは、アテネに対して宣戦布告をしなかった。

カルキデア地方へのブラシダスの侵攻は、スパルタ本国の考えでは、スパルタ本国による軍事行動にはならないのだ。

ブラシダスにかぎるならば、スパルタの誇る重装歩兵の一員である。だが、その彼が率いる一千七百の中でもとくに七百は、ヘロットと呼ばれていた農奴あがりで、王が率いるスパルタの正規軍に同行するときも、主戦力である重装歩兵一人に七人ずつ付く従者としてであったのが、これまでのスパルタ軍の構成であった。

要するに、ブラシダス隊とは、スパルタ側から見ればスパルタ軍ではないのだが、他国から見ればスパルタ軍、という奇妙な存在なのである。

ということは、アテネ軍にとってはブラシダス隊を壊滅するのは簡単でも、壊滅したとたんにスパルタを、直接対決に起《た》たざるをえない立場にしてしまうという、危険があったのである。なぜなら、そのような状況になればスパルタは、ギリシアの他の都市国家《ポリス》から、中でもアテネを敵視するコリントからはとくに、弱腰と非難されるのは眼に見えていたからである。

スパルタ人とは、誇りを食べて生きている、としてもよい男たちであった。弱腰と非難されようものなら、平和であろうが共存であろうが、そのようなことは忘れ去ってしまう男たちなのである。

四十七歳になっていたニキアスは、遠くを見る才能まではなかったが、近くを見る能力はあった。ブラシダスを撃破することで、スパルタが直接対決に出てこざるをえないようになるのを、避けたかったのである。

しかし、ニキアスがどう考えようと、アテネの民衆が自分の眼で見たのは、戦況を有利に進めていながら帰国したアテネ軍であった。そして、民衆のこの怒りを、クレオンは煽りに煽る。煽られたアテネの民衆によって、次の年担当の「ストラテゴス」十人の一人に、初めてクレオンが選出されたのである。

四十三歳を迎えようとしていたクレオンにとっては、文字どおりの初陣《ういじん》であった。

それでも、ニキアス率いるアテネの良識派に一矢《いっし》を報いたい想いでいっぱいのクレオンは、選挙公約にかかげていたアンフィポリスの奪還を目的にした軍事行動を、同僚の「ストラテゴス」なしの彼一人で率いることを主張し、それも容《い》れられた。

クレオンが率いることになったアテネ軍の規模が、どれくらいであったかはわかっていない。とは言っても、前年にニキアスが率いた軍勢の半ばは与えられていたにちがいない。前年は「ストラテゴス」二人が率いたが、今度はクレオン一人であったのだから。それでも、ブラシダス隊の五倍の戦力にはなった。

紀元前四二二年九月、海路を北上したアテネ軍はエイオンに上陸する。ブラシダスが無関心でいてくれたおかげで、この港町はまだアテネ側で残っていたのである。

そこからは川上にある、ブラシダスが待ち受けるアンフィポリスへ向うのだが、ここに至るまでの道中で早くも、クレオンは兵士たちの信望を失っていたのだった。

市民集会で市民に向って話すのと、戦場で兵士に向って話すのはちがう。

市民集会では、現政府を批判し有力者たちへの非難を浴びせるだけでも、市民の共感は得られないこともない。

しかし、敵を前にして兵士たちが耳にする言葉には、彼ら一人一人の命がかかっているのだ。

兵士たちが司令官の口から聴きたいと願うのは、自分たちはどう行動すればよいかという、これ以上はないくらいに具体的な話なのである。

また、批判や非難は人々を絶望させるが、兵士に向って司令官が伝えねばならないのは希望である。必ず勝つ、という希望なのだ。

だが、クレオンは、敵を前にしているというのに、市民集会での話し方を変えなかった。扇動者（デマゴーグ）としてならばブレることなく一貫してきた彼だが、立場が変わっても彼自身は変われなかったのである。機会を与えられていながら、脱皮することができなかったのであった。

アテネにとってはカルキデア地方の要《かなめ》であるほどに重要なアンフィポリスをめぐる攻防戦でありながら、前四二二年の秋にその近郊で行われた戦闘くらい、何が何だかわからないでいるうちに終わってしまった戦いもない。

ブラシダス側が、「将あって兵なし」であったのに対し、クレオン側は、「兵あって将なし」であったからである。

どちらが勝ったのかも明らかでなく、戦死者もさほどではなかったようで、明らかなのは、先頭に立って突っこんだクレオンは戦死し、これも先頭に立って迎え撃ったブラシダスは、重傷の身を運び出された後方で死んだことだ。

アテネ軍は、司令官が戦死したのをよいことに、冬で海が荒れない前にさっさと帰国する。

クレオンの唯一《ゆいいつ》の功績は、ブラシダスを道連れにして死んでくれたことであった。

「ニキアスの平和」

この年の冬には早くも、アテネとスパルタの間で休戦の話が動き始めた。クレオンとブラシダスという、休戦を妨害してきた二人がともに死んでくれたので、両国の穏健派が動き出したのである。

翌年の春にはすでに、休戦条約の調印を、アテネもスパルタも終えていた。

それで、歴史上では、アテネ側の調印者の名をとって「ニキアスの平和」と呼ぶアテネ・スパルタ間の休戦条約の内容だが、ここでは簡略化して、スパルタは何を得たのか、アテネは何を得たのかに話をしぼることにする。

スパルタが得た事項は明白だった。

四年前のピロス戦で敗れアテネで捕囚生活を送っている、スパルタにとっては虎の子の「スパルタの戦士」百五十人の帰国、がまず優先した。さらに、あれ以来アテネの中継基地になっていたピロスとその近くの島の返還も実現する。スパルタの領土であるラコーニア地方のすぐ西隣りに位置するこの地域がアテネ下にありつづけるのは、スパルタにとって放置は許されないことであったからだ。

これでスパルタは、欲していたことすべてを得られたことになるが、問題は他にもあった。

ブラシダスが率いていた一千七百のうちの七百は、ヘロット（農奴《のうど》）を武装させたにしろスパルタの住民である。だが、残りの一千は、ペロポネソス同盟に加盟している地方からの兵士であった。

ということは、ブラシダス隊は、いかに内実はスパルタの非正規隊であっても、外容は、「ペロポネソス同盟」の軍勢ということになる。

「ペロポネソス同盟」の盟主であるスパルタにとって、ブラシダスが死んだから後は知らない、と言って済ますわけにはいかないのだ。

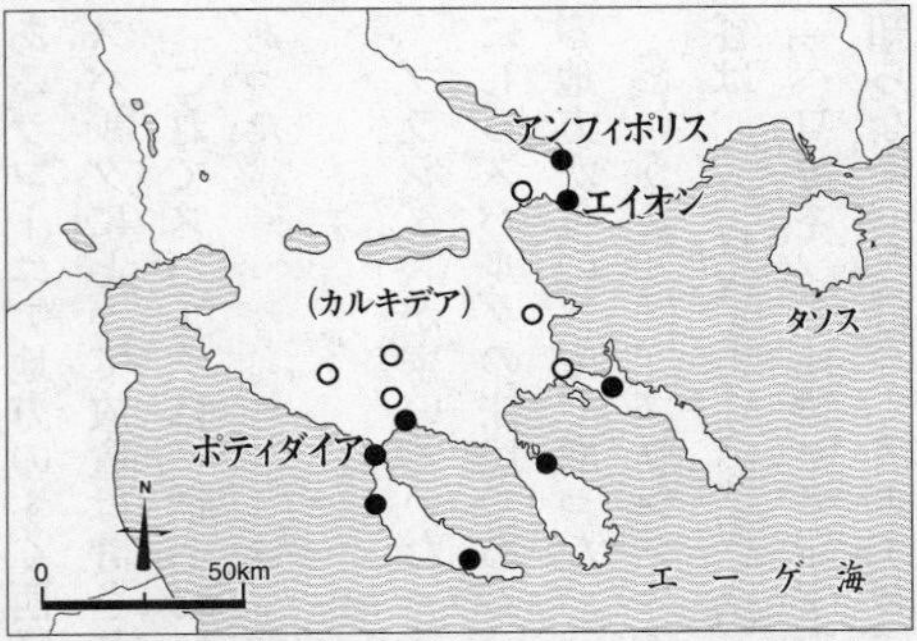

「ニキアスの平和」締結後のカルキデア地方

ここはやはり、スパルタ人であるブラシダスが残した〝爪跡《つめあと》〟は、何らかの形で、「ペロポネソス同盟」の各都市国家《ポリス》に示すことで、あれは無用な遠征ではなかったことを示す必要があったのだった。

このスパルタの深意を反映させないことには調印に持っていけないアテネ側としては、妥協するしかない。その結果、「ニキアスの平和」の内実が奇妙な形になってしまったのも、仕方がなかったのである。

カルキデア地方の都市国家《ポリス》は、次のように分類された。

地図では○で記されている都市国家《ポリス》は、以後アテネの支配から解放されて独立国になる。

ただし、「デロス同盟」への分担金は、以前と同じく、この同盟が結成された五十六年前に定められた額を、アテネに払う義務を負いつづける。

地図上には●で記した都市国家だが、これらの都市国家《ポリス》はすべて、アテネ傘下《さんか》にもどると決まった。

ゆえにこれらの都市国家《ポリス》がアテネに反旗をひるがえした場合は、制圧の権利は完全にアテネにあり、スパルタに助けを求める権利は有しないばかりか、他の都市国家にも介入の権利はないと決まった。

そして、この平和協定の有効期間も、気の短いギリシア人には珍しく、五十年間と決まる。

また、この協定を、アテネもスパルタも本心から守り抜く意志であることをギリシア中に示すために、調印を終えた協定書は三部作られ、一部ずつ、オリンピアにあるゼウス神殿、イオニアにあるポセイドン神殿、デルフォイにあるアポロン神殿に奉納されたのである。神々に誓った、というわけであった。

ギリシア人にとっての「平和」

一読するだけならば、この「ニキアスの平和」が成立したことによって、アテネの覇権下にあったカルキデア地方は、ブラシダスが侵攻してくる以前の状態にもどったように見える。

神々を敬う想いならば人後に落ちないギリシア民族を反映して、その神々の中でも主要な三神に継続を誓った「ニキアスの平和」だが、それを、「空っぽの平和」と酷評したのは、完璧《かんぺき》な同時代人でもある歴史家のツキディデスである。

なぜならこの「平和」は、国家のあり方から何から根本的に異なる二つの都市国家《ポリス》が、そのちがいを真に理解することなくただ単に歩み寄ったにすぎない、妥協の産物であったからである。

他国の人間や物産に入って来られるのを極度に嫌う、閉鎖的な一国平和主義で一貫してきたスパルタ。

反対に、人と物の双方にわたっての交流で生きてきた、としてもよいアテネ。

この二国の間では、「覇権」という考え方からしてちがっていたのである。

スパルタ人にとっての覇権は、他国の領土を侵略して自国領に加えること、になる。一国平和主義をモットーにしてきたスパルタが、この種の覇権主義に無関心であったのも当然であった。

一方、アテネ人の考える「覇権」は、領土ではなく、アテネ的に考え行動する世界の拡大なのである。アテネが、基地さえ獲得できればそれで満足し、広大な後背地の領有までは関心がなかったのがそれを証明している。

つまり、「覇権」の概念一つとってもこうも異なるアテネとスパルタが締結したのが、「ニキアスの平和」であったのだ。

これでは、「空っぽの平和」になるのも当然であり、問題の根本的な解決にはならない。

それどころか、問題が解決にはつながらないということは、新たな問題を産み出すことのほうにつながってしまうのだ。

「ニキアスの平和」後もアテネは、カルキデア問題に縛りつけられることになるのである。

カルキデア地方へのアテネの覇権の切り崩しにブラシダスが成功したのは、分担金を払わなくてもよくなりますよ、という、いかなる人間でも敏感に反応する事柄を突いたからであった。「ニキアスの平和」締結でアテネ側にもどってきた各ポリスを、アテネは、このような次元の低い、とはいえ軽蔑《けいべつ》することは許されない問題への対処から始めなくてはならなかったのである。

当のアテネ市民にとっては、考えるだけでも気が滅入《めい》ることであったろう。

この「平和」を酷評したアテネの知識人は、ツキディデス一人ではなかった。

アリストファーネスも、「ニキアスの平和」の直後に発表した、皮肉をこめて『EIPHNH』(平和)と名づけた作品で、ものの見事に笑いのめしている。

いまだ二十代半ばと若かったにかかわらず、風刺喜劇作家のアリストファーネスは、デビュー当初から〝流行作家〟であった。

この人から槍玉にあげられたアテネの有名人は、ペリクレス、ソクラテス、クレオン、ニキアス、そしてこれ以後はアルキビアデスと数多いが、『平和』と名づけた作品の中でこの人は、ギリシア人はなぜ戦争ばかりしているのか、という問題をとりあげている。

戦争ばかりつづく現状に絶望した一人が神々に解決してもらおうと、オリンポスの山に行ったのだが、ギリシア人の争い好きにほとほと愛想がつきた神々は、主神ゼウスを始めとして転居してしまって、留守番役のヘルメス神しか残っていない。

しかもそこに、戦争の神が押しかけてきて居ついてしまう。ところが、その戦いの神たるや、常に同道しなければならない平和の神を、洞穴に押しこめて出てこられないようにしてしまった。それで人間世界は、戦いに明け暮れているというわけだ、というのが、この風刺喜劇のストーリーである。

これを、快適な石造りの野外劇場に坐《すわ》りながら、アテネ人は、ゲラゲラ笑いながら観《み》たのである。

だが、この作品を書いたアリストファーネスはもちろんのこと、これを観ながらゲラゲラ笑い、この作品をその年のディオニッソス祭の優勝作品にまでしたアテネ人は、笑われているのが何よりも自分たち自身であることもまた、わかっていたのであった。「ニキアスの平和」とは、アテネ人に、もはやアテネには、自分たちだけでは決めるだけのパワーは持っていないとわからせてしまったのだから、暗い気持になるのも当然である。笑いのめすことで、ひとときとはいえ気を晴らしたいと思うくらいに。

社会全体がこのような空気になっているときこそ、政治指導者の出番なのである。「空っぽな平和」であろうと、今のアテネには必要であると、現状を冷静に分析しながら市民たちに説得することを通して、暗くよどんだ空気を一掃するのが、リーダーたる者の役割であるからだ。

ニキアスには、現状への分析力は充分にあり、しかもそれは常に正しかった。だがそれを、視点を変えるなどして巧みに使うことで市民たちに自信を回復させ、暗い気分になっている彼らの前に将来への展望を指し示すには、超一級の説得力が求められる。そこまでの能力は、ニキアスにはなかった。

ここに、コップが一つある。中には水は、半分しか残っていない。

半分しか残っていない現状を市民の前に示し、ゆえにこの程度の妥結でも受け入れるしかないのだ、と説くのがニキアスのやり方。

だが、それでは、市民たちの気持は滅入るばかりになる。では、アリストファーネスの喜劇でも観るかとなって、観劇中はゲラゲラ笑っているのだが、それで滅入った気持が晴れるわけではない。

かと言って、クレオンのようなデマゴーグはもうたくさんだった。批判ばかりしてきた人が先頭に立って行動する立場をまかされても、まったくの用立たずであることを証明したにすぎなかったからである。

ペロポネソス戦役も、十年目に入っていた。アテネ人は、疲れていたのである。

若き指導者の登場

そこに、一人の男が現われる。コップにはまだ半分水は残っているではないか、また、それに注ぎ足してはならないと、どの法も決めていないし、誰も言ってはいないではないか、と言い始めた人物が現われたのである。

アテネ市民は、三十歳という、国家の要職に就くのに必要な年齢に達したばかりのこの若者を、「ストラテゴス」に選出した。

つまり、都市国家アテネの政治と軍事を一任するこの地位に毎年選出されてくる、十人の一人に選出したのである。

十人のうちの一人だから、他の九人の中には、もはや「ストラテゴス」の常連になっていた、ニキアスも入っている。

だが、この若者とニキアスのちがいは、二十歳という年齢の差だけではなかった。

	知性	説得力	肉体の耐久力	自己制御能力	持続する意志	運	容姿
ペリクレス	100	100	90	100	100	90	100
クレオン	10	50	70	10	10	20	10
ニキアス	90	40	70	50	50	20	20
アルキビアデス	100	100	100	100 or 30	70	20	100

アテネ市民に、将来への展望を指し示せるか否《いな》か、にあったのである。

上にあげた表は、『ローマ人の物語』の中でユリウス・カエサルを書いていた当時に、遊び半分で作ってみたものの転用である。ただし、カエサルのときは、「運」と「容姿」の項は入っていなかった。

なぜかと言えば、ローマ人は運命を、人事をつくして天命を待ち、決まった後はそれを従容《しょうよう》として受け入れるもの、と考えていたからである。

反対にギリシア人は、いかに人事をつくしてもどうにもならないのが運命だ、と考える人々であった。ギリシア悲劇はこの命題のオンパレード、という感じさえする。

そして「容姿」だが、この面でもローマ人とギリシア人はちがった。

ローマ人も、自分たちの指導者が貧相な男であってもかまわない、と思っていたのではない。自分たちを率いる将軍が、背高く堂々として引き締まった体軀《たいく》の持主であれば、それだけでも敵に向う恐怖が薄れると思えたことでは、ギリシア人と変わらなかった。

ただし、容姿には恵まれない男でも、それがマイナス要因にはならなかっただけである。カエサルも、姿美男ではあったが、顔立ちならば美男とは言えなかった。

これがギリシア人となると、美男であることが重要な要素になる。史料を読んでいても、容姿の美醜に言及していることの多さには驚くほどだ。

なにしろ、真・善・美を言い出した民族なので、そのギリシア人にとっての容姿の美は、神々が授けてくれた贈物なのである。つまり、神々から愛されているという証拠なのであった。

ちなみに、これより登場するアルキビアデスは、少年の頃は初々しい美しさ、青年時代に入ると溌剌《はつらつ》とした美しさに変わり、壮年期にはその年代の男だけに恵まれる、力強く深みのある美しさと、年を重ねても美しさではまったく変わらなかった、と言われた男である。この男を語って、彼の美貌《びぼう》に言及しなかった史料は一つも存在しない。

アルキビアデスは、紀元前四五〇年、アテネの名門中の名門として知られた、アルクメオニデス一門に生れている。父親が早くに戦死したので、三歳で、代父、つまり父親代わりが必要になる。それが、アルクメオニデス一門の出身同士ということで、ペリクレスになった。

しかし、時代は「ペリクレス時代」の真只中《まっただなか》である。アテネ政界の「ただ一人」であったペリクレスには、少年の養育に費やす、時間的余裕からしてなかったろう。また、ペリクレスという人間自身が、父親をやるにはあまり向いていなかったのではないかと思う。ペリクレスは、彼なりにしても、相当に自己中心主義者であったのだから。

何かの相談で会いたいと申し出た少年に、ペリクレスは、今は演説の準備で忙しいからダメ、と断わったりしている。

それでも父親代わりでもあるのだから、少年アルキビアデスはペリクレス宅に繁々《しげしげ》と出入りしていたのはまちがいない。だが、その少年を常に親切に迎え入れてくれたのは、ペリクレスの愛妻アスパシアであった。

アルキビアデスを養育したのはペリクレスではなく、アスパシアのほうが親代わりになっていた、とする史家も少なくない。

そのアスパシアの許《もと》に入りびたっていたのが、まだ若かったソクラテスである。ギリシア史上有名なエピソードの一つになる、哲学者ソクラテスと風雲児アルキビアデスの交流が始まったのも、アスパシアを通してであった可能性は高い。

いずれにしても、この美少年がいずれはアテネを率いていくことになると見抜いた最初の人が、ソクラテスであった。

ソクラテス

西洋哲学はギリシア哲学に始まり、そのギリシア哲学が真の意味で始まったのはソクラテスからであった、とさえ言われる哲学者ソクラテスだが、彼自身では何一つ書き残さなかったことは衆知の事実である。

それでも、後世に生きるわれわれがソクラテスの言行に接することができるのは、一にも二にも、四十二歳という年齢差からも最も若い弟子であったにちがいない、プラトンによる叙述を通してなのである。

大学では哲学科に学びながら、哲学者としてのプラトンにはどうしても馴染《なじ》めなかった私だが、文筆家としてのプラトンには、一読したとたんに瞠目《どうもく》した。超一級の文筆家である。それで、哲学者としてのプラトンは彼を専門に研究している学者たちにまかせるとして、作家としてのプラトンを通してソクラテスに迫ることにする。プラトンの数多くの著作の中でも傑作と名の高い『饗宴《きょうえん》』（シンポジオン）も、次のように始まるのだ。

ある人が、道でソクラテスに出会った。ところが何だか変。いつ身体《からだ》を洗ったのかわからないくらいに不潔で衣服も乱れたままで平然としているのが常のソクラテスとはちがって、その日のソクラテスは、清潔で身だしなみもきちんとした姿。どうしたんですか、とたずねたその人に、ソクラテスは答える。

「アガトンの家での夕食会に招かれたからだよ。昨日はアガトン作の悲劇が演劇祭で優勝したので、今夜はそのお祝いのパーティが開かれるのだ。美男の家に行くのだから、こちらも身なりを整えた、というわけさ。きみも行くかい？」

「喜んで」

「じゃあ、一緒に行こう」

となったのだが、その人アリストデモスは、パーティには招《よ》ばれていない。しかもそのパーティたるや、アテネの知識人の大好きな、夕食を終えた後も葡萄酒《ぶどうしゅ》を飲みながら一つのテーマについて討論し合うという、シンポジウムなのである。それでもソクラテスは、弟子であるアガトンの主催で自分が主客だから、招待されていない人でも彼が連れて行けば大丈夫、と思って誘ったのだった。

というわけで二人はアガトンの家に向ったのだが、途中まで来たところでソクラテスが、例の境地に陥ってしまったのである。

それは、没我と言ってよい境地で、その境地に陥るや、ソクラテスはその場に立ちつくし、誰が話しかけようが何が起ろうが、それらからはいっさい隔絶した状態になる。

アリストデモスもそのソクラテスには慣れていたのか、しばらく待ってみたが没我の境地からはいっこうに脱け出てこないので、そのソクラテスは残して一人でアガトンの家に向ったのだった。

アガトンも、ソクラテスが着かないので心配していたのだが、着かない原因が例の境地だとわかる。それで二人も、ソクラテスが没我の境地から脱け出てくるまで、放っておくしかないとなった。

しばらくすると、ニコニコしながら近づいて来るソクラテスの姿が見えた。それで、その夜のシンポジオンも始めることができたのである。

幸いにも、このようにソクラテスにはしばしば起る没我の境地も、長時間に及ぶことはなく、また戦闘の真最中には起らなかったので、他人に迷惑をかけるものではなかった。友人や弟子たちが、ああまた起ったようだと、ソクラテスがそこから脱け出てくるまで笑いながら待っていたのだから。

たしかに、ソクラテスは変人だった。だが、親愛感を抱かずにはいられない変人ではあったのだ。


無知を知れ、とは、彼の教えの根幹である。だが、ソクラテスは、的《まと》と定めた相手に向って、自分が何もわかっていないことを知らないきみは馬鹿者《ばかもの》だ、などとは絶対に言わない。

きみは、自分が無知であるのは知っているのだが、そのことにまだ気づいていないだけなのだ、と言いながら話を始め、そのことにきみが気づくのに手を貸すのがわたしに出来ることなのだ、とつづけるのである。

それで安心して、比較例を持ち出しながら答えを求めてくるソクラテスの論法に乗っているうちに、ハタと気づく。いつのまにか壁に背を押しつけられているのに、突如として気づくのである。

これが、ソクラテス独特の、対比法を駆使してこそ成り立つ、彼なりの「誘導」であった。

だが、一度この魔力の虜《とりこ》になるや、めったなことでは脱け出せなくなる。結果は、降参しました、になってしまう。

反対に、ソクラテス流の「誘導」をしつこいと感じる人々は、実際相当にしつこいのだが、嫌気がさしてソクラテスから離れる。それどころか、離れるだけでは済まずに憎む人まで出てくる。ソクラテスは、権力とは遠いところで生きていながら、敵の多い人ではあった。風刺喜劇作家のアリストファーネスが槍玉《やりだま》にあげた当時のアテネの有名人の中で、権力者ではなかったのはソクラテス一人である。

それで、このソクラテスが主要な登場人物になるプラトン作の『饗宴』だが、この夜のシンポジウムのパネリストは六人。

まず、この家の主人で悲劇作家でもあったアガトン。

そのアガトンが尊敬し、親しく付き合っていた哲学者ソクラテス。

アガトンの親友、と言うか恋人のパウサニアス。当時のアテネではこの二人は、美男同士のカップルとしても有名だった。

この他に、医者のエリクシマコスとパイドロスも、この夜の知的饗宴のパネリストに加わっている。

そして、風刺喜劇という新分野を確立し、三大悲劇作家の最終ランナーであるエウリピデスと当時のアテネの演劇界を二分していたアリストファーネス。

この夜のシンポジウムのテーマは、「エロス」（愛）であった。

彼らの間でくり広げられる論戦を追いながら、錚々《そうそう》たるメンバーがそろっていてもシンポジウムというものはどうしてこうも退屈なのか、と思いつつも我慢して読み進んでいくうちに、後半に入ってしばらくするや、場面は俄然《がぜん》、生彩を放ってくる。酔っ払って乱入してきたアルキビアデスが、シンポジウムをひっくり返してしまうからである。

この有名な場面の紹介は後に譲るとして、『饗宴』がプラトンの作品の中でも傑作中の傑作とされているのは、このアルキビアデスの、酔った勢いにしろ、ソクラテスに対する真情あふれる愛の告白があるからだ、と思ってしまうくらいだ。

なにしろこの告白は、単なるソクラテス讃美で終わっていない。

ソクラテス哲学の持つ魅力というか魔力のすべてが、この告白一つに集約されているのである。

ソクラテスをわかりたいと思う人は、プラトンによる数多くの対話篇に挑戦する前に、まずは『饗宴』を読むよう勧めたいくらいに。

ソクラテス

プラトンが書いた多くの対話篇の中に、『アルキビアデス』と題された一篇もある。この少年がいずれはアテネを率いて行くことになると見抜いたソクラテスが、いまだ少年のアルキビアデスに向って、リーダーになるには欠かせない心がまえを教え説くことで成っている一篇だ。

この作品中でのアルキビアデスは、おそらくは十五歳にも達していない。となればソクラテスも、三十五歳以前であったことになる。

才気煥発《かんぱつ》で自分が誰よりも優れていると自負している生意気な少年に向って、ソクラテスは、一言で言ってしまえば、自己制御の重要さを説いていくのである。例によって、相反する命題を提示しその一つを選ばせるのを重ねていくことで少しずつ相手を追いつめていくという、ソクラテス特有の誘導を駆使することによって。これに乗ってしまったのか、この作品の中のアルキビアデスは、愛らしいまでに素直でナイーブな態度で終始している。第三者の眼には、早くもソクラテスの魔力に殺《や》られたな、と映ってしまうくらいに。

しかし、『饗宴』で描かれたエピソードがあった年は、アルキビアデスは三十四歳、ソクラテスのほうは五十四歳になっていた。

『アルキビアデス』と『饗宴』にはさまれた歳月は、二十年になる。

この二十年の間、ソクラテスはいつもの彼のままに、誰かれとなく話しかけては教え説く人生を送っていたが、アルキビアデスのほうは、波乱に満ちたと言うしかない激動の人生を乗り切ることに専念していくのである。

師は、思索をもっぱらとする哲学者として。弟子は、行動してこそ成果を産むことにつながる、政治家ないし武将として。

青年政治家アルキビアデス

紀元前四二〇年、要職につく資格年齢である三十歳になったばかりで、アルキビアデスは「ストラテゴス」に選出された。だがこの若者は、その年に早くも、毎年十人選出されてくる「ストラテゴス」という、政治上では執政官、軍事面では司令官、の単なる一人ではないことを示し始める。

ほぼ毎年この公職に選出されていたニキアスにとっては、クレオンどころではない、やっかいなライヴァルの登場であった。

二年前に戦死したクレオンのやっかいさは、風刺喜劇作家のアリストファーネスによれば、ブンブン飛びまわっては一刺しを狙《ねら》ってはそれを見ている民衆の人気を煽《あお》る蜂《はち》のような存在、であったことだが、アルキビアデスはそのような振舞いはいっさいしない。批判や非難ではなく、対案で勝負を挑んでくるのである。

また、皮革製造業者のクレオンとちがって、アルキビアデスは、アテネ人ならば知らない人はいない、名門中の名門アルクメオニデス一門の出身である。大衆は、古今東西の別なく、貴種に憧《あこが》れるものなのだ。

それが容姿となると、比較するだけでも無駄という感じになる。アルキビアデスの容姿の美しさは、どこに居ようと誰と居ようと目立ってしまうが、ひどく貧相な醜い男ではなかったにしろニキアスは、市民や兵士の中に入るとその一人にすぎなくなってしまうタイプ。

古代の民主政国家であるアテネに婦人にも参政権が認められていたとしたら、必ずや連続当選したにちがいないと思うアルキビアデスだが、ギリシアでは男でも、美には敏感なのであった。

年齢も、この時点では、ニキアスは五十歳、アルキビアデスは三十歳と、二十歳もの年齢差がある。これだけでもニキアスには不利だが、ほんとうの不利は別にあった。

ニキアスという人は、若い頃からすでに老成した人のように考え行動してきた人なのである。それゆえに、アテネ政界の良識派ないし穏健派、のリーダーでつづいてきたのだった。

反対にアルキビアデスは、青年の頃も壮年期に入っても、良くも悪くも、永遠の若者でもあるかのように考え行動する。

しかし、この二人をへだてていた最大のちがいは、現代風に言えば、緊縮路線と成長路線、にあった。

コップの中にはもはや水は半分しか残っていない、というアテネにとっての現実を市民たちに示し、「ニキアスの平和」をまとめ上げたニキアスだが、水はまだ半分あるではないか、だから注ぎ足せばよいのだ、と主張するアルキビアデスという〝政権内野党〟を持ってしまったのである。

そして、この二人のどちらにアテネを託すかを決める権利を持っていた市民は、十年もつづく戦争状態に絶望し、将来への不安におののいていたのだった。

「デロス同盟」の一角を構成するカルキデア地方の諸都市《ポリス》のアテネ側への復帰は、「ニキアスの平和」で承認済みのことである。

だが、分担金などは払わなくてもよくなるというブラシダスの甘言に乗って、アテネから離れたのがこの人々である。彼らを再び傘下に引きもどすには、説得では効果なく、軍事的に強いことを示す以外になかった。なにしろ、カルキデア地方の要《かなめ》であり、「ニキアスの平和」ではアテネ下にもどると決まったアンフィポリスでさえも、住民たちはそれに反対していたくらいである。

となると、戦争状態のさらなる継続になる。それでは気が滅入るばかりだと思うアテネ市民に、忍耐のみが勝負を決める持久戦を納得させる説得力までは、ニキアスにはなかったのだった。

アルキビアデスとて、カルキデア地方のアテネ側への復帰は、彼らがそれによる利益を理解するまで放置するしかない、と言ったのではない。ペリクレスを、父親代わりにして育った彼である。「デロス同盟」が、都市国家アテネと運命をともにしている現実は、完璧に理解していた。

ゆえに三十歳になったばかりの「ストラテゴス」が主張したのは、東方だけでなく、西方にも眼を向けようではないか、ということだ。

これからのアテネは、東に広がるエーゲ海だけでなく、西に広がるイオニア海にも進出しようではないか、ということである。現代風に言えば、多極化作戦であった。

当然、ニキアスは反対だ。それではアテネは、自らの歩幅を越える一歩を踏み出してしまうと、強硬に反対したのである。

しかし、西方にも眼を向ける政略自体は、アルキビアデスの独創でも何でもない。すでに六十年も昔に、サラミスの海戦の勝者テミストクレスが一歩を踏み出し、その政略をあらゆる面で継承したペリクレスが、関係諸国を無為に刺激しないよう配慮しながらも、着実に進めてきた政略《ストラテジア》である。

関係国の第一が、スパルタであるのはもちろんだ。ニキアスの反対の真の理由も、スパルタを刺激したくない、にあったのだから。

ただし、アルキビアデスのスパルタ観はちがった。

一国平和主義で主導力を発揮するのを嫌うスパルタを引き出すには、刺激を与えたほうが効果があると考えていたのだ。

かつてテミストクレスが、海戦でのアテネの大勝利を見せつけたことで、陸上での決戦にスパルタが本格的に出てこざるをえなくしたように。

また、ペリクレスが、ペルシアとの間で「カリアスの平和」を締結したことで、スパルタもそのアテネとの、平和交渉に出てこざるをえなくしたように。

しかし、この先達二人と、アルキビアデスのちがいはやはりあった。的を、直接にスパルタに定めた点である。

アルキビアデスには、クレオンには強烈にあった、スパルタへの憎悪《ぞうお》はまったくなかった。であれば、アルキビアデスのこの戦法はただ単に、スパルタが「出てこざるをえなくなる」までの時間の短縮を望んだゆえなのか。

だが、それでは「刺激」が強すぎた。アテネにとっては、イチかバチかの冒険と化す怖《おそ》れがある。だからこそ、持続する意志の持主とは言いがたいニキアスにしては珍しく、執拗《しつよう》に反対したのである。

「ストラテゴス」に何度となく当選し、年齢も五十歳でアテネ政界一の大物になっていたニキアスがこうも反対しているにかかわらず、アテネ市民はなぜ、「ストラテゴス」初当選で、政治指導者としてはいまだ駆け出しにすぎないアルキビアデスの考えのほうを選んだのか。

アテネ市民は、ニキアスを見るたびに、自分たちの現実の姿を眼の前にする想《おも》いになってしまうのだ。反対に、アルキビアデスを見ると、自分もあのようになってみたい、という姿を見る想いになるのである。

政界にデビューしたとたんに、アルキビアデスがアテネ市民たちのアイドルになった理由もそこにあった。条件もそろっていた。

超のつく金持。

ニキアスだって、同じ程度か、もしかしたらそれ以上の金持だった。だが、アテネの良識を代表すると自負しているニキアスが私財を投ずるのは、小ぶりの神殿を建てて寄附するとかの、堅実だが地味なことが多かった。

反対にアルキビアデスは、右に左にと、重要でもないことに乱費して飽きない。ボクが金持であるのは誰もが知っているのだから、その使い道を気にするのは偽善にすぎない、と言ってはばからない。ところがそれを聴いて、金持ではまったくない庶民までが、正直だと思って好意的になってしまうのだ。

民主政アテネの指導者である以上は生活も地味に押さえねばという、これまでのリーダーたちの生き方に昂然《こうぜん》と反旗をひるがえしたのが、かえって庶民の好感を呼んだのであった。

超のつく容姿の美しさ。

これはもう、ギリシア世界のアイドルになるには最大の要素である。

盛期アテネを代表する彫像作家は、フィディアス、ミロン、プラクシテレスの三人だが、ペリクレス時代に生きた前二者と、その後につづいたプラクシテレスでは、作風ががらりと変わる。一言で言えば、非の打ちどころもないくらいに完璧な理想美だが、それゆえに冷たい感じはまぬかれない美しさから、ぐっとくだけて人間味あふれる美に変わった、と言ってもよい。アルキビアデス現象、と呼んでもよい彼がもたらした影響が、造型芸術家にも及んだのか、とさえ思う。

アルキビアデスの言行のすべてに見られた、「ナチュラル」と言うしかない天成の自然さ。

民主政国家の政治指導者の武器は、言葉を駆使することでの演説である。ペリクレスでも、市民集会で重要な演説をするときは、事前に草稿を書くなどして準備に時間を費やした。

それがアルキビアデスとなると、常に準備なしのぶっつけ本番。

即興演説だから、論理がつながらなくなったりして、演説が中断してしまうときもある。

このような場合、演説者が他の人ならば、アテネ市民は容赦しない。嘲笑《ちょうしょう》とブーイ

プラクシテレスによるヘルメス像

ングを浴びせることで、退場するしかないようにしてしまう。

ところが、アルキビアデスだと、アテネ市民の反応はちがってくる。

まるで、ヨチヨチ歩きの幼児が転んで、それでも自力で起ち上がろうとしている様子を、暖かく見守る親でもあるかのように振舞うのだ。演壇上で立ちつくしてしまったアルキビアデスが、再び話の筋をたぐり寄せて演説を再開するまで、しんぼう強く待ってあげるのである。

LとRの発音のちがいが明瞭《めいりょう》でないというこの若者の欠陥も、微笑しながらにせよ聴き流してやるのだった。

おかげで、アルキビアデスの演説のしかたをまねる若者が急増する。言葉を選びながら巧妙に相手の同意を引き出す技能を教えるのが職業のソフィストたちは、商売あがったり、ではなかったか。タダで教えていたソクラテスとはちがって、ソフィストたちは報酬を取って教えていたのだから。

強情で短気。軽率と非難されようが気にせずに実行し、その結果が良くなかった場合の責任は、他者に転嫁《てんか》せずに彼一人で負う潔《いさぎよ》さも持ち合わせている。

既成の概念からは完全に自由であり、鈍感な人間と単なる善人への軽蔑《けいべつ》を隠さず、何よりも、良識あると自認する人々が隠れみのにする偽善を心底から嫌悪し、それでいてときにはすべてを放り出しては、支持者たちをヤキモキさせる。超のつく知力に恵まれていながら、地中海的な気まぐれにも無縁でなかったから、それとて長つづきしない。

このアルキビアデスを、アテネ市民は、手綱をかけられるのを嫌がって走りまわる、美しくも野性味あふれる駿馬《しゅんめ》を愛するように愛したのである。

それだけに、敵は多かった。

敵は、「ニキアスの平和」が台無しになることを怖れるニキアスを始めとする、アテネの良識派と穏健派の人々だが、流行作家であっただけに一般のアテネ人の想いにも敏感なアリストファーネスは、『蛙《かえる》』の中で、登場人物の一人に次のように言わせている。

「アテネでは、ライオンの子なぞは育てるべきではなかったのだ。とはいえ育ててしまった以上は、彼のやり方を受け入れるしかないのだが」

しかしアテネは、民主政を採用する都市国家であった。アルキビアデスが生れた年の百年後に生れることになるもう一人のライオンの子は、マケドニア王国の王子として生れるのである。

歴史上の人物の評価といえども、生れた環境と生れた時代を無視しては成り立たないという、これも例の一つであった。

そして、育ってしまったライオンの子が市民集会に提案したのが、四ヵ国同盟の結成であり、市民集会はこれを、圧倒的な多数で可決したのである。


「四ヵ国同盟」


アルキビアデスは、ソクラテス直伝の論の進め方ならば、完璧《かんぺき》にマスターしていた。正面からは、絶対に攻めない。初めは、脇《わき》から攻める。アテネに来ていたスパルタの使節を、市民集会の場で追いつめたのだ。「ニキアスの平和」で決まっていながらカルキデア地方の諸都市《ポリス》がいっこうにアテネ下にもどってこないのは、スパルタの無関心にあると暴《あば》いたのだった。

しどろもどろになったスパルタ人を見て、市民たちは激昂する。その状況を取り成そうとしたのか、ニキアスが発言した。スパルタには自分が出向き、スパルタの真意を明らかにしてくる、と言ったのだ。

ニキアスという男は、なぜか、彼自身は反対してきたことなのに、結局はその実現に力を貸してしまうことになるという、言ってみれば気の毒な人なのである。心中では、こんなふうに悪態をつきながらも。

「悪魔にでも喰われてしまえ、黙ることを知らないあの若僧などは。

悪魔にでも喰われてしまえ、若僧でも発言の権利を与える民主政などは。

悪魔にでも喰われてしまえ、あの若僧の言ったことの実現のために、のこのことスパルタくんだりまで出向くことになってしまったこのオレを」

もちろん、良識の人ニキアスが、このように下品な言葉を吐くわけがない。だが、もしもこの種の悪態でもついていれば、彼自身の精神の安定には少しは役立ったのではないかと思ってしまう。なにしろ、スパルタでのニキアスの交渉相手は、筋金入りのリクルゴス憲法の護憲派で、それゆえにナショナリストでアテネ嫌いの、二人の「エフォロス」であったのだから。

それでも、結局、スパルタはアテネの言い分を認め、アテネの市民集会で可決済みの四ヵ国同盟の成立も容認した。

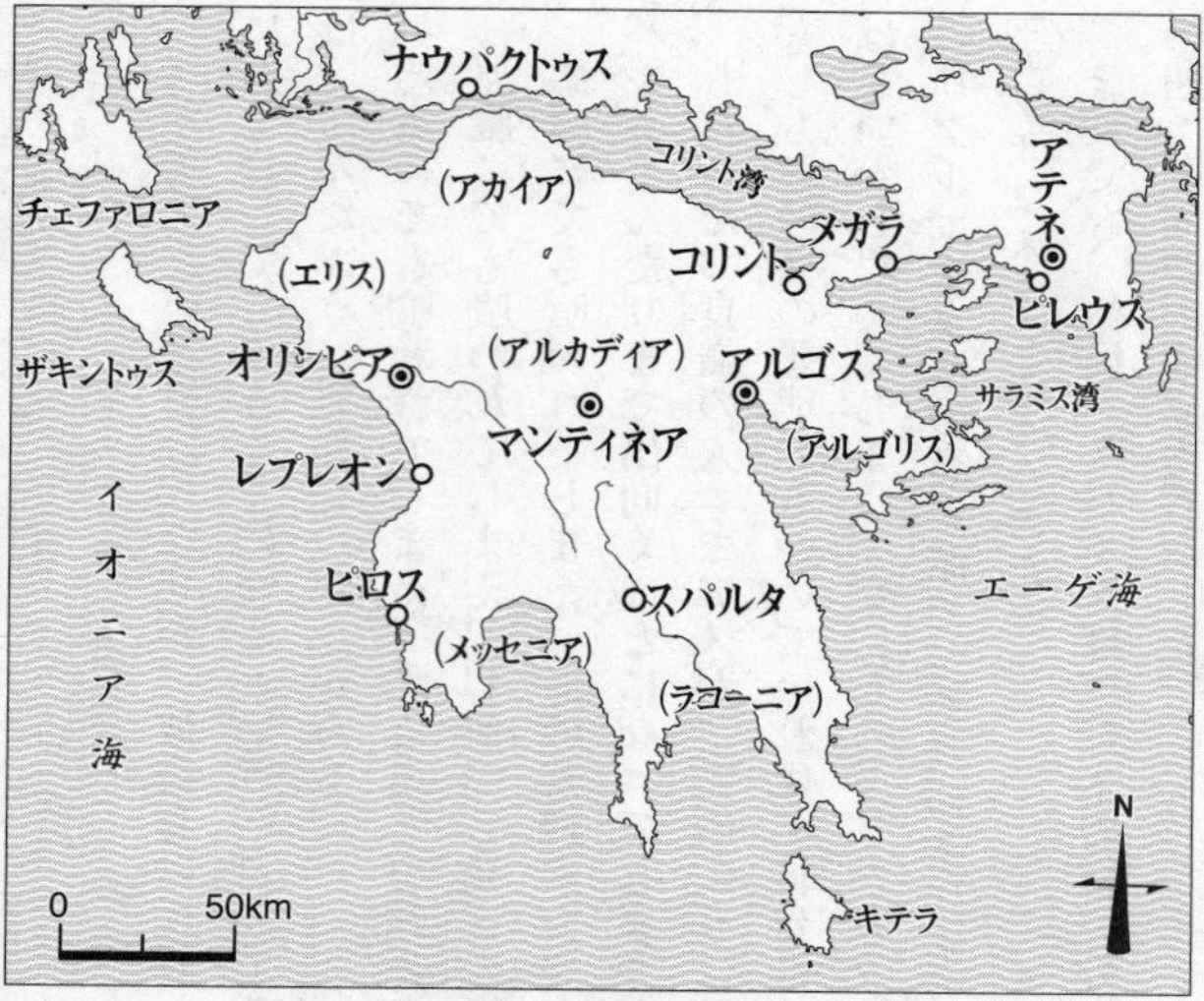

アルキビアデスが主唱した四ヵ国同盟

　アテネ側の要求がスパルタ側の弱みを突いていたからで、スパルタは受け容《い》れるしかなかったからである。だがそれゆえに、納得しての容認ではまったくなかった。

「四ヵ国同盟」とは、主唱者のアテネ以外の三国は、すべてペロポネソス半島内にある都市国家で成る同盟である。西から東に、エリス、マンティネアを中心にしたアルカディア、そしてアルゴスが首都のアルゴリスの三国。

　地図でも明らかなように、この同盟を考えたアルキビアデスの隠れた意図が、防衛ではなく攻撃にあるのは明らかだった。

つまり、スパルタが傘下《さんか》に置くペロポネソス半島の中にまで押し入ることで、北からスパルタのあるラコーニア地方を囲むだけでなく、それによって「ペロポネソス同盟」の二大強国であるスパルタとコリントの間を引き離すことになるからである。

そして、この二強の切断が現実化するか否かは、北の境はコリントと接し、南の境がスパルタと接している、アルゴスの出方にかかっているのも明らかであった。

アルゴスという国もいかにもギリシアのポリスらしく、現実よりも理想で生きてきた都市国家である。

歴史はスパルタより古く、神話伝承の時代から存続してきたのが彼らの誇りで、このアルゴス人にすれば、格下のスパルタやコリントと結ぶなどは論外中の論外になる。その結果、名誉ある孤立、という感じできた国であった。

アテネやスパルタを始めとする全ギリシアの都市国家が大同団結した「ペルシア戦役」当時でも、スパルタが参加しているという一事だけで、全ギリシア連合軍にも参加しなかった国である。「ペロポネソス戦役」が始まっても、スパルタ側には立たず、かと言ってアテネとも組まないという、中立を維持してきた国だった。

この、長年にわたって中立できたアルゴスを、どうやってアテネ側に引き寄せたのかはわかっていない。

研究者たちの推測では、しばしばアルキビアデスがアルゴスを訪れていたという記録から、彼による〝根まわし〟の結果であろうということになっている。三十歳の若さでは可能性大であったろう。アテネの外港ピレウスからアルゴスまでは、一昼夜も要しない船旅だった。

それにアルキビアデスは、大勢の市民たちを前にしての説得力でも優れていたが、それ以上に巧みであったのは、面と向って一対一で対した場合の説得力である。常に百発百中であったことでは、この後も変わりはなかった。

しかし、アイデアマンはアルキビアデス、それを実現に持っていったのはニキアス、という形で現実化した四ヵ国同盟だが、何とも奇妙な同盟と言うしかない。

「ニキアスの平和」は、アテネとスパルタの間で結ばれた協定である。

一方、「四ヵ国同盟」のほうは、そのアテネが他の三ポリスと組んで、スパルタを仮想敵国と見て結んだ同盟だ。

このように非論理的で自国に不利な同盟を、なぜスパルタは容認したのか。

アルキビアデスが、スパルタの持っていたウィーク・ポイントを突いたからである。

スパルタは、四年前まではブラシダスの配下で闘っていた、七百人のヘロットの処遇に困っていた。

ブラシダスが戦死したので帰国した彼らだが、出身はヘロット（農奴《のうど》）でも、出陣の際にスパルタから与えられた、重装歩兵というスパルタの正規兵の軍装で闘ってきたためか、意識は兵士のそれになっている。帰国後も、ラコーニア地方に耕地を与えるという、政府の提案を拒否したのだ。

もはや農奴にはもどらないと決心した彼らは、スパルタの正規の兵士並みに、首都スパルタに住むことを要求した。

首都のスパルタには、市民権を持つ「スパルタの戦士」とその家族しか住めないと、スパルタの憲法であるリクルゴス法で決まっている。

元農奴たちの首都居住を認めようものなら、彼らが次に要求するのは、スパルタの市民権であるのは眼に見えていた。

しかし、そのようなことが現実化しようものなら、リクルゴス憲法によって厳格に規定されている、スパルタの国体そのものが瓦解《がかい》してしまう。

困り果てたスパルタの既得権階級、つまりスパルタの市民権既得者たちが考えついたのが、国外のどこかに隔離することだった。とは言っても、単に隔離しただけでは、反乱の火種になりかねない。それで、これら元農奴が兵士のままで居られ、かと言って市民権を与えないでも済む道を探った結果、辺境にある基地の守りに送るしかない、となったのである。

ブラシダス下で闘ったヘロットだけでも七百人、それに、ペロポネソス戦役開戦直後にアテネ海軍が沿岸一帯を荒らしていた頃に防衛に駆り出されたヘロットを加えれば、一千人とその家族の「隔離」である。

これら元農奴たちは、「ネオダモディス」、意訳すれば「解放されたヘロット」と呼ばれるようになっていた。これをしたことでスパルタは、下剋上《げこくじょう》現象にストップをかけられた、と思ったのかもしれない。

「解放された農奴たち」が送りこまれたのが、ペロポネソス半島の西側に位置するレプレオンである。ペロポネソス半島の南端をまわってイオニア海に向うアテネ海軍の阻止、などという目的が与えられたが、軍船も与えられないのでは、隔離こそが真の目的であるのは明らかだった。

これがわかっていたからこそ、アテネは、スパルタがレプレオンに基地を置くことを認める代わりに、四ヵ国同盟をスパルタに飲ませたのである。

これを、都市国家アテネの最高決定機関である市民集会は、アルキビアデスとニキアスによるアテネ外交の勝利と見た。二人とも、翌年担当の「ストラテゴス」、実態は「司令官」に選出された。

紀元前四一九年、成立したばかりの四ヵ国同盟を早くも活用したのは、三十一歳になったアルキビアデスである。研究者たちが「アルキビアデス戦争」と名づける戦争に、夏から秋の初めまでが費やされた。

三十一歳に与えられた戦力は、重装歩兵の一千人。司令官でもある「ストラテゴス」が率いるには、小規模と言うしかない。だが、アルキビアデスは、そのようなことは気にもしなかった。

一千だけでサラミス湾を渡ってペロポネソス半島の最東端に上陸し、その後は一気にこの半島の北辺を駆け抜けてアカイア地方のイオニア海沿いまで達する。四ヵ国同盟を結んだことでアテネ側になったエリス、アルカディア、アルゴリスの北側を抜けたのだから、敵に出会う怖れはない行軍だった。そして、休む間もなく、ペロポネソス半島の最西端にある地の攻略まで、成し遂げてしまったのである。

これを知って、怒り狂ったのがコリントだ。当然である。

コリントの「市場《マーケット》」は、イオニア海を渡っての地中海西方にある。そこに船団を送り出すには、広大とはいえコリント湾を通り抜けねばならない。

だが、その湾の中頃にあるナウパクトゥスは、すでにペリクレス時代にアテネの基地になって久しい。これに加えて今や、さらにその対岸にある岬までアテネに攻略されたのだ。そして、そこも通り抜けてイオニア海に入るや、これまたアテネ傘下に入っている、チェファロニアやザキントゥスの島々が立ちふさがる。

コリントの船は、軍船にしろ商船にしろ、航海の安全には赤信号が点《つ》きっ放し、という状態になる。アテネの出方しだいで、コリント湾内に閉じこめられるやもしれない状態になったのだから。

怒り心頭に発したコリントは、スパルタに直訴した。ペロポネソス同盟は何のためにあるのか、と詰め寄ったのである。ペロポネソス同盟ではスパルタに次ぐ強国のコリントの強硬な態度に、同盟の盟主であるスパルタは何らかの行動に出ざるをえなくなる。アテネとスパルタが直接に対戦したことはないという奇妙な形でつづいてきたペロポネソス戦役も、このままでは行かない状況になってきたのだった。

一方、アテネでも、雲行きが変わり始めていた。

速攻で一貫したアルキビアデスの成功によって、アテネの「市場《マーケット》」は西方に大きく発展できるようになったのだから、アテネ市民は喜んでよかったはずである。ところが反対に、それがアテネ人の心中に、怖れを抱かせてしまうことになる。

若いアルキビアデスの華やかな言動からアテネ政界は彼一色に染まっていたように見えるが、実際はまったくそうではなかった。アテネ政界は、ニキアス派とアルキビアデス派に二分されていたのである。

ただし、両派とも、自分たちだけで過半数を占めたことは一度としてなかった。

ならば、二大政党並立のようなものだから、有権者には選択肢があるということで、民主政国家にとっては理想的な状況ではないか、と言う人はいるだろう。なにしろこのほうが、論理的には正しいのだから。

しかし、論理的には正しくても人間世界では正しいとはかぎらない、とは、アリストテレスの言である。とはいえこの哲学者は、この年からは三十四年後になって生れるので、同時代人ではない。

ただし、知識人の存在理由の一つは、すでに存在していた現象の中でも重要と見たことを、言語を使って概念化することにある。ゆえに、論理と現実が両立できるとはかぎらない、とは、アリストテレスの生れない前からすでに人間世界の真実であったのだ。

これが、実際面ではどうなるかと言うと、有権者は、両派の間をゆれ動く、ということになってしまう。

それに、両派ともが過半数を占めていないという状況は、どちらか一方が本腰を入れて攻勢に出てくれば、ライヴァルの追い落としは常に可能、ということでもあった。現代風に言えば、恒常的な政局不安定。

スパルタに残るアルキビアデスのモザイク画
（スパルタ考古学博物館蔵）

その年の冬に行われた翌年担当の「ストラテゴス」を決める選挙で、ニキアスは当選したが、アルキビアデスは落選した。

若き司令官のあざやかな成功に、アテネの中・高年層が嫉妬《しっと》したからではない。電光石火にも似た若きリーダーの戦果に、かえって心配になってしまった市民たちの心境を、反対派が活用した結果であった。


アルキビアデスにとっての最大の不幸は、彼が属す都市国家アテネが、始めたことをつづけさせ、終わらせてくれなかったことにある。しかもこの不幸は、彼には一生ついてまわることになる。

民主政国家に生れた、ライオンの子の宿命か。

それとも、アルキビアデス自身に、ペリクレスのような、形は民主政でも実際はただ一人が統治した、という「ただ一人」に、なる力量まではなかった、ということか。

そして、紀元前四一八年、つまりアルキビアデスが政権からはずされていた年、アテネは、予想もしていなかった打撃を受けることになるのである。

「マンティネアの会戦」

ついにスパルタが王の率いる正規軍の出動を決めたのは、コリントの怒りを無視できなかったからではない。

スパルタは、ペロポネソス戦役も十三年目に入ったその年でもなお、アテネとの間に正面切ってことを構える気にはなっていなかった。

そのスパルタに重い腰を上げさせたのは、だからコリントではなく、アルゴスであったのだ。

名誉ある孤立はけっこうだが、名誉と付けようが付けまいが、孤立をつづけていると無視できない欠陥が現われてくる。頭脳もまた筋肉と同じで、使わないでいると劣化してしまうのだが、四ヵ国同盟の成立はアルゴスに、何をやっても許される、と思わせてしまったことになる。その結果が、東隣りにあるエピダウロス地方への侵略であった。

スパルタにとっては、由々しき事態の発生だ。国境を接しているために昔から眼の上のたんこぶであったアルゴスだが、エピダウロスまで領有するとなると、たんこぶが一段と大きくなってしまう。それは、スパルタが許容できる範囲を越えていた。

アルゴスとスパルタの関係が昔から良好でなかった理由は、隣国同士は常に仲が悪い、にはない。アルゴスが、アテネほど徹底していなくても、一応は民主政体《デモクラツィア》を採る都市国家《ポリス》であったからだ。

奴隷《どれい》はいたが、自由民の全員は、市民権を持っていた。

一方、寡頭政《オリガルキア》で長くつづいてきたスパルタは、市民権は戦闘が専業の正規の市民のみに限定しており、農業に従事するヘロットや商工業者のペリオイコイには、国政参加の権利でもある市民権は与えていない。彼らの中でもとくにヘロットは、隣国のアルゴスを常に憧れの眼で見ていたのである。

ということはイコール、スパルタの既得権層にとってのアルゴスは、国境を接しているがゆえに、ヘロットに不穏な気持を抱かせかねない存在であったということであった。

そのアルゴスが、スパルタとの境である南ではなく、東隣りのエピダウロスに対して、軍事行動に出たというのである。

判断と行動に移るのが常に遅いスパルタも、この年だけは動き出すのが早かった。

第一に、アルゴスという眼の上のたんこぶを、これ以上強大にしないため。

第二は、アルゴスに好意を抱いているヘロットたちに、スパルタを脱け出してアルゴス側で参戦する、時間的余裕を与えないため。


一方のアテネは、この事態にどう対処しようとしていたのか。

アルキビアデスを落選させた後のアテネ政界は、ニキアスとその一派がにぎっていた。

「ニキアスの平和」がある以上はスパルタと敵対したくないこの人々も、四ヵ国同盟を成立させた以上は、その一国であるアルゴスを助ける義務はあることは知っている。その結果、スパルタとアルゴスの間で闘われる戦闘のはずが、アテネも他の二国も引き込まれてしまったという、同盟のもつマイナス面がモロに出た会戦になるのである。


この戦闘が、ギリシアの歴史では「マンティネアの会戦」と呼ばれるのは、ペロポネソス半島の中央部にあるアルカディア地方の都市マンティネアの近くが戦場になったからである。

しかも、スパルタは王率いる正規軍が出動し、アテネも、二人の「ストラテゴス」が率いる重装歩兵団が出動していたのだから、普通に行っていれば、「ペロポネソス同盟」と「デロス同盟」の直接対決になったはずである。もしもそうなっていたならば、ダラダラと十三年間もつづいてきた「ペロポネソス戦役」にも、一応のケリをつけることもできたのである。だが、実際はそうはならなかった。

理由の第一は、「ニキアスの平和」を自分たちのほうから壊す気にはなれなかったスパルタが、アテネ軍との直接対決を避けたこと。

第二は、実にバカバカしい同盟規約に従ったアテネ軍が、敵陣営の中央に布陣したスパルタ軍とは激突する可能性の少ない左翼にまわされてしまったこと。

理由の第三は、これまたバカ気た四ヵ国同盟の規約に忠実に、全軍の総指揮権をアルゴスに譲ってしまったことである。

スパルタが対決を挑んできたのはアルゴスであって、アテネの立場はあくまでも、そのアルゴスを助けることにある、というのが、アテネが軍を出動させた理由であったからだった。

しかし、名誉ある孤立であろうが長年にわたって孤立をつづけ、しかもギリシアの中では小規模の都市国家にすぎないアルゴスに、充分な兵力もなければ戦闘面でのノウハウの蓄積もあるはずはない。

そのアルゴスが、王が率いるスパルタの精鋭で固めた敵の「中央」と激突することになっただけでなく、ペロポネソス連合軍対四ヵ国同盟軍の対戦になったマンティネアの会戦では、アテネもふくめた四ヵ国同盟軍の総指揮権まで託されてしまったのである。

もしもアテネ軍の司令官がテミストクレスであったら、戦闘開始以前に早くも、これでは負けると判断し、策略を弄《ろう》しても、アテネ軍を中央に移し、総指揮権も手中にしていただろう。

戦闘とは、敵味方の主力がぶつかってこそ勝敗が決まるのであり、指揮系統の一本化は、それを短時間で実現することで犠牲を少なく留める、唯一《ゆいいつ》の方策だからであった。

しかし、アルキビアデスに代えるつもりでニキアス一派が推して「ストラテゴス」に当選させていた二人の司令官には、テミストクレス並みの臨機応変の能力がなかったのである。

両軍とも自軍に有利な戦場を探しながらの日々を費やした後で迎えた「マンティネアの会戦」だが、結果は、その場に第三国の参戦武官がいたら早くも見通していたにちがいない展開で始まり終わった。

両軍の中で唯一完全に統制がとれた形で闘ったのは、スパルタの三千五百八十四人の重装歩兵。

幼少の頃から武術をたたきこまれて育った彼らは、敵側につけ入るスキを与えなかった。左手に持つ盾《たて》は自分の左側を防御するのが目的だが、互いに接近し一団となって闘うので、盾は左隣りの同僚の右側も防御できることになる。若き王アギスが率いるこのスパルタの精鋭は、アルゴス軍を一気に壊滅しただけでなく、自軍の戦死者は一人も出さないという、完璧な勝利をあげる。

このスパルタを中心にしたペロポネソス連合軍の戦死者の数は三百。それも、雑兵《ぞうひょう》と呼んでよい他国からの兵士たちだった。

反対に、アテネも加わった四ヵ国同盟軍の損失は甚大《じんだい》で、アテネ軍だけでも、一千百人もの戦死者を出してしまう。スパルタ側の猛攻を受けて壊滅寸前になっているアルゴス軍を放っておくことはできないと、二人の「ストラテゴス」を先頭に敵に突っ込んだあげくの敗戦であった。二人の司令官とも、このときに戦死した。

アテネは、戦闘で敗れただけでなく、また、二人の「ストラテゴス」をふくめて多くの戦死者を出しただけでなく、北からスパルタをペロポネソス半島の南に追いつめるつもりで成立させた「四ヵ国同盟」も無にしてしまったのである。

勝ったスパルタが敗れたアルゴスに、講和を結ぶ条件として、ペロポネソス半島はこの半島に住む人々のものであり、そこには以後、外部のポリスは引き入れないことを約束させたからであった。外部の都市国家とはアテネであるのは、言うまでもない。

数多《あまた》の戦死者を出しておきながらこれが結果かと、アテネ市民は激昂した。二人の司令官が戦死せずに帰国していたら、ただちに裁判にかけられ死刑に処されていたかもしれない。だが二人は死んでいる。それで怒りの的を、ニキアスとアルキビアデスに向けたのだった。

「四ヵ国同盟」を考えたのはアルキビアデスであり、それを現実化したのはニキアスだから、今回の敗北の真の犯人はこの二人だというわけだ。それで、二人を陶片追放に処す方向に、市民たちの想いが向い始めていたのだった。

それを知った二人は、ここで初めて手を結ぶ。放置しておいてはどちらか一方が十年間の国外追放になるのは確実であったので、それを防ぐ方策として、別の人物の陶片追放に二人とも協力することにしたのである。

その的《まと》に選ばれたのが、灯明の製造業者で市民集会では発言することの多さから、ミニ・クレオンと呼ばれていた男である。ミニ・デマゴーグではあったにしろ、今回の敗北にはいっさい責任はなかった。

それでも、アテネ政界の二人の大物が手を結べば、陶片追放に必要な三千票プラス・アルファには達せる。灯明製造業者は、陶片追放に処された。

だが、さすがにアテネ市民も、この制度のうさん臭さには気づいたのである。この年、紀元前四一七年をもって陶片追放は廃止され、それがつづいていた九十年の間に数々のドラマを産んできたこの制度も幕を閉じたのだった。

しかし、大物二人が同意見であったのは、自らの陶片追放を避けることだけではなかった。

全力をつくして闘って敗れたのならば、気分的にはまだ救われる。だが、マンティネアでのアテネ軍は、ただ単に巻き込まれての敗北を喫したのだった。そのうえ、対スパルタで攻勢に出たつもりの「四ヵ国同盟」もわずか二年で空中分解しただけでなく、再びスパルタの力を見直すようになった他のポリスは、何かというとスパルタに接近するようになっていた。

アテネは、権威を失っただけでなく、権力も失う危険に直面していたのである。市民たちも、何をどうしてよいかわからない想《おも》いになっていたのだった。

〝オリンピック〟表彰台独占

ニキアスも、アルキビアデスも、民心一新の必要があることでは、考えは同じだった。

そのために何をしようが、二人とも大金持なので、それに投ずる私産に不足はなかった。

ただし、同意見はここまでで、その後は道は分れる。二人ともがそれぞれの性格に合ったやり方で、アテネの民心の一新をはかることになるのである。

五十三歳のニキアスは、巨費を投じてアテネから多くの市民たちを招待し、デロス島にあるアポロン神殿の前で壮麗な儀式をくり広げ、その後は参加した全員を引き連れて神殿内に入り、都市国家アテネに神の御加護あれと、厳粛に祈りを捧《ささ》げたのであった。

若きライヴァルに比べれば、いかに彼のほうが信心深いかを人々に印象づけるのには成功した。だが、参列していた人も、アテネにいてデロス島での壮麗なイヴェントを伝え聴いた人も、ニキアスが保守的なリーダーであるという印象は持ったのだった。

三十三歳のアルキビアデスは、巨費を投じたことでは同じでも、投じた先がちがった。

男神アポロンではなく、主神ゼウスに捧げた神殿があるオリンピアで開かれる競技会に、七組もの四頭立ての戦車チームを引き連れて乗りこんだのである。競技会の最終日を飾る、種目では他のどれよりも観衆が熱狂する四頭立ての戦車競走に、勝負を賭《か》けていたのはもちろんだ。

以前からアルキビアデスは、馬の飼育場を持っていた。だが、〝オリンピック〟が開かれる数ヵ月前からの飼育場は、戦場に出陣する前に似た状況であったろう。

俊足の馬がいると聴けば、それを手に入れるのにカネは惜しまなかった。優秀な騎手を探し出すのにも、カネは惜しまない。そのアルキビアデスを知って、向うから馬や騎手を売りこんでくる者も多かった。

四頭立ての戦車一組を出場させるだけでも、相当な金額がかかる。それが七組だ。しかし、出場させるチームの数の制限はなかった。それでも七組で乗りこむのは、これまでのオリンピックの歴史でも一人もいなかったのである。

七組もの出場は、役割を分担するためであったと思う。三組は疾走に徹し、残り四組は、競争相手たちの妨害をするためだ。

戦車競走にかぎらず古代のオリンピックでは、何をしようが反則にはならなかった。四頭の馬を御しての戦車競走では、死傷者が出ようとそれが理由で廃止されることなどはなかった。危険極まる競技だからこそ、観衆も総立ちになって熱狂するのである。

この年のオリンピックでは、アルキビアデスが引き連れてきた七組のうちの三組が、一着、二着、三着に入った。

想像してみてほしい。砂《さ》塵《じん》を巻き上げてメイン・スタディウムに入ってきた三組もの四頭立て戦車が、いっせいにゴールになだれこんでくる様《さま》を。

彼のことだ。先頭の戦車は、アルキビアデス自らが手綱をにぎっていたにちがいない。とはいえアテネ勢だけで、表彰台を独占したのである。

熱狂したのは、オリンピアのスタディウムにいた観客だけではなかった。知らせはまたたくまにアテネに伝わり、アテネ中が熱狂したのである。それどころか、表彰台独占はエーゲ海もひと飛びし、レスボスやキオスの島にも伝わる。デロス同盟の主要な加盟国であるこの二つの島の住民は、まるで自分たちの一人があげた勝利でもあるかのように歓喜し、神殿には多くの供物《くもつ》を捧げて神々に感謝し、アルキビアデスには、出場した馬すべての飼料を、以後一年間にわたって提供すると申し出た。

熱狂したのは、若いアテネ人だけではない。六十七歳になっていた悲劇作家エウリピデスも、いつもの彼の沈痛な作品は忘れて、喜びのあまりに一篇の詩を書く。

「おゝ、クリニウスの息子のアルキビアデスよ、きみのために歌おう。

何と素晴らしい勝利をあげてくれたのか。

ギリシア人の誰も成したことのない、美しいとしか言いようのない勝利を。

それも、堂々と闘い抜いた戦車競走で、一着、二着、三着までも。
主神ゼウスも、オリーヴの葉で編まれた冠を、きみの頭上に置《あ》くだろう。
そして布告役は、勝利者としてきみの名を、声を張りあげて叫びつづけるだろう」

その年の冬、アルキビアデスは、「ストラテゴス」に再選された。

プラトンの『饗宴《きょうえん》』

おそらくは、オリンピアでの優勝の後まもなくして、起ったことであったと思われる。

研究者たちによれば、プラトン作の『饗宴』に描かれているアガトン宅で催されたシンポジウムは、アガトンが書いた悲劇作品がその年の演劇祭で優勝したのを祝うためであり、彼が優勝したのは前四一六年の春、といわれているからである。

ならばその年、アルキビアデスは三十四歳、ソクラテスは五十四歳。

そして、この二人を格好のネタにして、アテネの民衆をゲラゲラ笑わせていた風刺喜劇の作家で、この夜のシンポジウムのパネリストの一人でもあったアリストファーネスは、三十歳前後であったことになる。

物笑いの種にされようと、そのようなことは友人付き合いの邪魔にはならないという当時のアテネの風通しの良さは、今から見てもうらやましいかぎりだが、『饗宴』（シンポジオン）は、盛期アテネの知識人社会も映し出していたのである。

その夜の饗宴も、テーマである「エロス」（愛）についてパネリストが次々と自説を披露し、最後はソクラテスが締めるという感じで、上品に静かに終わるはずであった。

ところが、そうは行かなかったのだ。ソクラテスの話が終わったその直後、にわかに家の外が騒々しくなり、玄関の扉を乱暴にたたく音が聴こえた。扉を開けに走った召使を押しのけるように、酔っ払ったアルキビアデスが仲間を引き連れて乱入してきたのである。そして、皆がいる部屋の入口に立ったまま言った。

「いやあ、お歴々。アガトンにお祝いを述べに花冠《はなかんむ》りとリボンを持って来たのだけど、それで彼を飾った後は帰れというわけ？　それとも、ボクも仲間に入れてくれるかな？」

もちろん一同は、どうぞどうぞとアルキビアデスを招じ入れる。この家の主人アガトンは、召使に、新規の客の足を洗うよう命ずる。ギリシア人の夕食は、片ひじは立てる姿勢ながら横になって食するのが習いになっていた。

アガトンを花冠りとリボンで飾った後に足も洗ってもらって横になったとき、アルキビアデスは初めて、その場にソクラテスもいるのに気づく。驚いた彼は叫ぶ。

「お、神よ、どうしたってこと？　なぜここに、ソクラテスがいるの？」

そしてさらにつづける。

「なぜ、アリストファーネスの横でなく、アガトンの横に座を占めているの？　あ、わかった。ここにいる中で最も美男のそばにいたいからでしょう」

ソクラテスは、我慢できずに言う。

「アガトン、助けてくれたまえ。わたしがこの男を愛して以来、他の若者に視線を向けたり話しかけたりするたびに、嫉妬に駆られて彼は荒れるのだ。わたしと彼の間が平和になるよう、助けてくれないかね」

アガトンが何か言おうとする前に、アルキビアデスが叫んだ。

「NO、ボクとソクラテスの間が平和になるなんて、絶対にNO！」

とは言っても言葉はつづける。

「まあ、そのことは別にして、アガトン、きみを飾ってあげたリボンを少し返してくれないか。ソクラテスの頭も飾ってやりたいんだ。なにしろ、どんな相手でも言葉だけで勝利を手にしてしまう人だからね。それも、きみのように年一度の演劇祭のときだけでなく、一年中だ」

座が静まりかえってしまったのを見て、アルキビアデスがつづける。

「元気を出してよ、きみたち。葡萄酒《ぶどうしゅ》に口をつけることさえはばかられるという雰囲気ではないか。

酒の神に捧げた演劇祭で優勝した人を祝う夜というのに、飲まないでは酒神に申しわけが立たないというもの。アガトン、この場にふさわしい大杯で飲もうではないか」

持ってこられたそれに注がれた酒を一気に飲み干したアルキビアデスは、すぐにそれを再び酒で満たし、横にいるソクラテスに渡す。ソクラテスも、一気に飲み干す。

ここで、その夜のシンポジオンのパネリストの一人でもあった医者のエリクシマコスが割って入る。

「なんという振舞いかね、アルキビアデス。これでは、ただの酒の飲み比べになってしまうではないか」

アルキビアデス「お、エリクシマコス、賢明このうえない父上を持った賢明このうえないあなたに乾杯！」

エリクシマコスも、乾杯を返しながら言う。

「と言って、飲む以外には何をしたらよいだろう」。アルキビアデスは、あい変わらず飲みつづけながら答える。

「何でもいいですよ、あなたがやれと言えばそれに従うから」

では、という感じでエリクシマコスは、アルキビアデスに向って言う。

われわれは今まで「愛」について各自の考えを述べてきたのだが、新来のきみにもそれをする権利があるのだから、きみもやってはどうか、と言ったのだ。

アルキビアデス「いいですよ、やりましょう。だけどボクが、ソクラテスがいる席で神でも人間でも賞《ほ》め讃《たた》えようものなら、この人から一発喰らう危険があるんだけど」

「黙ってはいられないのかね」とソクラテス。それにアルキビアデスはかみつく。

「NO、ポセイドンに誓ってもNO。あなたこそ黙っていてください。ボクがあなたの前で、あなた以外の誰も賞讃することはできないのは、あなたが誰よりも知っているくせに」

医師のエリクシマコスが、再び口をはさむ。

「それなら、ソクラテスを賞讃すればいいではないか」

アルキビアデス「えっ、それ本気で言っているんですか？　エリクシマコス」

ついにソクラテスも、放っておけないと思ったのか、アルキビアデスに向って言う。

「何を考えているのかね。わたしを賞讃するという理由でわたしを笑いものにしたいのか、それとも他に目的があるのか」

アルキビアデス「わたしは、話すとなれば真実だけを言いますよ。とはいえそれも、あなたが許してくれれば、ですが」

ソクラテス「もちろん許す。それどころか、真実だけを話せと命令する」

OK、じゃあ、ということで、これよりアルキビアデスによるソクラテス讃歌、と言うかソクラテスへの愛と言うか、その告白が始まるのである。

「親愛なる友人たちよ、ソクラテスという人は、手にした笛の音だけで人間をまどわせる、森の神シレヌスに似ているのだ。いや、ひしゃげた鼻ととび出た眼玉といつも半開きの大きな口から、サテイルス神の一人のマルシアに似ている、と言ったほうがよいかもしれない。マルシアだって、アポロンに挑戦したくらいに笛の名手であったのだから。

しかし、彼ら二人は楽器を使って人々を魅了するのだが、ソクラテスが使うのは言葉だけ。笛の妙《たえ》なる音色に助けられなくても言葉だけで、同じ効果を得てしまう。なぜなら、ソクラテスの話を最後まで聴いた人は、茫然《ぼうぜん》自失して金縛りにでもなった想いになってしまうからだ。

ペリクレスの演説を聴いていると、その巧妙さには感心させられる。だが、心を乱されることまではない。

それが、ソクラテスの話を聴いた後では、涙があふれてきて止まらなくなる。そして、自分は何をやっているのかと、常に自分に問いかけねば済まない想いになってしまうのだ。

ボクがアテネの国政に没頭するのも、このシレヌスの声を聴くまいと耳をふさぐことで彼から逃げるためで、彼のそばに居つづけたままで一生を終えたくないからなのだ。

ボクは今まで、他の誰に対しても、自分を恥ずかしいと思ったことはなかった。だが、この人の前では、恥ずかしいと思ってしまう。

なぜなら、この人がボクに教え説くことの重要さはわかっているのだが、民衆がわたしに求めるのはそれとは別物であり、そのことの大切さもわかっているので無視できないからなのだ。

お、、この人が地上から姿を消してくれたらと、何度願ったことだろう。だがそうなれば、最も苦しむのはボク自身なのだが。

きみたちだって、ソクラテスとは親しい仲なのだからわかっているはずだ。

彼が、美しい若者と見れば愛し、その若者に付きまとって離れなくなるのも知っている。その彼自身となると、シレヌスにも似た醜男だがね。それでいてソクラテス自身は、地位にもカネにも無関心なだけでなく、美しくなろうとすることにも無関心ときている。

だがきみたちは、そのソクラテスの中身を見ようとしたことはあるのか。

ボクは、一度だけ見たことがある。そこは、神々の棲《す》む世界にも似て黄金色に光り輝き、その世界には、彼と彼の教えに従う者しか入れないのだ」

アルキビアデスは、自らの美しさを武器に、このソクラテスをわがものにしようと試みたことがあり、この後には、そのときの一部始終が、赤裸々とするしかない語り口で語られるのがつづく。

二人だけで寝に就く機会を作るのには成功したのだが、結果は、父親か兄と一夜を共にしたと同じであったというのだ。つまり、醜い中年男のソクラテスは、アテネ一と評判の美貌《びぼう》の若者の誘いでも、乗らなかったということである。

それゆえ、醜い中年男よりは二十歳も若い、アルキビアデスの心は深く傷つく。「蛇に嚙《か》まれた傷の痛みはその後も長くつづいた」のだから。

しかし、自尊心を傷つけられただけならばまだ良かったのだ。若いアルキビアデスは、「同時にソクラテスの自制心の強さには脱帽するしかなかった」のである。

つづけて、ソクラテスと共有した、二度の戦場での体験も語られる。

市民皆兵のアテネでは、騎兵で参戦するか歩兵で参戦するかは、ソロンが定めた各人の資産別で分けられる。それでアルキビアデスは騎兵として、ソクラテスのほうは歩兵として、同じ部隊で参戦していたのである。一度目は、ソクラテス三十八歳、初《うい》陣《じん》のアルキビアデスは十八歳の年。二度目はその十年後であった。

戦場でのソクラテスは、若い弟子をさらに驚嘆させる。劣悪な状況下でも不満も言わずに耐えつづけ、しかも耐えるだけでなく、他の兵士以上に奮戦したのだから。負傷したアルキビアデスを、救い出したこともあった。また、彼ら二人が属していた部隊の全員を、安全に後方に撤退させることもした。

しかもその功績に対して司令官が褒賞《ほうしょう》を与えようとしたとき、その功は部隊長であったアルキビアデスにあると、強調したのがソクラテスであったのだ。

アルキビアデスは、このときもまた自らを恥じることになる。今度は、ソクラテスに比べて自分自身の、出自《しゅつじ》の高さに対して。

ソクラテスは、都市国家アテネの市民にとっての責務である兵役も、充分以上に果す人でもあったのだ。それでいてアルキビアデスが語るところによれば、戦場でもソクラテスは、「ソクラテス」でありつづけたという。

例の没我の境地にも、戦場でも陥った。ただしそれが起ったのは戦闘の真最中ではなかったので、兵士たちが好奇の眼で見るだけで済んだのだが。

アルキビアデスはつづける。

「ソクラテスは、誰とも比較しようがない。つい先頃までアテネの悩みの種であった
ブラシダスならば、英雄アキレウスと、比べようと思えばできないことはない。
ペリクレスも、賢明という面だけならば、ネストルに比べることは可能だ。
だが、ソクラテスだけは、過去にも現在にも、比較できる人はいない。唯一無二、
とするしかない存在なのだから。
彼が好んで用いる対話方式も、表面的には他愛ないおしゃべりにしか聴こえない。
だから、普通の人は笑いながら聴いている。
だが、その外衣に隠された中身まで見ることのできる人ならば気づくだろう。
その奥には、生きているうちにやりとげたいと思う何かを持っている人には役立つ
徳性の数々が、まるで光り輝く神像でもあるかのように並び立っているのを。
これこそが、真の意味で賞讃に値する、ソクラテスという存在なのだ。
だからアガトン、気をつけろよ、きみも」

話し終わったアルキビアデスに、ソクラテスが言った。

「酔って話しているようには、とても見えなかったが」

そのソクラテスに、アルキビアデスは、大笑いで答えただけだった。

しかし、その笑いの半ばは、師への敬愛の念を語りつくしたという壮快な想いだったが、残りの半ばは、ソクラテスを賞め讃えることで、結局は今もなお彼を慕いつづけている自分をいみじくも暴露してしまったという、自嘲《じちょう》の想いであったのだった。

そのとき、家の外から、愉《たの》しい一夜を終えた人々が家路をたどるかのような、陽気な騒ぎが聴こえてきた。

立ち上ったアルキビアデスは、そのままこの人々の中に消える。医師のエリクシマコスもパイドロスも、もう寝に帰ると言って去って行った。

残ったのは、アガトンとアリストファーネスとソクラテス。しばらく三人で静かに話をしていたのだが、やがてアリストファーネスも家にもどると言い、アガトンも寝室に引きあげる。ソクラテスだけは家に帰らず、夜が白み始める中をリュケイオンに向った。

プラトン作の『饗宴《シンポジオン》』は、ここで終わる。

リュケイオンとは、アテネの郊外にある地の名称で、青少年のための体育鍛錬所があり、ソクラテスが毎日のように通っていた場所である。

その建物を見降ろす丘に坐《すわ》り、朝の光が周囲を少しずつ浮びあがらせてくる中で、五十四歳の哲学者は何を考えていたのであろうか。

プラトンは、話をするソクラテスならば書いてくれたが、沈黙するソクラテスは書いてくれなかったのであった。

イタリア語に、「パーチェ・コンセ・ステッソ」(Pace con se stesso) という言い方がある。直訳ならば、自分との平和、になる。普通ならば「平和」は他者との間に構築する関係だが、この場合の「平和」は、自分自身との間で構築する平和であるところがちがう。

ゆえに意訳すれば、やりたいと思っていたことはすべて、やれる範囲内にしろやりとげたという、平穏な心境のことになる。

「うまく使えた一日の後には安らかな眠りが来るのに似て、うまく使った一生の後には静かな死が訪れる」と言ったレオナルド・ダ・ヴィンチは、「パーチェ・コンセ・ステッソ」に達していた人であった。

ペリクレスも死の床では、やれることはすべてやった、という心境にあったろう。ソクラテスも、七十歳で毒杯をあおる際に見せたあの穏やかさから、「自分との間の平和」には達していたにちがいない。

しかし、アルキビアデスはちがう。

心身ともに二つに引き裂かれた状態で生きたこの男は、自分自身との間に「平和」を確立することが、ついにできないままに一生を終えるのである。

哲学と政治の間で引き裂かれたままで、終わってしまうのだ。哲学と政治は別物で、目的とするところがちがうのだから、その間で引き裂かれる必要などはなかった、と私ならば考える。

ソクラテスに体現される「哲学」は、良く生きるには必要な何かを提示し、それを人々に気づかせることで、役割は終わる。

一方、ペリクレスが体現する「政治」とは、人々の生活に必要な何かを提示するだけでは済まず、具体的な解決策を示し、しかもそれを実現して見せないかぎりは役割は終わらない。

他者より自分のほうが優れていると思ってはならない、とソクラテスは教えた。天才であるとか万能であるとか過信してはならないというのが、ソクラテスの教えであった。

しかし、そう思ってこそ、できることもあるのだ。

他者より秀《ひい》でていると自負するからこそ、他者たちをリードしていく気概を持てるのである。組織や国家という名の共同体を率いていく想いを持つのも、自負心による。自分のやりたいことしか考えていないように見える創作者や科学者が、たいした報酬も期待できないのにその仕事に一生を捧げるのも、自負心や自尊心から発している。

後世はこの種の精神を、「ノーブレス・オブリージェ」(優れたる者の他者への責務)と呼ぶようになる。

無知を知ることは、重要きわまりない心の持ちようであるのは確かだ。

だが、「羊」であると思う人ばかりでは、誰が羊の群れを導いて行くのか。

もちろん、自分が他より優れ、天才であり万能でもあると思いこむのは、ヒュブリス(嫉妬《しっと》)の女神に復讐《ふくしゅう》されることになるから危険きわまりない。言い換えれば、自負心によって盲になった結果、自滅の道をたどってしまう、ということである。

ここで、ソクラテスの教えでもある自己制御が登場する。自分で自分をコントロールする、ということにすぎないのだが、それが、古代の地中海世界のリーダーたちの倫理にもなる中庸の精神となると、四六時中自己制御することではない、とわかる。ダイエットが失敗に終わりがちなのは、毎食毎食制御した食事をつづけるからで、それによるストレスのほうが貯《た》まってしまうからなのだ。そうではなくて、昨日は食べすぎ飲みすぎたから今日はセーヴするというやり方ならば、成功率は高くなるだろう。

要するにバランスをとるというにすぎなく、ただしそれをつづけることで総体的な制御の実現は期す、という考え方である。

哲人皇帝といわれたローマ帝国の皇帝マルクス・アウレリウスは、ドナウ河の最前線に赴任中、日中はラテン語で軍団を指揮し、夜になって一人になった時間はギリシア語で『自省録』を執筆することで、一日を二分していた。ローマ帝国の指導者たちは、「仕事」（ネゴティウム）と「余暇」（オティウム）という概念を打ち立てた人々でもある。この二つの間でバランスをとることで、自己制御を成り立たせようとしていたのである。

ペリクレスとて、知を愛するという意味の哲学に無関心であったわけではない。ソクラテスの説くことが人間哲学であるならば自然哲学と言うべき方面で有名だったアナクサゴラスとは、親密な関係でつづいていた。だが、政治が「仕事」であったペリクレスにとっての哲学は、「余暇」ではなかったか。

また、ペリクレスとソクラテスの間には、二十五歳の年齢の開きがある。少壮の哲学者でしかなかったソクラテスが、ペリクレスの妻のアスパシアと話すためにしろペリクレス邸に入りびたっていた時期は、ペリクレスは押しも押されぬ大物政治家である。新米の哲学者になどは、歯が立つ存在ではなかったのだ。

反対に、父親代わりゆえペリクレス邸にしばしば出入りし、おそらくそこで知り合ったと思われる時期のアルキビアデスは、十五歳前後という思春期の真只中《まっただなか》。その、感受性だけでできている感じのアルキビアデスは、二十歳年上のソクラテスという、劇薬を飲んでしまったのである。

草稿の段階で私の文を読んだ担当編集者が、ソクラテスってヤバイですね、と言ったが、ほんとうにソクラテスは、ヤバイ賢者でもあるのだ。

これもまた、『饗宴』を読んで学び知ることの一つかもしれない。

しかし、『饗宴《シンポジオン》』では、知を愛するという精神活動の崇高さを高々と歌いあげていながら、このわずか二ヵ月後に彼らの国であるアテネは、ペリクレス時代にはかつてやらなかった蛮行を働くことになる。

メロス島に対する処置が、それであった。

メロス問題

メロス島は、エーゲ海の南に点在する小島の一つで、エーゲ海を南から囲みこむ感じのクレタ島に近いことからも、ペロポネソス戦役が始まって以来、クレタと同じに、アテネ側にもスパルタ側にも付かない中立でつづいてきた。

中立でいられても、アテネにとっての不都合はほとんどなかった。「デロス同盟」には加盟していない以上は分担金を払わせることはできないという一事を除けば、まったくなかったのである。軍船でも商船でも、寄港して水や食糧を補給するのは自由であったのだから。

それが、中立状態が十五年もつづいた前四一六年になって、アテネ側の態度が変わったのだ。クレタは大きな島だから攻略も容易ではないが、メロスは小島だ。そのメロスに軍勢を派遣して、アテネ側に付くよう迫ったのである。

どうやら、この時期になってメロスに眼をつけたのは、ニキアスであったようである。デロス島で大々的な祈願イヴェントを挙行した際に、デロスはアテネ側なのになぜその近くのメロスがいまだに中立なのか、と思ったのかもしれない。また、何かと言えば西方への進出を主張するアルキビアデスへの対抗心から、東方に開くエーゲ海へのアテネの覇権をより確かなものにすべきという、考えから出たのかもしれなかった。

こうして、その年の夏、小さな島メロスの攻略行というのに、二千七百の重装歩兵と三百の軽装歩兵を三十八隻《せき》の軍船に乗せて送り出したのである。この他にレスボスやキオスも参戦しているので、アテネの単独行動ではなく、あくまでも「デロス同盟」としての軍事行動であった。いかにもニキアスが、考えそうなやり方である。

このアテネに対してメロスは、交渉によって危機を回避しようと努める。その様子

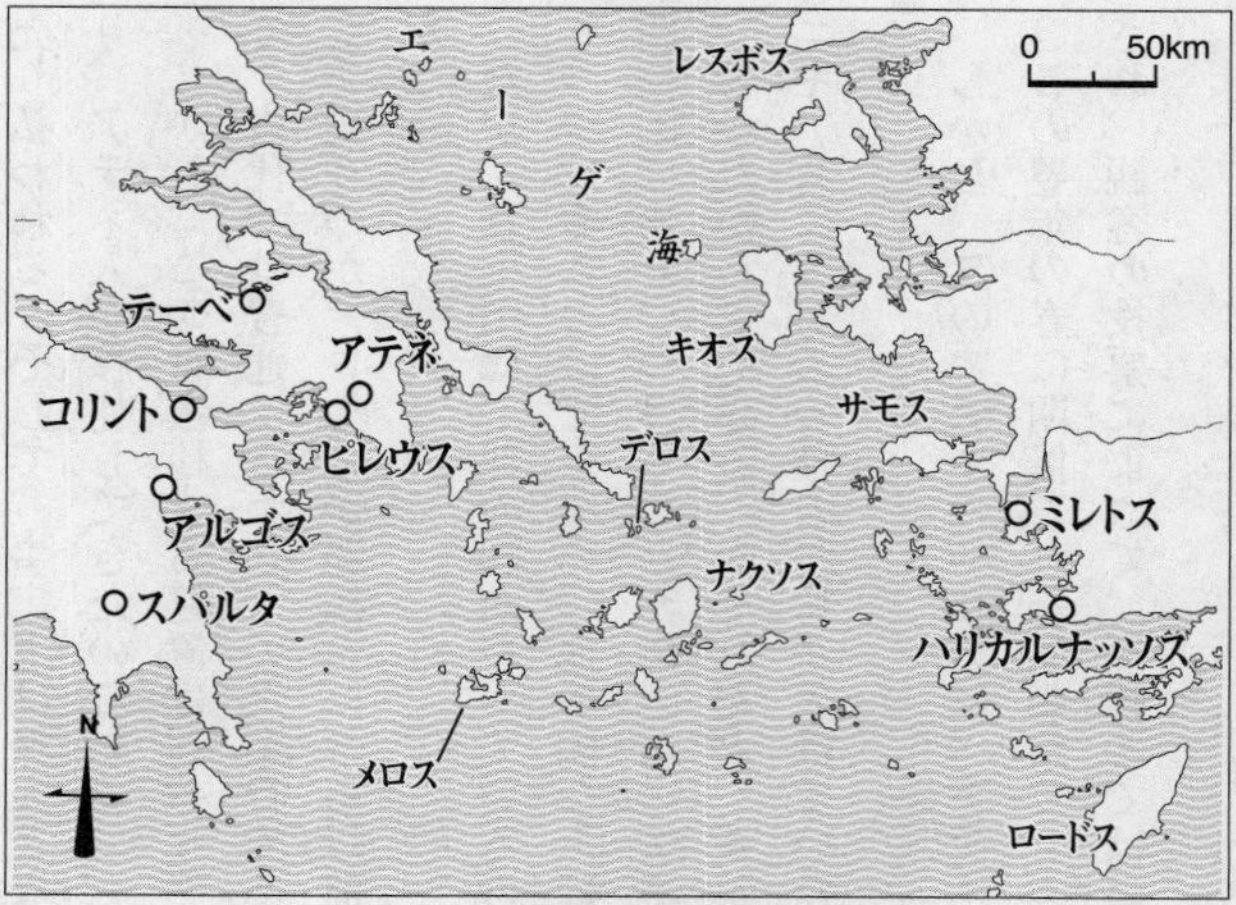

メロス島とその周辺

を叙述するツキディデスの『ペロポネソス戦役史』の数ページは白眉《はくび》と言ってよい展開だが、小国が大国の専横に抗する際の非力を感じさせて、哀感を抱かずにはいられない。

それでもメロスは屈服せず、攻防戦は始まった。

結果が明らかになるのに、さしたる月日は要しなかった。夏も終わる前に、メロスは全面降伏したのである。

だが、戦後処理となると、アテネは、ペリクレスならば絶対にやらなかったことを断行する。

降伏した男たちの全員は、その場で殺された。ゆえに、捕虜はゼロ。

女子供は、これも全員、奴隷《どれい》として

売り払われる。そして、事実上は無人となったメロス島には、アテネは希望者をつのり、アテネ人が移住してきたのである。

しかし、この野蛮極まる処置は、ペリクレス下のアテネはやらなかったというだけで、古代では普通に行われていた蛮行であったのだ。勝者はすべてを得、敗者はすべてを失うのが、ローマが覇権をにぎる以前の古代では、一般的な戦後処理であったのだから。

だが、覇権国は、他の国がやっているのだから自分たちもやる、では、覇権を維持しつづけることはできない。他の国ならば考えもしない寛容なやり方で対処してこそ、覇権国でありつづけることができるのである。

勝ったからこそ譲る、がそれだが、長年にわたっての政治キャリアがありながら、ニキアスには、この種の矜持《きょうじ》が欠けていたのかもしれなかった。

しかし、このアテネのやり方に、アテネ市民の全員が賛同していたのではない。

この翌年の春に開催された演劇祭で、エウリピデス作の『トロイの女たち』が上演され、観客の投票によって、優勝まではいかなかったが次席にはなっているのだ。

『トロイの女たち』とは、ホメロス作の『イーリアス』の後日譚《たん》と言ってよく、十年つづいたギリシアとトロイの間の戦役がオデュッセウスの考案による木馬の計でギリシア側の勝利に終わった後の、トロイ側の女たちを物語った悲劇である。勝ったギリシア軍によって破壊され焼かれ、地上から姿を消してしまった祖国への哀感。父や夫や息子たちを殺された女たちの嘆き。そして、トロイ側の勇将だったヘクトルの妻アンドロマケを始めとする王家の女たちを待ちうける、冷酷な運命への絶望。

高貴な出のこの女人たちはギリシア側の将たちに戦利品として分け与えられていたので、彼女たちは祖国を後に、それぞれの国に帰るギリシアの将たちに連れられ、他国で奴隷女として生を終えるのが宿命づけられていたのである。敗戦国の、当時ではこれが女たちの運命であった。

この作品が上演されたのは、前四一五年の春である。ということは、執筆されたのはその前の年、つまり前四一六年の秋から冬、の可能性が高い。小国メロスに対する大国アテネの非情な戦後処理が成されたのは、前四一六年の夏の終わりであった。

それを、トロイ戦役に時代を移したにしろ糾弾したエウリピデスもエライが、野外劇場の冷たい石段に坐って、粛然と観賞し、優秀作品として一票を投じたアテネ市民もエライ。この時代のアテネでは空気にさえもなっていた、言論の完璧《かんぺき》なまでの自由には感動してしまう。

ニキアスも、そしてアルキビアデスも、観客席に坐って観《み》ていたのではないだろうか。

酒神ディオニッソスに捧げる演劇祭は、アテネの春の恒例行事であり、それに優勝したアガトンが、自宅に友人たちを招いて饗宴を催すほどの価値があったのだから。

ちなみにエウリピデスという悲劇作家だが、この人は、ギリシア三大悲劇作家の最終走者とされる劇作家である。

だが、アイスキュロスやソフォクレスとは、エウリピデスの作風はがらりと変わる。

彼自身でもサラミスの海戦に参戦したというアイスキュロスが、ペルシア戦役時代を体現する作家ならば、ソフォクレスはペリクレス時代を象徴する作家と言ってよく、二人とも、作品の主人公には男が多い。

それが、ソフォクレスよりは十歳しか年下ではないのに、エウリピデスになると、主人公には断然女が多くなってくる。

トロイの皇太子の妃《きさき》であった身が、夫ヘクトルの戦死とトロイの滅亡の後はギリシア軍の総将アガメムノンへの戦利品とされ、ミケーネの宮廷で奴隷女として生きることになったアンドロマケ。

義理の息子に恋したことで、自分も相手も周囲までも破滅に追いやってしまうことになる、王妃フェードラ。

自分を捨てて他の女に走った夫への復讐の念に燃えるあまりに、二人の間に出来た子供を殺してそれを料理し、夫に食べさせる王妃メディア。

彼女たちが、ギリシア悲劇の新しい主人公になっていくのである。

アイスキュロスやソフォクレスの主人公たちは、運命は受け入れながらも、それでも敢然と前に進む男たちであった。

それがエウリピデスの主人公になると、個人的な苦悩から脱け出せず、ゆえに自信がなく、感受性のあまりにもの鋭さで傷つくのは、他の誰でもなく自分自身。理性に対し、哀《かな》しみをたたえながらも向っていく、感性を思わせる。

こうなると、アルキビアデスではないか。エウリピデスが、オリンピアの競技会での四頭立て戦車競走の表彰台独占にあれほども感激したのは、アルキビアデスが体現する心の「ゆれ動き」に、共鳴するところがあったからではないだろうか。

ちなみに、このエウリピデスへの嫌悪《けんお》を、アリストファーネスは隠さなかった。理由は、堕落したアテネ人の女々しい心情を描いているから、となる。二人の間には、四十歳の年齢の開きがあった。世代的には、エウリピデスはペリクレス時代に属し、アリストファーネスのほうが、ペリクレス以後、の人であったにかかわらず。

このちがいは、悲劇と喜劇のちがいによるのか。風刺喜劇作家のアリストファーネスは、自作の中で、登場人物の一人に次のように言わせている。

「若さは、老いる。未熟も、成熟に達しない前に枯れてしまう。無知を知れ、も、学校の教科書と化して以後は、人々の心から柔軟性を失わせるのに役立っただけ。

この中で唯一《ゆいいつ》変わらないのは、人間どもの愚かさだ。これだけは、永遠に変わらずに存続する」

こう言われては、苦笑するしかないが、アリストファーネスの作品がアテネの演劇祭の常連になっていたのは、アテネ人が、粛然と悲劇を観賞するとともに、アリストファーネス流のアイロニーとユーモアも好んだからである。

エウリピデスがアテネの新しい気分を体現していたのならば、アリストファーネスも体現していたのであった。

そしてアテネは、元気づけてくれたペリクレスはすでに亡《な》く、不安と怒りを代言してくれていたクレオンも亡く、ニキアスとアルキビアデスの時代に入っていたのである。

デロス島まで出かけて行ってアポロン神に祈願するのは、ニキアスの自由であった。だが、アテネ市民は、神頼みだけで足りる、とは思っていなかった。

また、オリンピアの競技会で表彰台を独占し、それによってわきあがった熱狂も、それだけでは、アテネが直面している状況が打開されるとは、誰も思ってはいなかった。

まして、小島にすぎないメロスの征服が、問題の解決になるはずもない。

その年、前四一六年の冬の市民集会は、八方ふさがりにも似た重い気分に占められていたのである。

アテネ人は、どうしたらよいのかわからなくなっていたのだ。それゆえ、今の八方ふさがりの気分から解放されるならば、何でもよいとさえ思うようになっていた。状況を根本的に打開できる道は何か、をめぐって、その年の冬の市民集会は、アルキビアデスとニキアスの間の激しい論戦の場と化すことになる。

シチリア遠征

どうやら、三十四歳のアルキビアデスは、これまでの自論である西方への進出しか、現状打開の道はないという考えを固めつつあったようである。

だが、総論を展開しただけでは、市民集会の支持は取りつけられない。庶民とは、抽象論よりも具体策を提示してこそ反応してくるものだからである。

ところが、まさにその時期、思いもかけなかった遠方からの使節が、アテネを訪れたのだった。

使節は、シチリアの西側にある都市《ポリス》セジェスタからで、訪問の理由は、アテネの軍事力によって、シラクサに打撃を与えてくれないか、という要請である。

地中海最大の島であるシチリアの中でも第一の強国のシラクサが、小都市セジェスタに直接の脅威を与えていたのではない。セジェスタと、そこに近いセリヌンテの間で領地争いが起り、それがいっこうに解決しないのはセリヌンテの背後にシラクサが控えているからで、ゆえにアテネに、そのシラクサに打撃を与えてくれと頼みに来た、というわけだった。

シチリアの各地に点在する都市国家はすべて、ギリシア人が海外進出に熱心であった三百年も昔に入植した地で、ゆえに住民もギリシア人で、オリンピアでの競技会にも参加する資格がある。

領域をめぐっての争いはギリシア本土の名物だったが、ギリシア人は植民先にもそれを持ちこんでいたのである。セジェスタとセリヌンテ間に似た争いは、どこにもあった。

しかし、当時では、シチリアとそれと接する南イタリア一帯に住むギリシア人のほうが、経済にかぎれば、本土のギリシア人よりも豊かになっていたのである。「大ギリシア」と総称されるくらいで、土地の瘦《や》せた本土よりも西方の植民都市のほうが、広大な耕作地帯に恵まれていたからだ。アテネは食糧を輸入に頼らねばならなかったが、シラクサを始めとするこれら「大ギリシア」の都市は、輸出できるくらいの農業大国になっていた。

そういうわけで、アテネに軍事力派遣を要請してきたセジェスタが、六十タレントを提供できると言ったのも、嘘《うそ》を言っているとは受けとられなかったのだ。六十タレントとは、六十隻の三段層ガレー船を建造する費用と同額である。しかも、セジェスタの使節は、このうえさらに、神殿に納めてあるカネまで提供できる、と言う。

神殿を金庫代わりに使うのは当時のギリシアの一般的な習慣で、デロス同盟の金庫もデロス島のアポロン神殿にあったし、スパルタも、必要以上の収入があればデルフォイにあるアポロン神殿に預けるのが常だった。

ギリシア人は、神が見ている前で盗みを働くような者はいないと信じており、けっこうこれで泥棒除《よ》けには役立っていたのである。

セジェスタには、二千五百年が過ぎた今でも、壮大な神殿の遺跡が残っている。壮大な神殿ならばその中の金庫の中身も壮大であろうと、アテネ人は思いこんだのであった。

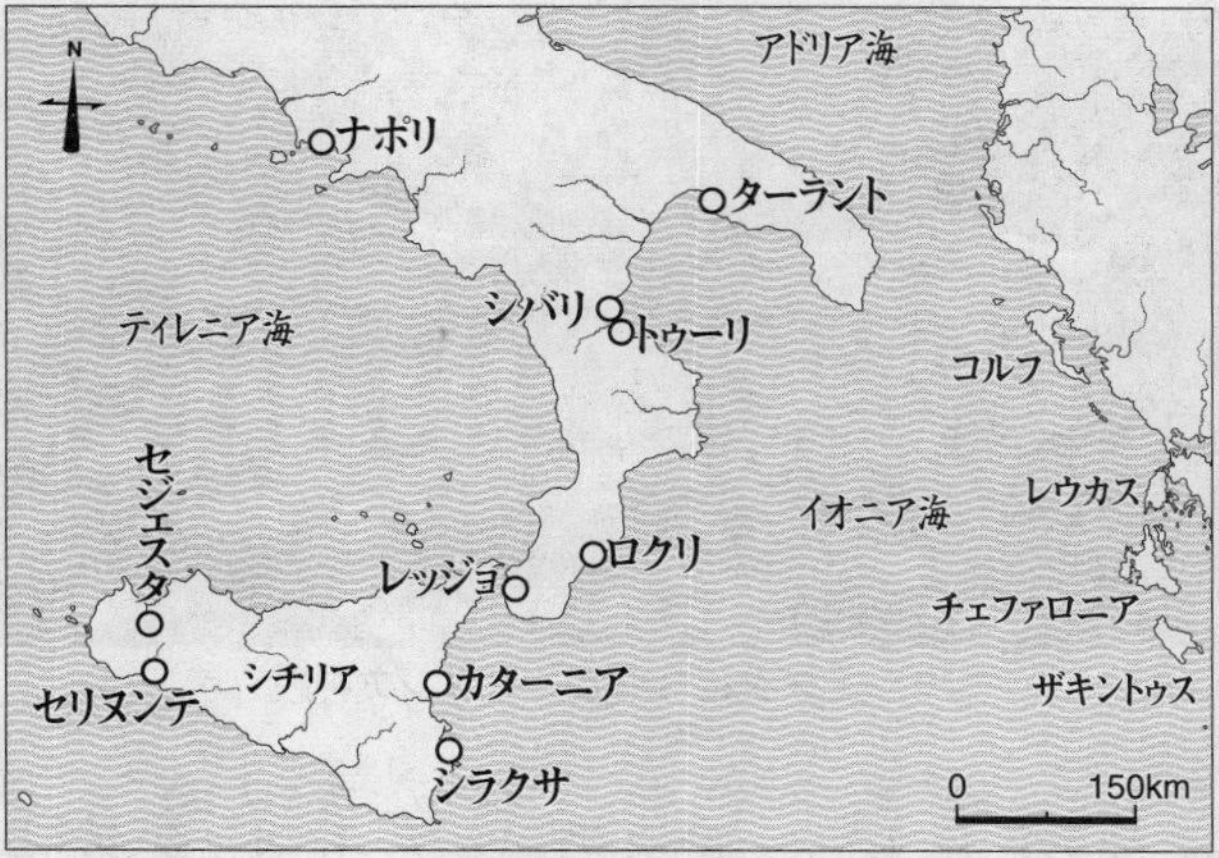

シチリアと南イタリア

このセジェスタからの出動要請は、西方への進出を考えていたアルキビアデスに、そのために必要な財源を保証したことになる。軍の出動に要する費用は、当面アテネが立て替えるにしても、それもセジェスタが払ってくるまでのことだ、と。

三十四歳の若きリーダーは、一段と西方進出を強く主張し、市民集会にその可否を問うたのだった。

これに、真向から反対したのがニキアスである。

五十四歳のベテラン政治家は、まず、このような無謀な遠征は若い世代だから思いつくことで、われわれには同意する

セジェスタに今も残るギリシア神殿

ことはできないと、その理由を列挙していく。

第一は、デロス同盟を率いるアテネが覇権国であることは明らかにしても、スパルタが盟主のペロポネソス同盟との戦争状態は継続中であり、しかもカルキデア問題も解決しきっていない現在のアテネに、新たに戦争を始めるなどはとてもできない、というのが理由。

理由の第二は、仮にシチリア遠征が成功裡《り》に終わったとしても、シチリアは広大で、デロス同盟の加盟諸国の結束にさえ苦労しているアテネに、シチリア全土の統治など無理な話である、とする。そして、現在のアテネに必要なのは、現に所有するものの確保に努めることだ、と言う。

第三は、シチリアは遠方にあり、そこへの遠征に要する費用を負担するのは、アテネの国庫がカラになることと同じ、と言うことで、ニキアス式にしろ警鐘を鳴らしたのだった。

ニキアスのあげた理由は、一つ一つを見れば正しかった。だが、アテネの厳しい現実を突きつけての正論であるがゆえに、それを聴く市民たちの心をなおも暗くしてしまうという、マイナス効果もあったのだ。

このニキアスに対して、アルキビアデスが反論に立つ。三十四歳の政治家は、一事を除けばニキアスの指摘したことはすべて正しい、とまず認め、ただし、とつづく論法で話を始める。

まず、国の重要事を決めるというのに、考え方のちがいを世代のちがいに帰すのは、アテネ人のやることではない、と言う。これまでもアテネは、重大事に際しては常に、若者もベテランも関係なく、全員が一丸となって対処してきたのだから、と。

次いで、ニキアスの反対論の根幹を突いてくる。

「たしかにアテネは、ニキアスも言うように、覇権国であることは明らかだが、覇権とは、獲得さえすれば何もしないでもつづくというシロモノではない。維持に成功してこそ、覇権国と言える。そして、維持しつづけるには、主導権は常ににぎっていながらの、考え方と行動の柔軟性が欠かせない。それには、提供された好機を活用することもふくまれる。

たしかにシチリアは、遠方にあり広大な島でもあるから、そこへの遠征には大軍の派遣が必要であり、費用も多くかかるだろう。

だが、そこに至るまでの海路の安全性ならば、アテネはすでに確保している」

アルキビアデスの言葉を現代風に解釈すれば、三十半ばのリーダーは市民たちに、発想の転換、視点の変更、それゆえの逆転の発想、の必要性を説いたのである。

つまり、未解決の問題にかかわりつづけているよりも、他の問題を解決することによって未解決の問題の解決に持っていく、という考え方であった。

まとめて言えば、「われわれにはもはやできない」とするニキアスと、「われわれにはまだできる」とするアルキビアデスの対立であったのだ。

この水準にまでくると、一般の市民では理解に届かなかったかもしれない。だが庶民でも、具体的な話になれば反応する。戦費はセジェスタが負担するということと、シチリアまでの海路の危険はない、とのアルキビアデスの言にとびついたのであった。

地図でもわかるように、アテネからシチリアに向うには、まず南下してペロポネソス半島の南端をまわり、その後も沿岸航行をつづけながらコルフ島まで北上し、そこから初めて西へ向うという遠路になる。その途中にあって、飲料水などの補給の必要からも寄港が必要になる島はすべて、アテネとは友好関係にある島々であった。

また、唯一《ゆいいつ》アテネ海軍の航行を妨害できる海軍力をもつコリントも、ナウパクトゥスにあるアテネの基地と、アルキビアデスが四年前に中立化するのに成功していたアカイア地方によって、アテネさえその気になればコリント湾内に閉じこめてしまえる状態にある。

これは、ニキアスとて認めざるをえなかった。だが、ペリクレス亡き後のアテネを率いてきたと自負するニキアスに、若僧の勝手にさせる気は少しもない。それで、アルキビアデスに直接に、まるで剣を突きつけるかのように、迫ったのだった。

「よかろう、アルキビアデス、やりたいと言うならやりたまえ。ただしそれには、百隻の三段層ガレー船に五千人の重装歩兵で成る大軍が必要になるが、それでもやると言うのか！」

アルキビアデスが口を開く前に、市民たちのほうが答えた。口々に、やろうではないか、アテネに、軍船の百隻や重装歩兵の五千人が用意できないはずはないと叫ぶ市民たちで、市民集会は燃え上ってしまったのである。

ニキアスは、問題の重大さを市民たちに冷静に認識させることで、アルキビアデスの提案をつぶそうとしたのだ。だがそれをすることで、アテネ人の誇りを傷つけてしまったのである。

こうなっては、ニキアスには何もできなかった。市民集会は全会一致で、三千タレントもの多額の臨時支出を可決する。三千タレントとは、アテネの一年分の国庫収入とほぼ同額になった。

つづけて市民集会は、シチリア遠征軍を率いていく、三人の司令官も選出した。

アルキビアデス、ラマコス、ニキアスの三人である。三人ともすでに、翌年担当の「ストラテゴス」に選出されていた。軍司令官でもある「ストラテゴス」に選出されていながらシチリア遠征を断わることは、ニキアスであろうとできなかった。

こうしてニキアスは、またも、反対していたことなのに加担してしまうことになる。

ペロポネソス半島とシチリア

ラマコスも加えて三人にしたのは、ラマコスの戦場経験を買ったからではない。ニキアスとアルキビアデスの二人では必ず対立して戦略・戦術ともに決定できないであろうから、ここはもう一人加えて二対一にして民主的に決定させようと、考えたからにすぎなかった。

しかもこの三人には、総司令官とその次席の差もない。同等の資格を持つ三人の将が軍を率いていくとなれば、指揮系統の一本化などは夢になる。

だが、市民集会が決めたことである。民の声は神の声、とは民主政の根幹ではあるが、指揮権の統一という勝利の最大要件に無知なことでは、神も民も同じなのかもしれなかった。

それでも、シチリア遠征を決定した後のアテネは、気分が一新したかのように活気づく。ピレウスにある、二つの造船所はフル操業。重装歩兵を多数乗船させる必要から、従来の三段層ガレー船よりは大型の船まで新造しなければならないからであった。

家庭でも、夫や息子が身にまとう軍装を整えるのに女たちまでが働いた。男たちのほうは、盾や槍《やり》や剣の手入れに忙しい。子供たちまでがその様子に、眼を輝かせながら興奮していた。

年が変わった前四一五年の春、すべての準備が完了した。アテネの経済力、アテネ人の技術力、アテネ市民の意志を投入した結晶が、人々の眼前にくり広げられたのである。

百三十四隻にもなる三段層ガレー船。

そのうちの百隻はアテネの船で、しかもこの百隻中四十隻は、兵士を多く乗せていくために常よりは大型に造られている。このすべてが、ピカピカの新造船。

アテネ船以外の三十四隻は同盟関係にあるレスボス、キオス、コルフからの船で、レスボスとキオスからの船は、すでにピレウスに入港していた。コルフからの船だけが、コルフ島で合流することになっている。

軍船である三段層ガレー船の他に、輸送用の帆船百三十隻も加わる。ガレー船には漕《こ》ぎ手が多く乗りこむので、遠征行には不可欠な武器その他は、輸送船で運ぶしかなかったのだ。これら輸送用の帆船も、ほとんどすべてがアテネの船。

ギリシアの都市国家《ポリス》と言えば重装歩兵《ホプリーテス》、と返ってくるほどのポリスの主戦力である重装歩兵は五千百人。

そのうちの二千二百はアテネの市民兵で、それ以外の二千九百は同盟国からの参戦兵士たち。船の参加はできなくても兵士の参加はできる、デロス同盟の加盟ポリスからの兵士であった。

騎兵は三十騎。全員がアテネの富裕階級に属す。

弓兵や石投げ兵などの軽装歩兵は一千三百。このうちの四百は、アテネ市民であった。

ガレー船の漕ぎ手も帆船を操る船員も、アテネでは、熟練技能者と見なされ立派に市民権を持つ男たちだから、市民皆兵の国アテネでも、戦争に行くとなれば、二十歳から四十五歳までのバリバリの現役世代から選ばれる。

大雑把に計算しても、同盟国も合わせての総数が三万三千を超える中で、アテネ一国だけで、二万五千に迫る兵士を投入するのであった。

成年男子にしか市民権を与えなかったアテネだが、この時期のその数を六万とすれば、実に二人のうちの一人弱が出征することになったのである。

しかもこれは、第一次の出陣のときの数でしかない。この翌年には、アテネは、第二次の出陣もせざるをえなくなるのだ。

これが、百隻の三段層ガレー船に五千の重装歩兵が必要になるがそれでもやるのか、と迫ったニキアスに、アテネの市民が返した答えであった。

そして、全国力を投入したという高揚心もあって、アテネ中が、もはや勝ったかのように興奮していた。

ヘルメス神像首斬《き》り事件

ところが、出陣が一ヵ月後に迫っているという時期、変事が発生する。

朝起きたら、街中の家々の前に立っていたヘルメス神像の首がすべて、何者かによって切り落とされていたのだった。

急遽《きゅうきょ》召集された市民集会は、開会される前から騒然としていた。神への冒瀆《ぼうとく》がからんでくると、知的文明の創始者であるアテネ人も、頭に血がのぼった状態になってしまうのである。何人かの市民が声を荒らげて叫んだ。

「アルキビアデスとその仲間の仕わざにちがいない」

酔っ払ったアルキビアデスが仲間たちを引き連れて馬鹿《ばか》騒ぎを起すのは、アテネでは知らない者はいなかったのである。

だが、他の市民たちも、同じくらいに声を荒らげて叫ぶ。

「そんなことはない。アルキビアデスの追い落しを狙《ねら》った、反対派による謀略だ」

アルキビアデスも、ことの重大さはただちに悟った。二人の市民が告発に踏み切った、という声も耳にしていた。

壇上にあがった彼は、市民たちを前にしてはっきりと言った。

「出陣の日は迫っている。検察官はただちに捜査を開始し、早々に裁判で黒白を決めてもらいたい」

そうだ、そうだと同意する市民たちも多く、検察官が連れてこられたのだが、「司法には司法のやり方があります」と言うだけであった。

結局、「司法のやり方」で進んだ結果は裁判には間に合わず、アルキビアデスは、嫌疑をかけられて捜査中の身で、他の二将とともに出陣せざるをえなかったのである。

出陣

ギリシアの六月は、一年のうちで、最も快適で最も美しい季節である。陽光は暖かく降りそそぎ、空はあくまでも蒼《あお》く澄みわたり、海からの微風が、一日を通して肌を優しく愛撫《あいぶ》する。

その日のピレウス港は、朝早くから詰めかけた人であふれんばかりになっていた。出陣する父や夫や息子の無事帰還だけが願いの女たちは、愛する肉親のそばから離れたがらず、国に残る男たちも、友人の出陣を祝おうと駆けつけていた。アテネ市民も、アテネ在留の他国人も、ちがいはまったくなかった。アテネ人にとっては国の総力をあげての遠征だが、在留外国人にとっても、その結果は他人事ではなかったのだ。彼らの中からも、軽装歩兵として参戦する者が少なくなかった。

出港前のセレモニーも、いつもの出港とはちがっていた。三人の司令官は、それぞれが乗船する旗艦の船首に立ち、黄金製の杯に満たした葡萄酒《ぶどうしゅ》を、高くかかげた後で海にそそぐ。海神ポセイドンに、航海の無事を祈るためである。ポセイドンが怒ると、嵐《あらし》や高波が起るからであった。

初めに、まず帆船団が出港する。ガレー船よりも風に左右されることの多い帆船は、先に出港するのが習いになっていた。

百三十隻もの輸送船がいっせいにかかげた帆の群れがサラミス島を右舷《うげん》に見ながら南下していくのを確認して初めて、遠征軍の主力である、百三十隻を超える三段層ガレー船団が出港する。「ストラテゴス」（司令官）は三人とも、ガレー船に乗っている。出陣を見送る人々の間からあがる歓声も、最高潮に達していた。

その様子を、もはや歴史を書くことだけが生涯の目的になってしまったとはいえ、九年前は彼自身も「ストラテゴス」を経験したことのあるツキディデスは、次のように書いている。

「まるでそれは、アテネの偉大さと持つ力のすべてを、全ギリシア人に見せつけるかのような、一大軍事パレードに似ていた」

ちなみにツキディデスは、司令官であった年にスパルタ人のブラシダス相手に弁明の余地もない大ヘマをやらかして二十年の国外追放に処されていたのだが、どうやらそれからしばらくして、二十年の国外追放は二十年の公職追放に減刑されていたようなのである。ならば、『ペロポネソス戦役史』と題した歴史文学の金字塔を書くことになるこの人は、このときも、現場証人であったのだった。

コルフ島までの海路は、何ごとも起らずに消化できた。季節が良かったからであり、ポセイドンも怒らなかったからだが、アルキビアデスが保証したように、コルフまでの海域は、アテネの領海を行くのと同じようなものであったからだ。

しかし、コルフ島には全船の到着を待つためもあってしばらく寄港したのだが、問題はそのときから始まるのである。

ギリシアとシチリアをへだてるのはイオニア海だが、シチリアを目指すには、コルフを後にしてからは南イタリアの海港都市に寄港しながら近づいていくしかない。それには南イタリアの港々に、寄港の許可を得る必要があった。

そのために、コルフに向う途中ですでに、三隻の三段層ガレー船から成る一隊を送り出していたのである。その三隻がコルフ島にもどってきて伝えたのが、いずれも悪い知らせであった。

ターラントは、寄港からして拒否。ロクリも同様。レッジョだけは寄港を認めたが、それも町に面した主港ではなく、町からは離れた漁港ならばという条件のOKだ。しかも町には、遠征軍の兵士たちは立入禁止、とまで伝えてきた。

これら南伊の海港都市は、ペリクレス時代にはアテネと良好な関係にあったのである。だが、ペリクレスは基地の設立とアテネ市民の移住を求めただけで、大軍勢を遠征させての攻略を目指したのではない。それに、遠征の目的はシチリアの攻略にあり、となればシチリア第一の強国のシラクサが的《まと》になるのは、誰にも予想できたことであった。

寄港を拒否してきたのはいずれも長靴の形をしたイタリア半島の南端に連なる海港都市だけに、遠方のアテネに味方することで近くのシラクサを敵にまわしてしまう状態になるのを、避けたかったのである。これらのポリスの拒否の理由がいちように、中立を守りたい、であったのだから。

悪い知らせはもう一つあった。

三隻で成る斥候隊はシチリアにも足を伸ばしセジェスタにも行ったのだが、そこで明らかになったのが、アテネを訪れて軍勢派遣を要請したセジェスタの使節の言が、まったくの嘘であったということである。

六十タレントはすぐ用立てでき、神殿に収めてあるカネもさらにプラスできると言ったのは嘘で、実際は神殿に〝貯金〟している三十タレントしかないと判明したのだった。

六十タレントにプラス・アルファと見込んで大軍勢を編成したアテネが、軽率どころか大馬鹿であったということになる。

この悪報は、三人の司令官を落ちこませる効果ならば充分にあった。

ニキアスは、状況がこうでは帰国するしかないと、沈痛な面持で言う。

ラマコスは、盛大に見送られて出てきたのにスゴスゴと帰国できるか、と怒りを爆発させる。

冷静であったのは三人のうちで最も若いアルキビアデスで、彼は、少なくともレッジョまでは行こうと言った。

こうして、遠征軍は南伊の先端に位置するレッジョまで行ったのである。町中には入れなかったが、レッジョとシチリアの間は、幅三キロのメッシーナ海峡がへだてるだけで、そこからはシチリアが眼の前に眺められる。

そのレッジョ、当時はレギオンと呼ばれ現代ではレッジョ・カラーブリアと呼ばれている地で、再度の三者協議が行われた。今後の戦略を決めるためだが、五十五歳のニキアスはほとんど思考停止の状態。同年輩のラマコスは、いっそのこと今現在の戦力でシラクサを直撃しようではないかと、過激な意見を述べまくる。

このときも冷静であったのはアルキビアデスで、迂回《うかい》作戦を主張した。天然の要害の地に立つシラクサを直撃するのではなく、シチリア中の都市国家《ポリス》を味方につけることで、シラクサの孤立をはかることのほうを先行させるべき、と主張したのだ。

そして、沈みきっているニキアスや怒り狂うだけのラマコスは放っておいて、自分だけで小部隊を率い、シチリアのポリス巡りを開始したのだった。小規模の軍勢ならば相手側も警戒しないというのが、小部隊での説得行の理由である。

これが、うまく行った。

この時代のシチリアは、いかに「マグナ・グレキア」（大ギリシア）と呼ばれていても、ギリシア本土と比べれば、それもとくにアテネと比べれば、辺境の地と言うしかない。

そのシチリアの小都市に住む人々が、美しく洗練された物腰のアテネの若将に来られて、丸めこまれてしまったのである。一対一であろうと相手が多くの市民であろうと、懐柔しようと決めたアルキビアデスに敵はいなかった。

説得行は、シチリアの北辺と東辺にまでわたって行われたが、最大の収穫は、カターニアをアテネの味方に引き入れたことだろう。都市国家《ポリス》としては中程度の国だが、シラクサとの間には六十キロの距離しかない。シラクサ攻略の、前線基地としては最適だった。

こうして、遠征してきた全軍が、カターニアに移動する。ニキアスもラマコスも移って来たので、このカターニアの地に、遠征軍の司令部が置かれたことになった。

出頭命令

そのカターニアの港に、アテネからの一隻《せき》の船が入港したのである。そしてただちに、次の説得行に出る準備で忙しかったアルキビアデスを呼び出し、一通の書状を手渡した。

アテネの裁判所からの、出頭命令である。それも、召喚状を渡した者とともに即刻帰国せよ、との厳命であった。

アルキビアデスは、一言も言わなかった。怒りをぶつけるなどの乱暴な振舞いも、いっさいしなかった。

従者を連れて行く許可だけを求め、それは容《い》れられた。アテネの裁判所も、「ストラテゴス」であった人を縄付きで連行することまではしなかったのである。

野営中の兵士たちにも、港に停泊中の船の船乗りたちにも、別れを告げることは許されなかった。兵士たちを動揺させないため、がその理由であった。

こうして、アルキビアデスを乗せた船は、ほとんど誰も知らないうちにカターニアの港を後にする。三十五歳の司令官は、市民たちの期待を一身に受けてピレウスを出港した日から三ヵ月も過ぎていないというのに、ピレウスにもどらざるをえなくなったのだ。

帰途の船中で、アルキビアデスは次のことを知った。

彼を告発した二人とはクレオンの後継者と称するデマゴーグたちで、それを受理した検察官も、また裁判官も、ニキアス派ではないにしてもアルキビアデスを敵視する者たちであることも知ったのである。

それにアルキビアデス自身も、アテネ人が、神への冒瀆行為となると頭に血がのぼってしまい、問答無用という感じで厳罰に処すのをためらわない人々であるのも知っていた。アテネでの厳罰とは、死刑ということである。

アルキビアデスを乗せた船は、即時の出頭命令を受けた当の人を乗せているためか、他の船のようには沿岸航行をせず、一気にイオニア海を横断してピレウスに直行する航路をとる。だが、イオニア海を一気に横切る前にはやはり、どこかに寄港して飲料水ぐらいは補給する必要はあった。それで、南伊にあるトゥーリに立ち寄ったのだ。

トゥーリは、ペリクレス時代にすでにアテネの植民都市になっていた町である。海には近くても直接には面してはいないので、大軍勢の寄港には適さないが、アテネの基地になってすでに三十年、アテネ人ならば立ち寄るのは当り前、の地になっていたのだった。

アルキビアデスを乗せた船も、これまたペリクレスが友好関係を打ち立てていた、トゥーリの外港という感じのシバリに、二、三日とはいえ寄港することになる。アルキビアデスにも、夜には船にもどるという条件ながら、その間の行動の自由は認められた。

ところが、いざ出港という日の朝になって、アルキビアデスと従者の姿が消えていたのである。被告なしでピレウスに帰るしかなかった船を迎えたアテネの裁判所は、欠席裁判ながら、アルキビアデスに死刑の判決を下した。三十五歳の前司令官は、国際指名手配の身になってしまったのである。

その年の冬になるまで、アルキビアデスの消息を知る者は誰もいなかった。

先行するギリシア人から多くを学びつつも反面教師にもしたのはローマ人だが、ローマ法は、戦場に送り出した司令官の、いかなる理由があるにせよ、本国召還は認めていない。

告訴は、受理しないのではない。受理はするが、それを受けての捜査も、捜査の結果に基づいての裁判も、戦争終了後まで持ちこされる、と定めていたのである。もしもローマ人が、ギリシア人のこの面での考え方までも踏襲していたならば、ユリウス・カエサルによるガリア戦役は有りえなかった。北西ヨーロッパの制覇に集中していた十年の間に、何度となくカエサルは、首都ローマにいる反カエサル派から、告発騒ぎを起されていたのだから。

遠征軍を率いるのは、ニキアスとラマコスの二人になった。何でも考え出し、それをただちに実行に移す憎たらしい若僧が退場した後は、二人の中でも政界の大物ということならば断じて上位にあるニキアスが采配《さいはい》を振ろうとも、誰からも反対は起らなかったろう。

だが、そのニキアスに、にわかに元気づいた様子は少しも見られなかった。五十五歳になっていたニキアスの政治キャリアは、初めは扇動家《デマゴーグ》クレオンに反対し、次いではクレオンの死後に登場したアルキビアデスに反対することで過ぎたようなものである。それが、反対する相手がいなくなった今、立ち止まってしまったのだった。

しかし、季節はまだ秋。「ストラテゴス」の職務にある以上、何もしないでいるわけにはいかない。それでニキアスが実行したのが、すでにアルキビアデスが進めていた、シチリアの小ポリスをアテネ側に引き寄せる戦略の継続であった。

ところが、この戦略は実を結ぶことなく終わってしまう。ニキアスのやり方が、大軍を背にして同盟を迫るやり方であったからで、かえってシチリア人の反撥《はんぱつ》を買ってしまったのだ。

三角形の形に似たシチリアの海側をひとめぐりしたのに結果は変わらず、ニキアスも失敗は認めるしかなかった。

認めた結果が方針の転換である。同僚ラマコスの主張していたシラクサ直撃に、彼も乗ることにしたのである。

シラクサ

では、こうもアテネ軍に迫られていながら、的にされているシラクサは、ここに至るまでの間何をしていたのか。

実際は、ほとんど何もしてこなかったのである。

当時の地中海西方での強国と言えばシラクサとカルタゴであり、いまだこの二国の間は、激突しなければならないほどの敵対関係にはなっていない。

しかもシラクサは、背後には広大な平地が広がる農業国で、自給自足が充分に可能な国である。ゆえに自国の防衛のために他国と同盟を組む考えからしてなく、コリント人が入植して出来た都市国家《ポリス》でありながら、そのコリントとも特別に友好的であったわけでもなかった。

そのうえ、都心部は天然の要害の上に建ち、その半島を一辺にした広い湾は「大きな港」と呼んで、絶好の海港都市にもなっている。

要するに、防御は完璧《かんぺき》、攻めてくる大敵もいなかった歳月が長くつづいたことで、シラクサの住民は、自国の存亡がかかった戦争には、直面したことすらもなかったのである。

アテネが大規模な遠征軍を送り出したと知ったときでも、自分たちが的《まと》になるとは想像もしていなかったようで、そのシラクサが戦雲の接近に気づいたのは、アルキビアデスが、シチリア中の小都市への巡行を始めてからである。その頃になってようやく、的は自分たちだと気づいたのだった。

気づいたのならばただちに迎撃の準備にかかったと思うところだが、実際はそうではない。

当時のシラクサを統治していたのは僭主政権《ティラニア》、つまり、王政として確立はしていないが一人が統治する政体である。だが、シラクサとて住民はギリシア人だ。ということは、常に国内を二分する政争が絶えなかったということで、それゆえに、与党があれば野党もある。シラクサの野党は、スパルタ式の少数指導制《オリガルキア》の導入を主張する人々で、この派を率いていたのがヘルモクラテスであった。

この男が、アテネ軍がペロポネソス半島をまわってイオニア海を北上し始めた時点で早くも警鐘を鳴らした、ほとんど唯一と言ってもよいシラクサ人であったのだ。だが、その警鐘にも、現政府はなかなか腰をあげなかった。ヘルモクラテスの言を聴き入れようものなら現政権の打倒につながりかねないと考え、それが動きを鈍くしていたのである。

しかし、アテネ軍がカターニアを本拠地にしてからは、そんなことも言ってはいられなくなった。そして、シラクサがようやくアテネ軍の脅威に対抗する必要に本気で気づいた時期と、ニキアスが、シチリアの小都市の懐柔の失敗を認めた時期が、一致したのである。

以後一年半にわたってくり広げられることになる、「シラクサ攻防戦」の始まりであった。

「シラクサ攻防戦」

シラクサに、軍事力がなかったのではない。強大な敵を迎え撃つほどの軍事力はなかったが、シラクサは、シチリア第一の強国だ。シチリア一の強国になれたのも、他の中小ポリスをしのぐ軍事力を持っていたからである。

ただし、重装歩兵が主戦力のギリシア本土の都市国家と比べて、シラクサの主戦力は騎兵にあった。必要となればただちに、二千騎の召集も可能であったという。

このちがいは、僭主《せんしゅ》政がもっぱらで、それゆえに市民階級が未成熟だった政治体制に帰すこともできるが、平野に恵まれているという地勢にもあったと思われる。市街地の背後にまで迫る平野は、馬の飼育にも適していた。

このシラクサで騎兵以外の兵力は、必要となれば召集する軽装歩兵。それでも、国自体が豊かなので、住民の数は多かった。

もちろんのこと、ギリシア人が建設した海港都市である以上、海軍はある。だが、エーゲ海では敵無しと言われるアテネ海軍に比べれば、規模でも戦闘力でも比較にならなかった。

ニキアスも、このシラクサ攻撃を、海から始めると決める。同僚のラマコスも同意見だった。

櫂《かい》という当時のモーターを持つ三段層ガレー船のほとんどが、その日の上陸作戦に投入される。

カターニアを出港した後は一気に南下して、シラクサでは「大港」と呼ばれていた広い湾内にそのまま突入するのである。着岸すれば、重装歩兵の五千はもちろん、漕ぎ手たちも海兵《マリーンズ》に一変するのがアテネのやり方であった。騎兵も乗せていたから、大型ガレー船には馬も乗せていたにちがいない。

急襲作戦は、見事なまでに成功した。シラクサの民衆が怖《おそ》れよりも驚きの想《おも》いで見守る眼前を、全軍で「大港」に乗り入れ、上陸し、あらかじめ計画していたように、「大港」にそそぎこむアナポス川にかかる橋を破壊し、その近くにあるオリンペイオンまで占拠したのである。これで、内陸部とシラクサを結ぶ道の一つを切断したことになった。

その後もアテネ軍は休みもせず、ダスコンの地に陣地を建設する作業にとりかかった。シラクサ攻撃の前線基地になるだけでなく、シラクサの市街地と南を結ぶ道まで

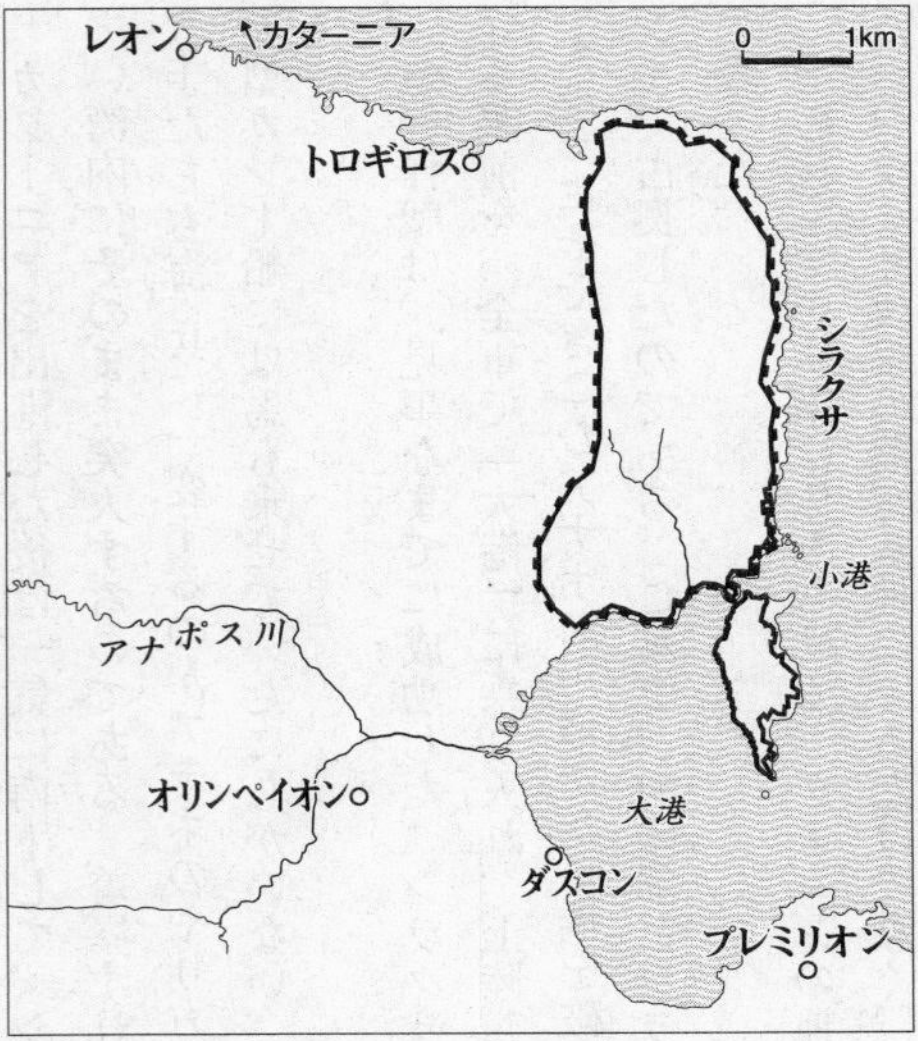

シラクサとその周辺

切断することになるからである。

だが、そのときになってアテネ軍に、陸上を来たシラクサの騎兵一千二百が襲いかかってきたのだった。迎えるアテネ側の騎兵は、その四十分の一にしかならない三十騎。しかも戦場は、アテネ側の歩兵・騎兵の全員を会戦にそなえて布陣する広さもなかった。

それでも、アテネの兵士たちは敢闘した。シラクサの騎兵軍を追い払っただけでなく、ダスコンの陣地には手もふれさせなかったのだから。死傷者も、二百六十人と、まずは許容の範囲に留まったというのが、アテネ側の二人の「ストラテゴス」の考えであった。

だが、その頃から激しい雨が降り出したのである。しのつく雨とはこの日の雨のことで、広い湾の対岸に見えたシラクサの都心部も、雨にさえぎられて見えなくなっていた。

ここで、ニキアスが決断したのである。ダスコンに建設した陣地はひとまず引き払い、全軍は船に乗ってカターニアにもどると決めたのである。

冬が近づいていること、この雨では敵地に留まるのは危険であることが、撤退の理由であった。

シチリアの雨は、降ってもしばらくすれば止《や》み、翌日の朝には、太陽は輝き前夜のぬかるみも固まっているという雨なのである。シチリアでは冬も、トラキアやマケドニアとは比べようもないくらいに温暖な日がつづく。

その状況下、敵の近くに杭《くい》を打ちこんでいながらの撤退は、敵に状況転換の機会を恵んでやるに等しかった。

慎重は良い。しかし、慎重な対処を必要とする場合と、果敢に突き進むことで勝機をつかむ場合のちがいを見分ける才能を、勝負カンと言う。五十五歳のニキアスは、心理的にも老人になっていたのかもしれなかった。

カターニアの本営にもどったニキアスは、アテネの政府に手紙を書き送った。まずは戦費の追加要請と、敵に比べて味方の騎兵が劣勢なので、急ぎ騎兵を送るよう求めた手紙である。

アテネの市民集会は、三百タレントの追加出費を決め、騎兵二百八十の追加派遣も可決した。

この兵力が到着しても、シラクサとアテネの騎兵戦力は、一千二百騎に対し三百十騎である。四十対一ではなくなったが、四対一ではある。この差を、騎兵の活用度の高いシラクサで、ニキアスがどう克服するつもりでいたのかはわかっていない。

いずれにしても、遠征一年目である前四一五年は、こうして終わった。

そして、この時期になって、アルキビアデスの消息もわかる。欠席裁判で死刑を宣告され国際指名手配の身になっていた三十五歳は、スパルタに逃げていたのだった。

アルキビアデス、スパルタに

なぜ、それもよりによって、スパルタに？

アテネへの護送中に南イタリアのトゥーリに立ち寄った数日の間に、秘《ひそ》かに彼は一隻の小型船を調達していたようで、夜の闇《やみ》の中をそれに乗って逃げたのだ。

そして、アテネと同盟関係にあるレウカスやザキントゥスの島は避け、ペロポネソス半島の西北の端に上陸した。

この一帯はアカイア地方と呼ばれ、五年前にアルキビアデスがアテネ傘下《さんか》に加えた地方で、その成果でもある「四ヵ国同盟」の側になった地方である。

ただし、この同盟はその二年後にマンティネアの会戦で敗れたことで空中分解してしまったが、それでもスパルタ側にはもどらず、少なくとも中立できた地方ではあった。ペロポネソス半島の中でスパルタ側にも立たず、かと言ってアテネ側にも立たずで中立を守ったのは、このアカイアとアルゴリスの二地方しかない。

そのアカイア地方で船を捨てたアルキビアデスは、そこからスパルタに、政治亡命の申請をしたのだった。

とはいえ、正面から申請したのではない。脇《わき》から、ではあった。スパルタの五人のエフォロスの一人を、懐柔することから始めたのである。

スパルタの国政を決めてきたのは、常に二人在位する王ではない。毎年市民集会から一年任期で選出されてくる、「五人のエフォロス」（監督官）であり、それは、ギリシアでは知られた事実であった。また、スパルタ国内でも秘密にされていたわけではない。市民集会に五人のエフォロスが入場してくると、王でも起立して迎えることで示されていたのだから。

スパルタの市民集会は、二十歳から六十歳までの現役の重装歩兵で占められている。

ということは、「エフォロス」に選ばれないかぎりは「スパルタの戦士」の一人にすぎなく、戦場では王の命令に服従する義務がある。

だが、いったん「エフォロス」に当選するや、その地位にある一年間は、王に命令する権利を獲得し、実際にも行使できるのだ。

このやり方をつづけることによって、スパルタは、権力は牽制《けんせい》しながらも、政局安定も維持してきたのである。

アルキビアデスが「エフォロス」の一人を最初の的にしたのも、政治亡命という目的を、より早く確実に実現するための戦術にすぎなかった。

ところが、そのやり方ときたら、的と定めたエフォロスの祖父がアルキビアデスという名であったことをあげて、われわれ二人は血縁関係にあったかも、というのであったというから笑ってしまう。

それでも効果はあったようで、このエフォロスはアルキビアデスのために積極的に動き、他のエフォロスたちも巻きこんだ結果、アテネの前司令官のスパルタ亡命は実現したのである。

私の想像だが、いくら何でもスパルタがこのようなことでアルキビアデスの政治亡命を認めたはずはなく、ほんとうのところは、スパルタにとっては危険人物ナンバーワンのこのアテネ男が他の国に行くよりも、スパルタに来てくれたほうがよいと考えて決めたのではないかと思う。

なにしろアルキビアデスは、「四ヵ国同盟」の仕掛人であり、空中分解したとはいえあの同盟の目的がスパルタの孤立にあったことを、スパルタは忘れていなかった。そのうえアルキビアデスには、アテネの有力政治家ということの他に、負け戦《いくさ》知らず、というメリットもあったのだ。いずれにしても、アルキビアデスの亡命は認められた。

しかし、一人静かに亡命生活を送るアルキビアデスではない。たちまち五人のエフォロスとは親密な関係を築きあげ、二人の王まで加えたスパルタ政府の、軍事顧問に収まってしまったのである。

アルキビアデスが、彼らスパルタ人が考えもしなかったことを提言したからだが、それも、良い意味でも悪い意味でも生粋のアテネ男である彼には、さしてむずかしいことではなかったにちがいない。

歴史家ツキディデスも書くように、スパルタ人くらい思考の柔軟性に欠けているギリシア人もいないのだ。スパルタが誇りにする重装歩兵が、前に進む闘い方では無敵でも、予測していなかった方角からの不意の攻撃には意外と弱かったのに似ている。

アルキビアデスが提言したのは、アッティカ地方でも北部に位置するデケレイアの地を占拠し、そこをスパルタの基地にしてはどうか、ということであった。

ペロポネソス戦役が始まってからの十六年間、スパルタはほとんど毎年、春になるや王率いる軍勢を北上させ、アテネの領土であるアッティカ地方を荒らしまわる作戦をつづけていた。

アテネとスパルタの間で闘われたとされるペロポネソス戦役は、実際は宣戦布告な

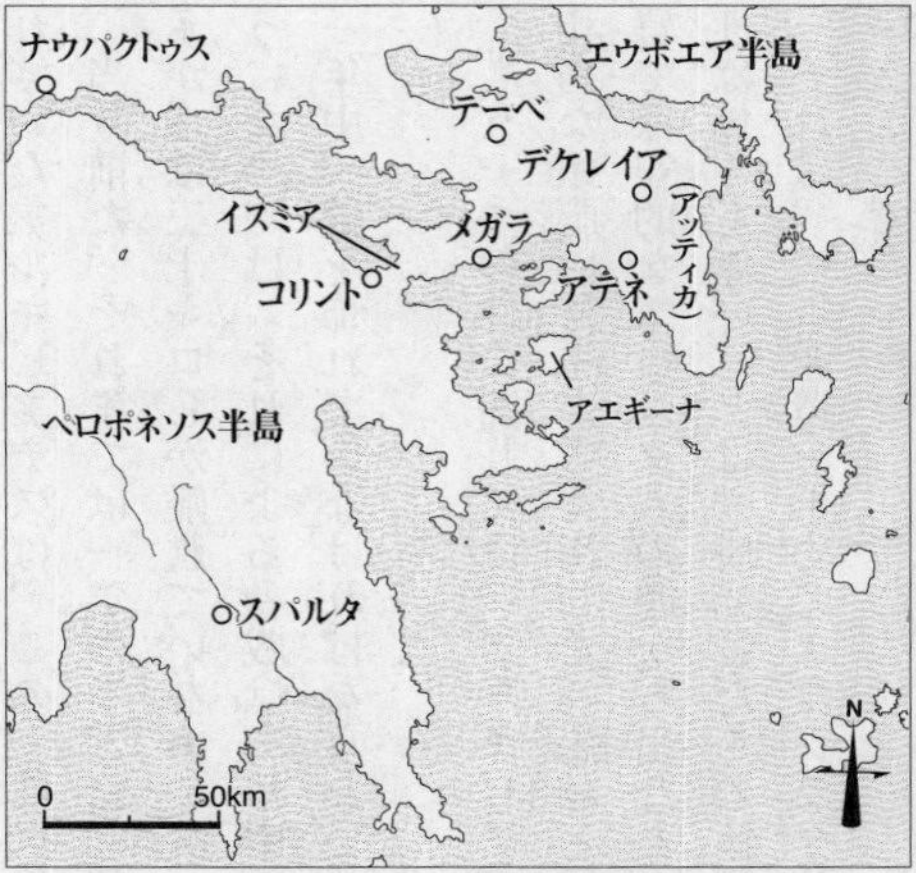

アテネとその周辺

しでダラダラとつづいていた戦争である。ゆえに、スパルタ主導のペロポネソス同盟軍のアッティカ侵攻も、軍事行動と言うよりも略奪行の色合いが強かった。

それでも春になると、スパルタから北上し、狭いイスミアの地峡を通ってメガラ領内に入り、アッティカ地方までの遠出をくり返していたのだ。また、スパルタ人は秋には戦闘をやめるのが習いでもあったので、秋に入ると同じ道を通って帰国するのである。

アルキビアデスは、デケレイアを基地化すればわざわざ軍勢を往復させる必要はなくなり、王を始めとする指揮官だけの往復になると説いたのだった。

スパルタ側も、言われてみればそうだと得心し、アルキビアデスの提案は採用された。

しかし、これまでアテネ人から愛さ

れていたアルキビアデスは、この一件以後は憎まれることになる。

当り前だ。それまでは一年の半ばだけ敵の存在を耐えていればよかったのが、アテネからは三十キロしか離れていないデケレイアにスパルタ側の兵士たちが常駐するようになっては、それによる脅威は一年中のことになるからだ。農民たちにしてみれば、一年中、敵を怖れていなければならない状態になった、ということであった。

もう一つの件に関しては、アルキビアデスの提言によったという確証はない。だが、相当な頭脳の持主が考え出した、悪辣《あくらつ》と言ってもよい前例のない戦略だから、武人気質で保守的なスパルタ人の頭から出たとも思えない。アルキビアデスが関与した可能性は無くも無い、とは、研究者たちの憶測である。

それは、援軍派遣を求めてきたシラクサに、スパルタはどう対応したら良いか、ということであった。

ニキアス率いるアテネ軍が、敵地に杭を打ちこんでいながらカターニアの本営にもどってしまった冬、その間を利用してシラクサから、援軍派遣を求める使節がスパルタを訪れていたのである。

派遣要請の理由は二つ。

第一は、スパルタとアテネが対決するペロポネソス戦役が続いている今、シラクサを攻撃しているのがアテネである以上、スパルタはシラクサを助けに来るべき、という理由。

第二の理由は、スパルタもシラクサも、起源をたどればドーリア民族の国同士であること。だから、イオニア民族の国であるアテネに対して、共同戦線を組むべき、となる。

シラクサは、三百年以上も昔にさかのぼれば、コリント人が入植して出来た都市国家《ポリス》であった。そしてコリントは、ペロポネソス半島に位置し、スパルタが盟主の「ペロポネソス同盟」に加盟している。

だから助ける義務があるというのがシラクサ側の言い分だが、これにも、十分の一ぐらいにしても理《ことわり》はあった。

ギリシア史には、ホメロス描く英雄伝説の時代の直後から大変動が起こる。北方に住んでいたドーリア民族が大挙して南下してペロポネソス半島に住みつき、その奔流の外側にあって難を免れたイオニア民族と、ギリシアを二分するようになった時代があったのだ。歴史学者たちはこの時代を、ギリシアの「中世」と呼んでいる。ペロポネソス戦役とは、所詮《しょせん》、スパルタが盟主の「ペロポネソス同盟」と、アテネ主導の「デロス同盟」の対決であった。それゆえ、「ドーリア民族」対「イオニア民族」の対決、と言えないこともなかったのだ。

地中海の西方に位置するシラクサは、ペロポネソス同盟には加盟していない。だが、母国であるコリントがドーリア系ギリシア人の国ではあったことから、彼らもドーリア系と言えないこともない。

しかし、ペロポネソス戦役が始まった十六年前には、アテネの指導者ペリクレスも、スパルタの王アルキダモスも、そのようなことは考えてもいなかった。ゆえに、民族の別を持ち出してくるのもまた、戦争が長期化した場合に生ずる悪弊の一つなのである。

戦争が長期化すると起る悪弊のもう一つは、宗教を持ち出してくることだが、多神教の世界であった古代では、それは起らなかった。ドーリア系であろうとイオニア系であろうと、オリンポスの山に棲《す》まう主神ゼウス以下の神々を信仰していることでは、変わりはなかったからである。

ゆえに、古代の後の中世から始まる、「キリストの十字架の下《もと》に」とか、「イスラムの旗の許《もと》で」とかは、起りようがなかったのだ。

いずれにしてもスパルタは、何らかの形で、シラクサの要請に応《こた》える必要はあったのである。

とは言っても、今なおスパルタは、正面切ってアテネとことを構える気になれないでいる。

なぜならスパルタは、アテネとの間に締結した「ニキアスの平和」を守る気であったからで、そこには、両国とも、互いに相手国に対しては直接の軍事行動には出ない、と明記してあるからだった。

である以上、王に率いさせての正規軍を派遣させるわけにはいかない。

また、スパルタにとっては虎《とら》の子の、一万前後しかいない重装歩兵は温存しておきたい。局地戦闘にすぎない十年前のピロス戦で百五十人の「戦士」たちがアテネ側の捕虜になり、彼らを無事に帰国させるのに四年もかかったのを、スパルタ人は忘れることができなかったのだ。

しかし、シラクサからの要請を、無下《むげ》に断わることもできなかった。ドーリア系ギリシア人と思い始めているペロポネソス半島の住民を失望させることになるからで、そのようになろうものなら、「ペロポネソス同盟」そのものが崩壊してしまう。

また、スパルタが動かないとなれば、敵、つまりアテネを利するだけであった。

考えあぐねたスパルタの首脳陣がたどり着いた結論が、九年前のブラシダス方式の採用、いや正確に言えば、ブラシダス方式の改良型の採用である。

あの時期、スパルタは、アテネを苦しい立場に追いやるためだけに、利害関係のまったくないカルキデア地方に、ブラシダスに率いさせた、ヘロット（農奴《のうど》）七百人で成る非正規軍を送ったのだった。

これは成功し、アテネはこの地方の要《かなめ》アンフィポリスを失い、その年「ストラテゴス」として最前線に送られていた後の歴史家ツキディデスは、責任を問われて二十年もの追放刑に処されている。ブラシダスは戦死したが、その後もずっとカルキデア地方は、アテネの悩みの種になっていたのである。

閉鎖社会で通してきたスパルタは、シラクサとの間にも、配慮すべき利害関係はない。だからと言って、このままにしておくわけにもいかない。

それでブラシダス方式の再採用に踏み切ったのだが、それは踏襲ではなかった。

再び、アウトサイダー

農奴《ヘロット》あがりの兵士を率いたとは言っても、ブラシダス自身は、正真正銘のスパルタ市民である。つまり、スパルタ市民の父とスパルタ市民の娘である母の間に生れた子というわけだ。ゆえに、少年になるやならずの年頃から始まる、武術の訓練のための集団生活も経験し、最後は不意を襲って殺したヘロットの首を持って帰営するという、野蛮な成人儀礼《イニシエーション》も済ませた、スパルタの虎の子である重装歩兵《ホプリーテス》の一人であった。

だが、シラクサに送られることになった、ギリッポスはちがう。

この男は、父親はスパルタ市民だが母親はヘロット（農奴）。それでも、虎の子たちの数の確保が悩みであったスパルタでは、出自《しゅつじ》には片眼をつぶるようになっていたようで、彼もまた少年時からの厳しい軍事訓練は受けていた。ただし、ブラシダスのように、市民集会への参加まで認められていたのかどうかはわかっていない。

そのうえ、ブラシダスは、ヘロット出身であろうと七百人にはなる非正規兵を従え、この他に一千人のペロポネソス同盟加盟国からの兵士も率いていくことも認められていたが、ギリッポスには、この種の兵士も与えられていなかった。

なぜなら、ギリッポスに与えられた公式の任務が、積極的に参戦することでシラクサを助けることではなく、シラクサに戦略を教授し、シラクサの兵士たちに闘い方を教えることにあったからである。

なにやら現代の先進国が好む、地上戦に兵を送るのではなく、現地兵の指導のために自分たちの側の兵を送るのを思い出してしまうが、現代と古代はやはりちがう。

スパルタでは、正規兵を率いるのは王であり、その王には必ず、五人いる「エフォロス」のうちの二人が同行するのが常例になっていた。

だが、ブラシダスもそうだったが、ギリッポスも、率いて行くのは非正規兵である。ゆえに、「エフォロス」という、何かと言えば文句をつけてくる「監督官」なしで、戦略も戦術も決められるという利点があった。

ブラシダスもそれで成功したのだが、ギリッポスも、その先例を踏襲することになる。

それどころかギリッポスは、現地軍の指導という当初の任務を大きく越えて、シラクサ軍の先頭に立って闘うことになるのだ。

シラクサに率いていく兵士の数も、ブラシダス同様に七百前後にすぎなかったが、ギリッポスとその部下たちは、翌・前四一四年の春に出発することは決まった。


紀元前四一四年、前年の夏にピレウスから出港したアテネ軍にとっては、シチリアに来て初めてになる春が訪れていた。

だが、「ストラテゴス」(司令官)のニキアスは、ただちに軍事行動には入らなかった。前の年の冬にアテネに要請していた、騎兵団の到着を待っていたのである。敵との騎兵戦力の差、四十騎対一騎の差は、彼には重くのしかかっていたのだった。

騎兵を乗せた船団がアテネ軍が本営を置くカターニアに入港したのは、四月の末になってからである。アテネのエリートたちで成る二百五十騎に、騎乗弓兵と呼ばれる一般市民の騎兵が三十騎で、合計二百八十騎。

このアテネからの援軍に加え、あらかじめ騎兵派遣を要請していた、シチリア内のセジェスタからの三百騎とナクソスからの百騎も到着していたので、アテネ軍の騎兵戦力の総計は、七百十騎になったことになる。シラクサの騎兵戦力との差は、二対一にまで縮まった。

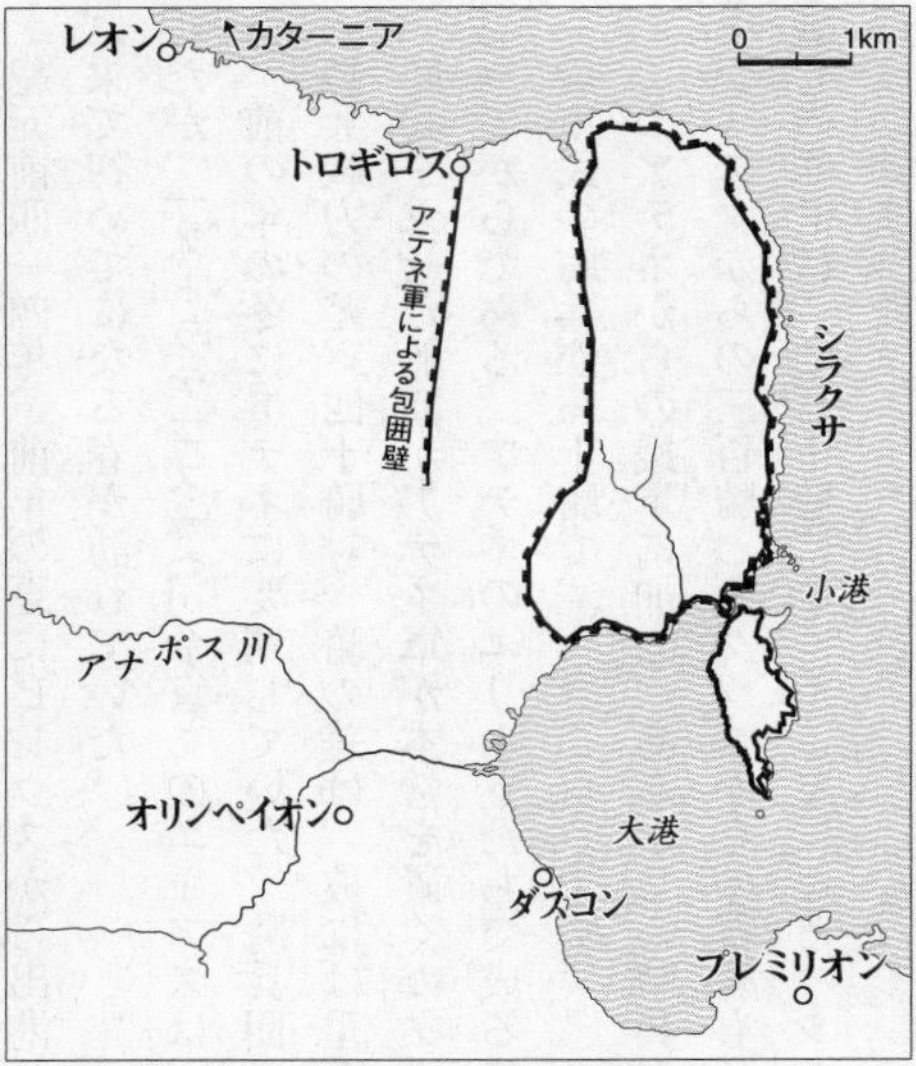

シラクサとその周辺

とはいえこれで、軍事行動を始められるようになったのは五月に入ってからになってしまう。ここでまず、戦闘に適した季節の二ヵ月を無駄にした。それに加えてニキアスは、戦略も変えていたのだ。

前の年の秋に試みた海軍を使っての「大港」内への侵攻作戦は中止し、シラクサを北から攻める陸上戦に変えたのだった。

北からの攻撃とは、まずカターニアから船で、軍勢をレオンまで運ぶ。レオンに上陸した後は、高地にある砦《とりで》を占拠した。

そこから「大港」に向けて壁を構築し、大きくシラクサを包囲する戦略であったのだが、高地をななめに突っきっての構築作業が困難であるのに気づく。

そこでまた戦略を変え、レオンからは南東に下った港トロギロスから「大港」までつづく、包囲壁を築くことにしたのである。この包囲壁の目的は、シラクサの都市部全体を、周辺地域から孤立させることにあった。

考え《アイデア》自体は、正しかったのだ。海に面した都市は、陸側から攻めないかぎりは陥《お》ちないからである。

また、完成していたならば、現地で調達可能な材料を用いても全長五キロを越える構築作業になるが、三万五千にもなる軍勢だ。人力も不足しなかった。

しかし、この考えを現実化するには、二つの条件がクリアーされる必要がある。

第一に、工事は、予想されるシラクサ側の妨害に抗しながら進めざるをえないこと。

第二は、この戦略の最高責任者が、どのような事態が起ろうとも動揺せず、一貫して継続する鉄の意志の持主であること。

初めの頃は、相当に順調に進んだのである。やはり、騎兵戦力の差が縮まった利点は大きかった。妨害に出てくるシラクサの騎兵は、そのたびにアテネ側の騎兵に蹴散《けち》らされた。

だがそこに、ギリッポスが到着したのである。

助っ人到着

後世に生きるわれわれが、「スパルタの男」と聴いて思い起すのは、ペルシアの大軍を前にテルモピュレーで玉砕したレオニダスや、プラタイアの会戦で完膚なきまでにペルシア軍を破ったパウサニアスや、スパルタ人なのにアテネ人のペリクレスとは親友の仲にあったアルキダモスのような、「男の中の男」であり、「男の鑑《かがみ》」とされた人ばかりである。

だが彼らは、スパルタには建国以来存続する、二つの王家のどちらかの生れだった。武術は仕込まれたが、ヘロットの首を土産に帰ることで終了する成人儀礼《イニシエーション》などは免除され、言ってみれば、生れたときから帝王教育を受けてきた男たちである。ジェントルマンに育つのも、当然であった。

王族以外のスパルタ男も「スパルタの戦士」と呼ばれてギリシア中に勇名とどろく男たちだったが、武骨で寡黙《かもく》で、ただし誇りだけは強かった。

母親がヘロットであったギリッポスは、この人々とはちがっていたのだ。たたき上げの彼にしてみれば、男の鑑になるなど知ったことか、と思っていただろう。

何につけても決定するのが遅いスパルタの市民集会が、ギリッポスのシラクサ派遣を正式に決定したのは、前四一四年の春になってからである。待ちかねていたにちがいない彼は、すぐさまスパルタを後にしたのだが、そして、他の者ならばシラクサに直行していただろうが、彼はしなかった。

なにしろ、このたたき上げに与えられた兵力は、ガレー船四隻《せき》でしかない。漕《こ》ぎ手は上陸後は兵士に変わるのはギリシアでは一般的だが、それでも七百人を大きく割る。ギリッポスは、非正規もよいところの、しかも七百にも達しない兵力で送り出されたのだった。

それでギリッポスは、シラクサには直行せずに、シチリアの内陸部のポリスをめぐるほうを優先する。兵士を集めるのが目的で、もちろん、自分はスパルタから正式に派遣された身であると、大言しながらまわったのだった。

世間知らずのシチリアの田舎者でも、スパルタの名は知っている。しかも、彼らと同じシチリア内の都市シラクサを外国人の国であるアテネから守るためと言われて、参戦を快諾したのだった。

こうして、スパルタを発《た》ったときの七百人は、三千人に増えたのである。

その三千を従えたギリッポスは、北で包囲壁を構築中のアテネ軍が南にまでは手がまわらないのを知って、陸路を通って南からシラクサに入った。

シラクサ市民も、その三千を見て、ギリシア最強の陸軍国のスパルタが、本気で助けに来てくれたと思ってしまう。ギリッポスと三千は、歓呼の波の中をシラクサ入りした。

これではギリッポスが、スパルタ政府が彼に与えた任務をはるかに越えて、シラクサ防衛軍の総大将に収まるほうが自然になる。

つまり、現地軍の指導どころか、現地軍を率いて闘う立場になったのだ。シラクサ側も彼一人で充分と思ったのか、それまでは孤軍奮闘という感じでシラクサの防衛に懸命だったヘルモクラテスを、解任してしまったくらいであった。

だが、ギリッポスを得て初めて、シラクサの防衛戦略が一変するのも事実なのである。

そしてこれは、彼がシラクサ入りする少し前に起っていた、アテネ軍を襲った不幸にも助けられることになる。

ニキアス一人

アテネ側は、北から南への五キロにわたるシラクサ包囲壁工事を、軍勢を三分して行っていた。その最も南側、つまり「大港」に近い側の工事を託されていたのが、二人の「ストラテゴス」の一人ラマコスである。この辺りはシラクサの市街地に最も接近している地帯なので、シラクサ側の妨害も激しかった。

シラクサ防衛の主力は騎兵だが、その騎兵を最大限に投入しての妨害作戦なので、この一帯では、工事を進めるよりも戦闘が行われるのが主になっていたのだ。激闘ゆえに、アテネ側の犠牲者も多く出る。しかもその激闘中に、司令官のラマコスまでが戦死したのである。

シチリア遠征軍がピレウスから出港した当初、アテネ全軍を率いる「ストラテゴス」(司令官)は三人いた。

その三人のうち、まずアルキビアデスが、本国への召還命令によって戦線を離れる。そして一年後の今、ラマコスが戦死した。

残ったのは、ニキアス一人。

このような場合、人間は二種に分れる。

第一は、すべての責任は自分一人に帰すことになるにしても、これからはすべて自分一人で決めることができるのだと思い、この状況を好機の到来と考える人。

第二は、責任を分担する人がいなくなった状況を不安に感じ、この状況では自分一人では進められないと思ってしまう人。

五十六歳になっていたニキアスは、後者であった。

それに、もともとからしてこの遠征行には、彼は反対であったのだ。シラクサ攻防戦が始まって以後も、どうやれば面子《めんつ》を傷つけずに帰国できるか、が常に頭の半ばを占めていたのである。

「ストラテゴス」は彼一人になったのだから、アテネ軍の指揮系統の一本化は、ここで初めて実現したことになる。だがそれは、ニキアスという人の許《もと》で一本化したのだった。

シラクサ防衛軍の事実上のトップになったギリッポスが、シラクサの軍事力の実態を把握するのに、さしたる時間は必要ではなかった。

シラクサの陸上軍の主戦力は、何と言おうがやはり騎兵。ゆえにギリシア本土の都市国家の主戦力である重装歩兵は、シラクサでは無きに等しい。シチリア第一の強国であるそのシラクサでも歩兵となると、補助戦力としか使えない軽装歩兵だった。

また、海軍の名に値する軍船団も無きに等しいでは同じだが、海港都市だけに船はあり、敵船への激突や敵船への妨害行為ならば使えた。これまではシラクサが、それさえも活用しなかっただけなのだ。

ギリッポスは、軍船と言うより商船としたほうが適切なシラクサの船団に、船首部分を頑丈に改造することを命じた。

そして、「小港」内で改造中の船団は残して、彼自身は陸上での妨害作戦に集中する。シラクサの騎兵に歩兵、従えてきた三千も加えてだから、持てる力のすべてを投入したと言ってよい。

ただし、ギリッポスは、その戦力すべてを包囲壁の全線に投入したのではない。数ヵ所に分けて投入したのだ。

包囲壁は、全線がつながっていてこそ効果が見込める。それが分断されては、包囲壁ではなくなってしまう。

しかも、包囲壁の半ばまできたところで一キロにわたって破壊されては、これまでのアテネ軍の苦労も無に帰すのだった。そのうえ、アテネ軍はこの時期までにしても、止まらない出血に似て、死傷者が増える一方になっていたのである。

この時期、ニキアスのほうは、前線にはいなかった。病床にあったというが、風邪を引いたからであるらしい。ストレスによるのかと思うが、これでまたも戦略を変えたのである。

前年の秋に試みた戦略にもどったのだ。全軍を乗せた海軍は南下して「大港」の湾内に侵攻し、そこにアテネ軍の前線基地を築くことにしたのである。

しかも、基地設置の場所も変えた。前年の時のダスコンではなく、プレミリオンと呼ばれていた崖地《がけち》に変えたのだ。

この変更は、まったく理解に苦しむ。

ダスコンならば湾に接する低地で、多数の船でも陸揚げは可能だが、プレミリオンは高地にある。敵騎兵に対する防衛ということならば、有利であったかもしれない。だが、船団を陸揚げできるほどの奥行きと広さのある砂浜まではなかった。

木造の船は、海に浮ぶ日がつづくと腐ってしまうのである。夏のシラクサは北アフリカからの熱風をモロに受けるので、アテネよりは暑い。船底の腐蝕《ふしょく》も、より進むのだった。

また、崖の上にあるので、襲ってくるシラクサの船団を迎え撃つのにも、より多くの時間がかかった。崖から降りてきて、船に乗り込まねばならなかったからである。

プレミリオンに陣地を置いた唯一《ゆいいつ》の利点は、その高地からは、天然の要害と言われるシラクサの都心部が、一キロの距離に眺められることである。この一キロの内側が「大港」で、その外側からが外海になる。

ゆえにこの一キロを封鎖すれば、アテネ軍は海からシラクサを攻める、フリーハンドを得ると思えないこともなかった。

ただし、シラクサ人が「大港」と呼んでいるのは、四キロ×三キロもある広い湾だ。フリーハンドを得るには、この湾内にはシラクサ船は入って来られず、プレミリオンの陣地にも敵の陸上軍の攻撃はない、という状況ならば、初めて意味を持つ「一キロ」になる。

しかし、このときは、アテネの「ストラテゴス」(司令官)よりもスパルタのたたき上げのほうが、数段上手《うわて》だった。

ギリッポスは、「小港」内での改造が終わったシラクサの船団を、いち早く「大港」内に、それも市街地を守る城壁側に近い浜辺に移していたのである。

また、アテネ軍がプレミリオンに陣地を築いた直後を狙《ねら》って、彼自らがシラクサの騎兵団を率い、「大港」の浜辺を大きくまわって攻撃をかけてきたのだった。

その結果、アテネ軍は、海陸双方に敵を持ってしまったことになる。湾内ではシラクサ船団からの、陸側ではシラクサ騎兵団からの、攻撃を受ける身になってしまったのだ。

包囲するつもりでいたのが、包囲される身になってしまったのである。

ニキアス、「おうち」に手紙を書く

ニキアスも、それは認めるしかなかった。

このとき初めて彼は、母国アテネに向けて、現状を正直に記した手紙を送る。研究者の一人が、いかにもイギリス人らしくアイロニーをこめて、「Nikias writes home」とした手紙を、アテネにいる全市民に向けて書き送ったのであった。

たしかにニキアスにとってアテネは、「ホーム」ではあった。しかし、この場合の「ホーム」は、日本語ならば「おうち」と訳したほうが適切ではないかと思う。

これより、以前から個人的にも知った仲であったという、歴史家ツキディデスによるニキアスの、「おうちへの手紙」を紹介したい。長文なので、ところどころカットはしても。

「アテネ市民諸君、これまでのわたしからの手紙はその時々の報告にすぎなかったが、今回はちがう。あなた方に判断してもらうために、ここに至ったまでのすべてを正直に書くことにする。

これまではわれわれのほうが、シラクサ軍に対して有利に闘いを進めてきた。ところがスパルタ人のギリッポスがシラクサ入りして以来、戦況は逆転する。シラクサ側の妨害は激化し、包囲壁の構築工事も中断せざるをえなくなった。しかも、その後も敵の攻撃は激しくなる一方で、最新の情報では、シラクサ側は船団まで参加させ、海陸双方からの攻撃を準備中と聴く。

しかも、それさえ待たずに、敵船団はわが軍の船への攻撃を始めており、それを迎え撃つわが海軍は、日に日に体力を消耗させられている。なぜなら、敵側は陸揚げできる浜辺に船団を停泊させているので、有利は二つになる。第一に、船に駆けつけその船を出すまでの時間が短縮できること。第二は、もどってくれば船はただちに陸に揚げ、乾かすことができるという利点だ。

これに対してわが軍は、乗船し迎撃に出るまでの時間を短縮するために常に船は海上に停泊させざるをえず、ゆえに船底までが海水を吸って湿ったままで、これが船の速度にも影響している。

しかもわれわれには、水と食糧の調達という問題があり、そのために送る兵士の犠牲は、待ちかねているかのように襲ってくる敵の騎兵によって増えるばかり。連れて来た奴隷《どれい》たちは逃げてしまったので、調達に送り出すにはガレー船の漕ぎ手しかいなくなってしまったからである。敵との海戦よりもこちらのほうで、漕ぎ手の損失は莫《ばく》大《だい》な数になりつつある」

逃げ出したのはアテネの奴隷だけでなく、同盟国の兵士たちが連れて来ていた奴隷も同様であった。つまり、アテネ海軍の漕ぎ手たちは、常には奴隷がやる仕事までやらざるをえない状態になっていたということだ。もちろん一方では、攻めてくる敵に向うために、必死の想《おも》いで櫂《かい》を漕ぎながら。

手紙はつづく。

「あなた方には、ここシチリアでは漕ぎ手の補充などは不可能であることをわかってほしい。シチリアでのわれわれの同盟国はカターニアとナクソスの二つだが、彼らにもその能力まではない」

ガレー軍船の漕ぎ手の損失が増える一方だというニキアスの訴えは、自国の海軍のパワーの源泉がどこにあるかを知っているアテネ市民には、説明する必要さえもなかったろう。

ガレー船の漕ぎ手には、アテネでは、資産を持っていないがゆえに、ソロンが定めた階層別では第四階級に属す、ローマ人の言うプロレターリが担当するのが通例になっている。

だが、彼らの任務は、船長の号令一下櫂を漕いでいればそれで済む、というものではまったくなかった。

経験の積み重ねで得た臨機応変な対応と高度な技能の双方で、いつ、どう漕げば最大の効果を得られるかを考える能力までそなえた、熟練の技能者でもあるのだ。

ペリクレスもしばしば、「修練を積んだ漕ぎ手は技能の極」とまで言っている。

このアテネの漕ぎ手たちならば、海水を吸って重くなっている船でも、思うままに動かせたにちがいない。

ゆえに、漕ぎ手の損失の増大が最も痛いと訴えた、ニキアスの言は正しかったのである。

それに加えて、ニキアスは、重装歩兵や軽装歩兵で成る陸上戦力の損失の増大にもふれている。

つまり、包囲壁構築中は陸上戦力の損失が多く、プレミリオンの崖の上に陣地を築いて以後は、海上戦力の損失が多くなった、ということだろう。

最後に、この手紙によって、シラクサでのアテネ軍の苦境を知ったあなた方に、決めてもらいたいと訴える。

「こうなった以上はもはや、アテネの全軍はシラクサから撤退して帰国するか、それとも、わたしに託した戦力に劣らない新たな戦力を送ってくるか」と。

古代では、総司令官でも、自分一人の意志で軍を撤退させたり、帰国させたりすることは認められていなかった。

それは、市民たちが決めることであったのだ。民主政のアテネではもちろんのこと、寡頭政のスパルタでも、「エフォロス」の同意がないかぎり、王でさえも決められなかったのである。

都市国家の主権者である「市民」の承認もないままに勝手に撤退したりすれば、敵前逃亡ないし戦線離脱、とされてしまう。つまり脱走兵と見なされ、母国にもどっても待っているのは死刑だった。

ローマ法が現われるまで、古代では、前線の司令官の権限は、純粋な意味での戦略・戦術にかぎられていたのである。

ただし、手紙の中でニキアスは、市民集会に、もう一つ別のことも求めている。

「体調を崩しているわたしを解任し、わたしが現在占めている地位と、わたしにかかっている全責任を代わって果してくれる人物を選出し、早急に送り出してくれるよう切に願う」と。

なにしろ早く決めてくれ、来春になっては敵は勢いを増すばかりになるから、とも書いているのだから、これはもう悲鳴だった。

さすがにアテネ人も、緊急の市民集会を召集した。だがそこで、多数の票を集めて決議されたのは、すべてニキアスの期待を裏切ったものになる。

増援軍の派遣

まず、解任の願いは聴き入れられなかった。それどころかニキアスを、追って送る二人の「ストラテゴス」を加えた三人の中の首席に任命したのである。

体調を崩しているくらい何だ、とされたのかもしれない。五十六歳という年齢も、リーダーには〝定年〟のないアテネでは理由にもならなかった。

そして、アテネの市民集会は、撤退か新たなる大軍勢の派遣か、と迫ったニキアスに対し、後者で答えたのである。第二次になる軍勢の派遣を、全会一致としてもよい多数で可決したのだった。

アテネ市民は、シラクサでのアテネ軍の苦境を理解しなかったのか。

いや、理解はしたのだ。ただ、これまでに投入した人と資金と軍備のすべてを考えれば、ここで退《ひ》くわけにはいかない想いになっていたのである。

好戦的だから、戦争をつづけるのではない。退くに退けない状態になってしまった以上は先に進むしかない、という想いが、戦争をつづけさせてしまうのである。

シチリア遠征軍としては第二次になる増援部隊の規模だが、市民集会はそれを次のように決めた。

まず、大軍勢になること必至の第二次派遣に要する費用は国庫から出すしかない事情から、そのための特別出費も市民集会で決めたはずだが、それがいくらであったかはわかっていない。だが、増援軍の規模ならばわかる。それを見れば、第一次には劣ってもそれに迫る規模で、アテネの市民集会が、相当な覚悟で決めたということならば明らかだ。

そしてこの第二次は、第一次をピレウス港から華々しく送り出してからわずか一年と四ヵ月後に、再びピレウスから送り出す増援軍なのであった。

三段層ガレー船、七十三隻。このうちの五十一隻はアテネ船で、二十二隻は同盟諸国からの船。

重装歩兵、五千人。このうちの一千二百はアテネから、三千八百は同盟国からの兵士。

弓兵や投石兵や槍兵等の軽装歩兵、三千人。このうちの一千前後は、アテネ市民であったという。

また、三段層ガレー船を動かすには、一隻につき百七十人の漕ぎ手が必要になる。漕ぎ手だけでも、合計すれば、一万二千を超える数になった。さらにこの他にも、輸送用の帆船団も参加していたにちがいない。

軍船であった三段層ガレー船に占めるアテネ船の割合が高いのは、ギリシア世界第一の海軍強国である以上は当然だが、その三段層ガレー船でも、同盟国からの船が三割を占めている。重装歩兵や軽装歩兵で成る陸上戦力となると、第一次のときと変わらず、同盟諸国からの参加兵のほうが多い。

ということは、この時期でもなお、「デロス同盟」は機能していたということになる。加盟諸国《ポリス》はアテネを、見捨てはしなかったということであった。

それにしても、アテネ一国にしろ、その人的投入量はすさまじい。大雑把に計算しても、第一次と第二次の遠征軍の総計は、三万五千をはるかに超える。

都市国家アテネの人口はギリシアでは最大で、ペリクレス時代には市民権を制限しなければならなくなるほどに増え、成年に達して以後の男子全員の数だけでも、六万人を超えていたという。

しかし、司令官クラスには〝定年〟はなくても、兵士として召集できるのは、兵役名簿に名が記入される十八歳から五十歳頃までの、アテネ市民権を持つ男になる。

この時期五十六歳のソクラテスは召集外。十四歳だったプラトンも、未成年ゆえに枠外。だが、三十一歳のアリストファーネスは確実に召集名簿に載っていたはずだが、彼にとっても、そして後世のギリシア文化愛好者にとっても幸いなことに、希代の風刺喜劇作者は召集されずに済んだ。この時期の彼は、毎年つづけて作品を発表している。

ちなみに、いかに戦時中であろうとアテネでは、酒神ディオニッソスに捧《ささ》げる演劇祭は毎年行われていた。ということは、戦時であろうが自粛などはせず、演劇でも哲学でも建築でも造型美術でも、文化活動は盛んでありつづけたということである。

とはいえ、アテネの市民権を持つ男たちの二人に一人が、シチリアへの遠征に従軍したのだ。プラトン作の『饗宴《きょうえん》』の登場人物にはこれに駆り出された者は一人もいないが、アリストファーネスやアガトンの作品が上演される野外劇場では、空席が目立つようになっていたのでは、と思ったりする。

紀元前四一四年の冬の市民集会では、まるでアテネの国力の残りをすべて投入したとさえ思う第二次派遣軍を、率いていく「ストラテゴス」(司令官)も選出していた。

デモステネスと、エウリメドンの二人である。数歳のちがいはあったが、いずれも四十代の働き盛り。

この二人とも、テミストクレスのような天才肌の武将ではなかった。だが、堅実な成果はあげて帰ってくる、武将ではあったのだ。ペリクレス死後にガタガタし始めたアテネが急降下しないで済んだのも、この二人のような実務家がいたからである。

アテネは兵力の残りすべてを投入した感じだが、司令官クラスとなると、総ざらいという感じであった。

では、なぜこの二人を、第一次から送らなかったのか。

アルキビアデスは言い出しっぺだから送るとしても、またニキアスは、そのアルキビアデスの牽制《けんせい》役として送るとしても、ラマコスには、彼でなくてはならない理由はなかった。

ラマコスではなく、デモステネスかエウリメドンのどちらかを送るべきであったのだ。

とくに、エウリメドンは送るべきだった。なぜなら、この男だけが、司令官クラスの中でただ一人、シチリアの内情に精通していたからである。

と言うのは、アテネは、ペロポネソス戦役が始まって四年目の前四二七年に、ペリクレス戦略の継承という感じで、再度西地中海への進出を試みたことがあったからだ。そのときに、四十隻のガレー軍船を率い、三年にわたってシチリアに滞在し、この島に点在する中小ポリスをアテネの友好国にするのに努めていたのがエウリメドンである。

だがこれも、三年後には中止になる。地中海の西方への進出には乗り気でなかったニキアスが市民集会を動かし、引き揚げさせたからであった。

しかし、西方進出が中止になってからシチリア遠征までは、九年もの歳月が過ぎている。その間もエウリメドンは実直な戦績をあげていたのだから、アテネが再度西方への進出を決行することになった前四一五年の遠征行に、ニキアスやアルキビアデスとともに司令官に選出されてもよいはずであった。なにしろ、彼だけが、シチリアの事情に通じていたのだから。

ところが、その前の年、訴因が何かは不明だが、エウリメドンは告訴され、罰金刑を科されていたのである。ペリクレス時代とそれ以後のちがいの一つは、やたらと告訴しては裁きの場に引き出すことの乱発にあった。エウリメドンも、その犠牲にされたのではないかと思う。

何かを成すから敵ができるので、何ごとも成さない者には敵はできない。天才肌の武将ではなくてもエウリメドンは、「何か」は成していたのである。

だがこれで、シチリア遠征軍を率いる司令官リストからは、排除されていたのであった。

ならば、第一次の遠征軍を率いる三人の司令官の一人に、なぜデモステネスは選ばれなかったのか。

それはまた、別の事情による。だがこれも、十一年前のことが原因になった。

局地戦とはいえ、スパルタとアテネが直接にぶつかったのがピロスをめぐって闘われた戦闘だが、このときに敗れたのはスパルタで、スパルタは、虎《とら》の子の重装歩兵百五十人を、アテネに、捕虜として連行されてしまう。

スパルタにとっては、戦場では勝つか死ぬか、で訓練されてきた兵士が捕虜になっただけでも不名誉だが、なにせ彼らはスパルタにとって、数の限られた〝虎の子〟である。それでこの虎の子たちの釈放をかち取るために、アテネには相当に譲歩をせざるをえなかったという、苦い思い出があったのである。

そして、アテネ軍を率いてピロス戦でスパルタに勝ったときの司令官が、デモステネスであったのだ。

ニキアスは、アテネ政界では、親スパルタとして知られている。スパルタとの間に、「ニキアスの平和」を結んだほどなのだから。そのニキアスにとって、自分やアルキビアデスと並んでデモステネスがシチリア遠征軍の司令官に就任しては、スパルタが気を悪くすると考えたのである。

こうして、相当な戦闘巧者であったデモステネスも、第一次からははずされていた。

しかし、これで充分という想いで送り出したにかかわらず、一年と四ヵ月後に再び増援軍を送り出さねばならなくなった第二次を、アテネは、この二人に託す。この二人以外にアテネには、「ストラテゴス」を務められる人がいなくなっていたからであった。

ここまで決めるのに、アテネの市民集会は、常を思えば驚くほどに短い期間しか要しなかった。やはりニキアスの、「writes home」は効いたのである。

増援軍の出港時期も決まった。

エウリメドンはただちに、冬季の航行になろうとかまわず、十隻のガレー軍船を率いてシラクサに直行する。ニキアスに、増援軍が送られてくることを告げ、この五十六歳を、それまで持ちこたえさせるためであった。

第二次派遣の大半は、デモステネスが率いて、翌年の春にピレウスを出港すると決まる。デロス同盟の加盟国からの船と兵士がアテネに集結するまでには、それ相応の期間が必要であったのだ。

しかし、出発が翌春となると、増援軍がシラクサに到着するのは夏に入ってからになってしまう。

ギリッポスを得て攻勢に転じ始めていたシラクサが、待ってくれるはずもなかった。

実際、シラクサは待たなかったのである。

攻防の二年目

スパルタのたたき上げは、冬さえも無駄にしなかった。もはや彼の部下と化したシラクサの要人を呼んで、春になるや始める戦略と、それに必要な準備に着手することを指示したのである。

戦略と言ってもただ一つ、アテネ軍の主戦力である海軍の力を弱めることにつきる。それには、プレミリオンから彼らを追い出すことがまずは先決する、と言った。なぜ、と聞くシラクサ側に、ギリッポスは答える。

第一に、プレミリオンには、今のところは唯一《ゆいいつ》、アテネの軍船が錨《いかり》を降ろせる岸辺があること。

第二は、アテネの全軍にとってそこは、遠征に持ってきたすべてを貯蔵しておく、本営にもなっていること。

第三は、プレミリオンを手中にしないかぎり、「大港」を手中にしたことにはならないこと。


陸上戦力ならば最強でも海軍は事実上ゼロであったスパルタに生れていながら、制海権が何たるかを理解していたとは驚きである。

おそらくギリッポスは、スパルタ社会の下層の出であったためにかえって、スパルタ人の多くを縛っていた既成概念から自由であり、それゆえに想像力を働かせる余地にも恵まれていたのだろう。また、シラクサの騎兵を率いてアテネ軍の兵糧《ひょうろう》調達を妨害してきた間に得た経験も、この戦略を考え出すには役立ったにちがいない。


それにギリッポスは、翌年の春を待って始まる大攻勢に、シラクサが持つ船力を積極的に使うことも指示した。

「小港」内に停泊中の三段層ガレー船は四十五隻、すでに「大港」内に移動しているガレー船は三十五隻。この八十隻すべてをアテネ海軍にぶつけるのだが、それにも作戦があった。

八十隻ともなれば立派な海軍だが、その半ば以上は商船として使われてきた船である。アテネの三段層ガレー船とは、船の造り方からして差があり、それを操縦する船員と漕ぎ手の技能の差に至っては比べようもない。

ゆえに、いかに海水を吸って重量が増していようと、アテネ船のほうが船足が速い。つまり、離れて闘ったのでは勝負にならない、ということである。

ギリッポスは、シラクサの船に、操縦や漕ぎ方の上達は求めなかった。全力で敵船に激突し、敵船を沈没させることだけを考えよ、と命じたのである。

シラクサ側も、ギリッポスに言われてすでに、船首とその周辺部分の強化は済ませてあった。船首部分が頑丈に改造された船による、体当り戦法だ。スパルタのアウトサイダーは、シラクサ入りした直後に、こうなるのを早くも見通していたのかと思ってしまう。

実際、シラクサの「大港」を自分の眼で見れば、ここでは体当り戦法しかなかった、と思うようになる。

シラクサ人が「大港」と呼んでいたのも当然で、四キロ×三キロと広くても、あくまでも海ではなくて湾。外海とは、一キロの水路でつながっているだけの、波静かな湾である。二千五百年後の今では、初心者のためのヨットの訓練場として活用されている。

一方、アテネ海軍が、テミストクレスの指導よろしくその持つ技能を最大限に発揮することで大勝したサラミスの海戦は、海の上で闘われた戦闘だった。高度の技能集団であるアテネ海軍がその持つ力をフルに活用できるのは、波静かな湾ではなく、風も潮流も高波も考慮に入れなければ闘えない、開かれた海の上なのである。

波静かで限られた海域では、高度の技能をもつプロと、経験も訓練も充分ではないアマチュアの差は、さしたる問題ではなくなってしまうのだ。

そして、こうしている間にシチリアでは、冬は去り春が近づいていた。

その間アテネ側は、おそらくはエウリメドンが動いて、二つの情報を得ていた。

勝ち馬に乗る者は常にいる。シラクサの敢闘ぶりを聴き知ったシチリアの中小ポリスからの援兵が、続々とシラクサ入りしているというのが第一の情報。

これは、シラクサ側が、騎兵戦力に加えて軽装歩兵戦力でも増強されていることを示していた。

情報の第二は、この時期に至って初めて、アテネ側は、シラクサの海上戦力の正確な規模を知った、ということである。

どういうわけか、シラクサ攻防戦が始まっているというのに、アテネ軍の首脳陣は、これまでは情報の収集に熱心ではなかった。「小港」にこもりっきりの船が四十五隻《せき》もあったとは、知らなかったのである。

状況は、悪化する一方であった。増援軍の到着が待たれたが、シラクサ側は待ってくれなかった。

紀元前四一三年春、遠征してきてから一年と六ヵ月が過ぎていた。

一度目の海戦

プレミリオンに本営を置くアテネ海軍は、予想されるシラクサ海軍の攻撃は待たずに、こちらから攻勢に出ることにした。敵側の規模がわかったからには、それに対するこちら側の戦術も決まったのだ。

自軍の船力を二分したのである。

すでに「大港」内にいるシラクサの三十五隻に対し、アテネ側の二十五隻をぶつける。

同時に、「小港」から「大港」に入ってくるシラクサの四十五隻には、アテネの三十五隻をぶつけることで、合計八十隻になるシラクサ海軍の合流を阻止するという戦略である。

ここで、アテネ側で使える軍船が、六十隻でしかなかったのには驚くしかない。第一次派遣のときの百三十四隻とエウリメドンが従えてきた十隻を加えれば、百四十四隻はあったはずだ。

これまでの一年半で、失った船も少なくなかったにちがいない。だが、半減以下というのはひどすぎる。

私の想像では、問題は、失った船の数ではなく、失った漕《こ》ぎ手の数にあったと思うのだ。漕ぎ手の総数が半分以下に減ろうとも、一隻に乗せる漕ぎ手の数を減らすことはできない。軍用ガレー船をその目的で機能させるには、従来どおりの数の漕ぎ手は欠かせない。百七十人で動いていた船を、七十人では動かせないのだ。

百四十四隻が六十隻にまで減っていた原因は、次の三つにあったのではないか。

まず、この一年半で失われた船の数を引く。

次いでは、プレミリオンに移って以後は陸上に引き揚げることができずに海上に浮べたままでおくしかなかった間に、船底が腐り浸水したりして使えなくなった船の数も引く。

最後に、一隻につき百七十人は必要な漕ぎ手が確保できない船の数も引く。

こうして、引いて行って残った数が、六十隻ではなかったか。

ニキアスが「おうちへの手紙」に書いた、漕ぎ手の損失は痛い、というのは、このような形でひびいていたのである。

それにしてもアテネは、わずか一年半の間に、漕ぎ手だけでも一万四千人もの市民を死なせてしまっていたのだった。

しかし、海に出さえすれば、たとえ波静かな湾内でも、たとえ敵の四分の三の船数でも、ギリシア最強と言われたアテネ海軍は、その力を存分に発揮した。

練達の技能者集団は、突撃しか知らないシラクサ海軍に対するに、巧妙に船を操縦することで敵船を攪乱《かくらん》したのである。激突し沈没させるのが目的であったはずの敵船は、自分たち同士でぶつかったあげく自沈する、という状態に持って行ったのであっ

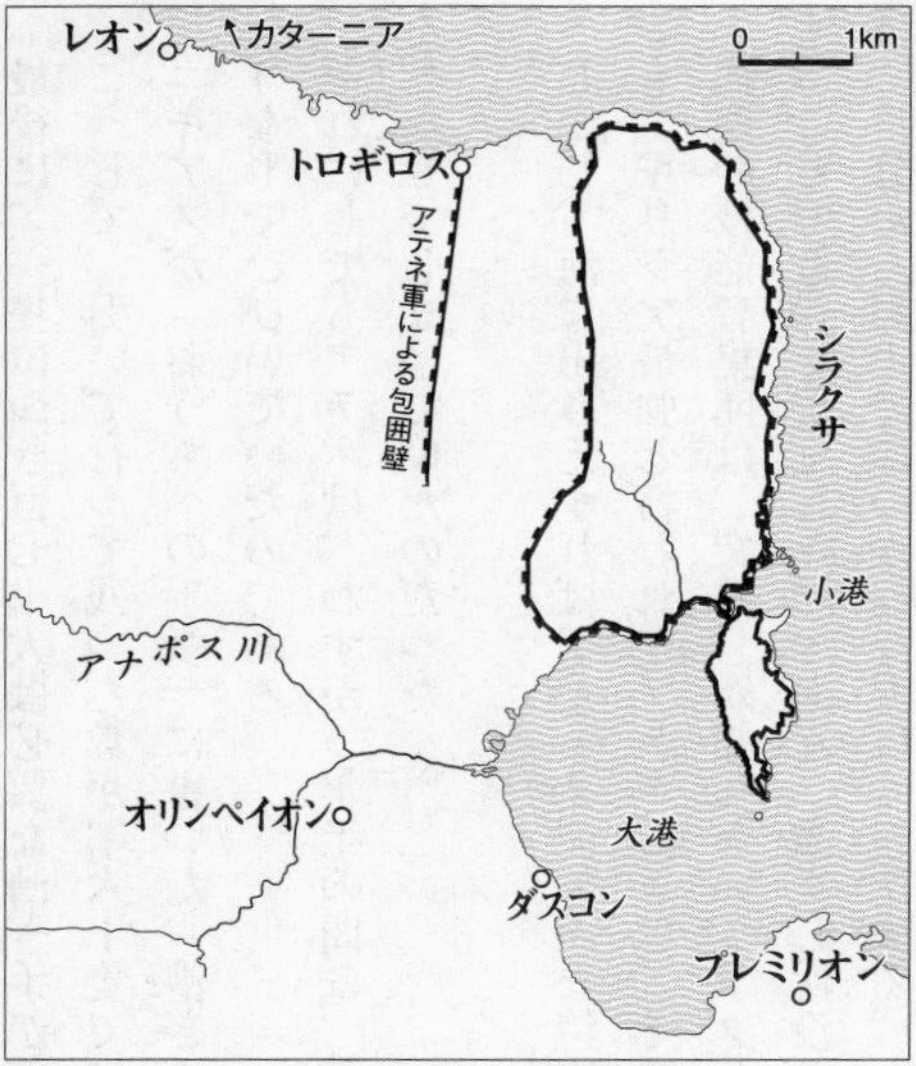

シラクサとその周辺

た。

　こうして、シラクサ海軍の合流は阻止された。沈没をまぬかれたシラクサ船は、半ばは「大港」内の北の浜辺へ、半ばは「小港」へと、出てきたところに追い払われて、その日の海戦は終わる。

　しかし、その日の戦闘で敗れたのはどちらか、と問われれば、アテネ側と答えるしかない。海戦では勝っていながら、プレミリオンを失ってしまったからであった。

　どうやら、この時期のアテネ軍には二人いた「ストラテゴス」の中で、海戦の指揮はエウリメドンが取り、基地の防衛はニキアスが引き受けていたようである。

だが、崖の上から海戦の行方を心配しながら見守っていたあまり、基地の防衛のほうはおろそかになっていたらしい。

そこに、騎兵と歩兵を率いてギリッポスが攻撃してきたのである。追いつめられたアテネの兵士たちは、ニキアスともども崖を降り、海戦に勝ってもどってきたばかりの船に逃げこんだ。

こうして、シラクサのアテネ軍は、乗れる船ならば何であろうと乗りこんで、もはや敵の手中に帰したプレミリオンを後にするしかなかったのである。

とはいえ、海上に留まりつづけるわけにはいかない。それで、「大港」の北西側の浜辺に上陸し、そこを新たな陣地にしたのである。

ただし、陸の上だ。船を陸揚げすることは可能になったが、その船と兵士を、防御設備ゼロの浜辺に置くことはできない。

その夜は、海戦を闘った者も崖上の基地から逃げてきた者も一緒になって、浜辺を広く囲む防御用の柵《さく》を張りめぐらせる工事で、一睡もしないうちに明けた。

こうして、シラクサのアテネ軍は、包囲するつもりでいたのが、ますます、包囲される状態に陥っていたのである。「大港」は広い湾だが、今やその北部にはシラクサの船隊がいる。南部のプレミリオンも、シラクサ側の手に帰してしまった。東部に開く外海との境は、一キロの海がへだてるだけ。アテネ軍には、北西部の浜辺しか残っていない。水や食糧の補給もままならない。

この、「出口無し」の状況では、増援軍の到着を待つことさえも危うくなる。何であろうと、手を打つ必要は絶対にあった。その任務を託せるのは、やはり海軍しかなかった。

そして、ギリッポスのほうも、アテネを出た増援軍がイオニア海を接近中との情報を得ていた。増援軍が到着する前に勝負に打って出る、と決める。

こうして、前四一三年の春も終わろうとする頃、アテネ対シラクサの二度目の海戦が行われることになった。

二度目の海戦

それまでの間にアテネ軍も、「大港」の北西部の浜辺から始まる新たな陣地の設営作業は終えていた。

陸地側には防御柵を張りめぐらせ、浜辺には三段層ガレー船を引き揚げ、その前の海上、と言っても浜辺に近い海上には、輸送船を並べ、それぞれが錨を降ろす。船を並べることでの、海側の防御柵であった。

ただし、輸送船は密着させて並べたのではない。密着していては、風や波で互いにぶつかる危険がある。

それで各船の間は適度な間隔を置いて離したのだが、それには別の目的もあった。

第一に、海戦では主戦力になる三段層ガレー船が、出撃していく際の安全な通路になること。

第二は、輸送船ゆえ各船は、荷の積み降ろしに使うクレーン、つまり起重機をそなえている。これに石塊を積みこみ、接近してくる敵船の頭上から落とし沈没させるため。

これに、名だたるアテネ海軍の操船能力が第一戦同様に発揮されれば、勝算はアテネ側にあった。

ところがギリッポスは、スパルタの「アウトサイダー」だけに、従来のスパルタの戦法とはまったくちがう戦法をとる。

まず、シラクサの陸上戦力である騎兵団とシチリア島の各地からの志願兵を合わせて、陸上からアテネの陣営を襲撃する。

こうなるとアテネ側は、陣営地の防衛のために、重装歩兵を船に乗せることができなくなってしまう。都市国家の主戦力でもある重装歩兵《ホプリーテス》という攻撃戦力なしで、アテネ海軍は出撃しなければならなくなったのである。

そのうえ、ギリッポスは、シラクサ海軍に、激突して敵船の沈没を考えるより、アテネ船の漕ぎ手を射《う》てと命じたのだ。

三段層ガレー船の動力である漕ぎ手たちは、接近した敵船との間で闘う歩兵が甲板の上で闘いやすいように、甲板の下にいて漕ぐ式になっている。

とはいえ、これでは、頭上は保護されても、船腹は無防備の状態になる。だが、船腹が風通しのよい状態に置かれていたのは、敵船との接近戦になるや櫂を槍に持ち換え、彼らも戦闘に参加する必要からであった。民主政アテネでは、漕ぎ手も立派な市民なのだ。市民なのだから、祖国防衛の義務があった。

つまり、ギリッポスは、「将を射んとすれば馬を射よ」を、二千五百年昔の地中海で実践したのである。ために、この海戦第二戦では、シラクサ海軍には、弓兵や槍兵が多数乗りこんでいた。

予想もしていなかった「馬を射よ」で来られて、練達の技能集団もパニックに陥った。それを落ちつかせ、敵船の攻撃をかわしながら陣営地にもどってくるだけで、その日は終わった。

二日目も同様。三日目も同じ展開。四日目にようやく終わったというこの戦闘で勝ったのはどちらか、と問われれば、シラクサと答えるしかない。アテネ側も自軍の基地は守り抜いたが、シラクサ海軍に壊滅的な打撃を与えることまではできなかったのである。

包囲されている状態は、いっこうに改善されなかった。

増援軍到着

七月初め、ようやく、待ちに待った増援軍が到着した。

デモステネス率いるこの第二次の派遣軍は、三段層ガレー船・七十三隻、重装歩兵・五千人、軽装歩兵・三千人。

　兵士の総数ならば、一万三千に迫る。従卒として従《つ》いてきた奴隷まで加えれば、一万五千を超えた。

　陣営地全体が、歓声をあげて迎えたのも当然だ。迎える側は涙を流し、着いた側は友人の無事を喜び、その夜のアテネ陣営は深夜まで眠らなかった。


眠りに就かなかったのは、三人の「ストラテゴス」も同様だ。

四十三歳になっていたデモステネス。先に着いていた、四十七歳のエウリメドン。

そして、五十七歳のニキアス。現状打開の道を探る協議で、司令官三人も眠りに就くどころではなかったのである。


デモステネスは、陸上での戦いに訴えることを主張した。それに勝ってシラクサを陸側から攻めるという、攻防戦当初の戦略にもどる考えからではない。シラクサの陸上戦力を壊滅することでトロギロスまで北上する道の安全を確保し、そこからまずはカターニアにまで撤退しよう、と考えていたのではないか。

これが成功すれば、戦争には勝たなくても、包囲されている現状からの解放にはなった。

エウリメドンも同意する。ニキアスは、同意はしなかったが反対もしなかった。

デモステネスは、シラクサ側の陸上戦力の主力が騎兵団と知ったうえで、こちらは重装歩兵を総動員し、それも不意討ちのために夜中に決行すると決める。

これが、七月中のいつ決行されたのかまではわかっていない。だが、その後の経過から推測すれば、到着後一週間か十日の間に行われたと思われる。

不意討ちならば、成功した。しかし、自国内で闘うシラクサの騎兵団は、地勢を熟知している。機動力に富む騎兵に対する重装歩兵の戦闘は、地の利を得ている側が有利になる。犠牲者をより多く出したのはアテネ側で、攻撃自体は失敗に終わったとするしかなかった。

だが、この失敗で、デモステネスは腹を決めた。ニキアスに迫ったのだ。

もはや、兵士たちを救うには全軍の撤退しかない、と迫ったのだった。

今ならば船はある。それに全兵士を乗せて「大港」から脱出し、まずはカターニアまで撤退するしかないと、強く主張したのである。エウリメドンも同意した。

ところが、ニキアスが反対したのだ。

アテネの市民集会に自身の解任を求めたのに容《い》れられなかったニキアスは、今度は帰国に反対したのである。

ほんとうの理由が何であったのかは、わかっていない。

戦争を続けるかやめるかを決めるのは、アテネでは市民集会である。市民集会の決定もない状態で撤退することで生ずる自分にかかってくるリスクを、負う覚悟がなかったのかもしれない。それともただ単に、これまでの彼が得ていたアテネ政界の大物としてのキャリアに、傷がつくのを嫌ったのかもしれなかった。

しかし、デモステネスは諦《あきら》めなかった。執拗《しつよう》に説得をつづけた。ついにニキアスが撤退に同意するまでの二週間以上もの間、この先輩に対して言葉を荒らげるようになってもまだ、説得をつづけたのである。

こうして、撤退というよりは脱出としたほうが適切な行動に踏みきる日も、八月二十七日と決まった。

月蝕《げっしょく》

ところが、七月二十七日の夜、皆既月蝕が起ったのだ。月は完全に姿を消し、闇夜《やみよ》の中で兵士たちは、怖《おそ》れおののき右往左往するばかり。日蝕や月蝕が自然現象であることは、ギリシア人はすでに知っていた。ペリクレスも遠征中にこれが起り、凶兆と思って動揺する兵士たちに彼自らが説明することで、兵士たちを落ちつかせたことがあった。

だが、このときのニキアスは、遠征には同行するのが慣例になっていた軍勢付きの占い師に、その夜の皆既月蝕の意味を問うたのである。問われて占い師は、これは最悪の凶兆だから、解けるには九×三で二十七日が必要になり、出発も、二十七日が過ぎた後に延期すべきだ、と答えた。

そしてこれが、ニキアスの意見になる。そうなると、八月二十七日に決定していた出発が、九月二十三日まで延期されることになってしまう。

デモステネスもエウリメドンも、延期には絶対に反対だった。

ひとまずはカターニアまでの撤退とは言っても、もはやシチリアのほぼ全島が反アテネになってしまった今、カターニアに留まりつづけることはできない。

ゆえにカターニアへの撤退は、結局はアテネまでの撤退になる。それには、広いイオニア海を横断し、さらにペロポネソス半島の南をまわってエーゲ海に抜ける長旅になる。

そのすべてが、海路。秋に入ってからでは海が荒れるというのが、二人の反対の理由であった。

しかし、三人ともが「ストラテゴス」ではあっても、三人は同格ではない。首席はニキアスと、増援軍の派遣を決定した際に、アテネの市民集会が決めていたのである。ニキアスが同意しないかぎり、それ以前の出発はできないのであった。

しかもこの延期が、シラクサ側の知るところになる。逃亡した奴隷《どれい》あたりから、伝わったのかもしれない。奴隷には市民権は与えられていないので兵役も免除されているが、彼らの仕事は高級将校の身のまわりの世話をすることだ。最高機密を知る機会には不足しなかった。

もしかしたら、最高機密でもなかったのかもしれない。皆既月蝕を凶兆と受けとっておびえる兵士たちをなだめるのに、帰国できることを匂《にお》わせた部隊長もいたということだから。

だがこれは、逆効果を産むことになる。

月蝕による恐怖と不安が消えないうちに、もうすぐ帰国できるとなれば、この二つの想《おも》いの間でゆれ動いてしまうのは人の情であった。

そして、この兵士たちに、シラクサ軍が襲いかかるのである。

三度目の海戦

八月が終わる頃から、シラクサの海軍がアテネが陣営を置く浜辺の前の海を、前進したり後退したりをくり返すようになっていた。それはまるで、脱出行阻止の、予行演習をしているかのようであった。

九月初め、ついにエウリメドンが二人の同僚の同意を得て、シラクサ海軍撃破のために出動することに決まる。「大港」内で行われる、三度目の海戦であった。

エウリメドンはその日、アテネ海軍が得意としてきた戦法をとった。アテネ海軍の操船技能が最大限に発揮されるのは、正面からではなく脇《わき》からまわりこむことで敵船団を包囲し、その包囲網を少しずつせばめていく戦法である。だがこれは、開かれた海でこそ効果が出る戦法だ。「大港」は広いが、あくまでも湾である。だから、海深も浅い。

それでまず、包囲の速度が遅れた。船足が低下したアテネ船に向って、シラクサの船の上から放たれる弓と投げ槍が、例によって漕ぎ手たちに集中したのだ。逃げるアテネ側は味方が見守る浜辺近くまで追いこまれたあげく、浅瀬に乗りあげて座礁《ざしょう》する船が続出した。

その日に出動したアテネ船団は、壊滅状態。助かった人間は、湾に飛びこんで味方から救い上げられた人々だけである。

陣頭に立って指揮していたエウリメドンは、その混戦中に戦死した。

九月初めに行われたこの海戦の結果は、アテネ軍に深刻な影響をもたらす。

もはや、月蝕もそれによる延期も、知ったことではなくなっていた。

強行突破しかない、という想いでは、デモステネスだけでなくニキアスも同じだった。

こうして、占い師におうかがいをたてたおかげで出発が延期になった九月二十三日が訪れる前に、状況は急展開していくのである。

最後の海戦

九月十日、アテネ軍は、「大港」内では四度目になる、そしてこれが最後になる、海戦に打って出ると決めた。

目的はもはや、敵海軍の撃破ではない。迎え撃ってくる敵船の間を強行突破し、湾の外に出ることだけが目的だった。

その日、アテネ軍はデモステネスの指揮下、使用できる船のすべてを投入する。百十隻、であったという。

シラクサ側は、その頃になって応援に駆けつけたコリントからの船も加えて七十六隻。

犠牲に眼をつぶるとすれば、突破は充分に可能であった。

しかし、シラクサ側は早くも察知する。アテネ海軍の目的が、攻撃よりも脱出にあるのがわかったのだ。

こうなると、百十隻対七十六隻の差は問題でなくなる。ここで止めさえすればシラクサの勝ちになると思えば、海戦の経験のないことも、問題ではなくなってしまう。

九月十日、秋の陽光の下で行われた激闘の結果、シラクサ側は二十六隻を失ったが、アテネ側は五十隻を失ったのである。

残った船の数は、アテネ側六十隻、シラクサ側五十隻になる。船の数ならば、まだアテネ側が有利だった。

しかし、この六十隻に乗せられるだけの数の兵士を乗せ、再度の強行突破に打って出る勇気は、ニキアスにはなかったが、デモステネスにもなかったのだ。

また、何よりも、激闘の末に生き残った兵士たちに、これ以上闘う気概がなくなっていた。

そして、彼らを奮い起《た》たせ、唯一残された生きのびる道に向ってリードしていく力は、二人の司令官《リーダー》にはなかったのである。

脱出行

捨ててきたはずの陣営地にもどった兵士たちには、三十六時間の出発準備の時間が与えられた。

脱出行は、海路ではなく、陸路になったのだ。「大港」に臨む陣営地を捨て陸伝いに北上し、トロギロスまで達する。そこからはカターニアまで、海伝いの道が通っていた。

陸路を行く撤退は、九月十二日の夜明け前の出発、と決まる。六十隻は、捨て置かれることになった。アテネの海軍が、自国の三段層ガレー船を六十隻も放置するなどというのも、初めてのことであった。

また、捨て置かれることになったのは、船だけではない。病気や負傷で動けない兵士たちも、捨て置かれるのである。これも、アテネの歴史には、前例がなかった。

海からの強行突破が失敗に終わってから三十六時間後、つまり九月十二日の夜明け、アテネ軍は陣営地を後にした。

距離にすれば、五キロ強の撤退行になる。

だが、撤退ぐらいむずかしいことはない。一歩まちがえば、敗走になってしまう。隊列を乱して個々に逃げる兵士は、敵側の格好な的になってしまうのだ。

それで、前衛と後衛に分け、前衛はニキアスが、後衛はデモステネスが率いて行くことにした。後衛にはとくに敵の追撃が集中するので、若くて元気なデモステネスが率いることになったのである。

この時点で、兵士がどれくらい残っていたかの正確な数はわかっていない。それでも、二万には迫る数であったはずである。

しかし、撤退行を始めてすぐ、北に直行するのは無理とわかる。シラクサ側が、騎兵と歩兵を総動員して、海上でも「待った」をかけたように、陸上でも「待った」をかけてきたからだ。

撤退軍は、方向を変えるしかなかった。北を目指すところを、北西に向きを変える。北に向うには丘陵地を越えていかねばならないが、北西だと、アナポス川に沿って進めるという利点があった。まずは北西へ、その後は北へと迂回《うかい》して、カターニアまでの道に出るつもりでいたのかもしれない。

シラクサ側の追撃は激しかった。少なくとも二度、アテネ軍とシラクサ軍の間で戦闘らしい戦闘が闘われた。そのたびに、アテネ側の兵士の数が減っていった。

一日目は、六キロ進んだ。二日目は、三キロしか進めなかった。それだけ、シラクサ側の追撃が激しくなっていたのである。

しかも、三日目、アナポス川を渡って今度こそは北へ向おうとしていたアテネ軍は、川に面した崖《がけ》の上で待ちかまえていたシラクサ兵の矢を浴びる結果になってしまったのだ。突破は二度試みたが、結果は同じだった。

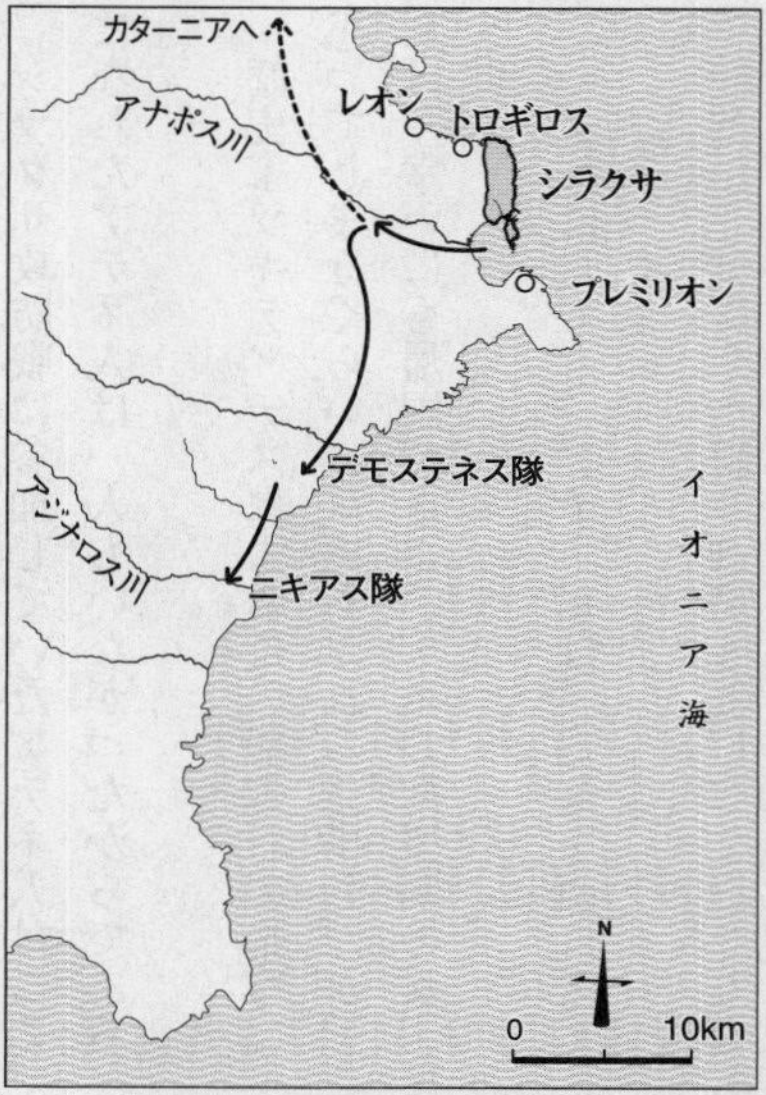

アテネ軍の退路

川を渡ることを諦めたアテネ軍は、今度もまた撤退行の方向を変える。北西に向っていたのを、南に変えたのである。

なぜ変えたのかは、わかっていない。

シラクサ攻防戦に参加していたアテネ人はここで全滅するので、帰国して現場証人になれたアテネ人は一人もいなかったからである。

歴史家ツキディデスによるこの撤退行の描写は、これこそ「パトス」(pathos)、と思ってしまうくらいに哀感あふれる見事さだが、この時期四十五歳だった希代の歴史家は、幸いにも帰国できたアテネの同盟国の兵士にでも聞いて、書いたのではないかと思う。

いずれにしても、アテネ軍は、退路を南に変えた。

しかし、シラクサ側の追撃は激しくなる一方であった。とくにそれは、デモステネス率いる後衛に集中する。それを防ぎながら前進するため、前衛と後衛の間が八キロも離れてしまった。

これが、アテネ軍にとっての最後の一撃になる。シラクサの騎兵が、後衛すべてを囲みこんだ。囲まれたアテネ兵に向って、オリーヴの樹々《きぎ》に隠れた弓兵が、まるで柵の中に追いこまれた羊を一頭一頭倒すように、無駄なく効率的に殺していった。

ついにデモステネスは、騎兵を率いていた隊長らしき人物に会談を求めた。

そして、全員の生命と自由を保証すると約束してくれるならば降伏する、と言ったのである。シラクサ人は、約束した。

アテネの後衛で生き残った者は全員が捕虜になったので、デモステネスが降伏したことを八キロ先を行っていたニキアス率いる前衛が知ったのは、次の日の朝になってからである。

おそらくは、それを知らせることで前衛の降伏もかち取ろうとしたシラクサ側の誰かが、告げに向ったのではないか。

ニキアスも、交渉は求めた。ただし、彼が求めたのは、シラクサが今回の戦争で費消した額に対しての賠償という形で二千タレント支払うから、これ以後の撤退行を妨害しないで進めさせてくれ、というものであった。

シラクサ側は、拒否する。

ニキアスは兵士たちに、南進を命じた。

四キロほど進んだところに、少し行くと海にそそぐアジナロス川が流れている。その岸辺まで来たところで、ニキアス率いる前衛は、シラクサ軍に囲まれた。

それを見た兵士たちは、渇《かわ》きと飢えとシラクサ兵の射てくる矢の中で、狂乱状態になった。

槍も盾《たて》も投げ捨て、われ先にと川にとびこんで行ったのである。夢中で川水を飲むだけのアテネ兵士を、シラクサの兵士たちが、もはや殺戮《さつりく》と言うしかないやり方で殺しつづけた。

この惨劇が終わったのは、シラクサの騎兵隊を率いて駆けつけた、ギリッポスが止めたからである。

そのギリッポスに、ニキアスは、今度ばかりは無条件の降伏を申し出る。ギリッポスは受けた。

陸路を通っての撤退行は、八日目に入っていた。

終焉《しゅうえん》

捕虜になった兵士の総数は、七千人前後であったと言われている。

同盟国からの参加兵も加えれば五万人にもなった遠征軍の中で、生き残ったのは七千人でしかなかったのだ。

捕虜たち全員は、シラクサの女や子供までが罵声《ばせい》を浴びせる中を、市街地に引かれて行った。

シラクサの要人たちは、デモステネスが降伏の条件にした、生命と自由は保証するとした約束を守る気などはまったくなかった。

ニキアスとデモステネスを、死刑に処すことを決める。しかもその執行は、直ちに行われるとも決めた。

この二人を、スパルタに連行するからわたしに与えてくれ、というギリッポスの申し出は拒絶された。ギリッポスがいなければシラクサ側が敗北していたかもしれないのに、その恩人の願いまで無視したのである。

もしも、アテネの二人の「ストラテゴス」がスパルタに連行されていたとしたら、生きのびられた可能性は高かった。

まず、自分たち自身が武人であるスパルタ人には、武士の情け、としてもよい感情がある。

第二に、ピロスの戦闘でアテネ側の捕虜にされたスパルタの重装歩兵百五十人が、その後アテネで、ジュネーヴ条約顔負けの待遇を受けた例があった。

アテネもスパルタも、捕虜の利用価値を知っていたからである。

だが、シラクサ人は、人間的な感情はもとより、捕虜の利用価値さえも知らなかった。

ニキアスは五十七歳で、デモステネスは四十三歳で、シラクサで生涯を終えたのである。

しかし、即処刑にされた二人のほうが、まだしも幸運であったかもしれない。

七千人いたという捕虜の全員には、シラクサの郊外にある石切り場での強制労働が待っていた。

石切り場と言っても、野外にいて石を切り出すのではない。地上から地下に、掘り下げていくのである。切り出した石は、地上に運び上げる。その地上には常時、監視のシラクサ兵がいた。夜になると、地上部分は鉄柵で閉鎖され、地下がそのまま牢獄《ろうごく》に変わるのだ。

病人が出ても、撤退行中に負った傷が悪化しても、地下から出ることはいっさい許されなかった。

多くの人間が狭いところに詰めこまれているという劣悪な環境では、健康であった者までが病んでくる。死んだ者も、すぐには地上には上げてもらえなかった。外気が入ってくるのは、岩の裂け目からだけ。これでは空気の通りがよいわけがなく、汗と死臭が立ちこめる中での強制労働がつづくのである。

十二月に入ってのある日、全員が地上に引き出された。ただしそれは、強制労働の終わりではなかった。アテネ市民兵と、アテネの同盟国から参加した兵に二分するためであったのだ。

後者は、奴隷として売り払うために連れて行かれた。

前者には、再び地下に追いこまれ、地下坑道内という牢獄の中での日々が再開される。日に二度供される少量の水とパンも、地上から投げこまれるのだ。

アテネの市民権を持つ者で捕虜になったのが、何人であったかもわかっていない。研究者たちは、七千人の半ばはアテネ市民であったろう、と推測している。

となれば三千人以上もの数のアテネ人が、騎兵や重装歩兵や漕ぎ手という社会での階層別もなしに一緒にされ、残酷このうえない日々を耐え忍びながら、地下坑道内で死んでいったのだ。

生きのびて帰国できたアテネ人は一人もいなかった、と言われている。

今でもなお、二千四百年昔にアテネ人の墓地になった石切り場は、ラトミアと呼ばれて残っている。これまでの長い歳月の間に掘り下げられて、今では下から入れるようになっているが、内部に踏み入ると冷やりとする。

ただしその冷気は、のみの跡が残っているのを眺めているうちに寒気に変わる。

壁面に残るのみの跡が、アテネの捕囚たちによるものという確証はまったく無い。

だが、アテネの捕囚たちがうめき苦しむ声が、二千四百年の歳月を越えて聴こえてくるような想いになる。

これが、悪く始まり、悪く進み、最悪で終わった、前四一五年から四一三年にかけて行われた、アテネによるシチリア遠征の「ジ・エンド」であった。

後期（紀元前四一二年から四〇四年までの九年間）

惨禍を知って

悪い知らせほど、早く伝わる。

本国に住むアテネ人が遠征軍の全滅を知ったのは、紀元前四一三年も冬に入ってからだった。当時の情報の伝達速度を考えれば、全滅のすぐ後、と言ってもよい。わずか二年半前に鳴り物入りで送り出した遠征軍が、全滅したというのだ。これを知ったアテネ人の心情を、歴史家ツキディデスは次のように書く。

「しばらくの間、信じられない、という想《おも》いだけであった」

アテネ一国だけでも、三段層ガレー軍船百五十隻《せき》、兵士の数三万、「ストラテゴス」(司令官)は四人という、アテネの持つ戦力のほぼすべてを投入した結果がこれである。犠牲者を出さなかった家はなかった、と言われたほどの惨状だ。悲しむよりも怒るよりも、信じられない、であったのだろう。だが、呆然《ぼうぜん》自失している余裕はなかった。

シチリア遠征が全滅で終わったからこそ押し寄せてくること必至の大波に飲みこまれないためには、家族の一員を失った悲しみも忘れて起《た》ち上るしかなかったのである。

予想される大波の第一は、スパルタが盟主のペロポネソス同盟による、弱体化したアテネに対する攻勢の激化。ゆえに、それに対する防衛の強化。

シラクサ攻防戦がシラクサ側の勝利で終わったのは、スパルタが軍事顧問のような形でシラクサに送り出したギリッポスの功績であって、スパルタ自体は、国家としては関与していない。

だが、シラクサ攻防戦が終わった時点でのギリシア二大強国の立場といえば、強化されたのはスパルタで弱体化したのはアテネ、であるのは事実であった。

そのうえ二年前からは、スパルタ王アギス率いるペロポネソス連合軍は、アテネの市街地から北に三十キロと離れていないデケレイアを基地にして、アッティカ地方を荒らしまわるのを年中行事にしている。

しかも、シラクサでの結果を知った直後からは、海軍の伝統のないスパルタなのにどう勘ちがいしたのか、三段層ガレー船の建造にまで手を出し始め、それでアテネの領海までおびやかし始めたのである。

同じ三段層ガレー船と言っても、アテネのそれとスパルタのそれとでは、戦力の差は歴然とある。それでも、放置は許されなかった。北からの陸上軍と南からの海上軍のはさみ討ち作戦が現実になれば、アテネの市街地は孤立してしまうからである。


襲ってくること必至の大波の第二は、デロス同盟の加盟諸国に見え始めた、離反の動きであった。

「デロス同盟」は、軍事同盟である「ペロポネソス同盟」とはちがう。

軍事にプラス、経済も文化も共有する同盟である。軍事面での安全保障も経済力にかかっていると言ったペリクレスの言葉は、まだアテネ人の心の中に生きていた。それは軍事面にかぎらず、食糧を輸入に頼っているアテネにとっては、食の安全保障でもあるのだ。「ペロポネソス同盟」が崩壊しても、閉鎖社会できたスパルタにはさしたる影響は出ないだろう。だがアテネには、死活の問題になる。

シチリア遠征では、加盟諸国も甚大《じんだい》な被害をこうむっていた。三段層ガレー船ではアテネが主力を請け負っていたが、参戦した兵士の犠牲者ならば、アテネに迫る数を出していたのだ。

たしかに、死ぬまで石切り場での強制労働を強いられたのはアテネ兵だけで、同盟国からの兵士たちは、二ヵ月つづいたこの強制労働の後は分離され奴隷《どれい》に売り払われていたので、身代金《みのしろきん》を払って自由の身になり、帰国できた者もいたのである。

しかし、同盟とは、一緒になっているほうがトクになると思うから加盟しているのだ。シラクサでの惨状は、彼ら加盟諸国に、これ以後のアテネは付いていくのに値するのか、という疑いをもたせたのだった。

デロス同盟の主要加盟国の一つであったキオス島が、スパルタに使節を派遣したという情報はアテネにも届いていた。

再起

それでも、都市国家アテネの再起はアテネ海軍の再起、という認識では、アテネ市民は一致していたのである。

ほぼ確実に、この時点でも外港ピレウスには、軍船である三段層ガレー船の五十隻が停泊していたはずだ。

テミストクレスによってアテネ海軍が創設されて以降、アテネ海軍の常有戦力は三段層ガレー船二百隻、でつづいていたのだから。

また、テミストクレスが率いて大勝したサラミスの海戦以降、エーゲ海の制海権はアテネの手中にある。シチリア遠征には第一次と第二次の合計百五十隻を送ったが、エーゲ海を空っぽにしてまで送り出したはずはない。

となれば、アテネ海軍の再起には、既存の五十隻に加え、さらに百五十隻の三段層ガレー船の新造が必要になる。また、ガレー船の動力は櫂《かい》を漕《こ》ぐことであったから、百五十隻を動かすには、一隻につき漕ぎ手百七十人、船の操縦要員や戦闘要員を合わせれば二百人になり、百五十隻を戦力化するには三万人が必要になるのだった。

これと同数の同胞をシチリアで失っていたアテネに、それができるのか。

このような大事は、挙国一致でないと成し遂げられない。しかも、可能なかぎり早期に成し遂げねばならない。

人心の一新が先決した。それを眼で見える形で示すには、遠征の責任を取らせるということでの現政府の不信任、それに代わる新政府の樹立しかなかった。都市国家アテネの最高決定権は、「デモス」（市民）にあるのだ。

シチリア遠征に出発する前のアテネの政界は、ニキアス率いる穏健派とアルキビアデス率いる過激派に二分され、言わば二大政党対立の状態にあった。

そして、この二人がそろって遠征に出発した後のアテネ政府は、二人のデマゴーグ、つまり民衆扇動家、の影響下にあったのである。

アテネ市民は、この政府を不信任したのだ。代わって選出されたのが、十人で成る内閣。

研究者たちはこの内閣を実務者内閣と呼ぶが、各分野ごとの実務家は見当らない。実際は、穏健派にも属さず過激派でもなく、ましてや扇動家でもなかった、つまり、政治色の薄い十人が、危機管理内閣という感じで選ばれたのだった。

「賢人内閣」、としたほうが適切ではないかと思うが、その中には、ギリシア悲劇の三大作家の一人として知られるソフォクレスも入っている。親友の仲であったペリクレスよりは十六年も長生きしてしまったために、『アンティゴネー』や『オイディプス王』の作者ソフォクレスは、八十三歳にもなって引っ張り出されたのであった。

しかし、この「老賢人内閣」には、主導権をふるう必要はなかった。ただ、そこにいてくれるだけでよかった。なぜなら、国家財政も空っぽの状態というこの時期、アテネ再起、ないしはアテネ海軍再起は、民間主導で成し遂げられるからである。

そして、その成功因の一つは、民主政体の国であったことによる。

ソロンによる改革以来、都市国家《ポリス》アテネは、所有する資産の多寡《たか》によって、四つの階級に分れていた。

第一階級――大土地所有者で鉱山の持主でもあり、さらに海外資産もあるという富裕階級。

この階級に属す有名人は、ペリクレス時代以降にしぼったとしても、当のペリクレス、ニキアス、アルキビアデス、悲劇作家のソフォクレス、歴史家のツキディデス等々。

第二階級――参戦する場合は、馬や馬丁とかの出費までが可能な資産の持主で、騎兵として参戦するのが常の形。

アテネの国政担当者であり戦時では司令官として軍勢を率いる「ストラテゴス」は、ほぼ全員が第一か第二の階級の出身者であった。

第三階級——アテネの中堅層と言ってよく、ギリシアの都市国家の陸上戦力では主戦力になる重装歩兵《ホプリーテス》として、市民の義務である祖国防衛を担《にな》う男たち。ペルシア戦役勝利の功労者ナンバーワンであったテミストクレスも、おそらく資産別ではこの階級の出身と思われる。ゆえに「ストラテゴス」に選出されて以後も、「新参者」と見なされることがつづいた。

市民集会での演説を、「建国の父たちよ、そして新たに加わった人々よ」で始めるのが習いになるローマでは、新参者は「ホモ・ノヴス」と呼ばれはしても、差別語ではまったくなかったが、ギリシアではアテネでも、「新参者」はやはり、幾分かは異分子と見なされたのである。

また、弟子から教授代を取らなくても生活に支障はなかったソクラテスも、この階級に属していたのではないかと思う。戦場では、歩兵として参戦している。

第四階級——無産階級とも呼ばれるのは、生産はしているのだが、働かなくても食べていけるほどの資産には恵まれていない人々を指すからだが、ローマ人はこの人々を、「プロレターリ」と呼ぶことになる。プロレタリアの語源も、このローマ時代に発する。

アテネでは、弓矢や投石や投げ槍《やり》の技能で参戦する軽装歩兵がこの階級に属し、そして何よりもこの第四階級に属す男たちこそが、アテネ海軍の主戦力である三段層ガレー船の漕ぎ手であったのだ。

ただし、民主政のアテネである以上、属す階級はちがっても、アテネ市民であることでは全員が同等。つまり、国政参加の権利でも、祖国防衛の義務でも、全員が同等であったのはもちろんである。

アテネの再起はアテネ海軍の再起の成否にかかっているという呼びかけ、と言うよりは当時のアテネ人の共通認識に真先に応じたのが、第四階級に属す男たちであった。三万人にものぼる犠牲者を出していながら、彼らは、給料は半分でよいから従軍する、と申し出たのである。

富裕者で成る第一階級も、遅れは見せなかった。一人ずつが一隻の三段層ガレー船の建造に要する全費用を出す、と決めたのだ。全費用には、漕ぎ手や操船要員への給料もふくまれる。

しかも、資金を寄附しただけでは終わらない。ペルシア戦役当時のアテネでは、三段層ガレー船の新造に一タレントもの大金を寄附した人自らが船長としてその船に乗り組み、二百人にもなる乗員の全員を指揮して闘う例はあったが、それが、一大惨禍をこうむったこの時期からは常例になっていくのである。

このような史実を読むと、私などは愉《たの》しくなってしまう。自分の生命がかかっている船の建造に手抜きする人もいないであろうから、この慣例は人心の妙を突いていると思うと嬉《うれ》しくなってしまうのだ。

冗談は措《お》くとしても、これで百五十隻の新造は成し遂げられ、既存の五十隻を加えれば、アテネ海軍の再起は成ったのである。なにしろ、私費を投じて船を造りそれに自ら船長として乗りこむ富裕者は少なくなかったらしく、「トリエラルコン」（三段層ガレー船長）という言葉が定着したほどであった。

しかし、三段層ガレー船を戦力化するには、百七十人の漕ぎ手に操船要員や船大工まで加えれば、一隻につき、少なくとも百八十人は必要になる。戦闘要員まで加えると、二百人になる。

戦闘要員は重装歩兵が担当するとしても、シチリア遠征で三万人以上も失っていた第四階級では、やはり人が不足した。とくに、漕ぎ手の不足が痛かった。

この状況を知った第二階級と第三階級から、漕ぎ手に志願する者が続出する。騎士も、陸上戦力の華である重装歩兵も、馬を捨て、長槍や重装備を捨て、櫂を手に漕ぎ台に坐《すわ》ったのである。

これら新米の漕ぎ手たちに漕ぐ技能を教えこむのは、第四階級には属しても、ペリクレスが「熟練の技能者集団」と呼んだ、漕ぎ方のベテランたちであった。


アテネ海軍は再起したのだ。しかも、「信じられない」でいた日々から一年も過ぎないうちに、再建を果したのである。

そして、それによる戦果のほうも上々であることを示す。アテネの領海であるサラミス湾にまで侵入してきたスパルタ海軍は、いとも簡単に追い散らされた。海上ではアテネが最強であることを、他のギリシアのポリスも、改めて認めざるをえなかったほどに。

こうして、アテネにとっては最悪の年であった紀元前四一三年は過ぎ、前四一二年に入っていく。

だが、その年から戦場は、ギリシア本土を離れ、エーゲ海の東の海域に移っていくのである。

エーゲ海の東

後世からギリシアの歴史を眺めるわれわれは、アテネだけでなく全ギリシアの運命を決めることになる「ペロポネソス戦役」が、前四三一年から前四〇四年までの二十七年もの歳月、アテネとスパルタの間で闘われた戦争であることを知っている。

だが、その最後の三分の一になる八年間、なぜアテネとスパルタの対決の場がエーゲ海の東方に移ったのかについては、今に至るまで納得いく説明は成されていない。

アテネとスパルタも、エーゲ海の西に位置するギリシア本土にある。「ペロポネソス戦役」の三分の二にあたる十八年間、シチリア遠征の二年間は除くとしても、戦場は常にギリシア本土にあったのだ。

それがなぜ、エーゲ海の東に移ったのか。

第一は、アテネにとって、移らざるをえないという、確たる理由があったからである。

デロス同盟の主要加盟国、つまり、軍船での参戦は義務でも分担金の支払いは免除されていたポリスは、アテネを筆頭に、レスボス、キオス、サモスの島々である。この島々と近接する小アジア西岸一帯には、エフェソス、ミレトス、ハリカルナッソスと、イオニア地方の有力ポリスがつづく。

そして、北に向えばヘレスポントスが口を開けている。黒海周辺地域から食糧を輸入しているアテネにとっての重要地域が、エーゲ海の東方一帯に集中していたのである。

一口に「イオニア地方」と呼ばれていたこの一帯を堅持するには、この一帯に真珠の首飾りのように連なる、「デロス同盟」の加盟ポリスの離脱を阻止しなければならなかった。

シチリア遠征の失敗は、アテネに、戦場の移転すらも強いたのである。

しかし、アテネ側の事情はわかるが、なぜ、エーゲ海の東方に利害関係のないスパルタが？

疑問は当然、と答えるしかない。

アテネでは珍しくもない在留外国人の姿も見えないスパルタは、閉鎖社会で一国平和主義で、リクルゴスの定めた憲法を守るのが国是という都市国家でつづいている。ゆえに、領土拡大の野心もない。スパルタの誇りである重装歩兵のそのための派兵などは、夢にさえも見てはならないという国なのだ。

だが、そのスパルタ人にも、人間的な感情はあった。ライヴァル・アテネの没落を見るのは愉快でなくもない、という感情である。これにペルシアが、食いついたのである。

ペルシア人にしてみれば、このエーゲ海東方一帯には、立派に利害関係があった。時代は八十年も昔に遡《さかのぼ》ること紀元前四九〇年、この一帯はペルシア帝国の支配下に入っており、ペルシアはさらにギリシア本土にまで領土を拡大する意欲に燃えていた。

ところがその年に行われた第一次ペルシア戦役で、侵攻してきたペルシア軍はマラトンの平原で、迎え撃ってきたアテネの重装歩兵団に大敗を喫し、撤退するしかなくなる。

さらにその十年後に行われた第二次ペルシア戦役では、王自ら率いてきたペルシアの大軍が、サラミスの海戦でアテネ海軍に完敗し、翌年はプラタイアの野でスパルタ率いるギリシア連合軍に完膚なきまでの敗北を喫して、王はメソポタミア地方に逃げ帰るしかなかった。

それ以来ペルシアの王たちは、ギリシアに手を出そうものなら大火傷《やけど》を負う、というトラウマから逃れられなくなっていたのである。あれからは六十七年が過ぎた前四一二年当時のペルシアは、第二次ペルシア戦役で敗れ去るしかなかった王の孫の代になっている。だが、このトラウマは充分に残っていた。それでいながら、第一次のペルシア戦役以前にペルシア領であったエーゲ海東方一帯を、取りもどしたいという想いならば強かったのだ。

取りもどすには、この一帯を傘下《さんか》に置いているアテネを弱体化させ、この地方から手を引かせるしかない。アテネがシチリア遠征の失敗で傷ついている今こそ、その目的達成の好機、と見たのである。

とは言っても、ペルシア自体は乗り出したくない。またも大火傷を負うのだけは避けたかった。

それで、スパルタに声をかけたのだ。スパルタがエーゲ海の東方にまで出てきてくれれば、ペルシアはそれに必要な資金の援助をする、と言って。

これですべてがスムーズに始まったわけではないが、なぜならそこに一人の男が介入してくるからだが、大筋をたどるならば、エーゲ海東方へのスパルタの進出は、スポンサーの意向に沿った結果であった。

エーゲ海の島々とイオニア地方

こうして、「ペロポネソス戦役」という、アテネとスパルタの間で闘われる戦争の最後の三分の一は、地理的にはアテネからもスパルタからも離れた、エーゲ海の東方に集中することになるのである。

この、軍事的にも外交的にもアテネとスパルタが対決する「戦場」になりつつあった一帯に、前四一二年の夏、アルキビアデスが姿を現わす。

再び、アルキビアデス

それより三年前の前四一五年夏、アルキビアデスは、三人の司令官の一人としてシチリア遠征軍を率いてアテネを後にした。

だが、半年と過ぎないうちに本国からの召還命令を受ける。ヘルメス神像の首を切り落した事件の主犯として裁かれることになったのだが、アテネでは、神への冒瀆《ぼうとく》行為はほぼ自動的に死刑に処される。三十五歳の若将には、たとえ悪法でも自国の法だからと、それに従う気にはなれなかったのだろう。彼を護送していく船から逃げ出し、スパルタに政治亡命を求めたのだ。亡命申請は受理された。しかしそれでおとなしく亡命の日々を送るアルキビアデスではない。

スパルタの国政を事実上仕切っている五人の「エフォロス」を籠絡《ろうらく》したのみでなく、王のアギスとも近づきになり、スパルタの政治・軍事顧問に収まってしまったのである。

歴史家ツキディデスに言わせれば、強健ではあっても柔軟な思考力には欠けているのがスパルタ人である。

夏になるや軍勢を率いてアッティカ地方荒らしに北上し、秋には再び同じ道をもどってくることをくり返すよりも、アッティカ北部に位置するデケレイアに基地を構え、そこに兵を常駐させる。そして王とその配下だけが毎年往復すればよいではないかという、誰でも考えつきそうなことを進言され、言われてみればそのとおりだとなったのだが、これに気づいたのが十六年過ぎた後というのだから、スパルタ人の頭の固さも、ツキディデスに指摘されるまでもないのである。

ただし、これで王アギスは、夏から秋にかけて定期的にスパルタを留守にするようになったのだが、古代の史家たちは、その間にアルキビアデスが王妃を誘惑した、と言うのである。

これには、異論を呈したい。

スパルタの女たちには、頑健な男子を産むためにと、筋骨隆々とした体格が求められていた。これで、何百年もつづいてきたのである。スパルタの男にとっての女は子を産む器械でしかなく、この面では、女の裸体に最上の美を見出《みいだ》すアテネ人とは反対の極にあったのである。

スパルタの女は、男から、女を見る眼で見られるのに慣れていなかったのだ。つまり、男に見られるという状況への免疫《めんえき》がなかったのである。

アテネの女性像（プラクシテレス作）

そこに、アテネ男の中でもとくにアテネ的な、アルキビアデスの登場だ。

三十代半ばという、もうウブではないが成熟しきっているわけでもないアテネ一の美男から女を見る男の眼で見つめられて、そのようなことには免疫のない王妃はどう感じたろう。

わざわざ誘惑する必要もなかった、と私ならば思う。

だが、何も王妃でなく他の女もいたではないかと、現代の研究者たちは、まだ不満気に言う。

スパルタの女性像

しかし、王と親しく付き合う仲になっていたのだから、スパルタの他の女たちよりも王妃とのほうが、会う機会も多かったのではないか。

いずれにしても、王妃は妊娠した。アルキビアデスが、据え膳《ぜん》食わぬは男の恥、と思う男でもあったからではあるけれど。

生れてきた男子は、スパルタでも話

題になった。王アギスと王妃の間にはこれまでまったく子が生れなかったからで、王の私生活にまで介入する「エフォロス」(監督官)たちも、世継ぎが生れないのには諦《あきら》めつつあったのだ。

しかし、どう考えても勘定が合わない。通常の妊娠時期と王がスパルタにいた期間が合わないのである。と言っても、医学知識などには無縁できたスパルタ人だ。そして王妃も、シラを切りとおしたようである。また、アルキビアデスも、女がかかわる事柄に関してはいっさい口外しない、という程度には紳士であった。

それでこの件も、初めての男子誕生はやはり嬉しいらしい王アギスの、何と言ってよいか、温容な判断で、ひとしきりの噂話《うわさ》で済んだのであった。

なにしろ、生れてきたのは健康で玉のように可愛《かわい》らしい男の子。スパルタには昔から、障害を持って生れた赤子は崖《がけ》から突き落して始末する習慣があり、その審査をするのが五人の「エフォロス」だったが、その彼らでさえも文句をつけずにパスするしかなかったのだから。

赤ん坊は、王自ら、スパルタでは由緒《ゆいしょ》ある名をとって、レオティキダモスと名づけられた。それでも王妃は、侍女たちしかいない場では、小声にしろ、アルキビアデスと呼びかけていたという。

王妃との間に起きた問題でスパルタにいられなくなったからペルシアに逃げた、という史家たちの言もまちがっている。

なぜなら、たしかにアルキビアデスはスパルタを後に小アジア西岸に向ったが、それはスパルタの船に乗ってであり、向った先のサルディスでは、ペルシア王の地方長官が待っていたのである。

私の想像では、アルキビアデスの、新たな戦場になりつつあったエーゲ海東方行きは、スパルタの王と「エフォロス」も合意の上での、ペルシアへのスパルタの外交使節、の感じではなかったかと思う。

ただし、それで終わらないのが、アルキビアデスの良いところであり悪いところでもある。なにしろ今度は、ペルシア王からこの一帯をまかされていた、地方長官《サトラペ》のティッサフェルネスの政治・軍事顧問に収まってしまうのだから。

ちなみに、唯一《ゆいいつ》アルキビアデスのものと確かな彼の肖像は、スパルタで発掘されたモザイク絵なのである。

スパルタでの亡命生活を終え三十八歳になっていたアルキビアデスにとって、エーゲ海東方のこの一帯に足を踏み入れるのは初めてであった。だが彼には、見るやただちに状況を把握する能力がある。また、自分の眼で見た現状と、見てはいないが聴き知っていた事柄をつなぎ、その線から発して今後の見通しを予測する能力もあった。新しく彼の傭《やと》い主になった感じのペルシアが、なぜ彼のサモス島行きを許したのかはわからない。ペルシアでは高貴の出であるティッサフェルネスは、アルキビアデスよりは五歳若かったという。ただし、オリエント人の悪いところは、自分たちのほうが悪賢さでは優れていると思いこんでいるところにある。アルキビアデスには、扱いやすい相手、であったかもしれなかった。

サモスは、サラミスの海戦で勝利した直後からの実に六十八年間にわたって、アテネの海軍基地であった島である。この間ずっとエーゲ海の制海権をアテネがにぎってこれたのは、エーゲ海の西に位置するアテネの外港ピレウスを本拠にする本国海軍と、エーゲ海の東に浮ぶサモス島に常駐する海軍が、西と東から睨《にら》みを効かせてきたからであった。

サモスの北には、キオスがある。キオスの北にはレスボスがある。この二島とも独自の海軍力を持っていたので、デロス同盟の主要加盟国であったのだが、シチリア遠征の失敗に動揺したこの二島には同盟離反の動きがあり、キオスに至っては、すでにスパルタに接近し始めていた。アテネにとってのこの一帯でのサモス島の重要度は、以前にも増して高くなっていたのである。

長年にわたってアテネ海軍の基地であったサモス島には、アテネ人が多く住みついている。このサモスを、アルキビアデスは、活動再開のベースにすると決めた。

政局不安

一方、本国アテネでも、事態は変わりつつあった。

シチリア遠征軍の全滅を知った直後の「信じられない」というほどのショックから脱け出し、市民全員が協力してのアテネ海軍再起も果し、絶望と不安の時期は終わった後に訪れた、ある種の落ちつきの時期になっていたのである。

とはいえ、八十三歳の悲劇作家ソフォクレスまで引き出しての「老賢人内閣」で、今後ともつづけて行けるわけがない。強力で安定した政府の樹立の必要では誰もが一致していたのだが、それにはどの政体が適切かとなった段階で、民主政体への不信が噴き出したのである。

文学界だけを見ても、歴史家ツキディデス、悲劇作家エウリピデス、風刺喜劇作家アリストファーネスと、アンチ民主主義者が意外と多い。ペリクレスの死の後から始まった衆愚政治に、アテネの知的上流階級がうんざりしていた結果である。

一般の市民も、これと同じ疑問は抱いていた。彼らは、シラクサ攻防戦が惨憺《さんたん》たる結果に終わったのは民主政体であったからだと言われても、それに反論することはできなかった。遠征も、そしてそれを継続したのも、民主的に決めたのである。その結果、彼らの半ばにものぼる数の男たちが、帰国もできずに他国の地で死んでいた。

こうして、歴史上、初めは「四百人政権」、次いでは「五千人政権」、と呼ばれる政体へと移行していく。

六万人が有権者であった「民主政」（デモクラツィア）から、「寡頭政」（オリガルキア）への移行である。

無資産階級でも二十歳以上の全市民に決定権があった政体は廃止し、三十歳以上の、しかも資産のある市民だけが決定権を持つ政体への移行だ。

そこに至ったのは、戦争を終わらせたいという願望であったので、その「想い」自体は正しかった。また、この時期の民意も反映していた。

その年、前四一一年、アリストファーネス作の『リシストラテ』、日本では『女の平和』と訳されている風刺喜劇が上演され、大評判になっていたのだ。

長くつづく戦争についに我慢できなくなったアテネの女たちが、リシストラテを先頭にスパルタの女たちにも呼びかけ、アテネとスパルタ両国の男たちに戦争をやめさせようと、〝セックス・スト〟を決行するお話である。戦争がつづいているのは男たちのせいだから、ここはもう女たちが起《た》ち上るしか解決の道はない、というわけであった。ローマと比べればギリシアの女の立場は大変に低くて弱かったから、効果的な武器はセックス拒否しかなかった、と言われてはうなずくしかないのだが。

しかし、所詮《しょせん》はアテネとスパルタの対決であるのが、この時点でさえもすでに二十年もつづいている「ペロポネソス戦役」である。

この戦争状態の終結とは、アテネとスパルタが講和しないかぎりは実現しない。

スパルタがその条件にしてきたのは、アテネが「デロス同盟」から手を引く、スパルタから見れば、アテネがその帝国主義的な路線を放棄する、ことであった。

ところが、軍事面での同盟でしかない「ペロポネソス同盟」とちがって、「デロス同盟」は、軍事のみでなく経済、そして文化面やその他の分野での人的交流までがふくまれた同盟なのである。

つまり、海軍大国であるだけでなく経済大国であり文化大国でもあるアテネにとって、デロス同盟から手を引こうものなら、都市国家《ポリス》アテネ自体が成り立たなくなってしまうのだ。

陸軍大国ではあっても経済では小国、他国との人的交流に至っては無いに等しい状態でつづいてきたスパルタには、これらの事情への理解が及ばないのであった。セックス・ストに訴えたくらいでは、解決できる問題ではなかったのである。

戦争責任を問う声が噴出してくるのは、戦争が長期化し、しかもそれによる戦果がいっこうにかんばしくない場合である。

「ペロポネソス戦役」は、この時期までですでに、二十年もつづいていた。始めたのは民主派のペリクレスではないか、それをつづけたのも民主政府ではないか、シチリア遠征も民主的に決め、それを引きぎわも考えずにつづけたあげく大惨事に終わった責任も民主政府にある、と非難されて反論もできない民主派《デモクラツィア》に対し、寡頭派《オリガルキア》の意気は、当初は高かった。衆知を結集したから国の方向を誤ったので、選ばれた衆知の結集ならばその誤りは避けられる、と考えたのか。

結集するのが四百人でも五千人になっても、全国民の中の少数による政体を目指したことでは変わりはない。

後世の研究者たちは、この二者のちがいを、前者は「過激な寡頭政」、後者を「穏健な寡頭政」としている。歴史家ツキディデスが、都市国家《ポリス》アテネがこれまでに持った中で最良の政体、としたのは後者である。

この派の人々が目指したのが、ペリクレス時代に確立していたラディカルな民主政体からの脱却、であった。

一、選挙権を、二十歳からではなく、三十歳からに引き上げたこと。

アテネでも国家の要職に就くのは三十歳からと決まっていたから、被選挙権ならば以前と同じだが、改革されたのは選挙権のほうである。経験を積んで思慮深くなっている男たちならば、国政を誤った方向に持っていくことはないだろう、と思ったのかもしれない。

二、国家公務員への日給を全廃したこと。

ペリクレスがこれを決めたのは、日々働くからこそ家族を養っていける無資産階級、つまりは労働者たちも公務に参加させるためであった。この人々は抽選であろうと選ばれて公務に就く機会を与えられていながら、それまでは、仕事を放ってまでして公務をやることが、事実上は許されなかったからである。結局、彼らは公務を辞退することになる。それでは平等に与えられるべき機会の、自主的とはいえ放棄になるというわけで、一年の任期中の生活費に該当する額の給料は国が保証するのが、この制度を法律化したペリクレスの考えであった。

これが、全廃されたのだ。たとえ一年間にしろ国家公務員になれるのは、その間働かなくても生活費の心配はない程度にしろ、有資産階級に限られることになった。

しかし、三段層ガレー船の漕《こ》ぎ手もペリクレス下では、国家公務員だからと国から給料を払われていたのだが、それまで全廃になったとは、史料には記されていない。漕ぎ手たちは、当時のモーターであった。そして、シラクサで仲間たちが全滅した後でも給料は半分でよいから船に乗ると決めた彼らは、アテネでは最下層になる無資産階級《プロレターリ》に属す男たちである。

寡頭派も、シチリア遠征で大打撃を負ったアテネの再起は、アテネ海軍が再起できるか否《いな》かにかかっている、とする点では一致していた。漕ぎ手という動力なしには、軍船である三段層ガレー船は、海戦に参加するどころか動きもしないのである。それに彼ら自身が、給料は半分でよいと言っている。全廃ではなくその線で凍結、ということになったのではないかと想像する。

いずれにしても、シチリア遠征軍の全滅に呆然《ぼうぜん》となっていた時期から一年半後の前四一一年六月、「四百人政権」はスタートしたのだった。

だがこれに、唯一反対の声をあげたのが、サモス島を基地にしているアテネ海軍である。しかも、「デロス同盟」からの加盟国離脱が表面化している今、アテネ海軍が常駐するサモスの重要度は高くなる一方。本国は押さえたつもりの四百人政権も、放置は許されなかった。サモスにいるアテネ市民説得のため、政府から二人の高官が派遣された。

ところが、サモスに着いた高官二人が見たのは、アルキビアデスの影響下にあるサモスのアテネ人であったのだ。

エーゲ海東方というこの一帯の奪還を狙《ねら》っているペルシアも、そのペルシアと同盟関係になりつつあったスパルタも、アルキビアデスに人前で話す機会を与えたのは、大いなる誤りであった。話させてしまったら、終わりなのである。アルキビアデスは、一対一での説得力《エロクエンティア》でも優れていたが、民衆を前にしたときの説得力では、当時のアテネでは無敵だった。

というわけで、アテネから来た高官二人は、欠席裁判とはいえ死刑を宣告されている国際指名手配犯と、面と向って交渉することになってしまったのである。

三十九歳になっていたアルキビアデスは、国際指名手配になる前のアテネ政界では、民主派の頭目と見られていた。父親代わりからして、ペリクレスである。そのアルキビアデスに寡頭政を飲ませようというのだから喜劇的もよいところだが、アルキビアデスは、すぐにはノーと答えなかった。

寡頭政への反対で沸き立っている海軍関係者たちの気分を鎮《しず》める努力はしてみるが、それには条件がある、と言ったのだ。

条件とは、彼を、サモスに常駐しているアテネ海軍の「ストラテゴス」（司令官）に推挙することである。推挙を受けて決定するのはあくまでもサモスにいるアテネ市民たちなのだから、と言われて、寡頭政府から送られてきた二人はＯＫしたのである。サモスに反対をつづけさせないということだけが、彼らの頭を占めていたのかもしれなかった。

だが、こうして、四年前から犯罪人であり国際指名手配にもなっていたアルキビアデスは、アテネ海軍の公式な一部隊であるサモス島駐屯の海軍を率いる立場に返り咲いたことになる。サモス島のアテネ人たちが、寡頭政に反対していたのも忘れ、アルキビアデスを、自分たちを率いる「ストラテゴス」に選出したからであった。

このときのアルキビアデスの振舞いを、古代の史家たち、とくにツキディデスは、背信行為であったとして非難する。寡頭政を受け入れておきながら、結局はそれを崩壊に導いたのは彼だ、というのだ。

しかし、この時期のアルキビアデスにとって最も優先したのは、アテネの公職を再び手にすることであった。本国帰還までは今のところはかなわなくても、「ストラテゴス」になれば実権は手にできる。

また彼は、アテネでは寡頭政は成功しない、と見ていたのではないか。

民主政体は、ペリクレスの時代からにしても、すでに五十年もつづいてきたのである。

それに今のアテネぐらい、市民の全員が力を合わせることが重要な時期もない。それなのに、市民の半ば以上を、事実上にしろ国政から締め出す政体が、長つづきできるとは思えなかったのではないだろうか。

さらに、アテネ人の、この場合は階級や男女の別もなく、胸の奥底にひそむ心情というものも無視できなかった。

シラクサ攻防戦がアテネ側の大惨事で終わった要因の一つが、相手側にギリッポスという名のスパルタの武将がいたからだということは、もはやアテネでは、誰でも知っていた。

スパルタは、正規には関与していないと言っている。だが、いかにスパルタ内ではアウトサイダーでも、ギリッポスとて、本国政府の許可なしにはシラクサへは行けなかったはずである。また、こちらのほうは正規軍を率いるスパルタ王アギスが、毎年のようにアッティカ地方の耕地を荒らしまわっているのも、アテネ人の反スパルタ感情を増すのに役立っていたのである。

それでいながら寡頭派は、スパルタへの接近を隠さない。寡頭政には賛成しないアテネ市民も、スパルタと話し合うことが両国の平和構築につながるのはわかっていた。

だが、胸の奥底にひそむ反スパルタ感情までは消し去るのはむずかしかったのだ。

ゆえに、アテネにとっての今後の政体をどうするかの問題は、デモクラツィアとかオリガルキアの問題ではなく、アテネの現実に合うか合わないか、というだけであったことになる。

実際、「四百人政権」は四ヵ月足らずで崩壊し、その後につづいた「五千人政権」も、一年とつづかないで崩れ落ちる。

前四一〇年にはアテネは、以前の民主政にもどるのである。

しかし、本国でくり広げられている政体をめぐる迷走の結果を、アルキビアデスは待たなかった。指揮権を手にした彼は、「四百人政権」の崩壊さえも待たずに、サモス島に駐屯するアテネ海軍を率いて海に出ていた。

となると、アルキビアデスは、またも馬を乗り換えたのか。初めはアテネからスパルタに、次いではペルシアに、今度はアテネに、と。

もしもそれだけならば、彼について語るのは簡単に済むのである。ところが、そうではない。研究者たちは、アテネとペルシアを両天秤《てんびん》にかけていた、と言う。

だが私には、やはりアテネに乗り換えたのだ、としか思えない。ただし、乗り換えはしてもペルシアとは完全には切らず、その後も密なる接触はつづけていた、というのがちがいだ。

それが、アルキビアデスという男を語るに際しての、むずかしいところになる。なぜ？

四十歳に近づいていたアルキビアデスと、ペルシア王からエーゲ海東方問題を一任されていた三十五歳のティッサフェルネスの接触が、どのように成されていたのかを示してくれる史料はない。それで、この二人に肉薄したければ想像を働かせるしかないのだが、私の想像では次のようになる。そして、アテネ男とペルシア男の対決になるこの場では、ソクラテス式の対話法が役に立つのだ。

アルキビアデス「ペルシアは、わたしもあなたも生れていなかった七十年昔には領有していたエーゲ海東方一帯を、取りもどしたいと思っているのでしょう」

ティッサフェルネス「まあ、そうです」

「それにはアテネが邪魔だから、スパルタに資金援助を与えることで、この一帯からアテネを排除したいと考えているんですよね」

「まあ、そういう見方も可能ではあります」

「でも、スパルタの力を借りたにしろアテネが排除された後にこの一帯の支配者に収まるペルシアにとっての最重要課題は、この地方に住むギリシア人がペルシアの支配を甘んじて受けるようになるかどうか、にあるわけでしょう」

「まあ、そうですね」

「とはいえ、再びアテネがもどってくるのを防ぐには、スパルタをお役払いするわけにはいかない。なぜならペルシアは、自分たちだけでギリシア人相手に戦争をするのにはこりているのだから」

「まあ、まあ、それもイエス」

「しかし、エーゲ海東方に住むギリシア人は、レスボスやキオスを始めとする島々も、エフェソスやミレトスのような陸上にある都市国家も、いずれも交易で生きているポリスであると認識していることでは共通している。

ということは、彼らにはビジネスを充分にできる環境を与えてやらないかぎり、彼らはペルシアの支配を甘んじて受けるどころではなくなり、再びアテネに助けを求めてくるという事態になりかねないということです。

ところが、その彼らに睨みを効かせる役のスパルタが、ビジネスにはからきし縁がない国ときている。スパルタが、国内では鉄貨の通用しか許さず、外国人は商人でも入国を歓迎しない閉鎖社会であることは知っているでしょう。この状況下で、エーゲ海東方に住むギリシア人はいつまで、スパルタの軍事力を背にしたペルシアの支配を甘んじて受けつづけるでしょうか」

ティッサフェルネス「ウ、ウーン」

ここで、アルキビアデスは鉾先《ほこさき》を変える。

「エーゲ海東方のギリシア人社会をペルシア戦役以前にもどって再領有したいと願うペルシアにとって、最も好都合な状態は、アテネであろうとスパルタであろうと、ギリシア本土のポリスの勢力が衰えることでしょう。

それには、この二国のうちの一国の力が強くなることではなく、この二国ともが互いに争うことで消耗し合う状態がつづくことではないですかね」

「ウ、ウ、ウーン」

「それには、スパルタへの資金援助を断つのが、最も簡単なやり方なのでは？」

ソクラテス式の対話法が効果があるのは、たたみかける感じで問いかけられてきた側が、それに一つ一つ答えているうちに、何が何やらわからなくなってしまうところにある。これまで自分が考えていたことに、自信が持てなくなってしまうのだ。これが、哲学に留まっているかぎりは問題は生じない。「有知」と思いこんでいた自分が、いかに「無知」であったかを自覚するだけなのだから。

しかし、自分以外にも多くの人々の運命がかかっている場合では、それで「良し」とするわけにはいかなくなる。なぜなら、「主導権」を、相手側にゆだねてしまうことになるからである。

もちろん、サモス駐屯アテネ海軍の司令官に収まったアルキビアデスと、ペルシア王からこの一帯の奪還を一任されているティッサフェルネスとの会談が、このように展開したという保証はまったくない。

それでも、実際は、アテネの勢力を排除する目的で結成されたスパルタとペルシアの共闘戦線は、アルキビアデスがこの一帯に出没し始めてからギクシャクしてくるのである。

その原因の第一は、資金援助の代償としてペルシア側が要求したエーゲ海東方一帯、彼らはそれをいまだに「王の領土」と呼んでいたのだが、その一帯をペルシア王に譲渡すると契約書に明記することを、スパルタが拒否していたからである。

スパルタだって、プラタイアの会戦で勝ったことで、サラミスの海戦で勝ったアテネと並んで、第二次ペルシア戦役の二大功労者の一方であった。そのスパルタがギリシア人の住む地方をペルシアに売り渡したとなっては、ギリシア中から反感を浴びる危険は大。

原因の第二は、スパルタの予測に反して、ペルシア側が資金援助をケチったことにある。費用対効果にも、疑いを持ち始めていたのかもしれなかった。

スパルタのほうも、海軍が不可欠となったこの時期になって、海軍が海軍力になるには即席では不可能であることが初めてわかる。ペロポネソス同盟の盟主なのだからペロポネソス半島全域から集められる人には不足しなかったが、ペリクレスがアテネ海軍を評して言った「練達の技能者集団」とは、テミストクレス以来の七十年の間に蓄積された成果なのである。

それで、練達の技能者集団が必要ならばそれを引き抜くしかないとなり、スパルタはそのことをペルシア側に伝えたのだが、ペルシア側がアテネの漕ぎ手たちに給料として提示した額は、アテネの下層民である彼らから一笑に付されてしまう。

シチリア遠征軍が全滅したとわかった時点で、彼らが国に申し出た、給料は半額でも海に出る、と言ったのと同程度の額の給料であったのだ。もしもこの数倍の給料を提示していたならば、本国アテネでの寡頭《かとう》政府樹立でイヤ気がさしていた彼らが、ペルシア側の求めに応じていたかもしれないのである。

ペルシア人の経営センスの欠如には呆《あき》れるしかないが、土地こそが資源、と考えるペルシア人と、人間の頭脳と技《わざ》こそが資源、と考えるギリシア人の、これもちがいの一つかもしれなかった。

いずれにしても、この時期のアテネの船乗りたちの大量引き抜きは、実現しなかったのである。

この時期から始まったアルキビアデス率いるサモス駐屯のアテネ海軍の出動には、いまだアテネが、海では無敵であることを誇示する目的もあったのだ。それはペルシア側に、スパルタへの資金援助の費用対効果を再考させることにもなる。エーゲ海東方へのスパルタの進出も、ペルシアの資金援助無しには成り立たなかったのだから。

海将アルキビアデス

一国の政府が国民に対して成すべき二大責務は、安全と食の保証の二つにつきる。ペロポネソス戦役が始まって以来、毎夏のようにくり返されてきたスパルタ軍によるアッティカ地方の耕地荒らしにさらされてもアテネが持ちこたえてこれたのは、アテネにとって「食」の一大輸入先である黒海への道が、いまだアテネ側にあったからだった。

しかし、シチリア遠征の失敗によるアテネの弱体化の余波は、ペリクレス時代に苦労して強化してきたこの「食」の補給路にも及んでいた。

もちろんアテネは、このヘレスポントス海峡の堅持のために、海峡が最も狭くなるセストスの港に、十八隻《せき》の三段層ガレー船を常駐させていた。

このセストスを奪い取ろうと、十六隻の三段層ガレー船で成るスパルタ海軍がエーゲ海を北上する。

このときのスパルタ海軍の資金提供者はティッサフェルネスではなく、同じくペルシア王からエーゲ海東方の奪還を任されていたファルナバゾス。

現代ならばトルコ領の小アジア西岸部とそれに接するギリシア領のレスボスやキオスやサモスの島々は、古代ではエーゲ海東方一帯としてくくられていたのである。ゆえにペルシアの宮廷でもこの一帯は北部と南部に二分され、それぞれの統治はペルシア帝国の地方長官《サトラペ》二人に託されていた。

ペルシア戦役当時からギリシア征服を期すペルシアの前線基地であったサルディスを本拠にし、リディア、カリアと豊かな内陸地方をかかえる南部は、ティッサフェルネスの管轄《かんかつ》。その北に広がるアイオリスやフリジア地方はファルナバゾスの管轄、という割りふりになっていたのだ。ゆえに、ヘレスポントスからアテネ勢を追い出す作戦の資金提供者も、ファルナバゾスになる。

だが、こうして、海上でのアテネ・スパルタの直接対決は、エーゲ海からマルマラ海に抜けるヘレスポントス海峡で始まることになった。

この第一戦の戦果は、アテネ側の勝利で終わる。

勝因の第一は、狭い海域では、船乗りたちの熟練度の差がモロに出たこと。

第二は、海軍どころか海運の伝統もないスパルタには、艦長という、船乗り全員の統率力に長じているだけでなく、海の上での気象の変移にも眼と鼻がきく人材がいない。

おかげでスパルタ海軍には、嵐となると突っこんでしまうという特徴がある。シラクサ攻防戦中もギリッポスの応援に送り出した船団が嵐《あらし》に会い、西に向うところが南に流されつづけ、北アフリカに〝不時着〟してしまったということがあった。前四一一年のこの年も、強風にあおられたあげくに十六隻がまとまって攻撃できなかったのが、スパルタ側の敗因の一つになった。

アテネの勝因の第三は、スパルタ海軍がヘレスポントスに向けて北上と知るやその後を追った、アルキビアデス率いるサモス海軍の参戦が間に合ったからである。セストスにいたアテネ海軍とサモスからのアテネ海軍が、どのように共闘したのかはわかっていない。だが、研究者の多くが、この第一戦の勝因をアルキビアデスに帰すのは、これ以後のアテネ対スパルタの海上戦のほとんどが、この国際指名手配犯の戦略と戦術によることになるからである。

セストスをめぐる海戦で勝ったアテネ海軍は、鉄は熱いうちに打て、とでもいうかのように、基地にはもどらずにそのまま、ヘレスポントスの海峡にのぞむ両岸全域と、その北東に広がるマルマラ海全域の覇権を、再び手中にする行動に移っていく。

ビザンティオンを再びアテネ側にもどすまでは、この時期には成しとげられなかった。だが、その対岸に位置するカルケドンはアテネ側にもどる。

ヘレスポントス海峡、マルマラ海、そしてボスフォロス海峡の航行の安全さえ確保されれば、黒海からピレウス港までの、アテネにとっての「食」の補給路は保証されたということであった。

このようにして、都市国家アテネは、シチリア遠征で負った大損害にもめげず、海軍は再起しただけでなく、海軍力としても再起していたのだ。ところがその足を引っぱったのが、本国政府による失政である。

エーゲ海の東方とイオニア地方の周辺

新税という失策

シラクサ攻防戦で負った打撃とその後の再起で、アテネの国庫が空っぽの状態にあったことはわかる。新たな収入の道を探した寡頭政権は、デロス同盟の全加盟国に新税を課したのだ。

それは、船の積み荷の価値の五パーセントにあたる額を、デロス同盟全体の安全保障費としてアテネに支払う、とした法である。

シチリア遠征の結末を知って動揺はしたが、それでもまだデロス同盟内に残っていた加盟諸国は、再起したアテネ海軍の力を示されたこともあり、五パーセント税を払うことも、当初は納得していた。

ところが、この新税は、アテネの商船にだけは免除されていることが判明する。加盟諸国からは不満が爆発した。不公平だ、というのである。当然だ。

どうやら、積み荷への税自体が、これまではデロス同盟内ではゼロであったようで、それが五パーセント課税されるようになれば、その額は売り値に反映される。アテネの商船で運んできた物産と、他の加盟諸国の船で運んできた物産の売り値に差がつくことになり、価格競争力では後者が不利になってしまう。

巻き起った激しい不満には、アテネ政府も、この新税は撤回せざるをえなくなる。アテネの寡頭政体の、一貫した政略（ストラテジア）の欠如を暴露したことになってしまったのだ。せっかく海軍力で挽回《ばんかい》しつつあったというのに、「デロス同盟」とは運命共同体であるということを加盟諸国に得心させる、絶好の機会までも逸したことになった。


本国政府の迷走をよそに、アルキビアデスの声価は上がる一方であった。

もともとからして彼への、アテネの民衆からの支持は高かった。

オリンピアで開かれる競技会の最終日、四頭立ての戦車を駆って一、二、三着を独占してアテネ中を熱狂させたアルキビアデスを、七年後もアテネ人は忘れていなかった。

また、アルキビアデスの自由奔放な振舞いも、妙に民衆に人気があった。

アテネの有力者は、その人自身は富裕者でも、生活ぶりは質素な人が多かった。一千人もの鉱夫が働く銀山の持主であったニキアスも、派手な生活はいっさいしていない。なにしろ、最終決定権は「デモス」（民衆）が持つ民主政体下の有力者である。

デモスの反感を呼ばないための生活様式であった。

ところが、アルキビアデスとなるとこの反対。オレが金持に生れたのは誰でも知っているることなのに、なぜ隠さなければならないのか、というわけだ。

出費から見れば、四頭立ての戦車競走に出場することは、現代のフォーミュラ・ワンに出場することと同じであった。それを、勝利の確率を計算してであると思うが、七チームも出場させたのである。その結果が、表彰台独占。四頭立て戦車の七チームと彼以外の御者たちに要した費用は、莫大《ばくだい》なものになったにちがいない。すべては彼の私費である。

これ以外にも彼の生活ぶりは派手で、衣服や家具にも凝っていた。師ソクラテスの忠告などは知らぬ顔で。

だが、これが、「デモス」からの人気の要因の一つになる。正直だ、というわけだ。そしてアテネは、「デモス」に最終決定権がある、「民主政《デモクラツィア》」の国であった。


「トリエラルコン」

しかし、そのアルキビアデスも、四十代に入ろうとしていた。

その彼に、スパルタ相手の海戦に出るようになって以来、新たな支持層が生れていたのである。「三段層ガレー船の船長《トリエラルコン》」と総称されるようになっていた人々で、自費でガレー船を新造して国に寄附するだけでなく、自らその船に乗りこんで海戦に参加するようになっていた、アテネでは富裕層に属す人々であった。

この男たちが、軍事面でのアルキビアデスの才能を認めるようになっていたのだ。しかも、軍事面での才能だけでなく、アルキビアデスに、ペリクレスの再来を見る想《おも》いにもなっていたのである。

アルキビアデス自身も、ペリクレスを父親代わりに育ち、母方の血筋からアテネの名門中の名門アルクメオニデス一門に属す。「三段層ガレー船の船長」たちから見れば、自分たちと同じ階級の一員だ。アテネの富裕者たちが思い出すペリクレスは、民主政のリーダーではあったが、政局安定の象徴でもあったのである。

政治の安定くらい、富裕者たちが望むものはない。民主政体と寡頭政体のちがいなど、この大前提の前には二義的な問題になる。

「トリエラルコン」たちは、軍船を指揮して自ら戦場に出るようになった今、迷走をつづける寡頭政よりも、能力ある一人に率いられる民主政のほうが、アテネの政治の安定には良いと思うようになっていたのだった。

この彼らに加えて、アルキビアデスは、共に司令官を務める能力もある、海将クラスの支持者も持つようになっていた。

トラシブロスやテラメネスを始めとする、アルキビアデスとは同世代に属すこの男たちだが、もともとは寡頭派《オリガルキア》であった人々である。それが、寡頭派政府からサモスに派遣され、そこでアルキビアデスと行動を共にするようになって以来、政体のちがいなどは気にならなくなってしまったようであった。

総司令官がいかに戦略・戦術の才能に恵まれていようと、その戦略・戦術どおりに動いてくれる副将クラスに人を得ないかぎり、戦闘《バトル》に勝つことはできないのである。

こうして〝国際指名手配犯〟であったアルキビアデスの支持層は、本国アテネよりも海外のアテネ基地で、固まりつつあったのだった。

この人々の支持を決定的にしたのが、前四一〇年にスパルタ海軍相手に闘われ、マルマラ海でのアテネの覇権を確実にすることになる、キジコスの海戦である。

連戦連勝

スパルタの誇りであり、その勇名ペルシアにも知られていた「スパルタの戦士」たち、つまりスパルタの重装歩兵団《ホプリーテス》の強さの鍵《かぎ》は、長槍《ながやり》での攻撃力と重武装に盾《たて》という防御力の双方ともを駆使できる一人一人が、密集して進んでくるところにある。それに迫られる恐怖は、現代ならば、密集して前進してくる戦車軍団に迫られる恐怖に似ていた。

しかも、敵との接近戦が始まるや、一人一人は的確な距離を置き、槍と剣で縦横に闘い始める。ただし、密集形はあくまでも崩さない。スパルタが、ギリシアの都市国家《ポリス》中最強の陸軍国とされていたのは、少年の頃から武術に明け暮れる日々を過してきた成果である、この戦い方にあるのだった。

だが、無敵と言われたこのスパルタの重装歩兵団にも、欠陥があった。動きが遅いのである。動きが「遅い」ということは、予期しない敵側の攻撃に対して、臨機応変な対応が「遅れる」ということであった。

しかし、柔軟な発想などは薬にしたくも無いのが、スパルタという国である。陸上での重装歩兵団の戦い方をそのまま海上でも踏襲するのに、この時期のスパルタ海軍は疑いすらも抱いていなかった。

ここに、アルキビアデスは眼をつけたのである。スパルタでの亡命生活も、王妃に妊娠させるだけで過ぎたわけではないようであった。

キジコスの港に停泊しているスパルタ海軍は、この地奪還を目指すアテネ海軍と、軍船の数ならば同程度。それにぶつけるのに、アルキビアデスは、率いるアテネ海軍を三分した。

第一船団は、彼自らが指揮をとる。第二船団の指揮は、トラシブロス。第三船団の指揮は、テラメネスに託した。

季節は六月。戦場は、広くても外海ではないマルマラ海。アテネ海軍の「練達の技能集団」の実力が、舵《かじ》取りしだいでは最高に発揮される状況であった。

まず、第一船団だけが、港の入口に接近する。停泊中のスパルタ海軍は、その規模を見て、簡単に撃破できると思ったようで、全船で港の外にくり出してきた。

それを、アルキビアデス率いる第一船団は、攻めると見せては退《ひ》き、退くと見せては攻めるという動きを、微妙な間合いでくり返す。これによって、スパルタの全船を港の外まで誘い出すのに成功した。

そして、そのスパルタ海軍を、近くの島陰に隠れて待っていた第二船団が左から現われ、第三船団は右から現われて囲んだのだ。同時に、それまでは「餌《えさ》」の役割をしていた第一船団もUターンする。三方からの囲い込み作戦である。残る一方は、囲む必要さえもなかった。動きが鈍く操船技能も劣るスパルタ海軍には、港に逃げ帰るだけの力のある船は少なかったからである。

キジコスでのこの勝利が、結局は寡頭政の幕を引くことになる。穏健的とはいえ少数指導政《オリガルキア》ではある「五千人政権」は、この年に崩壊した。

ただし、歴史家ツキディデスの言う「アテネが持った最良の政府」が一年も経《た》たずに崩壊したのは、一度の戦勝によるのではない。

第一に、寡頭派内部で内ゲバが起り、その一人が暗殺されたりして、アテネ市民の気持が離れたこと。

第二は、本国のアテネ市民に、民主政体を見直す気持が強くなったことである。

本国では寡頭政府なのに、サモス島だけは民主政体支持を崩さないでいる。にもかかわらず、スパルタ海軍相手に勝つアテネ海軍は、サモスにいる、つまり、本国政府から見れば反対派のアテネ海軍である。それを率いているアルキビアデスが、民主派であるのは知られた事実だった。

実際、サモス島が寡頭政府への不支持を明らかにした前四一一年から始まって、前四〇八年までの三年間に、エーゲ海東方でアテネとスパルタの間で闘われた海戦は、四回を数える。結果は、アテネ側の四戦四勝。本国のアテネ市民が、エーゲ海の反対側にあるサモス島を、単なる海軍基地ではないという眼で見るようになったのも、これでは当然であった。

再び民主政に

残念なことではあるけれど、人類は、戦争そのものが嫌いなのではない。長期戦になり、しかも敗色が濃くなった戦争が嫌いなのである。

それゆえ、名将とされる人は全員、一度で勝負が決する会戦に賭《か》ける。それが陸上か海上かは、関係ない。

マラトンのミリティアデス、サラミスのテミストクレス、プラタイアのパウサニアス、そして、この後から出てくる大王アレクサンドロス。
この性向は、民族が異なっても変わらない。カルタゴのハンニバル、ローマのスキピオにカエサル。

敗色が濃くなる一方の長期戦くらい、自国民の支持を失うこともないからであった。

アルキビアデスによる四戦四勝は、本国に住むアテネ市民にとっては、単なる戦勝ではなかった。

ギリシア世界では今なお最大の人口をかかえる都市国家《ポリス》アテネにとっては、本国への「食」の補給路の確保でもあったのだ。

また、海上では無敵であると示すことは、シチリア遠征の失敗を見て離反に動き始めていた「デロス同盟」の加盟諸国に、その動きを止めさせる働きもあった。

忘れてはならないのは、「デロス同盟」は広域経済圏であったことだ。そして、それを主導するアテネは、現代から見れば手工業の水準ではあっても古代では立派に製造業の国であり、ゆえに経済大国でもあった。「デロス同盟」の存続は、イコールアテネの存続、と言ってもよいくらいに。

それにアルキビアデスも、海戦ばかりしていたわけではない。外交面でも、積極的に動く。ただし、相手とするのは誰か、となると、ここでも彼は、本国の寡頭政府とちがっていた。

本国の寡頭政体が望んでいたのは、「ペロポネソス戦役」の終結である。この目標自体は正しいのだが、それにはスパルタとの和解しかない、と思いこんでいたのだった。ところがスパルタは、「デロス同盟」の解体を求めて譲らない。おかげで、和解にはいっこうに達しない。また、あまりにも露骨なスパルタ寄りは、市民たちの寡頭政への反感まで呼んでいた。

一方、サモスにいるアルキビアデスは、相手を、ペルシアに定めたのだ。エーゲ海東方一帯へのスパルタの進出は、ペルシアの資金援助なしには成り立たない。それで、スポンサーとの直接交渉を選んだのである。

この時期、ペルシア王からこの一帯の奪還を任されていたティッサフェルネスは、おそらくは、頭をかかえる日々を送っていたにちがいない。資金を出して数だけはそろえてやったスパルタ海軍は、アテネ海軍に対して連戦連敗である。これでは、ペルシア帝国内ではあくまでも臣下でしかないティッサフェルネスにとって、責任問題になる危険があった。

それで彼は、ペルシアの海軍をエーゲ海に呼び入れて、弱体なスパルタ海軍と共闘させようと考える。陸軍大国のペルシアにとって海軍と言えば、ペルシア領内のフェニキアからの船のことだ。小アジア西南部一帯が管轄圏のティッサフェルネスには、できないことではなかった。

そして、実際、アテネ海軍の二倍にもなる数のフェニキア船団が、エーゲ海に入ってきたのである。

これを知ったアルキビアデスは、手許《てもと》にあった十三隻だけを率いてその地に向った。ティッサフェルネスとの、トップ会談のためであった。

今度は、ソクラテス式の対話法を使うまでもなかったろう。アテネ海軍のこの時期までの連戦連勝が、すべてを語っていた。それに加えるに、サラミスの海戦を思い出させるだけでも充分だった。

アルキビアデスもティッサフェルネスも生れていなかった、七十年も昔に闘われた海戦である。あのときのペルシア海軍は、アテネ海軍によって、木端微塵《こっぱみじん》としてもよいくらいに撃破されたのだ。あのときも、ペルシア海軍とは言っても内実は、フェニキアからの船団であったのだった。

サラミスの二の舞いになろうものなら、ティッサフェルネスの首は確実に飛ぶ。ティッサフェルネスとの会談を終えた後、フェニキアから来ている船団が停泊する中を十三隻だけで通り抜けながらサモスにもどったアルキビアデスを追いかけるように、残しておいた密偵からの報告が届いた。それは、フェニキア船団は全船、エーゲ海を後に、来た道をもどって行った、というものであった。

本国アテネでは、四ヵ月しかつづかなかった「四百人政権」の後にできた「五千人政権」も、八ヵ月持ちこたえただけで崩壊していた。

寡頭政は崩壊し、民主政権にもどっていたのである。その民主政権が、アルキビアデスを迎え入れることになる。

「愛した、憎んだ、それでも求めた」

おそらく、前四〇八年から七年にかけての冬の間に、帰国の意志は固まっていたのだろう。祖国への復帰は、前四〇七年中に実現させる、と。

しかし、アテネには、国法を犯した者でも恩赦によって帰国を認めるとした法はない。アルキビアデスは、遠征先のシチリアで受けた本国召還の命令に服さずにスパルタに逃げたことで、欠席裁判とはいえ死刑を宣告されている。帰国するや逮捕され、死刑に処される危険があった。

そのうえ、本国の農民たちが彼を憎んでいる事実も無視は許されなかった。亡命してきた彼の進言を容《い》れたスパルタがデケレイアを基地化した年から、アッティカ地方の農民たちは収穫もままならない七年間を送ってきたのである。

状況がこれでは、本国帰還も、慎重に進める必要があった。こちらから軍事力をちらつかせて強要するのではなく、アテネ側が自主的に受け入れるようにもっていく必要がある。

四十三歳になろうとしていたアルキビアデスは、亡命生活も八年に及ぼうとしていた前四〇七年、頃は良し、と思ったのではないか。

彼の本国帰還を我がことのように喜んでいる、サモス島には問題はなかった。だが、エーゲ海東方一帯を、彼の不在をよいことに、スパルタに奪われることのない状態で残していくのは、これまでの四年間、サモス島のアテネ市民のみからの選出とはいえ、「ストラテゴス」(司令官)であったアルキビアデスの責務である。二十隻を従え、この一帯に点在する「デロス同盟」加盟諸国をまわり、防衛体制の整備を命ずる行動が先行した。

だがこれは、加盟諸国からの分担金を徴収する巡行でもあった。集めたカネは、百タレントになったという。百タレントとは、軍船である三段層ガレー船を、百隻進水できる額になる。

富裕階級の寄附にも、限界はある。長くつづく戦役で経済力も落ちていたアテネにとって、嬉《うれ》しい収入になるはずであった。つまり、フラチな男であるアルキビアデスは、御土産《みやげ》まで用意したのだ。

これらのすべてをやり終えた後で、初めてアルキビアデスは、船首を西に向けさせる。紀元前四〇七年も、秋に入ろうとしていた。

アテネの外港ピレウスには、噂《うわさ》を聴きつけた市民たちが待ち受けていた。アルキビアデスは、すぐには下船しなかった。船上にたたずむその彼に対し、港を埋めたアテネ人からの歓声が巻き起った。英雄を迎えるかのような熱狂を受けて、八年ぶりに故郷の土を踏んだのである。この日以来、彼が行くところ、熱狂した市民たちに囲まれないことはなかった。

急遽《きゅうきょ》召集されたアテネの市民集会は、圧倒的な多数で、次の事項を可決した。

アルキビアデスに擬《ぎ》されていた、ヘルメス神の頭部切り落し事件は不起訴とする。本国召還命令に服さなかった罪も不問。亡命先のスパルタでの軍事顧問も不問にするとなり、没収されていた資産の全額返還も認められた。つまり、彼に問われていたすべての罪が、公式に「無し」となったのだ。しかも、それだけではなかった。

市民集会は、これまた圧倒的な多数で、アルキビアデスを、陸海とものアテネ軍の総司令官に選出したのである。アルキビアデスが望んでいた以上の、祖国アテネの歓待であった。

しかし、市民の歓呼を浴びる日々を送るようになっていたアルキビアデスは、気づいていたであろうか。

八年ぶりに見たアテネ人の心が、以前とはちがって、荒《すさ》んでいる、としか言いようのない状態に変わっているのに、気がついたであろうか。荒んでいるということは、怒りっぽくなったということでもある。つまり、アテネの人心は、ギスギスするように変わっていたのである。

悲劇作家のエウリピデスは、自作への観客の反応に不満で、マケドニアの王の招きを受けてアテネを捨てていた。

ソクラテスは残っていたが、ソクラテスの愛弟子《まなでし》だったアガトンも、アテネを捨てたアテネ人の一人である。愛人のパウサニアスとともに、彼もマケドニアに去っていた。

しかし、プラトン作の『饗宴《シンポジオン》』の登場人物の中で、この時期のアテネに居残っていたのは、六十三歳のソクラテス一人ではない。五歳年下だからアルキビアデスとは同世代だった、風刺喜劇作家のアリストファーネスも残っていた。

当然である。悲劇は人間の気高さを描くが、風刺喜劇では、人間の劣悪さが笑いとばされるからである。迷走をくり返すアテネは、アリストファーネスにとってはネタの宝庫でもあったのだ。

そのアリストファーネスが書いた喜劇『蛙《かえる》』に登場するのは、毎年アテネで開かれる演劇祭を捧《ささ》げられる酒神ディオニッソスと、そこで数多くの劇作を上演してきた、悲劇作家のアイスキュロスとエウリピデスの二人。劇中の会話も、この三者の間で交わされる。ここに紹介するのは、その最後の部分。

まず、アテネがどうにかなってくれないと、われわれの演劇祭の今後が心配だ、という、ディオニッソスの言葉から始まる。

ディオニッソス「このアテネを、どうにかしてくれる力を持つ人物はいるかね。アルキビアデスについては、きみたち二人、どういうふうに見ている？　わたしは、アテネにとってむずかしい息子だ、と思っているのだが」

アイスキュロス「アテネ人は彼に対して、どのような感情を抱いているのだろうか」

ディオニッソス「愛した、憎んだ、それでも求めた、というところだね。だけど、きみたちはどう思う？」

エウリピデス「わたしは、祖国のためになることをやるとなると遅れがちになり、祖国の害になることをやるときは早足になるアテネ人が大嫌いだ。自分個人の問題の処理はできても、国の問題となるとからきし能力がないアテネ人が大嫌いなんですよ」

ディオニッソス「まあ、まあ、きみの言うとおりではあるけれど、アイスキュロス、きみはアルキビアデスをどう見ている？」

アイスキュロス「アテネでは、ライオンの子を育てるべきではなかったんですよ。だが、育ってしまったからには、アテネのほうがライオンに、やりたいようにやらせるしかない」

これにはディオニッソスの、「お、、ゼウスよ、この都市を救う希望はどこにあるのか」という嘆きで終わる。迷走しながら急坂をころげ落ちるアテネを救う手段は、神さえも見出《みいだ》せない、というのが、この作品の落としどころであった。

ちなみに、ギリシア悲劇を代表する作者は、年代順に、アイスキュロス、ソフォクレス、エウリピデス、の三人とされている。アイスキュロスの作品は、彼自身サラミスの海戦に参戦したこともあって、テミストクレス時代のアテネ人の心情を映し出している。ソフォクレスは、その作風から彼個人の生き方から、ペリクレス時代を体現していると言ってよいだろう。

エウリピデスの作品になると、これはもう、ペリクレス時代以後のアテネ人の心情そのもの。

アリストファーネスは、三人に比べれば断じて若かったこともあって、彼の作品が映し出すのは、ペリクレス時代も過去のことになってしまったアテネ人になる。

だが、風刺喜劇には鋭く突き刺す力はあっても、新しい時代を創造していく力はない。批判と創造は、性質の異なる能力になるからである。

前五世紀のアテネ人にとってのアリストファーネスは、辛辣《しんらつ》さでは人後に落ちない優れた風刺喜劇作家であったろう。しかし、二千五百年も後に生きるわれわれにとっての彼は、冴《さ》えた感覚に恵まれた希代のジャーナリストに見えてくる。


翌・紀元前四〇六年の春、四十四歳のアルキビアデスはピレウスを出港し、エーゲ海の東方に向った。百隻の三段層ガレー船、一千五百人の重装歩兵、百五十人の騎兵という、陸海ともの最高司令官が率いるにふさわしい、堂々たる規模の軍勢を率いての出陣であった。

だが、彼が祖国にもどっていた半年の間に、エーゲ海の東方では、情勢が一変していたのである。

リサンドロス

ペルシア王には、キュロスという名の弟がいた。若くて野心家で、スーザにある王宮で美女をはべらす生活では満足しない若者だった。王はその弟に、「アナトリア西部全域を統治する最高位の長官」という官位を与えて、ペルシア帝国の中心であるメソポタミア地方からは離れた、小アジア西部に送り出したのである。

王の本心は不満分子を離すことにあったと思うが、キュロスはそれを、野心実現の好機ととらえる。ティッサフェルネスら地方長官たちの上位に立つ地位であり、使える資金力も無尽蔵と言ってよかった。

任地入りしたキュロスがまず表明したのが、連戦連敗のスパルタ海軍への不満である。ただし、資金援助をストップする、と言ったのではない。資金援助はこれからもつづける、それどころか増額もする、その代わりスパルタ側も、アテネに勝つ策を講ずべきだ、と言ったのである。ペルシアの王弟からの圧力を受けて、スパルタ本国も何らかの手は打たないでは済まなくなった。

だが、スパルタは、王が率いる正規軍を派遣するわけにはいかない。リクルゴスが定めて以来、長くスパルタは一国平和主義であり、ゆえに専守防衛をつづけてきた。エーゲ海東方一帯でのアテネとの対決は、スパルタの領土が侵略されたから起った対決ではなかった。ゆえに、王が率いる正規軍を派遣しようものなら、リクルゴス憲法に違反することになってしまう。と言って、もはや不可欠なスポンサーになっている、ペルシアの意向を無視することもできなかった。

このスパルタがたどり着いたのが、このような場合にスパルタが常に逃げ道にしてきた、アウトサイダーの起用である。王ではなく、一介の兵士に率いさせた非正規軍の派遣になる以上、スパルタ人が金科玉条にしてきたリクルゴスの法に反することにはならないからであった。

先にブラシダス、次いではギリッポス、そして今度はリサンドロス、というスパルタ社会のアウトサイダーの起用とは、護憲派の極と言ってもよいスパルタ内の保守派、つまり「五人のエフォロス」による、苦肉の末の憲法解釈かと思うと笑ってしまうのだが。

いずれにしても、リサンドロスは海将に任命され、エーゲ海東方に向うことになった。ただし、任期は、一年間のみ。本国の護憲派も、アウトサイダーのたび重なる起用がスパルタ社会の下剋上《げこくじょう》につながる危険は、わかっていたのである。

こうして、歴史上に登場してきたリサンドロスだが、この時期以前の彼についてはまったくわかっていない。

ブラシダスのように、スパルタ市民の父とスパルタ市民の娘を母に生れ、スパルタの誇りである重装歩兵《ホプリーテス》になる訓練をほどこされ、一年とはいえ五人の「エフォロス」の一人としての経験もあった、正真正銘のスパルタ市民ではなかった。

また、ギリッポスのように、スパルタ市民の父とヘロット(農奴《のうど》)の母の間に生れても、彼自身はスパルタの重装歩兵の訓練を受けて育った、というわけでもないらしい。

ギリシアの都市国家《ポリス》はすべて、市民皆兵制度を採用している。市民権の所有者でないと、国政参加という権利と表裏の関係にある国家防衛という義務は託せない、という考えこそが、ギリシア民族の創《つく》り出した理念であるからだ。社会の最下層にまで市民権を与えていたアテネは、シチリア遠征という大打撃を受けたにもかかわらず兵士を集めることができたが、手工業者や商人や農民には市民権を与えないできたスパルタは、常に兵士不足という問題を突きつけられていたのである。

その解決策として、父親がスパルタ市民であれば母親の出身は問わない、ということにしたのだが、それでも兵士不足は解消しない。大打撃は受けなくても戦争はするかぎり、戦死する兵士がゼロでありつづけるはずはない。

それで、父母ともヘロットでも、若い頃からスパルタ軍に従軍して、補助兵ながら戦場経験を積んできた男はスパルタの市民に昇格させる、という制度を作り出したのである。この男たちはまとめて「ネオダモデス」と呼ばれていたから、ある程度の数にはなっていたのだろう。

リサンドロスはこの、「農奴あがりの兵士」であったと古代の史家は書き、現代の研究者の中でもこの説をとる人が少なくない。

だが、スパルタ本国によるアウトサイダー起用を順を追って見ていくと、時代が過ぎるにつれて、「アウトサイダー度」も増しているように思える。それは、アウトサイダーの「質」の低下、でもあった。

リサンドロスの生年も、前四五〇年から四〇年までの間、としかわかっていない。中間をとって前四四五年の生れとすれば、アルキビアデスよりは五歳年下だったことになる。

エーゲ海の東方入りしたこのスパルタ人は、これまでのスパルタの司令官たちがしていたように、ティッサフェルネスのところに出向かなかった。サルディスにいる、キュロスのところに向ったのである。

ペルシアの王弟とスパルタから派遣されてきた海将との間で、どのような話が交わされたのかはわかっていない。わかっているのは、キュロスはこのスパルタ人をひどく気に入り、以後はティッサフェルネスら地方長官を通さず、直接に彼に連絡せよと言ったことである。

リサンドロスは、白紙委任状を手にしたようなものであった。戦略・戦術面でも、資金面でも、キュロスは、リサンドロスの出す要求のすべてを受け容れた。

エーゲ海東方一帯でのスパルタ海軍の本拠地は、エフェソスと決まった。

なぜ、エフェソスだったのか、だが、アテネよりも先に繁栄したほどにギリシア世界の雄であったこの都市国家《ポリス》にも、シチリアでのアテネの敗北後は、内陸部からのペルシア勢力の浸透が激化していたのである。

また、小アジアのペルシア勢の本拠になっていたサルディスからこのエフェソスまでは、第一次ペルシア戦役当時に敷設《ふせつ》されていたペルシアの首都スーザとサルディスを結ぶ、「王道」の延長線がまだ残っていた。

つまり、ペルシアの王弟とスパルタのアウトサイダーの間は、地勢上でも直結することになったのである。


リサンドロスは、与えられた好機を無駄にしなかった。エフェソスには造船所を建設し、銀貨の音を響かせることで、周辺のギリシア都市から造船技師を集める。同時に、アテネ海軍そのものにも、手を突っこむ。

「練達の技能者集団」の引き抜きもようやく本格化したのだ。アテネ海軍を質量ともにしのぐスパルタ海軍の結成が、何よりも優先したからであった。

ペルシアの傭兵《ようへい》に成り下ったスパルタ。

脱走の罪に問われるのも意に介さず、高額な給料を提示され、リサンドロス率いるスパルタ海軍に引き抜かれていくアテネの船乗りたち。

ギリシア民族の精神《スピリット》は、この面でも劣化しつつあったのだった。

エフェソスの五十キロ南西の海上には、サモス島がある。半年ぶりにそこにもどってきたアルキビアデスが見たのは、このギリシア人たちであった。

エフェソスからは海上十キロしか離れていないところに、エフェソスの外港でもあるノティオンの港がある。その港内には、キュロスによるテコ入れで九十隻《せき》に増えていた、スパルタ海軍が停泊していた。

エーゲ海東方にもどってきたアルキビアデスは、もはや手勢と言ってもよい十三隻だけを率いて、この敵状を視察してまわる。

この時点でのスパルタとアテネの海軍力は、九十隻のスパルタ側に対して、アテネ側は本国から率いてきた百隻に、サモス駐屯海軍がプラスされる。戦力の差は、アテネ側が今なお優勢。その全軍を率いる立場にあるアルキビアデスは、副将トラシブロスが進めているフォカエアの制覇行に力を貸してそれを先に済ませ、その後で初めてスパルタ海軍との正面からの激突に入ると決めたのだった。

当然と言えば当然だが、サモスの北に浮ぶキオス島沖をまわり、海上距離ならば二百キロも離れたフォカエアに向うのに、敵からは五十キロと離れていないサモス島を空《から》にしていくわけがない。

アルキビアデスは、自分がフォカエアに従えていくのは二十隻に留め、残りの八十隻はサモスに残していくと決める。サモスには十隻はいたようなので、合計は九十隻になる。これだけでもスパルタ海軍とは、互角の戦力であった。

そして、その九十隻を託した副官には、彼がもどってくるまでは絶対にスパルタ海軍とは戦端を開いてはならない、との厳命を与えた。

それらすべてを終えた後で、こぼれんばかりに重装歩兵が乗りこんだ二十隻のみを率いて、フォカエアに向けて発《た》って行った。

ところが、後を託されたアスティコスという名の副官が、アルキビアデスの帰りを待たなかったのである。

戦術の教科書に載ってもよいくらいに鮮やかな勝利で終わった、アルキビアデスが指揮したキジコスの海戦を、自分でも試してみたい欲望を押さえきれなかったのだ。

このアテネ人は、戦闘《バトル》とは陸海の区別なく、兵士同士は肉体で闘うが、司令官同士

エーゲ海東方、ノティオンとその周辺

は頭脳で闘うものだということが、わかっていなかった。

こうして、史上「ノティオンの海戦」と呼ばれる戦闘が、スパルタ海軍が停泊中のノティオンの港外で展開されたのである。

九十隻を託されていた副官は港内にいるスパルタ海軍を港外に誘い出すつもりでいたのだが、リサンドロスが乗ってこなかっただけでなく、アテネ海軍が想定どおりにことが運ばないのに動揺しているのを見るや、今度は全船で港外に出、そのアテネ海軍に襲いかかったのだった。

陣形を崩されたアテネ側は、十五隻を失う。だが、捕獲したこの十五隻の船員の全員に、リサンドロスは、命を助けるのと引き換えに、スパルタ側で闘うことを求めた。

それを受け入れず、殺された者は一人もいなかった。この結果、アテネ海軍は十五隻を減らし、スパルタ海軍は十五隻を増やしたのである。

これを知ったアルキビアデスは、急遽サモスにとって返し、残った全船を率いてノティオンに向った。そして港を封鎖した状態で、スパルタ海軍に挑戦状をたたきつけたのである。

しかし、リサンドロスは、その挑戦に無言で通す。アテネ海軍の前衛船団が港の中に押し入りスパルタ船の数隻を血祭りにあげても、出動はいっさい許さなかった。アルキビアデスとの直接対決は、自軍の損害がいかに大きくなろうと、絶対に避けたのである。アルキビアデスも、サモスに引き揚げるしかなかった。

しかし、この知らせが本国アテネにもたらされたとき、一年の間沈黙していた反アルキビアデス派が、ここぞとばかりに声をあげたのである。この派にはもともと「デマゴーグ」（扇動家）が多かったのだが、アテネは再び、扇動家が肩で風切る社会にもどったのだった。

デマゴーグは、民衆の不安と怒りを煽《あお》るから、扇動家なのである。この人々にとって、非難の根拠の有無は問題ではない。また、失ったとは言っても、合計すれば百隻を超えるアテネ海軍のうちの十五隻だ。だが、このような冷静な意見も、扇動家たちの非難に水を差す役には立たなかった。デマゴーグたちのアルキビアデスへの非難は、酔払って女たちとたわむれるためにフォカエアに行っていたすきに、残してきたアテネ海軍がスパルタ海軍に敗北した、というたぐいであったのだから。

アルキビアデス、失脚

デマゴーグたちに煽られたアテネ人は、市民集会を開き、その場でただちにアルキビアデスの、「陸海とものアテネ軍の最高司令官」からの解任を可決した。最高司令官から解任しただけでなく、十人の「ストラテゴス」（司令官）からも解任したのである。

リサンドロスの収穫は、十五隻のアテネ船ではなかった。彼が得た最大の収穫は、アルキビアデスの、戦場からの排除であった。

アルキビアデスにとって、考えていたことを終わりまでやらせてもらえなかったのは、これで三度目になる。

一度目は、「四ヵ国同盟」結成直後の、前四一九年。

二度目は、シチリア遠征が始まった年である、前四一五年。

そして今回の、前四〇六年。

だが、この時点でアルキビアデスには、二つの選択肢があった。

第一は、ただちに帰国し、市民集会で、ノティオンの敗北の実態を説明することで、彼に向けられた非難をはね返すという選択肢である。民衆を相手にした説得には、自信はあった。

だがこれでは、反対派との正面衝突になる。彼の帰国で硬化した反対派が、いかに副官の一存で行ったことでも最高司令官にはその人物を副官にした任命責任はあると言い出し、それに同意する市民たちによって告発され、裁きの場に引き出される危険があったのだ。

選択肢の第二は、ここは解任を受けとめ、どこかに身を引くことで冷却期間を置き、その後に再び復帰を期す、というやり方である。彼は、この第二を選択した。アテネ人は、結局は自分を求めてくる、と思っていたのかもしれない。年齢もいまだ、四十代の半ばでしかなかった。

アルキビアデスは、自費で建造した三段層ガレー船を最高司令官の旗艦としても使っていたのだが、その一隻に乗ってサモスを後にする。行き先は、マルマラ海の西岸にある町。そこには以前から所有地があり、家も持っていた。

しかし、エーゲ海東方一帯から退場させられたのは、アルキビアデス一人ではなかったのである。リサンドロスも、一年という任期が切れたことを理由に、スパルタに帰国させられていた。

もしもリサンドロスがそのままスパルタに留まっていたのであればアテネにとって幸いであったのだが、アテネの市民集会がアルキビアデスを呼びもどさなかったのとは反対に、リサンドロスは呼びもどされるのである。

リサンドロスの本国召還を知ったキュロスの強硬な抗議を、スパルタが無視できなかったからであった。

ただし、五人の「エフォロス」に代表されるスパルタの保守派は、以前の地位のままでリサンドロスをもどしたのではない。海将にはカリクラティダスを任命し、リサンドロスはその副官にしたうえで、戦線に復帰させたのである。陸上では勇敢な武将でも海には不慣れなカリクラティダスでは、実際上の指揮はリサンドロスが取るのは明らかであったのだが。

一方、アテネでは、アルキビアデスの解任後も、彼に与えた「陸海双方のアテネ軍の最高司令官」という地位こそが彼の強権化に寄与したという、反対派の非難はいっこうに収まっていなかった。それで、一人への権力集中を防ぐには十人による集団指導体制であるべきとなり、十人の「ストラテゴス」を選出したのだが、その十人には平等な指揮権が与えられた。リサンドロスの下《もと》で指揮系統の一本化が成っていたスパルタ海軍に比して、アテネ海軍のそれは離れる一方であったのだ。

司令官たちの死刑

前四〇六年、アテネの民主政府は、この年担当の司令官として選出されていた十人の「ストラテゴス」のうち実に八人を、エーゲ海東方に送り出す。

増やしたのは、司令官の数だけではない。百十隻もの軍船まで、短期間の間に進水させていた。特別税を徴収し、神殿に奉納されていた神像の金張りをはがし、銀製の祭儀用の器具も溶かして財源にし、広く市民への徴兵を呼びかけてまで、百十隻の三段層ガレー船の戦力化を実現したのである。

ただし、泣きどころもあった。ガレー船にとっては動力である漕《こ》ぎ手たちの、技能習得期間が充分とれなかったことである。この面ならば、アテネの「練達の技能者集団」を大量に引き抜いていたスパルタ海軍のほうが、有利な状態にあった。

ピレウスから送り出したのが百十隻、サモスにあるのを加えると百五十隻。このアテネ海軍が、ペルシアの資金援助で百隻を超えるまでに増強されていた、スパルタ海軍とぶつかることになる。

レスボス島と小アジア西岸の間の海に浮ぶ、アルジヌサイの島の近海が戦場になった。

もはや練達の技能者集団まで得ているスパルタ海軍は、戦法まで、アテネ海軍が得意としてきたやり方で行く。直接ぶつけるのではなく、大きく迂回《うかい》して囲いこむ戦法だ。

しかし、これを駆使するには、練達の漕ぎ手だけでは充分でない。彼らに適切な指令を与える艦長クラスが欠かせない。海運国でもないスパルタには、この種の人材がいなかった。リサンドロスも、ここまでの能力は持っていなかった。と言って、この年のアテネにもいなかったのである。

その結果、海戦は、展開するつもりが混戦になってしまう。海将らしく旗艦の船首に立って声をからして号令していたカリクラティダスは、海に落ちたまま上がってこなかった。総司令官の死に、スパルタ海軍はパニックに陥る。結局、この日の海戦でスパルタ側は六十九隻を失い、残りは、今ではスパルタ傘下《さんか》に入っていたキオス島に逃げて助かった。

だが、アテネ側も、勝利を確実にすることができなかった。敵船団のキオスへの退却を阻止しようとしていたところを嵐《あらし》が襲い、急ごしらえの漕ぎ手たちがそれを乗りきれずに沈没する船が続出する。海上に投げ出された同胞を救い上げようにも、自分たちの船までが犠牲になりそうな状態に、救出作業はあきらめるしかなかった。

この知らせを受けたアテネでは、救出されずに海中に沈んだ男たちの家族を中心に、怒りが燃えあがったのだ。それを煽るデマゴーグたちの声が、またも高くなる。この状況を鎮《しず》める力を持った政治指導者は、もはやアテネにはいなかった。

怒り狂ったアテネの民衆は、対スパルタ戦に送られていた八人の「ストラテゴス」の全員を告訴し、全員の死刑を求めたのである。

この審議を託された「ブレ」（五百人委員会）の一員に、六十四歳になっていたソクラテスもいた。だが、ソクラテスの反対論も効果はなかった。「ブレ」は、圧倒的多数で、八人の司令官の裁判を市民集会にまわすことを決議したのである。これは、人民裁判にかけた、ということと同じであった。

本国での動きを察知して逃亡していた二人を除き、六人の死刑が実施された。

アテネは、六人もの司令官クラスの人材を死刑に処すなどという贅沢《ぜいたく》は、許されない時代になっていたにもかかわらず、である。

こうして、海戦には勝ちながら自分自身を傷つけることで終わってしまった前四〇六年の冬、そのアテネに、スパルタからの講和の申し出が届いたのである。彼らの側の敗北に終わった海戦の結果に絶望したのではない。ペルシアの意に沿って動くのに、嫌気がさしていたからである。

このスパルタの変化をリードしたのは、王位に就いて間もないパウサニアス。若きスパルタ王は、第二次ペルシア戦役当時、プラタイアの野にペルシアの大軍を迎え、完膚なきまでに破ったパウサニアスの孫にあたる。

七十年以上もの歳月にわたってペルシア勢力がエーゲ海に入ってもこれなかったのは、アテネ人テミストクレスによるサラミスの海戦と、スパルタ人パウサニアスによるプラタイアの陸戦で、ギリシア世界からペルシア勢が一掃されたからであった。あのときの英雄と名も同じスパルタの若き王にとっては、今のスパルタのペルシアへのすり寄りが、醜悪にさえ見えたのではないかと思う。

また、このときばかりは、五人のエフォロスも王に同意した。リサンドロスが、本国スパルタの肩越しにペルシアの王弟キュロスと親密な関係を持っているのが、リクルゴス憲法堅持一本槍《いっぽんやり》の彼らにも、座視できないと考えたからである。

しかし、ギリシア世界の二大強国であるアテネとスパルタの和解が成り立つには最後のチャンスであったこのスパルタからの申し入れも、アテネ側の拒否で実現しなかった。

もはや完全にデマゴーグ（扇動家）たちの影響下にあったアテネの市民集会は、海上ではアテネは優勢であると言い張り、それでも講和を結びたければ、スパルタは、ペロポネソス戦役の開始以前にもどって、アテネ領であったすべての地方と島を返還すべきだとして譲らなかったからである。事実上、「ペロポネソス戦役」は無かったことにする、というわけだ。

だが、ここまで譲歩するのは、スパルタにはできなかった。スパルタは、ペロポネソス同盟の盟主の地位にある。「ペロポネソス戦役」とは、アテネ主導のデロス同盟と、スパルタが盟主のペロポネソス同盟の間で闘われてきた戦争である。これまでともに闘ってきたコリントやテーベを始めとする加盟諸国の手前、戦役自体が「無かったことにする」などは不可能であったのだ。

こうして、紀元前四〇五年に入っていく。「ペロポネソス戦役」も、二十六年目を迎えていた。

アテネは、「ストラテゴス」選出に手間どっていた。前年に、八人の司令官を告発し、逃亡した二人を除く六人は死刑に処してしまっている。海軍を託すに値する人材からして、欠乏していた。それでも十人を選出し、エーゲ海東方に六人を送り出すことは決めたのである。

だが、先に動いたのは、リサンドロスのほうであった。

もはやリサンドロスは、自分をアウトサイダー視することをやめない祖国スパルタよりも、自分の能力を買ってくれるペルシアの利益になるやり方に、完全に変わっていた。

ペルシアは、七十五年昔のペルシア戦役で失った、エーゲ海東方一帯を取りもどしたい。

それには、この一帯を支配している、アテネの勢力を失墜させねばならない。

アテネの力を弱めるには、アテネへの「食」の補給線を断つのが最も効果的だ。

こう考えたリサンドロスは、ヘレスポントス海峡に向ったのである。

このような考えに達するには、何も特別な頭脳は必要ではない。アテネのほうが、スキを突かれたのである。司令官たちへの告発騒ぎやその後の処刑や新任の司令官選出などで時間を無駄にし、この重要極まる海峡の防衛を怠っていたからだった。

実際、ヘレスポントス海峡に入ったリサンドロス率いるスパルタ海軍は、この海峡が事実上無防備のままで放置されているのを見て、驚いたくらいであった。

エーゲ海の東方、ヘレスポントス海峡の周辺

リサンドロスはまず、最も容易に手中にできると見た、海峡のアジア側にある二つの港、アビドスとランプサコスを占拠する。

ヘレスポントス海峡は、広いところでも、それをはさむアジア側とヨーロッパ側との間は十キロと離れていない。アジア側にあるこの二港を手中にすれば、黒海からマルマラ海を経てエーゲ海に入ってくる、アテネへの「食」の供給路を断つことができる。つまり、ギリシア一の人口をかかえるアテネを、兵糧《ひょうろう》攻めにすることになるのだった。

この知らせは、アテネ人を震駭《しんがい》させるに充分だった。ようやくにして眼を開いたアテネの市民集会は、急遽《きゅうきょ》、同盟諸国にも呼びかけ、百八十隻の軍船を六人の「ストラテゴス」に率いさせ、ヘレスポントス海峡に送り出す。

百八十隻もの三段層ガレー船とは、デロス同盟海軍の総力になる。この戦力化だけでも、三万人の漕ぎ手を乗せなければならない。船の数だけでなく人間の数でも、「デロス同盟」のリーダーであったアテネは、一貫した戦略の欠如とそれによる時間の無駄を、一時に支払う羽目に陥っていたのだった。

ヘレスポントス海峡に入ったアテネ海軍は、海峡のヨーロッパ側にある、アイゴスポタモイの港に入港した。リサンドロスとスパルタ海軍がこもるランプサコスとは、八キロの海をへだてるだけの対岸にある。敵と向い合うこの地に陣取るのが最適と、アテネ軍の六人の司令官は考えたのかもしれない。

しかし、アイゴスポタモイは、ヘレスポントス海峡に面する海港の中では、この時期まではほとんど、注目を浴びることなく過ぎてきた港である。なぜなら、近くを流れる川の名をとってアイゴスポタモイと呼ばれてきただけで、港というよりも狭い砂浜にすぎなく、百五十隻を超えるガレー船団の停泊にはまったく不向きであったからだった。

このアイゴスポタモイに、アルキビアデスが現われたのである。マルマラ海を望む町で解任されて以後の日々を過ごしていた彼は、リサンドロスとスパルタ海軍の動きにも注意を払うことを忘れなかった。蟄居《ちっきょ》先から一人、馬に鞭《むち》をくれつづけてアテネ海軍の陣営に着いたアルキビアデスは、司令官たちを前にして熱弁をふるった。

なぜこのアイゴスポタモイに、しかも全軍がまとまって居つづけるのだ。

まず、敵とは八キロしか離れていない。そのうえ狭すぎる。しかも、エーゲ海からは離れているので、味方からの補給に頼ることもできない。兵糧の補給には、陸揚げした船を空《から》にして、内陸部に買い出し部隊を送るしかない。

ゆえに、ここは引き払って海峡を南に下り、セストスの港に移るべきだ。あの港ならば広いし長くアテネの傘下にいたことからも住民はわが国に友好的だし、エーゲ海にも近いから、味方からの補給も受けることができる。

もちろん、セストスの対岸のアビドスにも、今ではスパルタ海軍が控えている。だが、アビドスにいるスパルタ海軍は、われわれが知っているスパルタ海軍だから、心配することはない。

しかし、ランプサコスにいるスパルタ海軍は、リサンドロス直属としてよいスパルタ海軍。リサンドロスは、われわれの見知っているスパルタ男ではまったくない。まずは、彼に自由に動く余地を与えないようにするのが先決する、と考えるべきだ」

アルキビアデスの熱弁に、アテネ海軍の司令官たちは冷たく応じただけであった。

「あなたはもはや、ストラテゴスの地位にはない。われわれには、あなたの忠告を聴き入れねばならない義務はない」

もしもこの場に、アルキビアデスの副将として連戦連勝を共にしてきたトラシブロスとテラメネスの二人がいたら、別の展開になっていたかもしれない。だがこの二人は、前の年の告発騒ぎに巻きこまれ、逃げ出していたので死刑は免れたが、アテネ海軍の要職からは排除されていた。

アルキビアデスは一人、来た道をもどるしかなかったのである。

しかし、この一件を無視しなかったのが、リサンドロスだ。彼配下のスパルタ海軍には、アテネ海軍から引き抜いた船乗りが多く配属されていた。スパルタ側のアテネ人の船乗りと、アテネ側のアテネ人の船乗りの間に、八キロの海がへだてるとはいえ、何らかの接触はあったようなのである。

それが、リサンドロスの耳に入った。いや、リサンドロス自身が、敵方の情報を得るのに、この状況を活用したのかもしれない。

いずれにしても、リサンドロスは、アテネ側の陣営での出来事に通じていたのだ。後は、好機の訪れを待つだけである。彼の軍への補給はペルシアが請け負ってくれていたので、待つ日々がいかに長くなろうと、補給面での心配はなかった。

ゆえに、リサンドロスにとっての好機とは、不都合ばかりの多い環境に耐えきれなくなったアテネ海軍が、動き出すのを待つことであったのだ。

こうして、前四〇五年も八月に入って行った。

たった一度の海での敗北

歴史上では「アイゴスポタモイの海戦」と呼ばれているが、そこで闘われたのは、海戦の名にはまったく値しない海戦であった。

スパルタ軍来襲との報に出てきたアテネ海軍を適当にあしらった後で引き揚げたス

パルタ海軍が帰港したと思いこんで安心したアテネ側が、自分たちもアイゴスポタモイの港にもどり、下船して食の調達に出かけていたところを、もどってきたスパルタ海軍に攻撃され、戦闘らしき戦闘も出来ないでいるうちに、一網打尽にされてしまったという「海戦」であったからである。

スパルタ海軍の損失は、船も兵士もほぼゼロ。アテネ海軍で助かったのは、二人の司令官に率いられて別行動をとっていた十隻と、それに乗りこんでいた兵士と船乗りのみ。

この人々とて、本国に逃げ帰ったのではなく、ペロポネソス戦役では中立を維持してきたクレタ島まで逃げのびて助かったのだった。アテネに逃げ帰らなかったのは、帰国すればただちに、死刑が待っているのがわかっていたからである。

だが、こうして、海戦らしい海戦もしていないにかかわらず、アテネは、同盟国からの参加もふくめて百七十隻にもなっていた軍船と三万人もの兵士を、敵に渡してしまったのであった。

リサンドロスは、捕われの身になったアテネ海軍の「ストラテゴス」四人の首を、彼自ら剣をふるって刎《は》ねていった。

首を刎ねる処刑法は、スパルタでも他のギリシアの都市国家でも行われなくなって久しい。オリエントでも、文明の進んだペルシアでは行われなくなっていた、野蛮な処刑法であった。

その後、三万人にもなる捕虜全員の中から、アテネ市民というだけで選び出された三千人が、剣で突かれるか槍で突き刺されるかして殺された。

そして、残った二万七千人の捕虜は、厳命を与えられた後で釈放された。

リサンドロスが与えた厳命とは、絶対に自分の国にもどること。もしも他の地方に向ったことが知れようものなら、三千人と同じ運命が待っていると思え、というものである。

リサンドロスに、人間的な心情がもどってきたからではない。三千人を殺すだけでも相当なエネルギーを要したので、三万人を殺すなどは物理的に不可能であったからにすぎない。

それに、アテネ人の捕虜の釈放に自国への帰国を条件にしたのは、アテネへの兵糧攻めを、より深刻にするためでもあった。

その年の秋を、リサンドロスは、ヘレスポントスの海峡の両岸すべてをしらみつぶしのようにスパルタ下に入れることに費やす。アテネには、黒海からの小麦が一粒も入ってこないようにするために。

アルキビアデス、暗殺

殺害の計画は、この年の冬から練られ始め、翌・前四〇四年に入ったとたんに実行に移されたのではないかと思う。前四〇四年も春にはまだ間があるという季節、アルキビアデスは、蟄居先で殺された。

下手人たちの身元も、その背後で糸を引いていたのは誰かも、当時でもわからなかったが今でも明らかになっていない。

襲ってきた男たちの一隊がまず家に火をつけ、燃えあがる家から剣一つで出てきたアルキビアデスを、接近戦にならないように遠くから囲み、一斉に矢を射かけることで殺したのである。

背後から糸を引いていたのは誰であったのか、については、当時から三つの説があった。

第一は、アルキビアデスが同棲《どうせい》していた女がペルシアの有力者の娘で、それに恨みを抱いた父親が殺させたという説。

第二は、アテネ内の彼の反対派が、刺客《しかく》を放って実行したという説。

第三は、リサンドロスが、秘《ひそ》かに配下のペルシア兵の一隊を送って殺させたとする説。

現代の研究者でもわからないのだから、真犯人は不明とするしかないが、四十五歳でしかなかったアルキビアデスが死んで誰がトクをしたのかという視点に立つならば、リサンドロス、と答えるしかない。

あれほども直接対決は避けつづけ、アルキビアデスに挑戦状をたたきつけられてもいっさい応じなかったリサンドロスにとって、怖《おそ》れねばならない敵は、アルキビアデス一人であった。そのアルキビアデスが死んだ後になって、リサンドロスは初めて、次の戦略に移っていくことになる。そして、それこそが、「デロス同盟」の完全な解体になるのであった。

引揚げ者たち

前四〇四年の春、ヘレスポントス海峡の制圧行をやりとげたリサンドロスは、アイゴスポタモイの〝海戦〟で捕獲したアテネ軍船の帆柱にひるがえる旗をスパルタのそれに替えた船まで引き連れて、ヘレスポントスを出てエーゲ海に入る。エーゲ海の全域に広がっていた、デロス同盟の加盟諸都市を軒並み制圧していくのが、アルキビアデスという心配から解放された後のリサンドロスの戦略であった。

このリサンドロスの行動を知っても、アテネには何もできなかった。前年の夏に行われた「アイゴスポタモイ海戦」の結果を知っての衝撃が、あまりにも深刻であったからだけではない。そのアテネにも少数ならば残っていた、気概あふれる若者でも何もできなかったのだ。

アテネ海軍そのものが、消滅してしまったのである。これまでアテネが常に再起の足がかりにしてきた、海軍が消え失《う》せてしまったのだ。

リサンドロス率いるスパルタ海軍が、悠然と、デロス同盟の解体を進めていけるはずであった。

リサンドロスのやり方は、どこでも同じだった。

「デロス同盟」とは、経済同盟でもある。それに加盟していた諸国には、今ならば支店・支社という感じで、多くのアテネ人が住みついていた。

しかも、デロス同盟は、創立から四分の三世紀にもなる歳月、存続してきたのである。親から子へと、そして孫へと、代々つづけて住んでいるアテネ人も少なくなかった。

リサンドロスは、このアテネ人の全員に、すべてを置いての本国への帰国を命じたのである。この命令に服さない者に待っているのは死。三千もの同胞が情け容赦もなく殺されたという情報は、デロス同盟の加盟諸国にも広まっていた。

出国までの間の、幾日かの猶予《ゆうよ》期間は認められたらしい。だが、結局は、わずかな物をたずさえただけのほとんど身一つで、祖国に向う船に乗ったアテネ人のほうが多かった。

アテネの富裕階級の富の源泉でもあった海外資産も、これで一掃されたのである。

黒海からの小麦の輸入が止まって不安に駆られていた本国のアテネ人は、ピレウス港にまで来て船の到着を待っていたのだが、その人々が眼にしたのは、小麦を満載して入ってくる船ではなく、引揚げ者を満載して入港してくる船であった。

毎日のようにピレウス港にもどってくる引揚げ者の出国元は、エーゲ海の北にあるカルキデア地方やヘレスポントスの町々、エーゲ海の東方に連なるレムノス、レスボス、キオスの島にエフェソス、ミレトス、ハリカルナッソスという、ギリシア文明発祥の諸都市、また、エーゲ海に浮ぶナクソス、ミロス、アエギーナの島々というエーゲ海の全域、つまり「デロス同盟」が網羅していた諸国のすべて、にわたっていたのだった。

この中で唯一《ゆいいつ》、リサンドロスの圧力に屈しなかったのが、長年にわたってアテネ海軍が基地を置いていたサモス島である。

だが、持てる海軍力が数十隻《せき》では、彼らの抵抗の結果は眼に見えていた。このサモスに対しては、リサンドロスは、攻める気配さえも示していない。軍事力で制圧するのに要する、時間と労力の価値さえ認めていなかったのだ。

「デロス同盟」は、無惨《むざん》であったとはいえわずか一度の敗北によって、創立してから七十三年後に死んだのである。

引揚げ者を満載した船を追い立てるかのように、百五十隻の三段層ガレー船を率いたリサンドロスが、アテネの外港ピレウスに迫ってきた。

一方、首都アテネの北に広がるアッティカ地方からは、アギスとパウサニアスの二人のスパルタ王が率いるペロポネソス連合軍が、アテネ目指して南下してくる。

アテネは、建国以来初めて、陸と海の双方から攻撃されたことになったのだった。

ソロンによる民主政への第一歩、ペイシストラトスによる経済の発展、クレイステネスによる民主政への完全な移行、テミストクレスによるペルシアの撃退、そしてペリクレスによる民主政の完成を経て、アテネは、その間に闘われた数多くの戦闘で自国の男たちを多く死なせていながらも、常にギリシア世界最大の人口を誇ってきた都市国家《ポリス》である。それに加えて今は、多量の引揚げ者もかかえている。デロス同盟が消滅した今、主食である小麦の輸入は止まったままだった。

兵糧攻めがこれほども効果がある国もなかったのだ。これを一大事と見ることでは、アテネ人の全員が一致していた。もはや、スパルタと交渉するしかないということに、反対する者はいなくなっていたのである。

このような場合、デマゴーグ（扇動家）は役に立たない。スパルタは彼らを、熱狂的な民主派と見なして嫌っていたから、送っても追い返されていただろう。それで、スパルタに出向いて交渉する役は、寡頭《かとう》派のテラメネスに託すことになった。寡頭政の国スパルタとの交渉役は、寡頭派に頼むしかない、となったからである。テラメネスは、四百人政府から派遣されてサモス島に行って以来、そこを本拠にしていたアルキビアデスの副将に収まって、あの一帯でのスパルタとの海戦をともに闘ってきたことから、心情的には寡頭派でも頑迷な寡頭主義者ではない。現実主義者としたほうが適切なこのアテネの武将は、死刑の待つ裁判からは逃げたが、国家存亡の危機からは逃げなかった。

だが、スパルタのほうでも状況は変わっていた。リサンドロスがアテネ側の捕虜に与えた残虐《ざんぎゃく》きわまる殺戮《さつりく》は嫌悪《けんお》しないではいられなかったスパルタの首脳陣が、アテネとの交渉の席には彼の出席を許さなかったからである。

リサンドロスを排除した後のスパルタ側で、交渉の前面に立ったのは、二人いる王の一人のパウサニアス。もう一人の王アギスは、病床にあったという。

テラメネスをスパルタに送り出して以後、アテネ人は、減る一方の食への不安に加え、自分と家族の生命そのものへの不安に苦しむ夏の三ヵ月を耐えることになる。祖国の危機でも笑いのめしてきた風刺喜劇作家のアリストファーネスも、この時期は作品を発表していない。彼でさえも書けなくなっていたのかと思うが、アテネ中から、笑いが消え失せていたのかもしれなかった。

テラメネスが帰国したのは、三ヵ月が過ぎてからである。

二十七年間もつづいた戦役の終結自体には、アテネだけでなくスパルタも同意していた。それでもその交渉に三ヵ月もかかってしまったのは、ペロポネソス同盟内ではスパルタに次ぐ強国であるコリントとテーベが、戦役を終えるのに反対したからではない。この二つのポリスが、「講和の値」をつり上げてきたからである。

コリントとテーベの態度は、強硬そのものだった。

アテネの市街地はすべて破壊してさら地に変える。アテネ人は、武器を持てる男は全員殺し、女子供も、全員を奴隷《どれい》の身分に落して売り払う。これが、戦争を始めたアテネへの当然の処置である、と強く主張したのである。

しかし、スパルタは同意しなかった。とくに王のパウサニアスは、強硬な処置を主張して譲らないコリントとテーベの代表に向って、激しい口調で言った。

「きみたちは忘れたのか。きみたちの国が自由な都市国家として今なお存続し、きみたちが自由な市民として発言できるのも、八十年前にアテネが先頭に立って、侵攻してきたペルシアを追い払ってくれたおかげであることを、忘れてしまったのか！」

アテネは、救われた。スパルタの若き王の、日本で言うならば「武士の情け」、ヨーロッパで言う「騎士道精神」、によって救われたのである。パルテノン神殿も助かった。

それでも、三ヵ月後にテラメネスがスパルタから持ち帰った講和の条件は、厳しいものであった。

無条件降伏

一、都市国家アテネは、以後はスパルタの同盟国になる。つまり、自国の防衛戦も他国への軍事行動も、スパルタの同意なしに行うことは許されないということだ。

二、「デロス同盟」時代に領有していたすべての都市や島から引き揚げ、それらの都市も島も、以後はアテネとは無関係な国に変わる。

三、三段層ガレー船の所有は、十二隻のみ認められ、それを超える軍船の所有はいっさい許されない。

常時二百隻を海に出していたアテネは、十二隻しか持てないことになったのだ。アテネ海軍は消滅したのであった。

四、外港ピレウスを守る防御設備のすべては撤去され、この地区にある二箇所の造船所の設備も最小限に縮小される。

五、首都と外港を結んでいた七・五キロに及ぶ、通称「長い壁」は、その両側に連なる壁の数箇所を、その距離の合計が二キロになるまで破壊すること。

連なっているから役に立つのであって、あちこち切断されては無きに等しい。

第二次ペルシア戦役の直後にテミストクレスが強行し、ペリクレスが大改造を行って完璧《かんぺき》にしていた「長い壁」も、七十五年後に、その効用を止められたのである。

同じくテミストクレスの考えによって実現していた、そして、その後も長くアテネの繁栄の源《みなもと》になってきたアテネ・ピレウス一体化は、これで無に帰したも同然になった。この一体化によってアテネは、エーゲ海のみでなく、東地中海の全域にわたって一大通商センターになっていたのだが、それも、過去のことになったのである。

住民の生命《いのち》は助かった。殺されもせず、奴隷にされることもなかった。住む街も、今なお光り輝くパルテノン神殿も残った。

しかし、都市国家アテネは、海軍大国であることを禁じられただけでなく、経済大国であることまでも断念させられたのである。

だが、無条件降伏するしかなかったアテネは、もう一つの要求も受けざるをえなかった。

六、他国に逃れていた反民主派の人々の、帰国を受け入れること。

スパルタはアテネに、民主政体を廃し寡頭制の政府を樹立せよ、と強要したのではない。

だが、反民主派の人々の帰国を受け入れ、それも、市街全域を見降ろすアクロポリスの丘の上に陣地を置いた、スパルタ兵から成る進駐軍が注視する中での「受け入れ」である。

敗戦処理政府といえども、「民主政《デモクラツィア》」から「寡頭政《オリガルキア》」に変えるしかなかった。

これらはすべて、紀元前四〇四年の春から秋までという短期間に成された「ファクト」である。

ギリシア世界を征服しようと大軍で侵攻してきたペルシアを迎え撃ち、完膚なきまでの勝利で追い返したことで、アテネの前に繁栄への道が大きく開かれた年からは七十五年後。

その繁栄を維持するだけでなく、さらに強大化するのに成功したペリクレスの死から数えれば、わずか二十五年後。

ギリシアと言えばアテネ、と言われてきた都市国家アテネは、紀元前四〇四年に、滅亡は免《まぬか》れたにせよ、衰退はもはや必至、とするしかなくなったのだ。

アテネ隆盛の要因になっていた、

一、民主政体
二、アテネ海軍
三、アテネ・ピレウス一体化
四、デロス同盟
このすべてを、アテネは、わずか二十五年で失ったのである。
覇権国家では、なくなった。
やはり、ソクラテスの教えは正しかったのだ。
人間にとっての最大の敵は、他の誰でもなく、自分自身なのである。
アテネ人は、自分たち自身に敗れたのである。言い換えれば、自滅したのであった。

（第2巻・終）

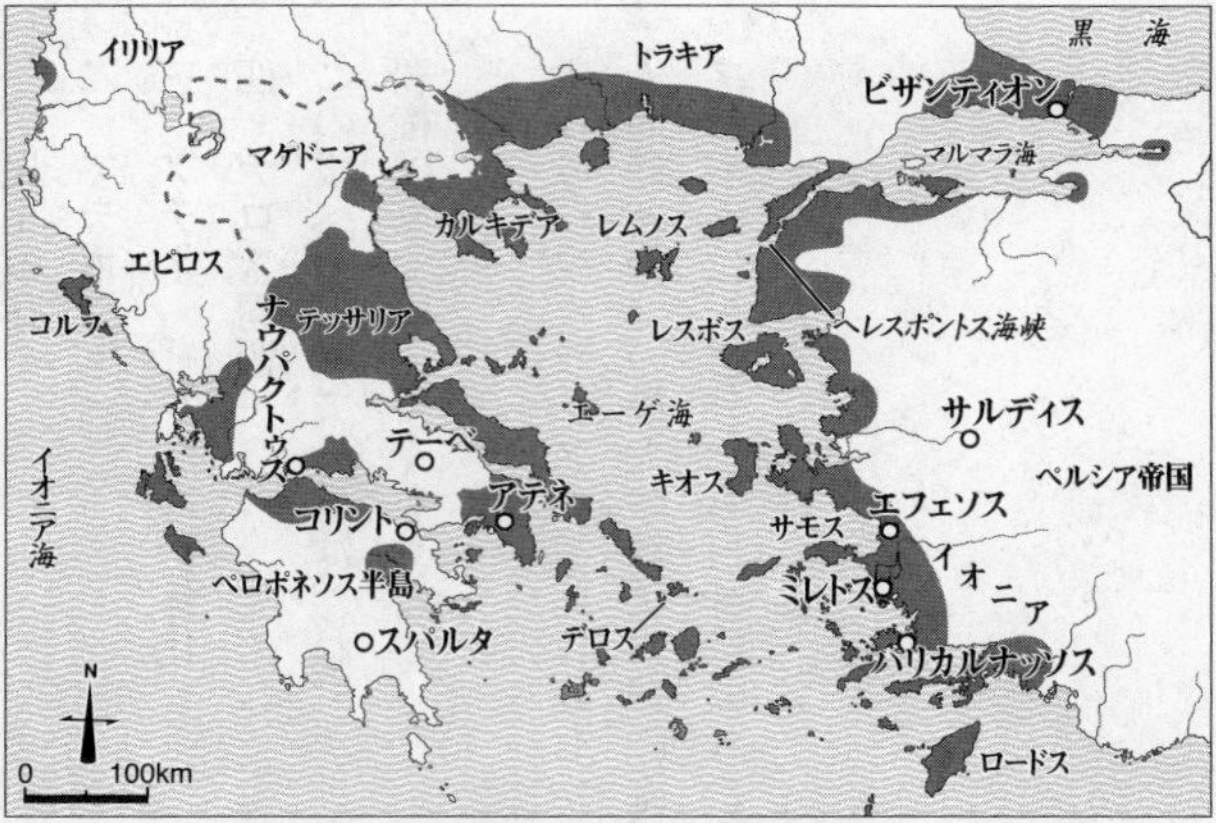

「ペロポネソス戦役」以前のアテネの覇権領域（紀元前431年）

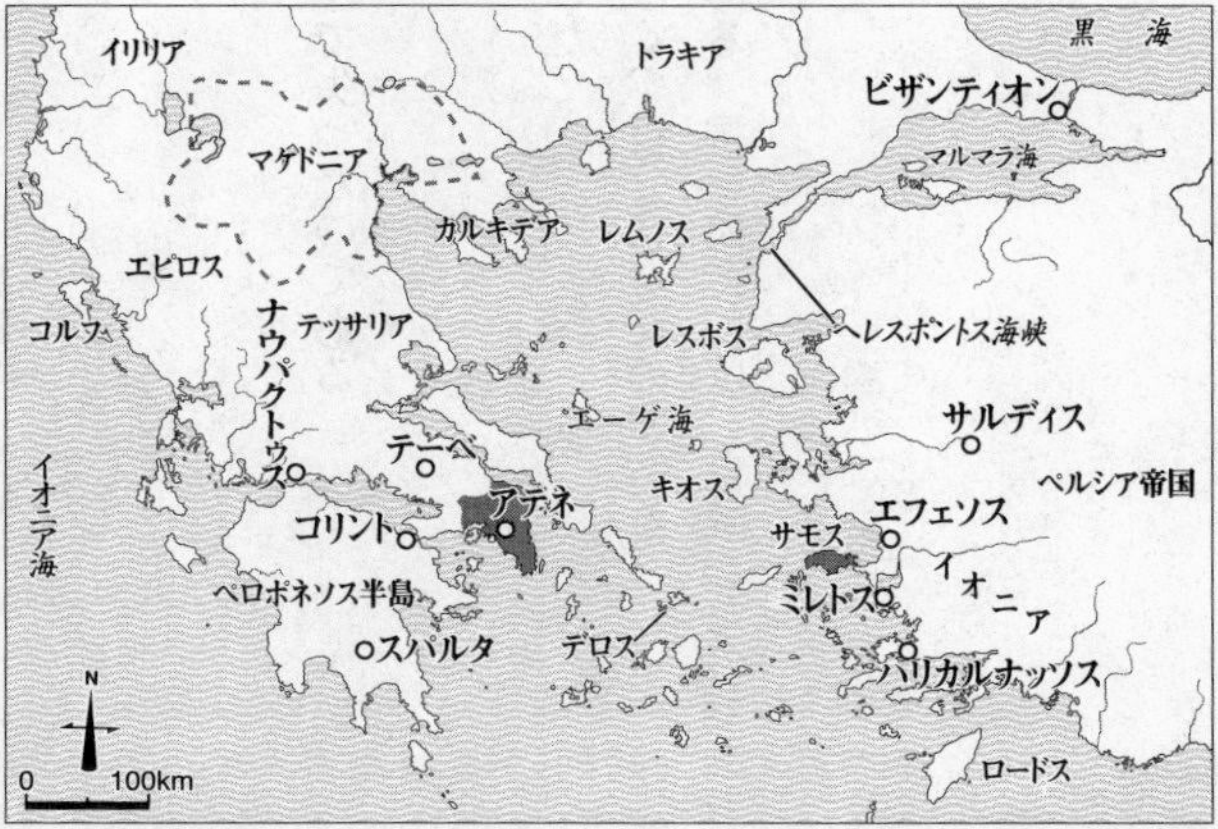

「ペロポネソス戦役」敗戦後にアテネに残された領域（紀元前404年）

年代（紀元前）	ギリシア世界	その他の世界
五四六年	スパルタを中心としたペロポネソス半島の都市国家の同盟「ペロポネソス同盟」が結成される	（五三九年）アケメネス朝ペルシアのキュロス大王がバビロニアを征服。中東全域がペルシア下となる
四七七年	アテネを中心としたエーゲ海に広がる都市国家の同盟「デロス同盟」が結成される。以後、アテネのテミストクレスによって強化される	
四六四年	夏、巨大地震がスパルタを中心にラコーニア地方で起こり、甚大な被害が出、市民権を持たない農奴（ヘロット）による反乱が続く	アルタ・クセルクセスがペルシア王に即位
四六三年	ヘロットの反乱に悩まされたスパルタ、アテネに支援を要請する	
四六二年	穏健民主派の指導者アリステイデスが死去。伸長する急進民主派を抑えて同じ穏健派のキモンが後継指導者となる アテネの市民集会、スパルタからの要請を受け、キモンと四千の重装歩兵を送ることを決議。しかしスパルタは社会構造の崩壊の匂いを感じとり、キモンに即時退去を命じる	
四六一年	アテネの市民集会はスパルタから帰還したキモンの不首尾を咎め、陶片追放を決議。キモンは十年間、アテネから国外追放となる。以後、急進民主派のペリクレスが指導的な立場となる	

四五三年	デロス同盟の基金の貯蔵場所がデロス島からアテネに変更される
四五一年	キモンが国外追放の処分を解かれ、アテネに帰還。スパルタと五年間の休戦協定を結ぶ 春、キモンが大軍勢を率いてキプロス遠征に出発するも、遠征の途中で病死
四五〇年	ペリクレス、キモンの義兄カリアスを特使として、ペルシア王アルタ・クセルクセスに講和を申し出る
四四九年	アテネとペルシアの講和が成立。特使の名をとって「カリアスの平和」と呼ばれた
四四七年	ペリクレスにより、アクロポリスの丘にパルテノン神殿が着工。彫像作家のフィディアスが総監督に任命される
四四六年	アテネとスパルタの間で結ばれていた休戦協定が失効 この頃、コリント湾に面するナウパクトゥスにアテネが基地を設置 エウボエアの各都市国家とアッティカのメガラがデロス同盟の分担金の支払い拒否を宣言。アテネはメガラに対してピレウスへの入港禁止措置をとるも、メガラはスパルタに支援要請を行うことで対抗 スパルタ軍がアッティカ地方に侵入するも、率いていたスパルタ王プ

	レイストナクスは秋になったことを理由に全軍を帰国させる。このことを不服として監督官（エフォロス）が王を退位させる
	ペリクレス、エウボエアを制圧
	冬、「汎ギリシア会議」開催。スパルタにギリシアの都市国家の代表が集まり、今後の和平が討議される。ペロポネソス、デロス両同盟間の三十年間の相互不可侵が決議される
	ペリクレス、デロス同盟を改革し、以後はアテネ覇権下にあることを認めた都市国家の連合とする
四四一年	この頃、デロス同盟下のサモス島とミレトスが付近の都市プリエネの帰属をめぐって対立。ミレトスの訴えにより、アテネが仲裁に入るもサモスの態度が硬化。アテネと紛争状態に
四三九年	春、アテネ軍がサモスを制圧
四三八年	パルテノン神殿が完成
四三七年	アテネ、アンフィポリスを基地化し、周辺のカルキデア地方の足場を固める
四三六年	ペリクレス、デロス同盟の覇権領域を拡大するため、黒海に遠征。シノペやトレビゾンドを中心としたギリシア人都市国家と経済協定を結ぶ

四三五年	エピダムノスで内紛が起こり、敗北した側がコルフ島に支援要請。コルフは拒否したが、その後にコリントが支援に応じる。コルフとコリントの対立に発展 コルフがコリントを海戦で撃破	
四三四年	コリント、打倒コルフのために大軍勢を編成。コルフがデロス同盟に加盟することを表明し、アテネに支援を要請。アテネはコルフの支援を決定	
四三三年	夏、コリントとアテネ海軍の援軍をうけたコルフ間で戦端が開かれるも、大きな戦闘には発展せず、コリントが撤退 冬、マケドニアの王弟が兄王ペルディカに対して反乱 ペルディカ、アテネ配下のポティダイアに反アテネの気運が高まっていることに乗じ、離反を教唆。ポティダイアはコリントとマケドニアの応援を期待し、反アテネへと転じる	この頃、ペルシア帝国のユダヤ人で預言者ネヘミヤがイェルサレムに帰還。社会改革に着手
四三二年	コリント、ペロポネソス半島から傭兵を募り、反アテネ非正規軍を組織 五月、アテネがポティダイア制圧に軍を送る 秋頃、メガラがデロス同盟からの脱退とペロポネソス同盟への加入を宣言。アテネは交易を断絶する措置をとるが、スパルタがこれに反発。主戦論が高まる	

四三一年	春、コリントに煽動されたペロポネソス同盟側のテーベが、アテネの同盟国プラタイアに侵入、占拠するもプラタイアの反撃に遭う。プラタイアはテーベの捕虜を殺害。これに端を発し、ペロポネソス戦役が始まる スパルタの監督官が開戦を決定。慎重派だったアルキダモス王率いるペロポネソス同盟軍をアッティカ地方に送り、アテネの周辺地域を襲撃させる。これを受けて、アテネは海軍を派遣し、ペロポネソス半島東岸の都市を攻撃 夏、アルキダモスが食糧不足を理由に軍を退く	
四三〇年	夏、アルキダモスに率いられたペロポネソス同盟軍がアッティカ地方に侵入 アテネに避難していたアッティカ地方の難民たちの間で拡がった疫病が、アテネ中を襲う。これにより、アテネ内で反ペリクレスの気運が高まる アルキダモス、軍を退く アテネの市民集会、難民増加と疫病の流行による国力衰退を政策の誤りとして、ペリクレスを公金悪用の罪で弾劾し、司令官職（ストラテゴス）から解任	この頃、オリエントでサマリア人がユダヤ人から独立し、サマリア教団を設立
四二九年	夏、ペロポネソス同盟軍は例年と同様、アテネの周辺地方を襲撃し、アテネはペロポネソス半島東岸を攻撃	

	同じ頃、フォルミオン率いるアテネ海軍がイオニア海周辺でコリントス海軍と対決、勝利を収める 秋、ペリクレスが死去。ペリクレス批判の急先鋒として台頭した煽動者クレオンに対し、穏健派はニキアスを対抗馬に推す	
四二八年	アルキダモス、例年と同様にアッティカ地方に出撃し、プラタイアに的を絞るも、侵攻の足場をつくるのみで撤退 レスボス島の都市国家ミティレーネがアテネに叛旗をひるがえし、スパルタに接近	
四二七年	アテネ海軍、ミティレーネの反乱を鎮圧。レスボス島の都市国家すべてをアテネの直轄領とする プラタイアがペロポネソス同盟軍の前に陥落。市街は破壊され、テーベの領土とされた スパルタ王アルキダモスが死去	
四二五年	ピロス・スファクテリアの戦闘。アテネがピロスに駐屯基地を設置したことを発端に、スパルタとアテネの海軍が衝突した。アテネが勝利し、スパルタの重装歩兵に多数の死者・捕虜が出た アテネとスパルタの講和のチャンスが訪れるも、クレオンの煽動により両同盟間の戦争は続行となる スパルタでは異例の非正規軍が招集され、指揮官としてブラシダスが選ばれる	ペルシア王アルタ・クセルクセスが死去

四二四年	ブラシダス率いるスパルタ非正規軍がカルキデア地方への進軍を開始 アテネ、これを迎え撃つためにヘウクレスとツキディデス率いる軍を送る ブラシダス、カルキデアの要地アンフィポリスを占拠。ヘウクレスは軍を帰し、自らは行方をくらます ツキディデス、カルキデアから撤退。アテネの市民集会はこれを受けてツキディデスの二十年間の国外追放を決議。ツキディデスは以後の生涯を著述に費やす	ダレイオス二世がペルシア王に即位
四二三年	春、ブラシダスの突出を嫌ったスパルタがアテネに休戦を申し出、一年間の休戦が決まる ブラシダス、休戦協定を無効としてカルキデア地方のデロス同盟からの切り崩し工作を続行 アテネ、休戦協定が反故にされたとして、穏健派のニキアス率いる軍をカルキデアに送ることを決定 ニキアス、カルキデア諸都市をふたたび自陣営に戻すことに成功したのち、ブラシダス軍を攻撃することなくアテネに帰国	
四二二年	ニキアスの消極策を批判したクレオンがはじめての司令官職に当選し、ブラシダス軍撃破のためにカルキデアに向けて出発 秋、クレオン軍とブラシダス軍が衝突。両軍とも司令官を失い、終結	

四二一年	アテネとスパルタ間でふたたび休戦の気運が高まる 春、「ニキアスの平和」の名で知られる休戦協定が調印される。スパルタは捕虜となっていた重装歩兵と、アテネ領となっていたピロス島を取り戻した。アテネはカルキデアの諸都市を自陣営に奪還。有効期間は五十年とされる
四二〇年	アテネでアルキビアデスが司令官職に当選。アルゴリス、エリス、アルカディアとの四カ国同盟結成を主唱
四一九年	ニキアスとアルキビアデスが司令官職に再選 アルキビアデス、一千の重装歩兵を率いてペロポネソス半島最西部に進軍。イオニア海を越えてアテネの市場を拡大する足場とするも、コリントの強硬な反対に反アルキビアデスの気運が高まる 冬、アルキビアデス、翌年担当の司令官職に落選
四一八年	アルゴリス、エピダウロスに侵攻。これを容認できないスパルタと、四カ国同盟参加国が激突。マンティネアで会戦。スパルタの勝利に終わる
四一七年	マンティネアの会戦敗北の責をニキアス、アルキビアデスに求めるアテネ市民に対し、二人は他の煽動者を陶片追放することで対抗。アテネ、この年をもって陶片追放制度を廃止 この頃、民心一新のため、ニキアスがデロス島のアポロン神殿で壮大

な儀式を行い、アルキビアデスはオリンピアの競技会の四頭立て戦車競走に七組を出場させ、表彰台を独占する

四一六年

夏、ニキアス率いるアテネ軍がエーゲ海の小島メロスに侵攻。残酷な戦後処理を行う

冬、シチリアの都市国家セジェスタの、シラクサへの攻撃要請を受け、アルキビアデスが市民集会でシチリア遠征を唱える。ニキアスは反対するも市民集会は可決。アルキビアデス、ラマコス、ニキアスが司令官に選ばれる

四一五年

アテネ市内中のヘルメス神像の首が斬られる事件が発生。アルキビアデスに嫌疑がかかる

六月、アテネを中心としたデロス同盟軍がシチリアに向けて出発。アルキビアデスは捜査中の身での出陣となった

コルフ寄港中に、南イタリア諸都市がデロス同盟軍の寄港を拒否する旨が伝えられる。また、セジェスタが約束していた戦費が虚偽であったことが判明するが、遠征は続行と決まる

交渉により、標的となっていたシラクサからほど近い都市カターニアに前線基地を置くことに成功

カターニアでアルキビアデスが神像破壊の主犯と見なされ帰国を命じられるが、帰国途中に立ち寄った都市で逃亡

秋、残されたニキアスとラマコス率いるデロス同盟軍がカターニアを出発、シラクサの「大港」に侵入。上陸し、シラクサ近郊のダスコ

ンに陣地を設置
ニキアス、アテネ本国に援軍を要請
この頃、アルキビアデスがスパルタに亡命、監督官に接近し、軍事顧問に就任していたことが判明する
冬、シラクサ、スパルタに援軍を要請

四一四年
四月の末、アテネから騎兵を中心とする援軍が到着
シチリア近郊のトロギロスを拠点に包囲壁の建設を開始
スパルタの市民集会がギリッポス率いる非正規軍の派遣を決定。ギリッポスはシラクサ軍の総大将となる
司令官の一人ラマコスが戦死。ニキアスが唯一の司令官として残された
ギリッポス率いるシラクサ軍、デロス同盟軍が建設中の包囲壁を破壊
ニキアス、戦略を変更し、海側からのシラクサ攻略を目指し、シラクサ近郊のプレミリオンへと軍を移動するも、シラクサ軍に陸海とも包囲される
ニキアス、ふたたびアテネ本国に増援要請。市民集会は翌春に大軍勢を送ることを決議。ほかに、デモステネスとエウリメドンを司令官職として派遣することを決める

四一三年
春、戦闘が再開。デロス同盟軍が自軍を二分し、シラクサの「大港」と「小港」それぞれのシラクサ海軍を攻撃するも、陣地としていたプレミリオンを失う

二度目の海戦。デロス同盟軍はシラクサ軍に包囲される状態を解消できず
七月、アテネから援軍が到着。いったんは反転攻勢に出るも、デモステネスが全軍撤退を主張
七月二十七日、月蝕が起り、デロス同盟軍に動揺が広がる
九月初め、「大港」で両軍が激突。デロス同盟軍に壊滅的な被害が出る
九月十日、デロス同盟軍、最後の反撃に出るもシラクサ軍に完敗。陸路を敗走することに
九月十二日、デロス同盟軍は船や負傷者を捨てて、トロギロスに向けて出発するもシラクサ軍の追撃を受け、同二十日、デロス同盟軍壊滅

四一二年
アテネ、危機管理内閣を発足
この頃までに、アルキビアデスはスパルタの外交使節格としてペルシアのサルディスに赴き、ペルシア帝国の地方長官の軍事顧問となっていた
シラクサ攻防の完敗により、諸都市がデロス同盟離反の動きを見せ始める
アルキビアデス、サモス島に上陸し、海軍を支配下に置く

四一一年
アテネ、民主政を破棄し寡頭政へと移行。民主派のアルキビアデスが指導的な立場になっていたサモスはこれに反対を表明。サモスに赴

いたアテネの高官を逆に説得したアルキビアデスが事実上、アテネ側に復帰する
ペルシアの援助を受けたスパルタがヘレスポントス海峡付近のデロス同盟加盟諸都市に攻撃を開始

四一〇年
アルキビアデス率いるアテネ海軍がヘレスポントス海峡内のキジコスでスパルタ海軍と会戦。勝利を収める。その後、アルキビアデスが主導したアテネ海軍が対スパルタの海戦で連勝する
アテネで寡頭政政府が失政を重ね、民主政に復帰

四〇七年
アルキビアデス、アテネ本国に帰還し、本格的な復帰を果たす。アテネの市民集会はこれを熱狂的に歓迎し、陸海軍の総司令官とする
アルキビアデス、アテネ海軍を率いてエーゲ海東方に出発
スパルタ、リサンドロス率いる非正規軍をエーゲ海に派遣。支援者であるペルシア帝国の王弟キュロスの意を得て、アテネ海軍攻撃を準備。エフェソスを本拠地とする

四〇六年
エフェソス付近のノティオン近海でアテネ、スパルタの両海軍が激突。どちらにも大きな被害は出なかったが、この戦果を不服とした煽動者に煽られたアテネの市民集会がアルキビアデスの解任を決定。アルキビアデスはマルマラ海の西岸に亡命
リサンドロス、スパルタへの帰国命令を受諾
キュロスがスパルタに抗議し、リサンドロスがふたたびエーゲ海東方

戦線に復帰
アテネ、市民集会が新たに選出した十人の司令官職のうち八人をエーゲ海東方に送る
アルジヌサイ近海でアテネ、スパルタの両海軍が戦闘。どちらが勝者ともいえない展開に終わる
煽動者に煽られたアテネの市民集会がエーゲ海東方戦線に送られた八人を人民裁判にかけ、逃亡した二人を除く六人を処刑
冬、スパルタがアテネに講和を申し出るが、煽動者に支配されていたアテネの市民集会がこれを拒否

四〇五年

リサンドロス、ペルシア帝国の意を汲み、ヘレスポントス海峡に軍を進める。海峡のアジア側にある港アビドスとランプサコスを占拠
アテネはふたたび十人の司令官職を選出し、うち六人をデロス同盟軍の総力とともにエーゲ海東方に送る
デロス同盟軍、ヘレスポントス海峡のヨーロッパ側のアイゴスポタモイに入港。そこにアルキビアデスが現れ、セストスの港への移動を進言するも、アテネ司令官はこれを拒否
リサンドロス率いるスパルタ海軍がアイゴスポタモイのアテネ海軍を攻撃、一網打尽に。殺害を免れた捕虜はすべて本国への帰還を命じられた。結果としてアテネが食糧難に陥る
秋、リサンドロスがヘレスポントス全域を制覇

四〇四年

アルキビアデス、暗殺される

リサンドロス、デロス同盟加盟諸都市に独立を促し、滞在アテネ人には本国帰還を命じる。デロス同盟が崩壊

アテネがスパルタに全面降伏。ペロポネソス戦役終結。アテネの海軍は解散させられ、領有都市はすべて独立

p. 361　ナポリ国立考古学博物館蔵（イタリア)、© Bridgeman Images
p. 371　オリンピア考古学博物館蔵（ギリシア)、© Konstantinos Tsakalidis / Alamy Stock Photo
p. 428　© Hemis / Alamy Stock Photo
p. 546　ルーヴル美術館蔵（フランス)、© Granger Historical Picture Archive / Alamy Stock Photo
p. 547　アテネ国立考古学博物館蔵（ギリシア)、© Bridgeman Images
p. 633　リアーチェのブロンズ像、マーニャ・グレーチャ国立博物館（イタリア)、© Scala Archives

地図作製：綜合精図研究所（p.31, p.44, p.90, p.102, p.122, p.127, p. 138, p. 162, p. 170, p. 176, p. 183, p. 192, p. 201, p. 208, p. 220, p. 226, p. 242, p. 266, p. 297, p. 322, p. 334, p. 344, p. 376, p. 417, p. 427, p. 433, p. 454, p. 461, p. 470, p. 502, p. 519, p. 543, p. 571, p. 600, p.612, p.632）

参考文献は第4巻巻末に示す。

図版出典一覧

口絵	パルテノン神殿全景：© Preto Perola, Alamy Stock Photo／エレクテイオン：© Christine Wagner／ディオニッソス劇場：Photo by Aleksandr Zykov／パルテノン神殿東破風：Photo by Andy Hay／プロピュライア：Photo by Andy Hay／ヘロディス・アッティコス音楽堂：Photo by Robert Anders／パルテノン神殿東破風部分：すべて大英博物館蔵 © British Museum／パルテノン神殿東破風復元図：新アクロポリス博物館蔵 © World History Archive / Alamy Stock Photo／パルテノン神殿西破風部分：すべて大英博物館蔵 © British Museum／西破風復元図：新アクロポリス博物館蔵 © World History Archive / Alamy Stock Photo／パルテノン神殿メトープ・フリーズ：すべて大英博物館蔵、下三点 Photo by Alun Salt、ほかすべて © British Museum アルキビアデス：スパルタ考古学博物館蔵 © The Print Collector, Alamy Stock Photo
p. 24	上：アテネ国立考古学博物館蔵（ギリシア）、© Bridgeman Images／下：大英博物館蔵（イギリス）、© British Museum
p. 84	画：畠山モグ
p. 93	キプロス島ラルナカ、© Markus Leupold-Löwenthal
p. 110	Tons Brunés, *The Secrets of Ancient Geometry and Its Use*, 1967, Rhodos International Science Publishers より
p. 153	ヴァチカン美術館蔵（ヴァチカン）、© Lanmas / Alamy Stock Photo
p. 261	ベルリン美術館蔵（ドイツ）、© ullstein bild / Getty Images
p. 277	アテネ国立考古学博物館蔵（ギリシア）、© Bridgeman Images

この作品は二〇一七年一月新潮社より刊行された。

塩野七生著

ギリシア人の物語1
―民主政のはじまり―

名著「ローマ人の物語」以前の世界を描き、現代の民主主義の意義までを問う、著者最後の歴史長編全四巻。豪華カラー口絵つき。

塩野七生著

小説 イタリア・ルネサンス
（1～4）

ヴェネツィアの外交官マルコとローマから来た高級遊女オリンピアの恋の行方は――。塩野七生、唯一の歴史小説。豪華口絵を附す。

塩野七生著

海の都の物語
―ヴェネツィア共和国の一千年―
サントリー学芸賞（1～6）

外交と貿易、軍事力を武器に、自由と独立を守り続けた「地中海の女王」ヴェネツィア共和国。その一千年の興亡史を描いた歴史大作。

塩野七生著

わが友マキアヴェッリ
―フィレンツェ存亡―
（1～3）

権力を間近で見つめ、自由な精神で政治と統治の本質を考え続けた政治思想家の実像に迫る。塩野ルネサンス文学の最高峰、全三巻。

塩野七生著

神の代理人

信仰と権力の頂点から見えたものは何だったのか――。個性的な四人のローマ法王をとりあげた、塩野ルネサンス文学初期の傑作。

塩野七生著

想いの軌跡

地中海の陽光に導かれ、ヨーロッパに渡ってから半世紀――。愛すべき祖国に宛てた手紙ともいうべき珠玉のエッセイ、その集大成。

新潮文庫最新刊

山田詠美著
血も涙もある
35歳の桃子は、当代随一の料理研究家・喜久江の助手であり、彼女の夫・太郎の恋人である――。危険な関係を描く極上の詠美文学！

帚木蓬生著
沙林 偽りの王国（上・下）
医師であり作家である著者にしか書けないサリン事件の全貌！医師たちはいかにテロと闘ったのか。鎮魂を胸に書き上げた大作。

津村記久子著
サキの忘れ物
病院併設の喫茶店で、常連の女性が置き忘れた本を手にしたアルバイトの千春。その日から人生が動き始め……。心に染み入る九編。

彩瀬まる著
草原のサーカス
データ捏造に加担した製薬会社勤務の姉、仕事仲間に激しく依存するアクセサリー作家の妹。世間を揺るがした姉妹の、転落後の人生。

西村京太郎著
鳴門の渦潮を見ていた女
渦潮の観望施設「渦の道」で、元刑事の娘が誘拐された。解放の条件は警視総監の射殺！十津川警部が権力の闇に挑む長編ミステリー。

町田そのこ著
コンビニ兄弟3
―テンダネス門司港こがね村店―
〝推し〟の悩み、大人の友達の作り方、忘れられない痛い恋。門司港を舞台に大人たちの物語が幕を上げる。人気シリーズ第三弾。

ギリシア人《じん》の物語《ものがたり》2
民主政の成熟と崩壊

新潮文庫　し-12-47

令和五年九月一日発行

著者　塩《しお》野《の》七《なな》生《み》
発行者　佐藤隆信
発行所　株式会社 新潮社
郵便番号 一六二―八七一一
東京都新宿区矢来町七一
電話 編集部(〇三)三二六六―五四四〇
読者係(〇三)三二六六―五一一一
https://www.shinchosha.co.jp

価格はカバーに表示してあります。
乱丁・落丁本は、ご面倒ですが小社読者係宛ご送付ください。送料小社負担にてお取替えいたします。

印刷・錦明印刷株式会社　製本・錦明印刷株式会社

ISBN978-4-10-118113-4 C0122